中华人民共和国民法总则

编纂对照表与条文释义

THE COMPARISON TABLE AND
EXPLANATION OF
THE GENERAL PROVISIONS OF
CIVIL LAW OF P.R. CHINA

主　编　王竹
副主编　刘召成　王轶晗

《民法总则》与27部法律规范性文件的条文对照
专家释义、关联条文（163部）和对应案由全面简明
《民法通则》等27部编纂对象法规反查《民法总则》

北京大学出版社
PEKING UNIVERSITY PRESS

图书在版编目(CIP)数据

《中华人民共和国民法总则》编纂对照表与条文释义/王竹主编. —北京:北京大学出版社,2017.5
 ISBN 978-7-301-28357-8

Ⅰ.①中… Ⅱ.①王… Ⅲ.①民法—总则—法律解释—中国 Ⅳ.①D923.15

中国版本图书馆CIP数据核字(2017)第093990号

书　　名	《中华人民共和国民法总则》编纂对照表与条文释义 《ZHONGHUA RENMIN GONGHEGUO MINFA ZONGZE》BIANZUAN DUIZHAOBIAO YU TIAOWEN SHIYI
著作责任者	王　竹 主编
策划编辑	陆建华
责任编辑	陆建华　方尔埼
标准书号	ISBN 978-7-301-28357-8
出版发行	北京大学出版社
地　　址	北京市海淀区成府路205号　100871
网　　址	http://www.pup.cn　http://www.yandayuanzhao.com
电子信箱	yandayuanzhao@163.com
新浪微博	@北京大学出版社　@北大出版社燕大元照法律图书
电　　话	邮购部 62752015　发行部 62750672　编辑部 62117788
印刷者	北京大学印刷厂
经销者	新华书店 730毫米×1020毫米　16开本　26.75印张　492千字 2017年5月第1版　2017年5月第1次印刷
定　　价	69.00元

未经许可,不得以任何方式复制或抄袭本书之部分或全部内容。
版权所有,侵权必究
举报电话:010-62752024　电子信箱:fd@pup.pku.edu.cn
图书如有印装质量问题,请与出版部联系,电话:010-62756370

编写说明

2016年7月23日,我主持的四川大学法学院法律大数据实验室针对《民法总则(第二次审议稿)》向全国人大法工委提交了长达1200页的《〈民法总则(草案)〉法律大数据分析报告》。基于报告中所附的"《民法总则(草案)》与相关法律规范性文件及案由对照表",在随后参与《民法总则(草案)》征求意见过程中,我和我的团队结合近年来参与民事立法、司法解释征求意见和民法教学活动中的经验,以《民法总则》为对象,完成了本书的编写工作。

《民法总则》的制定,在本质上是在"编纂民法典"背景下对《民法通则》总则部分的全面更新,同时在编纂对象上又不仅限于《民法通则》和《民通意见》。基于《民法通则》将与《民法总则》并行实施到2020年这一法律背景,本书针对不同的读者群做了不同的侧重设计。对以《民法通则》为核心的现行民商事法律体系较为熟悉的读者,通过"编纂对照表"能够快速、准确地把握《民法总则》与编纂对象的对应性与差异性,以便更快地掌握《民法总则》对现行民事法律体系的更新和完善情况。而对于不太熟悉现行民事法律体系的读者,通过阅读"条文释义"可以简洁清晰地了解《民法总则》的主要内容和条文意旨。本书的"关联法条",则为读者掌握《民法总则》每个条文法律体系中的相关规定,提供了最全面的指引。

为了更好地达到上述编写目的,本书分为如下三个部分:

第一部分:《民法总则》与《民法通则》等编纂对象法规体系对照表

本书第一部分设置两个表格:

1.《民法总则》与《民法通则》章节设置对比表:展示《民法总则》在章节设置上对《民法通则》的调整和增删。

2.《民法总则》与《民法通则》等编纂对象法规条文对照表:按照《民法总则》的条文顺序,将《民法总则》条文所对应的《民法通则》等编纂对象法规条文进行对照整理。为展示《民法总则》与现行法律规则体系的实际对应性,本表对《民法总则》部分条文进行合并处理,并在必要情况下调整《民法总则》条文的前后顺序。

本对照表涉及《民法通则》(含《民通意见》)、《合同法》《物权法》《侵权责任法》《婚姻法》《继承法》《涉外民事关系法律适用法》等民事基本法律和《公司法》《合伙企业法》《个人独资企业法》《公益事业捐赠法》《慈善法》《网络安全法》《仲裁法》《环境保护法》《未成年人保护法》《民事诉讼法》《农民专业合作社法》《城市居民委员会组织法》《村民委员会组织法》《社会团体登记管理条例》等 27 部法律法规以及相关司法解释,完整地展示了《民法总则》的"编纂对象法规体系"。

第二部分:《民法总则》条文释义、关联条文和对应案由

本书第二部分按照《民法总则》的条文顺序,将每个条文所直接对应的编纂对象法规精确到条、款、项以表格形式列出,并根据立法本旨撰写"条文释义",再列出每个条文在现行法律体系中的"关联条文"。部分《民法总则》条文有《民事案件案由规定》(法〔2011〕42 号)中对应案由的,也一并列出,并配上"法合案由码",供读者了解法合实验室对该案由在司法实务中法律适用情况的大数据分析成果。

本部分每个条文的"条文释义"简洁明了,"关联条文"全面涵盖了《宪法》《民法总则》《民法通则》《物权法》《合同法》《侵权责任法》《婚姻法》《继承法》《收养法》等 163 部法律、行政法规、司法解释和重要的部门规章以及其他规范性文件。

第三部分:《民法通则》等编纂对象法规反查《民法总则》条文对照表

为方便熟悉《民法通则》等现行法律体系的读者更快地查找到现行法相关条文所对应的《民法总则》具体条文,本部分以第一部分"《民法总则》与《民法通则》等编纂对象法规体系对照表"中涉及的《民法通则》《民通意见》等 27 部编纂对象法规相关条文为索引制作反查对照表,方便读者反查对应的《民法总则》具体条文。

本书附录一为"中华人民共和国民法总则",方便读者查阅;附录二为"《民法总则》与《民法通则》等编纂对象和关联法规简全称对照表",将上述编纂对象和关联法条所属法律规范性文件全称予以列出,并配有"法合码",供读者通过扫描二维码的方式快速查找法律规范性文件全文;附录三为"本书所涉案由对应法合二维码和法合引证码索引表",方便读者扫描二维码或在法合码窗口输入法合引证码,迅速获得更为丰富的案由的相关信息。

本书第一、二部分对照表标记方式特别说明:字体加黑:《民法总则》的新增内容;加下划线:《民法总则》与其编纂对象存在差异的内容;加框:《民法总则》对其编纂对象进行顺序调换的内容;加删除线:编纂对象被《民法总则》所删除的内容。

本书的编写离不开同学们的大量协助和校对,在此一一致谢:刘雨林、李东岳、孙琦琳、饶王林、栾维维、赵晓芹、张建芳、蔡娜、朱律、舒星旭、王蕾、冯瑶、江霞、张恒、方延、舒栎宇、谈亮、李莎莎、祝婉丽、钟琴、向新梅、刘娟、张益珍、周旭、曾勇、陈了、杨亦楠、时爽、余盛军、杨彧、张晶、云姣、王轶晗、王世坤、秦雷、张雨、徐丹、何丹、詹诗渊、吉星、罗雅文、程丽莉、唐烨、杨淇茜、苟海川、刘丽均、孟琪、宋晨彦、任广梅、冯沛波、王艳玲、张敏、曾薪凝、张吉宁、余翔宇、邹勋、徐永炜、聂超、蔡婧雪、崔梅楠、刘潺、刘忠炫、马知澜、杨力莉、蔡瑞新、王伟舟、谷松原。

本书系司法部国家法治与法学理论研究项目"民法典编纂疑难问题法律大数据分析研究（16SFB3032）"的中期成果，特此致谢。

由于时间和水平的所限，本书不免存在疏漏，欢迎广大读者来信指正。

王　竹

法学博士、教授、博士生导师

四川大学法学院法律大数据实验室主任

中国人民大学民商事法律科学研究中心研究员

2017年4月20日 于金沙江、岷江汇流处

电子邮件：wangzhu@scu.edu.cn

法律大数据实验室：bldl.scu.edu.cn

目 录

第一部分 《民法总则》与《民法通则》等编纂对象法规体系对照表 ……… 001
一、《民法总则》与《民法通则》章节设置对比表 …………………… 001
二、《民法总则》与《民法通则》等编纂对象法规条文对照表 ………… 002

第二部分 《民法总则》条文释义、关联条文和对应案由 …………… 051
第一章 基本规定 …………………………………………………… 051
第一条 【立法目的】 ………………………………………………… 051
第二条 【调整对象】 ………………………………………………… 052
第三条 【不得侵犯民事权益】 ……………………………………… 054
第四条 【平等原则】 ………………………………………………… 056
第五条 【意思自治原则】 …………………………………………… 058
第六条 【公平原则】 ………………………………………………… 059
第七条 【诚实信用原则】 …………………………………………… 060
第八条 【守法和公序良俗原则】 …………………………………… 061
第九条 【节约资源、保护生态环境原则】 ………………………… 063
第十条 【民法法源顺序】 …………………………………………… 064
第十一条 【特别法优先】 …………………………………………… 066
第十二条 【民法的地域效力】 ……………………………………… 067

第二章 自然人 ……………………………………………………… 068
第一节 民事权利能力和民事行为能力 …………………………… 068
第十三条 【民事权利能力的起止时间】 …………………………… 068
第十四条 【民事权利能力平等】 …………………………………… 070
第十五条 【出生和死亡时间的认定】 ……………………………… 070
第十六条 【胎儿的部分民事权利能力】 …………………………… 071
第十七条 【成年时间】 ……………………………………………… 072
第十八条 【成年人的民事行为能力】 ……………………………… 073
第十九条 【八周岁以上未成年人的民事行为能力】 ……………… 074
第二十条 【不满八周岁未成年人的民事行为能力】 ……………… 076

第二十一条 【八周岁以上的无民事行为能力人】……… 077
第二十二条 【不能完全辨认自己行为的成年人的限制民事行为能力】…… 079
第二十三条 【法定代理人】………………………… 080
第二十四条 【行为能力的宣告与恢复】…………… 081
第二十五条 【住所】………………………………… 083

第二节　监护 084

第二十六条 【父母与子女之间的义务】…………… 084
第二十七条 【未成年人的监护人】………………… 088
第二十八条 【民事行为能力欠缺成年人的监护人】…… 089
第二十九条 【遗嘱监护】…………………………… 090
第三十条 【监护人的协议确定】…………………… 092
第三十一条 【指定监护】…………………………… 093
第三十二条 【单位监护人】………………………… 095
第三十三条 【协商监护】…………………………… 096
第三十四条 【监护人的职责、权力和责任】……… 097
第三十五条 【监护权的履行原则】………………… 099
第三十六条 【监护人资格的撤销与重新指定】…… 100
第三十七条 【法定义务不因监护人资格撤销而免除】…… 102
第三十八条 【父母或子女的监护人资格的恢复】…… 103
第三十九条 【监护关系终止】……………………… 104

第三节　宣告失踪和宣告死亡 105

第四十条 【宣告失踪】……………………………… 105
第四十一条 【下落不明时间的起算】……………… 107
第四十二条 【财产代管人】………………………… 108
第四十三条 【财产代管人的职责】………………… 109
第四十四条 【财产代管人的变更】………………… 110
第四十五条 【宣告失踪的撤销】…………………… 111
第四十六条 【宣告死亡】…………………………… 112
第四十七条 【宣告失踪与宣告死亡请求的竞合】…… 113
第四十八条 【宣告死亡的日期】…………………… 114
第四十九条 【宣告死亡不影响法律行为效力】…… 115
第五十条 【宣告死亡的撤销】……………………… 115
第五十一条 【宣告死亡及其撤销后婚姻关系的效力】…… 116

第五十二条　【宣告死亡撤销后子女收养关系的效力】 …… 117

第五十三条　【死亡宣告撤销后的财产返还】 …… 119

第四节　个体工商户和农村承包经营户 …… 120

第五十四条　【个体工商户】 …… 120

第五十五条　【农村承包经营户】 …… 121

第五十六条　【"两户"的债务承担】 …… 124

第三章　法人 …… 125

第一节　一般规定 …… 125

第五十七条　【法人的概念】 …… 125

第五十八条　【法人的成立】 …… 126

第五十九条　【法人的民事权利能力和民事行为能力】 …… 128

第六十条　【法人的责任财产】 …… 129

第六十一条　【法定代表人】 …… 130

第六十二条　【法定代表人职务行为的法律责任】 …… 131

第六十三条　【法人的住所】 …… 133

第六十四条　【变更登记】 …… 134

第六十五条　【法人的错误登记不得对抗善意第三人】 …… 136

第六十六条　【登记机关法人信息的及时公示义务】 …… 137

第六十七条　【法人合并分立后权利义务的承担】 …… 141

第六十八条　【法人终止的原因】 …… 143

第六十九条　【法人解散的原因】 …… 144

第七十条　【法人的清算义务】 …… 146

第七十一条　【法人清算的法律适用】 …… 151

第七十二条　【清算结束的法律后果】 …… 152

第七十三条　【法人因破产清算终止】 …… 154

第七十四条　【法人的分支机构】 …… 157

第七十五条　【设立法人民事活动的法律后果承受】 …… 160

第二节　营利法人 …… 162

第七十六条　【营利法人的概念与类型】 …… 162

第七十七条　【营利法人的成立原则】 …… 163

第七十八条　【营业执照的签发】 …… 164

第七十九条　【法人章程的制定义务】 …… 165

第八十条　【营利法人的权力机构】 …… 166

第八十一条 【营利法人的执行机构】················168
　　第八十二条 【营利法人的监督机构】················170
　　第八十三条 【营利法人出资人滥用权利的法律后果】········172
　　第八十四条 【关联交易的规制】···················173
　　第八十五条 【营利法人决议程序瑕疵的法律后果】·········174
　　第八十六条 【营利法人的社会责任】·················175
　第三节 非营利法人·····························177
　　第八十七条 【非营利法人的概念与类型】··············177
　　第八十八条 【公益性事业单位法人的设立】·············178
　　第八十九条 【事业单位法人的机构】·················180
　　第九十条 【社会团体法人的设立】·················180
　　第九十一条 【社会团体法人的机构设置】··············181
　　第九十二条 【捐助法人的设立】···················183
　　第九十三条 【捐助法人的机构设置】·················185
　　第九十四条 【捐助人的权利】····················187
　　第九十五条 【非营利法人剩余财产的处理】·············188
　第四节 特别法人······························189
　　第九十六条 【特别法人的类型】···················189
　　第九十七条 【机关法人】······················190
　　第九十八条 【机关法人撤销后的责任承担】·············191
　　第九十九条 【农村集体经济组织法人】···············192
　　第一百条 【合作经济组织法人】···················194
　　第一百零一条 【居民委员会、村民委员会】············196
第四章 非法人组织·······························198
　第一百零二条 【非法人组织的概念与类型】·············198
　第一百零三条 【非法人组织的设立原则】··············199
　第一百零四条 【非法人组织的责任承担】··············201
　第一百零五条 【非法人组织的民事活动】··············203
　第一百零六条 【非法人组织的解散】················204
　第一百零七条 【非法人组织的清算】················205
　第一百零八条 【非法人组织的参照适用】··············207
第五章 民事权利·······························207
　第一百零九条 【一般人格权】···················207

第一百一十条　【具体人格权】……………………………………… 209
第一百一十一条　【个人信息权】……………………………………… 217
第一百一十二条　【身份权】…………………………………………… 223
第一百一十三条　【财产权受法律平等保护】……………………… 226
第一百一十四条　【物权的概念与类型】…………………………… 228
第一百一十五条　【物权的客体】…………………………………… 229
第一百一十六条　【物权法定】……………………………………… 230
第一百一十七条　【不动产或动产的征收征用】…………………… 232
第一百一十八条　【债权的概念和发生原因】……………………… 235
第一百一十九条　【合同的约束力】………………………………… 236
第一百二十条　【侵权责任的当事人主义】………………………… 237
第一百二十一条　【无因管理】……………………………………… 238
第一百二十二条　【不当得利】……………………………………… 239
第一百二十三条　【知识产权及其客体】…………………………… 240
第一百二十四条　【财产继承权】…………………………………… 247
第一百二十五条　【投资性权利】…………………………………… 250
第一百二十六条　【其他民事权益】………………………………… 252
第一百二十七条　【对数据和网络虚拟财产的保护】……………… 252
第一百二十八条　【对弱势群体的特别保护】……………………… 254
第一百二十九条　【民事权利的取得方式】………………………… 257
第一百三十条　【民事主体自愿依法行使民事权利】……………… 258
第一百三十一条　【行使权利应履行义务】………………………… 259
第一百三十二条　【禁止权利滥用】………………………………… 260

第六章　民事法律行为……………………………………………… 261

第一节　一般规定 261

第一百三十三条　【民事法律行为】………………………………… 261
第一百三十四条　【民事法律行为成立的方式】…………………… 262
第一百三十五条　【民事法律行为的形式】………………………… 264
第一百三十六条　【民事法律行为的生效】………………………… 266

第二节　意思表示 267

第一百三十七条　【意思表示的生效时间】………………………… 267
第一百三十八条　【无相对人的意思表示的生效时间】…………… 268
第一百三十九条　【公告方式的意思表示的生效时间】…………… 269

第一百四十条　【意思表示的方式】……………………………… 269
　　第一百四十一条　【意思表示的撤回】……………………………… 270
　　第一百四十二条　【意思表示的解释】……………………………… 271
　第三节　民事法律行为的效力……………………………………………… 272
　　第一百四十三条　【民事法律行为的有效条件】…………………… 272
　　第一百四十四条　【无民事行为能力人的民事法律行为的效力】… 274
　　第一百四十五条　【限制民事行为能力人的民事法律行为的效力】… 275
　　第一百四十六条　【虚假意思表示及隐藏民事法律行为的效力】… 277
　　第一百四十七条　【基于重大误解实施的民事法律行为的效力】… 278
　　第一百四十八条　【受一方欺诈实施的民事法律行为的效力】…… 280
　　第一百四十九条　【受第三人欺诈实施的民事法律行为的效力】… 281
　　第一百五十条　【受胁迫实施的民事法律行为的效力】…………… 283
　　第一百五十一条　【乘人之危导致显失公平的民事法律行为的效力】… 285
　　第一百五十二条　【撤销权消灭的事由】…………………………… 287
　　第一百五十三条　【违反法律法规和公序良俗的民事法律行为的效力】… 288
　　第一百五十四条　【恶意串通损害他人权益的民事法律行为的效力】… 290
　　第一百五十五条　【无效或被撤销的民事法律行为的约束力】…… 292
　　第一百五十六条　【民事法律行为的部分无效】…………………… 293
　　第一百五十七条　【民事法律行为无效、被撤销或不发生效力的后果】… 294
　第四节　民事法律行为的附条件和附期限……………………………… 295
　　第一百五十八条　【附条件的民事法律行为】……………………… 295
　　第一百五十九条　【恶意影响条件成就或不成就的法律后果】…… 297
　　第一百六十条　【附期限的民事法律行为】………………………… 298
第七章　代理……………………………………………………………………… 299
　第一节　一般规定………………………………………………………… 299
　　第一百六十一条　【可代理的民事法律行为】……………………… 299
　　第一百六十二条　【代理的法律后果】……………………………… 302
　　第一百六十三条　【代理的种类】…………………………………… 303
　　第一百六十四条　【代理人对于被代理人的民事责任】…………… 304
　第二节　委托代理………………………………………………………… 306
　　第一百六十五条　【委托代理授权书】……………………………… 306
　　第一百六十六条　【共同代理】……………………………………… 307
　　第一百六十七条　【违法代理的法律后果】………………………… 307

第一百六十八条 【禁止自己代理与双方代理】……………… 308
第一百六十九条 【转委托代理】………………………………… 309
第一百七十条 【职务代表】……………………………………… 311
第一百七十一条 【无权代理】…………………………………… 312
第一百七十二条 【表见代理】…………………………………… 313

第三节 代理终止……………………………………………… 314
第一百七十三条 【委托代理终止的情形】……………………… 314
第一百七十四条 【被代理人死亡后委托代理继续有效的情形】… 315
第一百七十五条 【法定代理终止的情形】……………………… 316

第八章 民事责任………………………………………………… 317
第一百七十六条 【民事义务的履行和民事责任的承担】……… 317
第一百七十七条 【按份责任的承担】…………………………… 319
第一百七十八条 【连带责任的承担】…………………………… 320
第一百七十九条 【民事责任的承担方式】……………………… 321
第一百八十条 【不可抗力及其法律后果】……………………… 326
第一百八十一条 【正当防卫】…………………………………… 327
第一百八十二条 【紧急避险】…………………………………… 329
第一百八十三条 【为保护他人民事权益受损的责任承担】…… 331
第一百八十四条 【自愿实施紧急救助造成损害的责任承担】… 332
第一百八十五条 【侵害英雄烈士人格权的责任】……………… 333
第一百八十六条 【违约与侵权的竞合】………………………… 337
第一百八十七条 【民事责任优先】……………………………… 339

第九章 诉讼时效………………………………………………… 341
第一百八十八条 【诉讼时效的期间、起算与最长保护期】…… 341
第一百八十九条 【分期履行债务的诉讼时效起算】…………… 346
第一百九十条 【被代理人对其法定代理人的请求权的诉讼时效起算】…… 347
第一百九十一条 【未成年人受性侵害的损害赔偿请求权的诉讼时效起算】…………………………………………………… 348
第一百九十二条 【诉讼时效届满的法律后果】………………… 349
第一百九十三条 【法院不得主动适用诉讼时效】……………… 350
第一百九十四条 【诉讼时效的中止】…………………………… 351
第一百九十五条 【诉讼时效中断】……………………………… 353
第一百九十六条 【不适用诉讼时效的请求权】………………… 355

  第一百九十七条 【诉讼时效法定】 ··· 356
  第一百九十八条 【仲裁对于诉讼时效的准用】 ······························· 357
  第一百九十九条 【除斥期间】 ··· 358
 第十章 期间计算 ·· 360
  第二百条 【期间的计算单位】 ·· 360
  第二百零一条 【期间的起算】 ·· 361
  第二百零二条 【期间最后一日的认定】 ······································· 361
  第二百零三条 【期间最后一日的截止】 ······································· 362
  第二百零四条 【期间计算方法的确定】 ······································· 364
 第十一章 附则 ·· 365
  第二百零五条 【与期间计算有关的术语】 ···································· 365
  第二百零六条 【施行日期】 ··· 365

第三部分 《民法通则》等编纂对象法规反查《民法总则》条文对照表 ······ 367
 一、《民法通则》反查《民法总则》条文对照表 ································ 367
 二、《民通意见》反查《民法总则》条文对照表 ································ 371
 三、其他25部法律法规反查《民法总则》条文对照表 ······················· 375

附录一 中华人民共和国民法总则 ··· 379
附录二 《民法总则》与《民法通则》等编纂对象和关联法规简全称
  对照表 ··· 401
附录三 本书所涉案由对应法合二维码和法合引证码索引表 ············· 411

第一部分
《民法总则》与《民法通则》等编纂对象法规体系对照表

一、《民法总则》与《民法通则》章节设置对比表

《民法总则》(2017)	《民法通则》(1986)
第一章　基本规定	第一章　基本原则
第二章　自然人	第二章　公民(自然人)
第一节　民事权利能力和民事行为能力	第一节　民事权利能力和民事行为能力
第二节　监护	第二节　监护
第三节　宣告失踪和宣告死亡	第三节　宣告失踪和宣告死亡
第四节　个体工商户和农村承包经营户	第四节　个体工商户、农村承包经营户
	第五节　个人合伙
第三章　法人	第三章　法人
第一节　一般规定	第一节　一般规定
第二节　营利法人	第二节　企业法人
第三节　非营利法人	第三节　机关、事业单位和社会团体法人
第四节　特别法人	第四节　联营
第四章　非法人组织	
第五章　民事权利	第五章　民事权利
	第一节　财产所有权和与财产所有权有关的财产权
	第二节　债权
	第三节　知识产权
	第四节　人身权
	第四章　民事法律行为和代理(拆分)

《民法总则》(2017)	《民法通则》(1986)
第六章　民事法律行为	第一节　民事法律行为
第一节　一般规定	
第二节　意思表示	
第三节　民事法律行为的效力	
第四节　民事法律行为的附条件和附期限	
第七章　代理	第二节　代理
第一节　一般规定	
第二节　委托代理	
第三节　代理终止	
第八章　民事责任	第六章　民事责任
	第一节　一般规定
	第二节　违反合同的民事责任
	第三节　侵权的民事责任
	第四节　承担民事责任的方式
第九章　诉讼时效	第七章　诉讼时效
(《涉外民事关系法律适用法(2010)》)	第八章　涉外民事关系的法律适用
	第九章　附则(拆分)
第十章　期间计算	
第十一章　附则	
总计：十一章，206条	总计：九章，156条

二、《民法总则》与《民法通则》等编纂对象法规条文对照表

《民法总则》条文	《民法通则》等编纂对象法规对应条文
第一章　基本原则	
第一条　【立法目的】为了保护民事主体的合法权益，调整民事关系，维护社会和经济秩序，适应中国特色社会主义发展要求，弘扬社会主义核心价值观，根据宪法，制定本法。	《民法通则》 第一条　为了保障公民、法人的合法的民事权益，正确调整民事关系，适应社会主义现代化建设事业发展的需要，根据宪法和我国实际情况，总结民事活动的实践经验，制定本法。

《民法总则》条文	《民法通则》等编纂对象法规对应条文
第二条 【调整对象】民法调整平等主体的自然人、法人和非法人组织之间的人身关系和财产关系。	《民法通则》 第二条 中华人民共和国民法调整平等主体的公民之间、法人之间、公民和法人之间的财产关系和人身关系。
第三条 【不得侵犯民事权益】民事主体的人身权利、财产权利以及其他合法权益受法律保护，任何组织或者个人不得侵犯。	《民法通则》 第五条 公民、法人的合法的民事权益受法律保护，任何组织和个人不得侵犯。
第四条 【平等原则】民事主体在民事活动中的法律地位一律平等。	《民法通则》 第三条 当事人在民事活动中的地位平等。 《合同法》 第三条 合同当事人的法律地位平等，一方不得将自己的意志强加给另一方。
第五条① 【意思自治原则】民事主体从事民事活动，应当遵循自愿原则，按照自己的意思设立、变更、终止民事法律关系。 第六条 【公平原则】民事主体从事民事活动，应当遵循公平原则，合理确定各方的权利和义务。 第七条 【诚实信用原则】民事主体从事民事活动，应当遵循诚信原则，秉持诚实，恪守承诺。	《民法通则》 第四条 民事活动应当遵循自愿、公平、等价有偿、诚实信用的原则。 《合同法》 第四条 当事人依法享有自愿订立合同的权利，任何单位和个人不得非法干预。 第五条 当事人应当遵循公平原则确定各方的权利和义务。 第六条 当事人行使权利、履行义务应当遵循诚实信用原则。
第八条 【守法和公序良俗原则】民事主体从事民事活动，不得违反法律，不得违背公序良俗。	《民法通则》 第七条 民事活动应当尊重社会公德，不得损害社会公共利益，扰乱社会经济秩序。 《合同法》 第七条 当事人订立、履行合同，应当遵守法律、行政法规，尊重社会公德，不得扰乱社会经济秩序，损害社会公共利益。

---

① 因体系对照需要，本表对《民法总则》部分条文合并处理，并在必要时调整条文顺序。

《民法总则》条文	《民法通则》等编纂对象法规对应条文
第九条　【节约资源、保护生态环境原则】民事主体从事民事活动,应当有利于节约资源、保护生态环境。	《环境保护法》 　　**第四条**　保护环境是国家的基本国策。 　　国家采取有利于节约和循环利用资源、保护和改善环境、促进人与自然和谐的经济、技术政策和措施,使经济社会发展与环境保护相协调。
第十条　【民法法源顺序】处理民事纠纷,应当依照法律;法律没有规定的,可以适用习惯,但是不得违背公序良俗。	《民法通则》 　　**第六条**　民事活动必须遵守法律,法律没有规定的,应当遵守国家政策。
第十一条　【特别法优先】其他法律对民事关系有特别规定的,依照其规定。	《物权法》 　　**第八条**　其他相关法律对物权另有特别规定的,依照其规定。 《侵权责任法》 　　**第五条**　其他法律对侵权责任另有特别规定的,依照其规定。 《涉外民事关系法律适用法》 　　**第二条**　涉外民事关系适用的法律,依照本法确定。其他法律对涉外民事关系法律适用另有特别规定的,依照其规定。 　　本法和其他法律对涉外民事关系法律适用没有规定的,适用与该涉外民事关系有最密切联系的法律。
第十二条　【民法的地域效力】中华人民共和国领域内的民事活动,适用中华人民共和国法律。法律另有规定的,依照其规定。	《民法通则》 　　**第八条**　在中华人民共和国领域内的民事活动,适用中华人民共和国法律,法律另有规定的除外。 　　本法关于公民的规定,适用于在中华人民共和国领域内的外国人、无国籍人,法律另有规定的除外。
第二章　自然人 第一节　民事权利能力和民事行为能力	
第十三条　【民事权利能力的起止时间】自然人从出生时起到死亡时止,具有民事权利能力,依法享有民事权利,承担民事义务。	《民法通则》 　　**第九条**　公民从出生时起到死亡时止,具有民事权利能力,依法享有民事权利,承担民事义务。

《民法总则》条文	《民法通则》等编纂对象法规对应条文
第十四条 【民事权利能力平等】自然人的民事权利能力一律平等。	《民法通则》 第十条 公民的民事权利能力一律平等。
第十五条 【出生和死亡时间的认定】自然人的出生时间和死亡时间,以出生证明、死亡证明记载的时间为准;没有出生证明、死亡证明的,以户籍登记或者其他有效身份登记记载的时间为准。有其他证据足以推翻以上记载时间的,以该证据证明的时间为准。	《民通意见》 1.公民的民事权利能力自出生时开始。出生的时间以户籍为准;没有户籍证明的,以医院出具的出生证明为准,没有医院证明的,参照其他有关证明认定。
第十六条 【胎儿的部分民事权利能力】涉及遗产继承、接受赠与等胎儿利益保护的,胎儿视为具有民事权利能力。但是胎儿娩出时为死体的,其民事权利能力自始不存在。	《继承法》 第二十八条 遗产分割时,应当保留胎儿的继承份额。胎儿出生时是死体的,保留的份额按照法定继承办理。
第十七条 【成年时间】十八周岁以上的自然人为成年人。不满十八周岁的自然人为未成年人。 第十八条 【成年人的民事行为能力】成年人为完全民事行为能力人,可以独立实施民事法律行为。 十六周岁以上的未成年人,以自己的劳动收入为主要生活来源的,视为完全民事行为能力人。	《民法通则》 第十一条 十八周岁以上的公民是成年人,具有完全民事行为能力,可以独立进行民事活动,是完全民事行为能力人。 十六周岁以上不满十八周岁的公民,以自己的劳动收入为主要生活来源的,视为完全民事行为能力人。
第十九条 【八周岁以上未成年人的民事行为能力】八周岁以上的未成年人为限制民事行为能力人,实施民事法律行为由其法定代理人代理或者经其法定代理人同意、追认,但是可以独立实施纯获利益的民事法律行为或者与其年龄、智力相适应的民事法律行为。 第二十条 【不满八周岁未成年人的民事行为能力】不满八周岁的未成年人为无民事行为能力人,由其法定代理人代理实施民事法律行为。	《民法通则》 第十二条 十周岁以上的未成年人是限制民事行为能力人,可以进行与他的年龄、智力相适应的民事活动;其他民事活动由他的法定代理人代理,或者征得他的法定代理人的同意。 不满十周岁的未成年人是无民事行为能力人,由他的法定代理人代理民事活动。

《民法总则》条文	《民法通则》等编纂对象法规对应条文
第二十一条 【八周岁以上的无民事行为能力人】不能辨认自己行为的成年人为无民事行为能力人，由其法定代理人代理实施民事法律行为。 八周岁以上的未成年人不能辨认自己行为的，适用前款规定。 第二十二条 【不能完全辨认自己行为的成年人的限制民事行为能力】不能完全辨认自己行为的成年人为限制民事行为能力人，实施民事法律行为由其法定代理人代理或者经其法定代理人同意、追认，但是可以独立实施纯获利益的民事法律行为或者与其智力、精神健康状况相适应的民事法律行为。	《民法通则》 第十三条 不能辨认自己行为的精神病人是无民事行为能力人，由他的法定代理人代理民事活动。 不能完全辨认自己行为的精神病人是限制民事行为能力人，可以进行与他的精神健康状况相适应的民事活动；其他民事活动由他的法定代理人代理，或者征得他的法定代理人的同意。
第二十三条 【法定代理人】无民事行为能力人、限制民事行为能力人的监护人是其法定代理人。	《民法通则》 第十四条 无民事行为能力人、限制民事行为能力人的监护人是他的法定代理人。
第二十四条 【行为能力的宣告与恢复】不能辨认或者不能完全辨认自己行为的成年人，其利害关系人或者有关组织，可以向人民法院申请认定该成年人为无民事行为能力人或者限制民事行为能力人。 被人民法院认定为无民事行为能力人或者限制民事行为能力人的，经本人、利害关系人或者有关组织申请，人民法院可以根据其智力、精神健康恢复的状况，认定该成年人恢复为限制民事行为能力人或者完全民事行为能力人。 本条规定的有关组织包括：居民委员会、村民委员会、学校、医疗机构、妇女联合会、残疾人联合会、依法设立的老年人组织、民政部门等。	《民法通则》 第十九条 精神病人的利害关系人，可以向人民法院申请宣告精神病人为无民事行为能力人或者限制民事行为能力人。 被人民法院宣告为无民事行为能力人或者限制民事行为能力人的，根据他健康恢复的状况，经本人或者利害关系人申请，人民法院可以宣告他为限制民事行为能力人或者完全民事行为能力人。

《民法总则》条文	《民法通则》等编纂对象法规对应条文
第二十五条 【住所】自然人以户籍登记或者其他有效身份登记记载的居所为住所；经常居所与住所不一致的，经常居所视为住所。	《民法通则》 **第十五条** 公民以他的户籍所在地的居住地为住所，经常居住地与住所不一致的，经常居住地视为住所。
第二节 监护	
第二十六条 【父母与子女之间的义务】父母对未成年子女负有抚养、教育和保护的义务。 　　成年子女对父母负有赡养、扶助和保护的义务。	《婚姻法》 **第二十一条** 父母对子女有抚养教育的义务；子女对父母有赡养扶助的义务。 　　父母不履行抚养义务时，未成年的或不能独立生活的子女，有要求父母付给抚养费的权利。 　　子女不履行赡养义务时，无劳动能力的或生活困难的父母，有要求子女付给赡养费的权利。 　　禁止溺婴、弃婴和其他残害婴儿的行为。
第二十七条 【未成年人的监护人】父母是未成年子女的监护人。 　　未成年人的父母已经死亡或者没有监护能力的，由下列有监护能力的人按顺序担任监护人： 　　（一）祖父母、外祖父母； 　　（二）兄、姐； 　　（三）其他愿意担任监护人的个人或者组织，但是须经未成年人住所地的居民委员会、村民委员会或者民政部门同意。 **第二十八条** 【民事行为能力欠缺成年人的监护人】无民事行为能力或者限制民事行为能力的成年人，由下列有监护能力的人按顺序担任监护人： 　　（一）配偶； 　　（二）父母、子女； 　　（三）其他近亲属；	《民法通则》 **第十六条** 未成年人的父母是未成年人的监护人。 　　未成年人的父母已经死亡或者没有监护能力的，由下列人员中有监护能力的人担任监护人： 　　（一）祖父母、外祖父母； 　　（二）兄、姐； 　　（三）关系密切的其他亲属、朋友愿意承担监护责任，经未成年人的父、母的所在单位或者未成年人住所地的居民委员会、村民委员会同意的。 　　对担任监护人有争议的，由未成年人的父、母的所在单位或者未成年人住所地的居民委员会、村民委员会在近亲属中指定。对指定不服提起诉讼的，由人民法院裁决。

《民法总则》条文	《民法通则》等编纂对象法规对应条文
（四）其他愿意担任监护人的个人或者组织，但是须经被监护人住所地的居民委员会、村民委员会或者民政部门同意。 **第三十一条** 【指定监护】对监护人的确定有争议的，由被监护人住所地的居民委员会、村民委员会或者民政部门指定监护人，有关当事人对指定不服的，可以向人民法院申请指定监护人；有关当事人也可以直接向人民法院申请指定监护人。 居民委员会、村民委员会、民政部门或者人民法院应当尊重被监护人的真实意愿，按照最有利于被监护人的原则在依法具有监护资格的人中指定监护人。 依照本条第一款规定指定监护人前，被监护人的人身权利、财产权利以及其他合法权益处于无人保护状态的，由被监护人住所地的居民委员会、村民委员会、法律规定的有关组织或者民政部门担任临时监护人。 监护人被指定后，不得擅自变更；擅自变更的，不免除被指定的监护人的责任。 **第三十二条** 【单位监护人】没有依法具有监护资格的人的，监护人由民政部门担任，也可以由具备履行监护职责条件的被监护人住所地的居民委员会、村民委员会担任。	没有第一款、第二款规定的监护人的，由未成年人的父、母的所在单位或者未成年人住所地的居民委员会、村民委员会或者民政部门担任监护人 **第十七条** 无民事行为能力或者限制民事行为能力的精神病人，由下列人员担任监护人： （一）配偶； （二）父母； （三）成年子女； （四）其他近亲属； （五）关系密切的其他亲属、朋友愿意承担监护责任，经精神病人的所在单位或者住所地的居民委员会、村民委员会同意的。 对担任监护人有争议的，由精神病人的所在单位或者住所地的居民委员会、村民委员会在近亲属中指定。对指定不服提起诉讼的，由人民法院裁决。 没有第一款规定的监护人的，由精神病人的所在单位或者住所地的居民委员会、村民委员会或者民政部门担任监护人。
第二十九条 【遗嘱监护】被监护人的父母担任监护人的，可以通过遗嘱指定监护人。	暂无对应法条。
第三十条 【监护人的协议确定】依法具有监护资格的人之间可以协议确定监护人。协议确定监护人应当尊重被监护人的真实意愿。	《民通意见》 15.有监护资格的人之间协议确定监护人的，应当由协议确定的监护人对被监护人承担监护责任。

《民法总则》条文	《民法通则》等编纂对象法规对应条文
第三十三条 【协商监护】具有完全民事行为能力的成年人,可以与其近亲属、其他愿意担任监护人的个人或者组织事先协商,以书面形式确定自己的监护人。协商确定的监护人在该成年人丧失或者部分丧失民事行为能力时,履行监护职责。	《老年人权益保障法》 第二十六条 具备完全民事行为能力的老年人,可以在近亲属或者其他与自己关系密切、愿意承担监护责任的个人、组织中协商确定自己的监护人。监护人在老年人丧失或者部分丧失民事行为能力时,依法承担监护责任。 老年人未事先确定监护人的,其丧失或者部分丧失民事行为能力时,依照有关法律的规定确定监护人。
第三十四条 【监护人的职责、权利和责任】监护人的职责是代理被监护人实施民事法律行为,保护被监护人的人身权利、财产权利以及其他合法权益等。 监护人依法履行监护职责产生的权利,受法律保护。 监护人不履行监护职责或者侵害被监护人合法权益的,应当承担法律责任。 第三十五条 【监护权的履行原则】监护人应当按照最有利于被监护人的原则履行监护职责。监护人除为维护被监护人利益外,不得处分被监护人的财产。 未成年人的监护人履行监护职责,在作出与被监护人利益有关的决定时,应当根据被监护人的年龄和智力状况,尊重被监护人的真实意愿。 成年人的监护人履行监护职责,应当最大程度地尊重被监护人的真实意愿,保障并协助被监护人实施与其智力、精神健康状况相适应的民事法律行为。对被监护人有能力独立处理的事务,监护人不得干涉。 第三十六条 【监护人资格的撤销与重新指定】监护人有下列情形之一的,人民	《民法通则》 第十八条 监护人应当履行监护职责,保护被监护人的人身、财产及其他合法权益,除为被监护人的利益外,不得处理被监护人的财产。 监护人依法履行监护的权利,受法律保护。 监护人不履行监护职责或者侵害被监护人的合法权益的,应当承担责任;给被监护人造成财产损失的,应当赔偿损失。人民法院可以根据有关人员或者有关单位的申请,撤销监护人的资格。

《民法总则》条文	《民法通则》等编纂对象法规对应条文
法院根据有关个人或者组织的申请,撤销其监护人资格,安排必要的临时监护措施,并按照最有利于被监护人的原则依法指定监护人: (一)实施严重损害被监护人身心健康行为的; (二)怠于履行监护职责,或者无法履行监护职责并且拒绝将监护职责部分或者全部委托给他人,导致被监护人处于危困状态的; (三)实施严重侵害被监护人合法权益的其他行为的。 本条规定的有关个人和组织包括:其他依法具有监护资格的人,居民委员会、村民委员会、学校、医疗机构、妇女联合会、残疾人联合会、未成年人保护组织、依法设立的老年人组织、民政部门等。 前款规定的个人和民政部门以外的组织未及时向人民法院申请撤销监护人资格的,民政部门应当向人民法院申请。	
第三十七条 【法定义务不因监护人资格撤销而免除】依法负担被监护人抚养费、赡养费、扶养费的父母、子女、配偶等,被人民法院撤销监护人资格后,应当继续履行负担的义务。	**《未成年人保护法》** **第五十三条** 父母或者其他监护人不履行监护职责或者侵害被监护的未成年人的合法权益,经教育不改的,人民法院可以根据有关人员或者有关单位的申请,撤销其监护人的资格,依法另行指定监护人。被撤销监护资格的父母应当依法继续负担抚养费用。
第三十八条 【父母或子女的监护人资格的恢复】被监护人的父母或者子女被人民法院撤销监护人资格后,除对被监护人实施故意犯罪的外,确有悔改表现的,经其申请,人民法院可以在尊重被监护人真实意愿的前提下,视情况恢复其监护人资格,人民法院指定的监护人与被监护人的监护关系同时终止。	暂无对应法条。

《民法总则》条文	《民法通则》等编纂对象法规对应条文
第三十九条 【监护关系终止】有下列情形之一,监护关系终止: (一)被监护人取得或者恢复完全民事行为能力; (二)监护人丧失监护能力; (三)被监护人或者监护人死亡; (四)人民法院认定监护关系终止的其他情形。 　　监护关系终止后,被监护人仍然需要监护的,应当依法另行确定监护人。	暂无对应法条。
第三节　宣告失踪和宣告死亡	
第四十条 【宣告失踪】自然人下落不明满二年的,利害关系人可以向人民法院申请宣告该自然人为失踪人。 　　**第四十一条** 【下落不明时间的起算】自然人下落不明的时间从其失去音讯之日起计算。战争期间下落不明的,下落不明的时间自战争结束之日或者有关机关确定的下落不明之日起计算。	《民法通则》 　　**第二十条**　公民下落不明满二年的,利害关系人可以向人民法院申请宣告他为失踪人。 　　战争期间下落不明的,下落不明的时间从战争结束之日起计算。
第四十二条 【财产代管人】失踪人的财产由其配偶、成年子女、父母或者其他愿意担任财产代管人的人代管。 　　代管有争议,没有前款规定的人,或者前款规定的人无代管能力的,由人民法院指定的人代管。 　　**第四十三条** 【财产代管人的职责】财产代管人应当妥善管理失踪人的财产,维护其财产权益。 　　失踪人所欠税款、债务和应付的其他费用,由财产代管人从失踪人的财产中支付。 　　财产代管人因故意或者重大过失造成失踪人财产损失的,<u>应当承担赔偿责任</u>。	《民法通则》 　　**第二十一条**　失踪人的财产由他的配偶、父母、成年子女或者关系密切的其他亲属、朋友代管。代管有争议的,没有以上规定的人或者以上规定的人无能力代管的,由人民法院指定的人代管。 　　失踪人所欠税款、债务和应付的其他费用,由代管人从失踪人的财产中支付。

《民法总则》条文	《民法通则》等编纂对象法规对应条文
第四十四条　【财产代管人的变更】财产代管人不履行代管职责、侵害失踪人财产权益或者丧失代管能力的,失踪人的利害关系人可以向人民法院申请变更财产代管人。 　　财产代管人有正当理由的,可以向人民法院申请变更财产代管人。 　　人民法院变更财产代管人的,变更后的财产代管人有权要求原财产代管人及时移交有关财产并报告财产代管情况。	《民通意见》 　　35.失踪人的财产代管人以无力履行代管职责,申请变更代管人的,人民法院比照特别程序进行审理。 　　失踪人的财产代管人不履行代管职责或者侵犯失踪人财产权益的,失踪人的利害关系人可以向人民法院请求财产代管人承担民事责任。如果同时申请人民法院变更财产代管人的,变更之诉比照特别程序单独审理。
第四十五条　【宣告失踪的撤销】失踪人重新出现,经本人或者利害关系人申请,人民法院应当撤销失踪宣告。 　　失踪人重新出现,有权要求财产代管人及时移交有关财产并报告财产代管情况。	《民法通则》 　　第二十二条　被宣告失踪的人重新出现或者确知他的下落,经本人或者利害关系人申请,人民法院应当撤销对他的失踪宣告。
第四十六条　【宣告死亡】自然人有下列情形之一的,利害关系人可以向人民法院申请宣告该自然人死亡: 　　(一)下落不明满四年; 　　(二)因意外事件,下落不明满二年。 　　因意外事件下落不明,经有关机关证明该自然人不可能生存的,申请宣告死亡不受二年时间的限制。	《民法通则》 　　第二十三条　公民有下列情形之一的,利害关系人可以向人民法院申请宣告他死亡: 　　(一)下落不明满四年的; 　　(二)因意外事故下落不明,从事故发生之日起满二年的。 　　战争期间下落不明的,下落不明的时间从战争结束之日起计算。 《民事诉讼法》 　　第一百八十四条　公民下落不明满四年,或者因意外事故下落不明满二年,或者因意外事故下落不明,经有关机关证明该公民不可能生存,利害关系人申请宣告其死亡的,向下落不明人住所地基层人民法院提出。 　　申请书应当写明下落不明的事实、时间和请求,并附有公安机关或者其他有关机关关于该公民下落不明的书面证明。

《民法总则》条文	《民法通则》等编纂对象法规对应条文
第四十七条 【宣告失踪与宣告死亡请求的竞合】对同一自然人,有的利害关系人申请宣告死亡,有的利害关系人申请宣告失踪,符合本法规定的宣告死亡条件的,人民法院应当宣告死亡。	《民通意见》 29.宣告失踪不是宣告死亡的必须程序。公民下落不明,符合申请宣告死亡的条件,利害关系人可以不经申请宣告失踪而直接申请宣告死亡。但利害关系人只申请宣告失踪的,应当宣告失踪;同一顺序的利害关系人,有的申请宣告死亡,有的不同意宣告死亡,则应当宣告死亡。
第四十八条 【宣告死亡的日期】被宣告死亡的人,人民法院宣告死亡的判决作出之日视为其死亡的日期;因意外事件下落不明宣告死亡的,意外事件发生之日视为其死亡的日期。	《民通意见》 36.被宣告死亡的人,判决宣告之日为其死亡的日期。判决书除发给申请人外,还应当在被宣告死亡的人住所地和人民法院所在地公告。 ……
第四十九条 【宣告死亡不影响法律行为效力】自然人被宣告死亡但是并未死亡的,不影响该自然人在被宣告死亡期间实施的民事法律行为的效力。 第五十条 【宣告死亡的撤销】被宣告死亡的人重新出现,经本人或者利害关系人申请,人民法院应当撤销死亡宣告。	《民法通则》 第二十四条 被宣告死亡的人重新出现或者确知他没有死亡,经本人或者利害关系人申请,人民法院应当撤销对他的死亡宣告。 有民事行为能力人在被宣告死亡期间实施的民事法律行为有效。
第五十一条 【宣告死亡及其撤销后婚姻关系的效力】被宣告死亡的人的婚姻关系,自死亡宣告之日起消灭。死亡宣告被撤销的,婚姻关系自撤销死亡宣告之日起自行恢复,但是其配偶再婚或者向婚姻登记机关书面声明不愿意恢复的除外。	《民通意见》 37.被宣告死亡的人与配偶的婚姻关系,自死亡宣告之日起消灭。死亡宣告被人民法院撤销,如果其配偶尚未再婚的,夫妻关系从撤销死亡宣告之日起自行恢复;如果其配偶再婚后又离婚或者再婚后配偶又死亡的,则不得认定夫妻关系自行恢复。
第五十二条 【宣告死亡撤销后子女收养关系的效力】被宣告死亡的人在被宣告死亡期间,其子女被他人依法收养的,在死亡宣告被撤销后,不得以未经本人同意为由主张收养关系无效。	《民通意见》 38.被宣告死亡的人在被宣告死亡期间,其子女被他人依法收养,被宣告死亡的人在死亡宣告被撤销后,仅以未经本人同意而主张收养关系无效的,一般不应准许,但收养人和被收养人同意的除外。

《民法总则》条文	《民法通则》等编纂对象法规对应条文
第五十三条　【死亡宣告撤销后的财产返还】被撤销死亡宣告的人有权请求依照继承法取得其财产的民事主体返还财产。无法返还的,应当给予适当补偿。 利害关系人隐瞒真实情况,致使他人被宣告死亡取得其财产的,除应当返还财产外,还应当对由此造成的损失承担赔偿责任。	《民法通则》 　　**第二十五条**　被撤销死亡宣告的人有权请求返还财产。依照继承法取得他的财产的公民或者组织,应当返还原物;原物不存在的,给予适当补偿。 《民通意见》 　　39.利害关系人隐瞒真实情况使他人被宣告死亡而取得其财产的,除应返还原物及孳息外,还应对造成的损失予以赔偿。
第四节　个体工商户和农村承包经营户	
第五十四条　【个体工商户】自然人从事工商业经营,经依法登记,为个体工商户。个体工商户可以起字号。	《民法通则》 　　**第二十六条**　公民在法律允许的范围内,依法经核准登记,从事工商业经营的,为个体工商户。个体工商户可以起字号。
第五十五条　【农村承包经营户】农村集体经济组织的成员,依法取得农村土地承包经营权,从事家庭承包经营的,为农村承包经营户。	《民法通则》 　　**第二十七条**　农村集体经济组织的成员,在法律允许的范围内,按照承包合同规定从事商品经营的,为农村承包经营户。
第五十六条　【"两户"的债务承担】个体工商户的债务,个人经营的,以个人财产承担;家庭经营的,以家庭财产承担;无法区分的,以家庭财产承担。 农村承包经营户的债务,以从事农村土地承包经营的农户财产承担;事实上由农户部分成员经营的,以该部分成员的财产承担。	《民法通则》 　　**第二十九条**　个体工商户、农村承包经营户的债务,个人经营的,以个人财产承担;家庭经营的,以家庭财产承担。
第三章　法人	
第一节　一般规定	
第五十七条　【法人的概念】法人是具有民事权利能力和民事行为能力,依法独立享有民事权利和承担民事义务的组织。 **第五十九条　【法人的民事权利能力和民事行为能力】**法人的民事权利能力和民事行为能力,从法人成立时产生,到法人终止时消灭。	《民法通则》 　　**第三十六条**　法人是具有民事权利能力和民事行为能力,依法独立享有民事权利和承担民事义务的组织。 　　法人的民事权利能力和民事行为能力,从法人成立时产生,到法人终止时消灭。

《民法总则》条文	《民法通则》等编纂对象法规对应条文
第五十八条 【法人的成立】法人应当依法成立。 法人应当有自己的名称、组织机构、住所、财产或者经费。法人成立的具体条件和程序，依照法律、行政法规的规定。 设立法人，法律、行政法规规定须经有关机关批准的，依照其规定。	《民法通则》 第三十七条 法人应当具备下列条件： （一）依法成立； （二）有必要的财产或者经费； （三）有自己的名称、组织机构和场所； （四）能够独立承担民事责任。
第六十条 【法人的责任财产】法人以其全部财产独立承担民事责任。	《民法通则》 第四十八条 全民所有制企业法人以国家授予它经营管理的财产承担民事责任。集体所有制企业法人以企业所有的财产承担民事责任。中外合资经营企业法人、中外合作经营企业法人和外资企业法人以企业所有的财产承担民事责任，法律另有规定的除外。
第六十一条 【法定代表人】依照法律或者法人章程的规定，代表法人从事民事活动的负责人，为法人的法定代表人。 法定代表人以法人名义从事的民事活动，其法律后果由法人承受。 法人章程或者法人权力机构对法定代表人代表权的限制，不得对抗善意相对人。	《民法通则》 第三十八条 依照法律或者法人组织章程规定，代表法人行使职权的负责人，是法人的法定代表人。
第六十二条 【法定代表人职务行为的法律责任】法定代表人因执行职务造成他人损害的，由法人承担民事责任。 法人承担民事责任后，依照法律或者法人章程的规定，可以向有过错的法定代表人追偿。	《民法通则》 第四十三条 企业法人对它的法定代表人和其他工作人员的经营活动，承担民事责任。
第六十三条 【法人的住所】法人以其主要办事机构所在地为住所。依法需要办理法人登记的，应当将主要办事机构所在地登记为住所。	《民法通则》 第三十九条 法人以它的主要办事机构所在地为住所。

《民法总则》条文	《民法通则》等编纂对象法规对应条文
第六十四条 【变更登记】法人存续期间登记事项发生变化的，应当依法向登记机关申请变更登记。 第六十七条 【法人合并分立后权利义务的承担】法人合并的，其权利和义务由合并后的法人享有和承担。 法人分立的，其权利和义务由分立后的法人享有连带债权，承担连带债务，但是债权人和债务人另有约定的除外。	《民法通则》 第四十四条 企业法人分立、合并或者有其他重要事项变更，应当向登记机关办理登记并公告。 企业法人分立、合并，它的权利和义务由变更后的法人享有和承担。
第六十五条 【法人的错误登记不得对抗善意第三人】法人的实际情况与登记的事项不一致的，不得对抗善意相对人。	暂无对应法条。
第六十六条 【登记机关法人信息的及时公示义务】登记机关应当依法及时公示法人登记的有关信息。	《公司法》 第六条 设立公司，应当依法向公司登记机关申请设立登记。符合本法规定的设立条件的，由公司登记机关分别登记为有限责任公司或者股份有限公司；不符合本法规定的设立条件的，不得登记为有限责任公司或者股份有限公司。 法律、行政法规规定设立公司必须报经批准的，应当在公司登记前依法办理批准手续。 公众可以向公司登记机关申请查询公司登记事项，公司登记机关应当提供查询服务。
第六十八条 【法人终止的原因】有下列原因之一并依法完成清算、注销登记的，法人终止： （一）法人解散； （二）法人被宣告破产； （三）法律规定的其他原因。 法人终止，法律、行政法规规定须经有关机关批准的，依照其规定。	《民法通则》 第四十五条 企业法人由于下列原因之一终止： （一）依法被撤销； （二）解散； （三）依法宣告破产； （四）其他原因。

《民法总则》条文	《民法通则》等编纂对象法规对应条文
第六十九条 【法人解散的原因】有下列情形之一的,法人解散: (一)法人章程规定的存续期间届满或者法人章程规定的其他解散事由出现; (二)法人的权力机构决议解散; (三)因法人合并或者分立需要解散; (四)法人依法被吊销营业执照、登记证书,被责令关闭或者被撤销; (五)法律规定的其他情形。	《公司法》 **第一百八十条** 公司因下列原因解散: (一)公司章程规定的营业期限届满或者公司章程规定的其他解散事由出现; (二)股东会或者股东大会决议解散; (三)因公司合并或者分立需要解散; (四)依法被吊销营业执照、责令关闭或者被撤销; (五)人民法院依照本法第一百八十二条的规定予以解散。
第七十条 【法人的清算义务】法人解散的,除合并或者分立的情形外,清算义务人应当及时组成清算组进行清算。 法人的董事、理事等执行机构或者决策机构的成员为清算义务人。法律、行政法规另有规定的,依照其规定。 清算义务人未及时履行清算义务,造成损害的,应当承担民事责任;主管机关或者利害关系人可以申请人民法院指定有关人员组成清算组进行清算。	《民法通则》 **第四十条** 法人终止,应当依法进行清算,停止清算范围外的活动。 **第四十七条** 企业法人解散,应当成立清算组织,进行清算。企业法人被撤销、被宣告破产的,应当由主管机关或者人民法院组织有关机关和有关人员成立清算组织,进行清算。
第七十一条 【法人清算的法律适用】法人的清算程序和清算组职权,依照有关法律的规定;没有规定的,参照适用公司法的有关规定。	《公司法》 **第一百八十四条** 清算组在清算期间行使下列职权: (一)清理公司财产,分别编制资产负债表和财产清单; (二)通知、公告债权人; (三)处理与清算有关的公司未了结的业务; (四)清缴所欠税款以及清算过程中产生的税款; (五)清理债权、债务; (六)处理公司清偿债务后的剩余财产; (七)代表公司参与民事诉讼活动。

《民法总则》条文	《民法通则》等编纂对象法规对应条文
第七十二条 【清算结束的法律后果】 清算期间法人存续,但是不得从事与清算无关的活动。 法人清算后的剩余财产,根据法人章程的规定或者法人权力机构的决议处理。法律另有规定的,依照其规定。 清算结束并完成法人注销登记时,法人终止;依法不需要办理法人登记的,清算结束时,法人终止。	**《民法通则》** 　　**第四十条** 法人终止,应当依法进行清算,停止清算范围外的活动。 **《公司法》** 　　**第一百八十八条** 公司清算结束后,清算组应当制作清算报告,报股东会、股东大会或者人民法院确认,并报送公司登记机关,申请注销公司登记,公告公司终止。
第七十三条 【法人因破产清算终止】 法人被宣告破产的,依法进行破产清算并完成法人注销登记时,法人终止。	**《民法通则》** 　　**第四十六条** 企业法人终止,应当向登记机关办理注销登记并公告。
第七十四条 【法人的分支机构】 法人可以依法设立分支机构。法律、行政法规规定分支机构应当登记的,依照其规定。 分支机构以自己的名义从事民事活动,产生的民事责任由法人承担;也可以先以该分支机构管理的财产承担,不足以承担的,由法人承担。	**《公司法》** 　　**第十四条** 公司可以设立分公司。设立分公司,应当向公司登记机关申请登记,领取营业执照。分公司不具有法人资格,其民事责任由公司承担。 　　公司可以设立子公司,子公司具有法人资格,依法独立承担民事责任。
第七十五条 【设立法人民事活动的法律后果承受】 设立人为设立法人从事的民事活动,其法律后果由法人承受;法人未成立的,其法律后果由设立人承受,设立人为二人以上的,享有连带债权,承担连带债务。 设立人为设立法人以自己的名义从事民事活动产生的民事责任,第三人有权选择请求法人或者设立人承担。	**《公司法》** 　　**第九十四条** 股份有限公司的发起人应当承担下列责任: 　　(一)公司不能成立时,对设立行为所产生的债务和费用负连带责任; 　　(二)公司不能成立时,对认股人已缴纳的股款,负返还股款并加算银行同期存款利息的连带责任; 　　(三)在公司设立过程中,由于发起人的过失致使公司利益受到损害,应当对公司承担赔偿责任。

《民法总则》条文	《民法通则》等编纂对象法规对应条文
第二节 营利法人	
第七十六条 【营利法人的概念与类型】以取得利润并分配给股东等出资人为目的成立的法人,为营利法人。 营利法人包括有限责任公司、股份有限公司和其他企业法人等。	《公司法》 **第三条** 公司是企业法人,有独立的法人财产,享有法人财产权。公司以其全部财产对公司的债务承担责任。 有限责任公司的股东以其认缴的出资额为限对公司承担责任;股份有限公司的股东以其认购的股份为限对公司承担责任。
第七十七条 【营利法人的成立原则】营利法人经依法登记成立。	《民法通则》 **第四十一条** 全民所有制企业、集体所有制企业有符合国家规定的资金数额,有组织章程、组织机构和场所,能够独立承担民事责任,经主管机关核准登记,取得法人资格。 在中华人民共和国领域内设立的中外合资经营企业、中外合作经营企业和外资企业,具备法人条件的,依法经工商行政管理机关核准登记,取得中国法人资格。
第七十八条 【营业执照的签发】依法设立的营利法人,由登记机关发给营利法人营业执照。营业执照签发日期为营利法人的成立日期。	《公司法》 **第七条** 依法设立的公司,由公司登记机关发给公司营业执照。公司营业执照签发日期为公司成立日期。
第七十九条 【法人章程的制定义务】设立营利法人应当依法制定法人章程。	《公司法》 **第十一条** 设立公司必须依法制定公司章程。公司章程对公司、股东、董事、监事、高级管理人员具有约束力。
第八十条 【营利法人的权力机构】营利法人应当设权力机构。 权力机构行使修改法人章程,选举或者更换执行机构、监督机构成员,以及法人章程规定的其他职权。	《公司法》 **第三十六条** 有限责任公司股东会由全体股东组成。股东会是公司的权力机构,依照本法行使职权。

《民法总则》条文	《民法通则》等编纂对象法规对应条文
第八十一条　【营利法人的执行机构】营利法人应当设执行机构。 执行机构行使召集权力机构会议，决定法人的经营计划和投资方案，决定法人内部管理机构的设置，以及法人章程规定的其他职权。 执行机构为董事会或者执行董事的，董事长、执行董事或者经理按照法人章程的规定担任法定代表人；未设董事会或者执行董事的，法人章程规定的主要负责人为其执行机构和法定代表人。	《公司法》 　　**第四十四条**　有限责任公司设董事会，其成员为三人至十三人；但是，本法第五十条另有规定的除外。 　　两个以上的国有企业或者两个以上的其他国有投资主体投资设立的有限责任公司，其董事会成员中应当有公司职工代表；其他有限责任公司董事会成员中可以有公司职工代表。董事会中的职工代表由公司职工通过职工代表大会、职工大会或者其他形式民主选举产生。 　　董事会设董事长一人，可以设副董事长。董事长、副董事长的产生办法由公司章程规定。 　　**第五十条**　股东人数较少或者规模较小的有限责任公司，可以设一名执行董事，不设董事会。执行董事可以兼任公司经理。 　　执行董事的职权由公司章程规定。
第八十二条　【营利法人的监督机构】营利法人设监事会或者监事等监督机构的，监督机构依法行使检查法人财务，监督执行机构成员、高级管理人员执行法人职务的行为，以及法人章程规定的其他职权。	《公司法》 　　**第五十一条**　有限责任公司设监事会，其成员不得少于三人。股东人数较少或者规模较小的有限责任公司，可以设一至二名监事，不设监事会。 　　监事会应当包括股东代表和适当比例的公司职工代表，其中职工代表的比例不得低于三分之一，具体比例由公司章程规定。监事会中的职工代表由公司职工通过职工代表大会、职工大会或者其他形式民主选举产生。 　　监事会设主席一人，由全体监事过半数选举产生。监事会主席召集和主持监事会会议；监事会主席不能履行职务或者不履行职务的，由半数以上监事共同推举一名监事召集和主持监事会会议。 　　董事、高级管理人员不得兼任监事。

《民法总则》条文	《民法通则》等编纂对象法规对应条文
第八十三条 【营利法人出资人滥用权利的法律后果】营利法人的出资人不得滥用出资人权利损害法人或者其他出资人的利益。滥用出资人权利给法人或者其他出资人造成损失的,应当依法承担民事责任。 营利法人的出资人不得滥用法人独立地位和出资人有限责任损害法人的债权人利益。滥用法人独立地位和出资人有限责任,逃避债务,严重损害法人的债权人利益的,应当对法人债务承担连带责任。	《公司法》 第二十条 公司股东应当遵守法律、行政法规和公司章程,依法行使股东权利,不得滥用股东权利损害公司或者其他股东的利益;不得滥用公司法人独立地位和股东有限责任损害公司债权人的利益。 公司股东滥用股东权利给公司或者其他股东造成损失的,应当依法承担赔偿责任。 公司股东滥用公司法人独立地位和股东有限责任,逃避债务,严重损害公司债权人利益的,应当对公司债务承担连带责任。
第八十四条 【关联交易的规制】营利法人的控股出资人、实际控制人、董事、监事、高级管理人员不得利用其关联关系损害法人的利益。利用关联关系给法人造成损失的,应当承担赔偿责任。	《公司法》 第二十一条 公司的控股股东、实际控制人、董事、监事、高级管理人员不得利用其关联关系损害公司利益。 违反前款规定,给公司造成损失的,应当承担赔偿责任。
第八十五条 【营利法人决议程序瑕疵的法律后果】营利法人的权力机构、执行机构作出决议的会议召集程序、表决方式违反法律、行政法规、法人章程,或者决议内容违反法人章程的,营利法人的出资人可以请求人民法院撤销该决议,但是营利法人依据该决议与善意相对人形成的民事法律关系不受影响。	《公司法》 第二十二条 公司股东会或者股东大会、董事会的决议内容违反法律、行政法规的无效。 股东会或者股东大会、董事会的会议召集程序、表决方式违反法律、行政法规或者公司章程,或者决议内容违反公司章程的,股东可以自决议作出之日起六十日内,请求人民法院撤销。 股东依照前款规定提起诉讼的,人民法院可以应公司的请求,要求股东提供相应担保。 公司根据股东会或者股东大会、董事会决议已办理变更登记的,人民法院宣告该决议无效或者撤销该决议后,公司应当向公司登记机关申请撤销变更登记。

《民法总则》条文	《民法通则》等编纂对象法规对应条文
第八十六条 【营利法人的社会责任】营利法人从事经营活动,应当遵守商业道德,维护交易安全,接受政府和社会的监督,承担社会责任。	《公司法》 　　**第五条第一款** 公司从事经营活动,必须遵守法律、行政法规,遵守社会公德、商业道德,诚实守信,接受政府和社会公众的监督,承担社会责任。
第三节　非营利法人	
第八十七条 【非营利法人的概念与类型】为公益目的或者其他非营利目的成立,不向出资人、设立人或者会员分配所取得利润的法人,为非营利法人。 　　非营利法人包括事业单位、社会团体、基金会、社会服务机构等。	《公益事业捐赠法》 　　**第十条** 公益性社会团体和公益性非营利的事业单位可以依照本法接受捐赠。 　　本法所称公益性社会团体是指依法成立的,以发展公益事业为宗旨的基金会、慈善组织等社会团体。 　　本法所称公益性非营利的事业单位是指依法成立的,从事公益事业的不以营利为目的的教育机构、科学研究机构、医疗卫生机构、社会公共文化机构、社会公共体育机构和社会福利机构等。 《慈善法》 　　**第八条** 本法所称慈善组织,是指依法成立、符合本法规定,以面向社会开展慈善活动为宗旨的非营利性组织。
第八十八条 【公益性事业单位法人的设立】具备法人条件,为适应经济社会发展需要,提供公益服务设立的事业单位,经依法登记成立,取得事业单位法人资格;依法不需要办理法人登记的,从成立之日起,具有事业单位法人资格。 　　**第九十条** 【社会团体法人的设立】具备法人条件,基于会员共同意愿,为公益目的或者会员共同利益等非营利目的设立的社会团体,经依法登记成立,取得社会团体法人资格;依法不需要办理法人登记的,从成立之日起,具有社会团体法人资格。	《民法通则》 　　**第五十条** 有独立经费的机关从成立之日起,具有法人资格。 　　具备法人条件的事业单位、社会团体,依法不需要办理法人登记的,从成立之日起,具有法人资格;依法需要办理法人登记的,经核准登记,取得法人资格。

《民法总则》条文	《民法通则》等编纂对象法规对应条文
第八十九条　【事业单位法人的机构】事业单位法人设理事会的，除法律另有规定外，理事会为其决策机构。事业单位法人的法定代表人依照法律、行政法规或者法人章程的规定产生。	暂无对应法条。
第九十一条　【社会团体法人的机构设置】设立社会团体法人应当依法制定法人章程。 社会团体法人应当设会员大会或者会员代表大会等权力机构。 社会团体法人应当设理事会等执行机构。理事长或者会长等负责人按照法人章程的规定担任法定代表人。	《社会团体登记管理条例》 　　**第二条**　本条例所称社会团体，是指中国公民自愿组成，为实现会员共同意愿，按照其章程开展活动的非营利性社会组织。 　　国家机关以外的组织可以作为单位会员加入社会团体。
第九十二条　【捐助法人的设立】具备法人条件，为公益目的以捐助财产设立的基金会、社会服务机构等，经依法登记成立，取得捐助法人资格。 依法设立的宗教活动场所，具备法人条件的，可以申请法人登记，取得捐助法人资格。法律、行政法规对宗教活动场所有规定的，依照其规定。	《慈善法》 　　**第十条**　设立慈善组织，应当向县级以上人民政府民政部门申请登记，民政部门应当自受理申请之日起三十日内作出决定。符合本法规定条件的，准予登记并向社会公告；不符合本法规定条件的，不予登记并书面说明理由。 　　本法公布前已经设立的基金会、社会团体、社会服务机构等非营利性组织，可以向其登记的民政部门申请认定为慈善组织，民政部门应当自受理申请之日起二十日内作出决定。符合慈善组织条件的，予以认定并向社会公告；不符合慈善组织条件的，不予认定并书面说明理由。 　　有特殊情况需要延长登记或者认定期限的，报经国务院民政部门批准，可以适当延长，但延长的期限不得超过六十日。

《民法总则》条文	《民法通则》等编纂对象法规对应条文
第九十三条　【捐助法人的机构设置】设立捐助法人应当依法制定法人章程。 捐助法人应当设理事会、民主管理组织等决策机构，并设执行机构。理事长等负责人按照法人章程的规定担任法定代表人。 捐助法人应当设监事会等监督机构。	**《慈善法》** 　　第十二条　慈善组织应当根据法律法规以及章程的规定，建立健全内部治理结构，明确决策、执行、监督等方面的职责权限，开展慈善活动。 　　慈善组织应当执行国家统一的会计制度，依法进行会计核算，建立健全会计监督制度，并接受政府有关部门的监督管理。
第九十四条　【捐助人的权利】捐助人有权向捐助法人查询捐助财产的使用、管理情况，并提出意见和建议，捐助法人应当及时、如实答复。 捐助法人的决策机构、执行机构或者法定代表人作出决定的程序违反法律、行政法规、法人章程，或者决定内容违反法人章程的，捐助人等利害关系人或者主管机关可以请求人民法院撤销该决定，但是捐助法人依据该决定与善意相对人形成的民事法律关系不受影响。	**《公益事业捐赠法》** 　　第二十一条　捐赠人有权向受赠人查询捐赠财产的使用、管理情况，并提出意见和建议。对于捐赠人的查询，受赠人应当如实答复。
第九十五条　【非营利法人剩余财产的处理】为公益目的成立的非营利法人终止时，不得向出资人、设立人或者会员分配剩余财产。剩余财产应当按照法人章程的规定或者权力机构的决议用于公益目的；无法按照法人章程的规定或者权力机构的决议处理的，由主管机关主持转给宗旨相同或者相近的法人，并向社会公告。	**《慈善法》** 　　第十八条　慈善组织终止，应当进行清算。 　　慈善组织的决策机构应当在本法第十七条规定的终止情形出现之日起三十日内成立清算组进行清算，并向社会公告。不成立清算组或者清算组不履行职责的，民政部门可以申请人民法院指定有关人员组成清算组进行清算。 　　慈善组织清算后的剩余财产，应当按照慈善组织章程的规定转给宗旨相同或者相近的慈善组织；章程未规定的，由民政部门主持转给宗旨相同或者相近的慈善组织，并向社会公告。 　　慈善组织清算结束后，应当向其登记的民政部门办理注销登记，并由民政部门向社会公告。

《民法总则》条文	《民法通则》等编纂对象法规对应条文
第四节　特别法人	
第九十六条　【特别法人的类型】本节规定的机关法人、农村集体经济组织法人、城镇农村的合作经济组织法人、基层群众性自治组织法人,为特别法人。	暂无对应法条。
第九十七条　【机关法人】有独立经费的机关和承担行政职能的法定机构从成立之日起,具有机关法人资格,可以从事为履行职能所需要的民事活动。	《民法通则》 　　第五十条　有独立经费的机关从成立之日起,具有法人资格。 　　具备法人条件的事业单位、社会团体,依法不需要办理法人登记的,从成立之日起,具有法人资格;依法需要办理法人登记的,经核准登记,取得法人资格。
第九十八条　【机关法人撤销后的责任承担】机关法人被撤销的,法人终止,其民事权利和义务由继任的机关法人享有和承担;没有继任的机关法人的,由作出撤销决定的机关法人享有和承担。	《国家赔偿法》 　　第七条第五款　赔偿义务机关被撤销的,继续行使其职权的行政机关为赔偿义务机关;没有继续行使其职权的行政机关的,撤销该赔偿义务机关的行政机关为赔偿义务机关。
第九十九条　【农村集体经济组织法人】农村集体经济组织依法取得法人资格。 　　法律、行政法规对农村集体经济组织有规定的,依照其规定。	暂无对应法条。
第一百条　【合作经济组织法人】城镇农村的合作经济组织依法取得法人资格。 　　法律、行政法规对城镇农村的合作经济组织有规定的,依照其规定。	《农民专业合作社法》 　　第四条　农民专业合作社依照本法登记,取得法人资格。 　　农民专业合作社对由成员出资、公积金、国家财政直接补助、他人捐赠以及合法取得的其他资产所形成的财产,享有占有、使用和处分的权利,并以上述财产对债务承担责任。

《民法总则》条文	《民法通则》等编纂对象法规对应条文
第一百零一条 【居民委员会、村民委员会】居民委员会、村民委员会具有基层群众性自治组织法人资格,可以从事为履行职能所需要的民事活动。 未设立村集体经济组织的,村民委员会可以依法代行村集体经济组织的职能。	《城市居民委员会组织法》 　　第二条　居民委员会是居民自我管理、自我教育、自我服务的基层群众性自治组织。 　　不设区的市、市辖区的人民政府或者它的派出机关对居民委员会的工作给予指导、支持和帮助。居民委员会协助不设区的市、市辖区的人民政府或者它的派出机关开展工作。 《村民委员会组织法》 　　第二条　村民委员会是村民自我管理、自我教育、自我服务的基层群众性自治组织,实行民主选举、民主决策、民主管理、民主监督。 　　村民委员会办理本村的公共事务和公益事业,调解民间纠纷,协助维护社会治安,向人民政府反映村民的意见、要求和提出建议。 　　村民委员会向村民会议、村民代表会议负责并报告工作。
第四章　非法人组织	
第一百零二条 【非法人组织的概念与类型】非法人组织是不具有法人资格,但是能够依法以自己的名义从事民事活动的组织。 非法人组织包括个人独资企业、合伙企业、不具有法人资格的专业服务机构等。 第一百零四条 【非法人组织的责任承担】非法人组织的财产不足以清偿债务的,其出资人或者设立人承担无限责任。法律另有规定的,依照其规定。	《个人独资企业法》 　　第二条　本法所称个人独资企业,是指依照本法在中国境内设立,由一个自然人投资,财产为投资人个人所有,投资人以其个人财产对企业债务承担无限责任的经营实体。 《合伙企业法》 　　第二条　本法所称合伙企业,是指自然人、法人和其他组织依照本法在中国境内设立的普通合伙企业和有限合伙企业。 　　普通合伙企业由普通合伙人组成,合伙人对合伙企业债务承担无限连带责任。本法对普通合伙人承担责任的形式有特别规定的,从其规定。 　　有限合伙企业由普通合伙人和有限合伙人组成,普通合伙人对合伙企业债务承担无限连带责任,有限合伙人以其认缴的出资额为限对合伙企业债务承担责任。

《民法总则》条文	《民法通则》等编纂对象法规对应条文
第一百零三条 【非法人组织的设立原则】非法人组织应当依照法律的规定登记。 设立非法人组织,法律、行政法规规定须经有关机关批准的,依照其规定。	暂无对应法条。
第一百零五条 【非法人组织的民事活动】非法人组织可以确定一人或者数人代表该组织从事民事活动。	《合伙企业法》 　　**第二十六条** 合伙人对执行合伙事务享有同等的权利。 　　按照合伙协议的约定或者经全体合伙人决定,可以委托一个或者数个合伙人对外代表合伙企业,执行合伙事务。 　　作为合伙人的法人、其他组织执行合伙事务的,由其委派的代表执行。
第一百零六条 【非法人组织的解散】有下列情形之一的,非法人组织解散: 　　(一)章程规定的存续期间届满或者章程规定的其他解散事由出现; 　　(二)出资人或者设立人决定解散; 　　(三)法律规定的其他情形。	《合伙企业法》 　　**第八十五条** 合伙企业有下列情形之一的,应当解散: 　　(一)合伙期限届满,合伙人决定不再经营; 　　(二)合伙协议约定的解散事由出现; 　　(三)全体合伙人决定解散; 　　(四)合伙人已不具备法定人数满三十天; 　　(五)合伙协议约定的合伙目的已经实现或者无法实现; 　　(六)依法被吊销营业执照、责令关闭或者被撤销; 　　(七)法律、行政法规规定的其他原因。

《民法总则》条文	《民法通则》等编纂对象法规对应条文
第一百零七条 【非法人组织的清算】非法人组织解散的,应当依法进行清算。	《个人独资企业法》 第二十七条 个人独资企业解散,由投资人自行清算或者由债权人申请人民法院指定清算人进行清算。 投资人自行清算的,应当在清算前十五日内书面通知债权人,无法通知的,应当予以公告。债权人应当在接到通知之日起三十日内,未接到通知的应当在公告之日起六十日内,向投资人申报其债权。 《合伙企业法》 第八十六条 合伙企业解散,应当由清算人进行清算。 清算人由全体合伙人担任;经全体合伙人过半数同意,可以自合伙企业解散事由出现后十五日内指定一个或者数个合伙人,或者委托第三人,担任清算人。 自合伙企业解散事由出现之日起十五日内未确定清算人的,合伙人或者其他利害关系人可以申请人民法院指定清算人。
第一百零八条 【非法人组织的参照适用】非法人组织除适用本章规定外,参照适用本法第三章第一节的有关规定。	暂无对应法条。
第五章 民事权利	
第一百零九条 【一般人格权】自然人的人身自由、人格尊严受法律保护。	《民法通则》 第一百零一条 公民、法人享有名誉权,公民的人格尊严受法律保护,禁止用侮辱、诽谤等方式损害公民、法人的名誉。

《民法总则》条文	《民法通则》等编纂对象法规对应条文
第一百一十条 【具体人格权】自然人享有生命权、身体权、健康权、姓名权、肖像权、名誉权、荣誉权、隐私权、婚姻自主权等权利。 法人、非法人组织享有名称权、名誉权、荣誉权等权利。	《民法通则》 第九十八条 公民享有生命健康权。 第九十九条 公民享有姓名权，有权决定、使用和依照规定改变自己的姓名，禁止他人干涉、盗用、假冒。 法人、个体工商户、个人合伙享有名称权。企业法人、个体工商户、个人合伙有权使用、依法转让自己的名称。 第一百条 公民享有肖像权，未经本人同意，不得以营利为目的使用公民的肖像。 第一百零一条 公民、法人享有名誉权，公民的人格尊严受法律保护，禁止用侮辱、诽谤等方式损害公民、法人的名誉。 第一百零二条 公民、法人享有荣誉权，禁止非法剥夺公民、法人的荣誉称号。 第一百零三条 公民享有婚姻自主权，禁止买卖、包办婚姻和其他干涉婚姻自由的行为。
第一百一十一条 【个人信息权】自然人的个人信息受法律保护。任何组织和个人需要获取他人个人信息的，应当依法取得并确保信息安全，不得非法收集、使用、加工、传输他人个人信息，不得非法买卖、提供或者公开他人个人信息。	《网络安全法》 第四十二条 网络运营者不得泄露、篡改、毁损其收集的个人信息；未经被收集者同意，不得向他人提供个人信息。但是，经过处理无法识别特定个人且不能复原的除外。 第四十四条 任何个人和组织不得窃取或者以其他非法方式获取个人信息，不得非法出售或者非法向他人提供个人信息。

《民法总则》条文	《民法通则》等编纂对象法规对应条文
第一百一十二条 【身份权】自然人因婚姻、家庭关系等产生的人身权利受法律保护。	《婚姻法》 第二十条 夫妻有互相扶养的义务。 一方不履行扶养义务时,需要扶养的一方,有要求对方付给扶养费的权利。 《精神损害赔偿司法解释》 第二条 非法使被监护人脱离监护,导致亲子关系或者近亲属间的亲属关系遭受严重损害,监护人向人民法院起诉请求赔偿精神损害的,人民法院应当依法予以受理。
第一百一十三条 【财产权受法律平等保护】民事主体的财产权利受法律平等保护。	《物权法》 第三条 国家在社会主义初级阶段,坚持公有制为主体、多种所有制经济共同发展的基本经济制度。 国家巩固和发展公有制经济,鼓励、支持和引导非公有制经济的发展。 国家实行社会主义市场经济,保障一切市场主体的平等法律地位和发展权利。 第四条 国家、集体、私人的物权和其他权利人的物权受法律保护,任何单位和个人不得侵犯。
第一百一十四条 【物权的概念与类型】民事主体依法享有物权。 物权是权利人依法对特定的物享有直接支配和排他的权利,包括所有权、用益物权和担保物权。 第一百一十五条 【物权的客体】物包括不动产和动产。法律规定权利作为物权客体的,依照其规定。	《物权法》 第二条 因物的归属和利用而产生的民事关系,适用本法。 本法所称物,包括不动产和动产。法律规定权利作为物权客体的,依照其规定。 本法所称物权,是指权利人依法对特定的物享有直接支配和排他的权利,包括所有权、用益物权和担保物权。
第一百一十六条 【物权法定】物权的种类和内容,由法律规定。	《物权法》 第五条 物权的种类和内容,由法律规定。

《民法总则》条文	《民法通则》等编纂对象法规对应条文
第一百一十七条 【不动产或动产的征收征用】为了公共利益的需要,依照法律规定的权限和程序征收、征用不动产或者动产的,应当给予公平、合理的补偿。	《物权法》 第四十二条 为了公共利益的需要,依照法律规定的权限和程序可以征收集体所有的土地和单位、个人的房屋及其他不动产。 征收集体所有的土地,应当依法足额支付土地补偿费、安置补助费、地上附着物和青苗的补偿费等费用,安排被征地农民的社会保障费用,保障被征地农民的生活,维护被征地农民的合法权益。 征收单位、个人的房屋及其他不动产,应当依法给予拆迁补偿,维护被征收人的合法权益;征收个人住宅的,还应当保障被征收人的居住条件。 任何单位和个人不得贪污、挪用、私分、截留、拖欠征收补偿费等费用。
第一百一十八条 【债权的概念和发生原因】民事主体依法享有债权。 债权是因合同、侵权行为、无因管理、不当得利以及法律的其他规定,权利人请求特定义务人为或者不为一定行为的权利。	《民法通则》 第八十四条 债是按照合同的约定或者依照法律的规定,在当事人之间产生的特定的权利和义务关系。享有权利的人是债权人,负有义务的人是债务人。 债权人有权要求债务人按照合同的约定或者依照法律的规定履行义务。
第一百一十九条 【合同的拘束力】依法成立的合同,对当事人具有法律约束力。	《合同法》 第八条 依法成立的合同,对当事人具有法律约束力。当事人应当按照约定履行自己的义务,不得擅自变更或者解除合同。 依法成立的合同,受法律保护。
第一百二十条 【侵权责任的当事人主义】民事权益受到侵害的,被侵权人有权请求侵权人承担侵权责任。	《侵权责任法》 第二条第一款 侵害民事权益,应当依照本法承担侵权责任。 第三条 被侵权人有权请求侵权人承担侵权责任。

《民法总则》条文	《民法通则》等编纂对象法规对应条文
第一百二十一条 【无因管理】没有法定的或者约定的义务,为避免他人利益受损失而进行管理的人,有权请求受益人偿还由此支出的必要费用。	《民法通则》 第九十三条 没有法定的或者约定的义务,为避免他人利益受损失进行管理或者服务的,有权要求受益人偿付由此而支付的必要费用。
第一百二十二条 【不当得利】因他人没有法律根据,取得不当利益,受损失的人有权请求其返还不当利益。	《民法通则》 第九十二条 没有合法根据,取得不当利益,造成他人损失的,应当将取得的不当利益返还受损失的人。
第一百二十三条 【知识产权】民事主体依法享有知识产权。 知识产权是权利人依法就下列客体享有的专有的权利: (一)作品; (二)发明、实用新型、外观设计; (三)商标; (四)地理标志; (五)商业秘密; (六)集成电路布图设计; (七)植物新品种; (八)法律规定的其他客体。	《民法通则》 第九十四条 公民、法人享有著作权(版权),依法有署名、发表、出版、获得报酬等权利。 第九十五条 公民、法人依法取得的专利权受法律保护。 第九十六条 法人、个体工商户、个人合伙依法取得的商标专用权受法律保护。
第一百二十四条 【财产继承权】自然人依法享有继承权。 自然人合法的私有财产,可以依法继承。	《民法通则》 第七十六条 公民依法享有财产继承权。 《继承法》 第三条 遗产是公民死亡时遗留的个人合法财产,包括: (一)公民的收入; (二)公民的房屋、储蓄和生活用品; (三)公民的林木、牲畜和家禽; (四)公民的文物、图书资料; (五)法律允许公民所有的生产资料; (六)公民的著作权、专利权中的财产权利; (七)公民的其他合法财产。

《民法总则》条文	《民法通则》等编纂对象法规对应条文
第一百二十五条 【投资性权利】民事主体依法享有股权和其他投资性权利。	《公司法》 第三十三条 股东有权查阅、复制公司章程、股东会会议记录、董事会会议决议、监事会会议决议和财务会计报告。 股东可以要求查阅公司会计账簿。股东要求查阅公司会计账簿的,应当向公司提出书面请求,说明目的。公司有合理根据认为股东查阅会计账簿有不正当目的,可能损害公司合法利益的,可以拒绝提供查阅,并应当自股东提出书面请求之日起十五日内书面答复股东并说明理由。公司拒绝提供查阅的,股东可以请求人民法院要求公司提供查阅。
第一百二十六条 【其他民事权益】民事主体享有法律规定的其他民事权利和利益。	暂无对应法条。
第一百二十七条 【对数据和网络虚拟财产的保护】法律对数据、网络虚拟财产的保护有规定的,依照其规定。	暂无对应法条。
第一百二十八条 【对弱势群体的特别保护】法律对未成年人、老年人、残疾人、妇女、消费者等的民事权利保护有特别规定的,依照其规定。	《民法通则》 第一百零四条 婚姻、家庭、老人、母亲和儿童受法律保护。 残疾人的合法权益受法律保护。 第一百零五条 妇女享有同男子平等的民事权利。
第一百二十九条 【民事权利的取得方式】民事权利可以依据民事法律行为、事实行为、法律规定的事件或者法律规定的其他方式取得。	暂无对应法条。
第一百三十条 【民事主体自愿依法行使民事权利】民事主体按照自己的意愿依法行使民事权利,不受干涉。	暂无对应法条。

《民法总则》条文	《民法通则》等编纂对象法规对应条文
第一百三十一条 【行使权利应履行义务】民事主体行使权利时,应当履行法律规定的和当事人约定的义务。	暂无对应法条。
第一百三十二条 【禁止权利滥用】民事主体不得滥用民事权利损害国家利益、社会公共利益或者他人合法权益。	暂无对应法条。
第六章 民事法律行为	
第一节 一般规定	
第一百三十三条 【民事法律行为】民事法律行为是民事主体通过意思表示设立、变更、终止民事法律关系的行为。	《民法通则》 第五十四条 民事法律行为是公民或者法人设立、变更、终止民事权利和民事义务的合法行为。
第一百三十四条 【民事法律行为成立的方式】民事法律行为可以基于双方或者多方的意思表示一致成立,也可以基于单方的意思表示成立。 法人、非法人组织依照法律或者章程规定的议事方式和表决程序作出决议的,该决议行为成立。	暂无对应法条。
第一百三十五条 【民事法律行为的形式】民事法律行为可以采用书面形式、口头形式或者其他形式;法律、行政法规规定或者当事人约定采用特定形式的,应当采用特定形式。	《民法通则》 第五十六条 民事法律行为可以采用书面形式、口头形式或者其他形式。法律规定用特定形式的,应当依照法律规定。
第一百三十六条 【民事法律行为的生效】民事法律行为自成立时生效,但是法律另有规定或者当事人另有约定的除外。 行为人非依法律规定或者未经对方同意,不得擅自变更或者解除民事法律行为。	《民法通则》 第五十七条 民事法律行为从成立时起具有法律约束力。行为人非依法律规定或者取得对方同意,不得擅自变更或者解除。

《民法总则》条文	《民法通则》等编纂对象法规对应条文
第二节　意思表示	
第一百三十七条　【意思表示的生效时间】以对话方式作出的意思表示，相对人知道其内容时生效。 以非对话方式作出的意思表示，到达相对人时生效。以非对话方式作出的采用数据电文形式的意思表示，相对人指定特定系统接收数据电文的，该数据电文进入该特定系统时生效；未指定特定系统的，相对人知道或者应当知道该数据电文进入其系统时生效。当事人对采用数据电文形式的意思表示的生效时间另有约定的，按照其约定。	《合同法》 　第十六条　要约到达受要约人时生效。 　采用数据电文形式订立合同，收件人指定特定系统接收数据电文的，该数据电文进入该特定系统的时间，视为到达时间；未指定特定系统的，该数据电文进入收件人的任何系统的首次时间，视为到达时间。
第一百三十八条　【无相对人的意思表示的生效时间】无相对人的意思表示，表示完成时生效。法律另有规定的，依照其规定。	暂无对应法条。
第一百三十九条　【公告方式的意思表示的生效时间】以公告方式作出的意思表示，公告发布时生效。	暂无对应法条。
第一百四十条　【意思表示的方式】行为人可以明示或者默示作出意思表示。 沉默只有在有法律规定、当事人约定或者符合当事人之间的交易习惯时，才可以视为意思表示。	《民通意见》 　66.一方当事人向对方当事人提出民事权利的要求，对方未用语言或者文字明确表示意见，但其行为表明已接受的，可以认定为默示。不作为的默示只有在法律有规定或者当事人双方有约定的情况下，才可以视为意思表示。
第一百四十一条　【意思表示的撤回】行为人可以撤回意思表示。撤回意思表示的通知应当在意思表示到达相对人前或者与意思表示同时到达相对人。	《合同法》 　第十七条　要约可以撤回。撤回要约的通知应当在要约到达受要约人之前或者与要约同时到达受要约人。

《民法总则》条文	《民法通则》等编纂对象法规对应条文
第一百四十二条　【意思表示的解释】有相对人的意思表示的解释,应当按照所使用的词句,结合相关条款、行为的性质和目的、习惯以及诚信原则,确定意思表示的含义。 无相对人的意思表示的解释,不能完全拘泥于所使用的词句,而应当结合相关条款、行为的性质和目的、习惯以及诚信原则,确定行为人的真实意思。	**《合同法》** 　　第一百二十五条　当事人对合同条款的理解有争议的,应当按照合同所使用的词句、合同的有关条款、合同的目的、交易习惯以及诚实信用原则,确定该条款的真实意思。 　　合同文本采用两种以上文字订立并约定具有同等效力的,对各文本使用的词句推定具有相同含义。各文本使用的词句不一致的,应当根据合同的目的予以解释。
第三节　民事法律行为的效力	
第一百四十三条　【民事法律行为的有效条件】具备下列条件的民事法律行为有效: (一)行为人具有相应的民事行为能力; (二)意思表示真实; (三)不违反法律、行政法规的强制性规定,不违背公序良俗。	**《民法通则》** 　　第五十五条　民事法律行为应当具备下列条件: 　　(一)行为人具有相应的民事行为能力; 　　(二)意思表示真实; 　　(三)不违反法律或者社会公共利益。
第一百四十四条　【无民事行为能力人的民事法律行为的效力】无民事行为能力人实施的民事法律行为无效。 **第一百四十六条　【虚假意思表示及隐藏民事法律行为的效力】**行为人与相对人以虚假的意思表示实施的民事法律行为无效。 以虚假的意思表示隐藏的民事法律行为的效力,依照有关法律规定处理。 **第一百五十四条　【恶意串通损害他人权益的民事法律行为的效力】**行为人与相对人恶意串通,损害他人合法权益的民事法律行为无效。	**《民法通则》** 　　第五十八条第一款第(一)项、第(四)项、第(六)项　下列民事行为无效: 　　(一)无民事行为能力人实施的; 　　…… 　　(四)恶意串通,损害国家、集体或者第三人利益的; 　　…… 　　(六)以合法形式掩盖非法目的的。 **《合同法》** 　　第五十二条第(二)项、第(三)项　有下列情形之一的,合同无效: 　　…… 　　(二)恶意串通,损害国家、集体或者第三人利益; 　　(三)以合法形式掩盖非法目的; 　　……

《民法总则》条文	《民法通则》等编纂对象法规对应条文
第一百四十五条 【限制民事行为能力人的民事法律行为的效力】限制民事行为能力人实施的纯获利益的民事法律行为或者与其年龄、智力、精神健康状况相适应的民事法律行为有效；实施的其他民事法律行为经法定代理人同意或者追认后有效。 相对人可以催告法定代理人自收到通知之日起一个月内予以追认。法定代理人未作表示的，视为拒绝追认。民事法律行为被追认前，善意相对人有撤销的权利。撤销应当以通知的方式作出。	《合同法》 第四十七条 限制民事行为能力人订立的合同，经法定代理人追认后，该合同有效，但纯获利益的合同或者与其年龄、智力、精神健康状况相适应而订立的合同，不必经法定代理人追认。 相对人可以催告法定代理人在一个月内予以追认。法定代理人未作表示的，视为拒绝追认。合同被追认之前，善意相对人有撤销的权利。撤销应当以通知的方式作出。
第一百四十七条 【基于重大误解实施的民事法律行为的效力】基于重大误解实施的民事法律行为，行为人有权请求人民法院或者仲裁机构予以撤销。 第一百四十八条 【受一方欺诈实施的民事法律行为的效力】一方以欺诈手段，使对方在违背真实意思的情况下实施的民事法律行为，受欺诈方有权请求人民法院或者仲裁机构予以撤销。 第一百五十条 【受胁迫实施的民事法律行为的效力】一方或者第三人以胁迫手段，使对方在违背真实意思的情况下实施的民事法律行为，受胁迫方有权请求人民法院或者仲裁机构予以撤销。 第一百五十一条 【乘人之危导致显失公平的民事法律行为的效力】一方利用对方处于危困状态、缺乏判断能力等情形，致使民事法律行为成立时显失公平的，受损害方有权请求人民法院或者仲裁机构予以撤销。	《民法通则》 第五十九条 下列民事行为，一方有权请求人民法院或者仲裁机关予以变更或者撤销： （一）行为人对行为内容有重大误解的； （二）显失公平的。 被撤销的民事行为从行为开始起无效。 《合同法》 第五十四条 下列合同，当事人一方有权请求人民法院或者仲裁机构变更或者撤销： （一）因重大误解订立的； （二）在订立合同时显失公平的。 一方以欺诈、胁迫的手段或者乘人之危，使对方在违背真实意思的情况下订立的合同，受损害方有权请求人民法院或者仲裁机构变更或者撤销。 当事人请求变更的，人民法院或者仲裁机构不得撤销。

《民法总则》条文	《民法通则》等编纂对象法规对应条文
第一百四十九条 【受第三人欺诈实施的民事法律行为的效力】第三人实施欺诈行为，使一方在违背真实意思的情况下实施的民事法律行为，对方知道或者应当知道该欺诈行为的，受欺诈方有权请求人民法院或者仲裁机构予以撤销。	暂无对应法条。
第一百五十二条 【撤销权消灭的事由】有下列情形之一的，撤销权消灭： （一）当事人自知道或者应当知道撤销事由之日起一年内、重大误解的当事人自知道或者应当知道撤销事由之日起三个月内没有行使撤销权； （二）当事人受胁迫，自胁迫行为终止之日起一年内没有行使撤销权； （三）当事人知道撤销事由后明确表示或者以自己的行为表明放弃撤销权。 当事人自民事法律行为发生之日起五年内没有行使撤销权的，撤销权消灭。	《合同法》 第五十五条 有下列情形之一的，撤销权消灭： （一）具有撤销权的当事人自知道或者应当知道撤销事由之日起一年内没有行使撤销权； （二）具有撤销权的当事人知道撤销事由后明确表示或者以自己的行为放弃撤销权。 《婚姻法》 第十一条 因胁迫结婚的，受胁迫的一方可以向婚姻登记机关或人民法院请求撤销该婚姻。受胁迫的一方撤销婚姻的请求，应当自结婚登记之日起一年内提出。被非法限制人身自由的当事人请求撤销婚姻的，应当自恢复人身自由之日起一年内提出。
第一百五十三条 【违反法律法规和公序良俗的民事法律行为的效力】违反法律、行政法规的强制性规定的民事法律行为无效，但是该强制性规定不导致该民事法律行为无效的除外。 违背公序良俗的民事法律行为无效。	《合同法》 第五十二条第（四）项、第（五）项 有下列情形之一的，合同无效： …… （四）损害社会公共利益； （五）违反法律、行政法规的强制性规定。 《合同法司法解释（二）》 第十四条 合同法第五十二条第（五）项规定的"强制性规定"，是指效力性强制性规定。

《民法总则》条文	《民法通则》等编纂对象法规对应条文
第一百五十五条 【无效或被撤销的民事法律行为的约束力】无效的或者被撤销的民事法律行为自始没有法律约束力。	《合同法》 第五十六条 无效的合同或者被撤销的合同自始没有法律约束力。合同部分无效,不影响其他部分效力的,其他部分仍然有效。
第一百五十六条 【民事法律行为的部分无效】民事法律行为部分无效,不影响其他部分效力的,其他部分仍然有效。	《民法通则》 第六十条 民事行为部分无效,不影响其他部分的效力的,其他部分仍然有效。
第一百五十七条 【民事法律行为无效、被撤销或不发生效力的后果】民事法律行为无效、被撤销或者确定不发生效力后,行为人因该行为取得的财产,应当予以返还;不能返还或者没有必要返还的,应当折价补偿。有过错的一方应当赔偿对方由此所受到的损失;各方都有过错的,应当各自承担相应的责任。法律另有规定的,依照其规定。	《民法通则》 第六十一条 民事行为被确认为无效或者被撤销后,当事人因该行为取得的财产,应当返还给受损失的一方。有过错的一方应当赔偿对方因此所受的损失,双方都有过错的,应当各自承担相应的责任。 双方恶意串通,实施民事行为损害国家的、集体的或者第三人的利益的,应当追缴双方取得的财产,收归国家、集体所有或者返还第三人。
第四节 民事法律行为的附条件和附期限	
第一百五十八条 【附条件的民事法律行为】民事法律行为可以附条件,但是按照其性质不得附条件的除外。附生效条件的民事法律行为,自条件成就时生效。附解除条件的民事法律行为,自条件成就时失效。 第一百五十九条 【恶意影响条件成就或不成就的法律后果】附条件的民事法律行为,当事人为自己的利益不正当地阻止条件成就的,视为条件已成就;不正当地促成条件成就的,视为条件不成就。	《民法通则》 第六十二条 民事法律行为可以附条件,附条件的民事法律行为在符合所附条件时生效。 《合同法》 第四十五条 当事人对合同的效力可以约定附条件。附生效条件的合同,自条件成就时生效。附解除条件的合同,自条件成就时失效。 当事人为自己的利益不正当地阻止条件成就的,视为条件已成就;不正当地促成条件成就的,视为条件不成就。

《民法总则》条文	《民法通则》等编纂对象法规对应条文
第一百六十条 【附期限的民事法律行为】民事法律行为可以附期限，但是按照其性质不得附期限的除外。附生效期限的民事法律行为，自期限届至时生效。附终止期限的民事法律行为，自期限届满时失效。	《合同法》 　　**第四十六条** 当事人对合同的效力可以约定附期限。附生效期限的合同，自期限届至时生效。附终止期限的合同，自期限届满时失效。
第七章　代理	
第一节　一般规定	
第一百六十一条 【可代理的民事法律行为】民事主体可以通过代理人实施民事法律行为。 　　依照法律规定、当事人约定或者民事法律行为的性质，应当由本人亲自实施的民事法律行为，不得代理。 　　**第一百六十二条** 【代理的法律后果】代理人在代理权限内，以被代理人名义实施的民事法律行为，对被代理人发生效力。	《民法通则》 　　**第六十三条** 公民、法人可以通过代理人实施民事法律行为。 　　代理人在代理权限内，以被代理人的名义实施民事法律行为。被代理人对代理人的代理行为，承担民事责任。 　　依照法律规定或者按照双方当事人约定，应当由本人实施的民事法律行为，不得代理。
第一百六十三条 【代理的种类】代理包括委托代理和法定代理。 　　委托代理人按照被代理人的委托行使代理权。法定代理人依照法律的规定行使代理权。	《民法通则》 　　**第六十四条** 代理包括委托代理、法定代理和指定代理。 　　委托代理人按照被代理人的委托行使代理权，法定代理人依照法律的规定行使代理权，指定代理人按照人民法院或者指定单位的指定行使代理权。

《民法总则》条文	《民法通则》等编纂对象法规对应条文
第一百六十四条 【代理人对于被代理人的民事责任】代理人不履行或者不完全履行职责，造成被代理人损害的，应当承担民事责任。 代理人和相对人恶意串通，损害被代理人合法权益的，代理人和相对人应当承担连带责任。 第一百七十一条 【无权代理】行为人没有代理权、超越代理权或者代理权终止后，仍然实施代理行为，未经被代理人追认的，对被代理人不发生效力。 相对人可以催告被代理人自收到通知之日起一个月内予以追认。被代理人未作表示的，视为拒绝追认。行为人实施的行为被追认前，善意相对人有撤销的权利。撤销应当以通知的方式作出。 行为人实施的行为未被追认的，善意相对人有权请求行为人履行债务或者就其受到的损害请求行为人赔偿，但是赔偿的范围不得超过被代理人追认时相对人所能获得的利益。 相对人知道或者应当知道行为人无权代理的，相对人和行为人按照各自的过错承担责任。	《民法通则》 第六十六条 没有代理权、超越代理权或者代理权终止后的行为，只有经过被代理人的追认，被代理人才承担民事责任。未经追认的行为，由行为人承担民事责任。本人知道他人以本人名义实施民事行为而不作否认表示的，视为同意。 代理人不履行职责而给被代理人造成损害的，应当承担民事责任。 代理人和第三人串通、损害被代理人的利益的，由代理人和第三人负连带责任。 第三人知道行为人没有代理权、超越代理权或者代理权已终止还与行为人实施民事行为给他人造成损害的，由第三人和行为人负连带责任。
第二节 委托代理	
第一百六十五条 【委托代理授权书】委托代理授权采用书面形式的，授权委托书应当载明代理人的姓名或者名称、代理事项、权限和期间，并由被代理人签名或者盖章。	《民法通则》 第六十五条 民事法律行为的委托代理，可以用书面形式，也可以用口头形式。法律规定用书面形式的，应当用书面形式。 书面委托代理的授权委托书应当载明代理人的姓名或者名称、代理事项、权限和期间，并由委托人签名或盖章。 委托书授权不明的，被代理人应当向第三人承担民事责任，代理人负连带责任。

《民法总则》条文	《民法通则》等编纂对象法规对应条文
第一百六十六条 【共同代理】数人为同一代理事项的代理人的,应当共同行使代理权,但是当事人另有约定的除外。	暂无对应法条。
第一百六十七条 【违法代理的法律后果】代理人知道或者应当知道代理事项违法仍然实施代理行为,或者被代理人知道或者应当知道代理人的代理行为违法未作反对表示的,被代理人和代理人应当承担连带责任。	《民法通则》 第六十七条 代理人知道被委托代理的事项违法仍然进行代理活动的,或者被代理人知道代理人的代理行为违法不表示反对的,由被代理人和代理人负连带责任。
第一百六十八条 【禁止自己代理与双方代理】代理人不得以被代理人的名义与自己实施民事法律行为,但是被代理人同意或者追认的除外。 代理人不得以被代理人的名义与自己同时代理的其他人实施民事法律行为,但是被代理的双方同意或者追认的除外。	暂无对应法条。
第一百六十九条 【转委托代理】代理人需要转委托第三人代理的,应当取得被代理人的同意或者追认。 转委托代理经被代理人同意或者追认的,被代理人可以就代理事务直接指示转委托的第三人,代理人仅就第三人的选任以及对第三人的指示承担责任。 转委托代理未经被代理人同意或者追认的,代理人应当对转委托的第三人的行为承担责任,但是在紧急情况下代理人为了维护被代理人的利益需要转委托第三人代理的除外。	《民法通则》 第六十八条 委托代理人为被代理人的利益需要转托他人代理的,应当事先取得被代理人的同意。事先没有取得被代理人同意的,应当在事后及时告诉被代理人,如果被代理人不同意,由代理人对自己所转托的人的行为负民事责任,但在紧急情况下,为了保护被代理人的利益而转托他人代理的除外。
第一百七十条 【职务代表】执行法人或者非法人组织工作任务的人员,就其职权范围内的事项,以法人或者非法人组织的名义实施民事法律行为,对法人或者非法人组织发生效力。 法人或者非法人组织对执行其工作任务的人员职权范围的限制,不得对抗善意相对人。	《合同法》 第五十条 法人或者其他组织的法定代表人、负责人超越权限订立的合同,除相对人知道或者应当知道其超越权限的以外,该代表行为有效。

《民法总则》条文	《民法通则》等编纂对象法规对应条文
第一百七十二条 【表见代理】行为人没有代理权、超越代理权或者代理权终止后，仍然实施代理行为，相对人有理由相信行为人有代理权的，代理行为有效。	《合同法》 第四十九条 行为人没有代理权、超越代理权或者代理权终止后以被代理人名义订立合同，相对人有理由相信行为人有代理权的，该代理行为有效。
第三节 代理终止	
第一百七十三条 【委托代理终止的情形】有下列情形之一的，委托代理终止： （一）代理期间届满或者代理事务完成； （二）被代理人取消委托或者代理人辞去委托； （三）代理人丧失民事行为能力； （四）代理人或者被代理人死亡； （五）作为代理人或者被代理人的法人、非法人组织终止。	《民法通则》 第六十九条 有下列情形之一的，委托代理终止： （一）代理期间届满或者代理事务完成； （二）被代理人取消委托或者代理人辞去委托； （三）代理人死亡； （四）代理人丧失民事行为能力； （五）作为被代理人或者代理人的法人终止。
第一百七十四条 【被代理人死亡后委托代理继续有效的情形】被代理人死亡后，有下列情形之一的，委托代理人实施的代理行为有效： （一）代理人不知道并且不应当知道被代理人死亡； （二）被代理人的继承人予以承认； （三）授权中明确代理权在代理事务完成时终止； （四）被代理人死亡前已经实施，为了被代理人的继承人的利益继续代理。 作为被代理人的法人、非法人组织终止的，参照适用前款规定。	《民通意见》 82.被代理人死亡后有下列情况之一的，委托代理人实施的代理行为有效：(1)代理人不知道被代理人死亡的；(2)被代理人的继承人均予承认的；(3)被代理人与代理人约定到代理事项完成时代理权终止的；(4)在被代理人死亡前已经进行、而在被代理人死亡后为了被代理人的继承人的利益继续完成的。

《民法总则》条文	《民法通则》等编纂对象法规对应条文
第一百七十五条 【法定代理终止的情形】有下列情形之一的,法定代理终止: (一)被代理人取得或者恢复完全民事行为能力; (二)代理人丧失民事行为能力; (三)代理人或者被代理人死亡; (四)法律规定的其他情形。	《民法通则》 第七十条 有下列情形之一的,法定代理或者指定代理终止: (一)被代理人取得或者恢复民事行为能力; (二)被代理人或者代理人死亡; (三)代理人丧失民事行为能力; (四)指定代理的人民法院或者指定单位取消指定; (五)由其他原因引起的被代理人和代理人之间的监护关系消灭。
第八章 民事责任	
第一百七十六条 【民事义务的履行和民事责任的承担】民事主体依照法律规定和当事人约定,履行民事义务,承担民事责任。	《民法通则》 第一百零六条 公民、法人违反合同或者不履行其他义务的,应当承担民事责任。 公民、法人由于过错侵害国家的、集体的财产,侵害他人财产、人身的应当承担民事责任。 没有过错,但法律规定应当承担民事责任的,应当承担民事责任。
第一百七十七条 【按份责任的承担】二人以上依法承担按份责任,能够确定责任大小的,各自承担相应的责任;难以确定责任大小的,平均承担责任。	《侵权责任法》 第十二条 二人以上分别实施侵权行为造成同一损害,能够确定责任大小的,各自承担相应的责任;难以确定责任大小的,平均承担赔偿责任。
第一百七十八条 【连带责任的承担】二人以上依法承担连带责任的,权利人有权请求部分或者全部连带责任人承担责任。 连带责任人的责任份额根据各自责任大小确定;难以确定责任大小的,平均承担责任。实际承担责任超过自己责任份额的连带责任人,有权向其他连带责任人追偿。 连带责任,由法律规定或者当事人约定。	《侵权责任法》 第十三条 法律规定承担连带责任的,被侵权人有权请求部分或者全部连带责任人承担责任。 第十四条 连带责任人根据各自责任大小确定相应的赔偿数额;难以确定责任大小的,平均承担赔偿责任。 支付超出自己赔偿数额的连带责任人,有权向其他连带责任人追偿。

《民法总则》条文	《民法通则》等编纂对象法规对应条文
第一百七十九条 【民事责任的承担方式】承担民事责任的方式主要有： （一）停止侵害； （二）排除妨碍； （三）消除危险； （四）返还财产； （五）恢复原状； （六）修理、重作、更换； （七）继续履行； （八）赔偿损失； （九）支付违约金； （十）消除影响、恢复名誉； （十一）赔礼道歉。 法律规定惩罚性赔偿的，依照其规定。 本条规定的承担民事责任的方式，可以单独适用，也可以合并适用。	《民法通则》 第一百三十四条 承担民事责任的方式主要有： （一）停止侵害； （二）排除妨碍； （三）消除危险； （四）返还财产； （五）恢复原状； （六）修理、重作、更换； （七）赔偿损失； （八）支付违约金； （九）消除影响、恢复名誉； （十）赔礼道歉。 以上承担民事责任的方式，可以单独适用，也可以合并适用。 人民法院审理民事案件，除适用上述规定外，还可以予以训诫、责令具结悔过、收缴进行非法活动的财物和非法所得，并可以依照法律规定处以罚款、拘留。
第一百八十条 【不可抗力及其法律后果】因不可抗力不能履行民事义务的，不承担民事责任。法律另有规定的，依照其规定。 不可抗力是指不能预见、不能避免且不能克服的客观情况。	《民法通则》 第一百零七条 因不可抗力不能履行合同或者造成他人损害的，不承担民事责任，法律另有规定的除外。 第一百五十三条 本法所称的"不可抗力"，是指不能预见、不能避免并不能克服的客观情况。
第一百八十一条 【正当防卫】因正当防卫造成损害的，不承担民事责任。 正当防卫超过必要的限度，造成不应有的损害的，正当防卫人应当承担适当的民事责任。	《民法通则》 第一百二十八条 因正当防卫造成损害的，不承担民事责任。正当防卫超过必要的限度，造成不应有的损害的，应当承担适当的民事责任。

《民法总则》条文	《民法通则》等编纂对象法规对应条文
第一百八十二条 【紧急避险】因紧急避险造成损害的,由引起险情发生的人承担民事责任。 危险由自然原因引起的,紧急避险人不承担民事责任,可以给予适当补偿。 紧急避险采取措施不当或者超过必要的限度,造成不应有的损害,紧急避险人应当承担适当的民事责任。	《民法通则》 第一百二十九条 因紧急避险造成损害的,由引起险情发生的人承担民事责任。如果危险是由自然原因引起的,紧急避险人不承担民事责任或者承担适当的民事责任。因紧急避险采取措施不当或者超过必要的限度,造成不应有的损害的,紧急避险人应当承担适当的民事责任。
第一百八十三条 【为保护他人民事权益受损的责任承担】因保护他人民事权益使自己受到损害的,由侵权人承担民事责任,受益人可以给予适当补偿。没有侵权人、侵权人逃逸或者无力承担民事责任,受害人请求补偿的,受益人应当给予适当补偿。	《民法通则》 第一百零九条 因防止、制止国家的、集体的财产或者他人的财产、人身遭受侵害而使自己受到损害的,由侵害人承担赔偿责任,受益人也可以给予适当的补偿。
第一百八十四条 【自愿实施紧急救助造成损害的责任承担】因自愿实施紧急救助行为造成受助人损害的,救助人不承担民事责任。	暂无对应法条。
第一百八十五条 【侵害英雄烈士人格权的责任】侵害英雄烈士等的姓名、肖像、名誉、荣誉,损害社会公共利益的,应当承担民事责任。	《精神损害赔偿司法解释》 第三条 自然人死亡后,其近亲属因下列侵权行为遭受精神痛苦,向人民法院起诉请求赔偿精神损害的,人民法院应当依法予以受理: (一)以侮辱、诽谤、贬损、丑化或者违反社会公共利益、社会公德的其他方式,侵害死者姓名、肖像、名誉、荣誉; (二)非法披露、利用死者隐私,或者以违反社会公共利益、社会公德的其他方式侵害死者隐私; (三)非法利用、损害遗体、遗骨,或者以违反社会公共利益、社会公德的其他方式侵害遗体、遗骨。

《民法总则》条文	《民法通则》等编纂对象法规对应条文
第一百八十六条 【违约与侵权的竞合】因当事人一方的违约行为,损害对方人身权益、财产权益的,受损害方有权选择请求其承担违约责任或者侵权责任。	《合同法》 **第一百二十二条** 因当事人一方的违约行为,侵害对方人身、财产权益的,受损害方有权选择依照本法要求其承担违约责任或者依照其他法律要求其承担侵权责任。
第一百八十七条 【民事责任优先】民事主体因同一行为应当承担民事责任、行政责任和刑事责任的,承担行政责任或者刑事责任不影响承担民事责任;民事主体的财产不足以支付的,优先用于承担民事责任。	《侵权责任法》 **第四条** 侵权人因同一行为应当承担行政责任或者刑事责任的,不影响依法承担侵权责任。 因同一行为应当承担侵权责任和行政责任、刑事责任,侵权人的财产不足以支付的,先承担侵权责任。
第九章 诉讼时效	
第一百八十八条 【诉讼时效的期间、起算与最长保护期】向人民法院请求保护民事权利的诉讼时效期间为三年。法律另有规定的,依照其规定。 诉讼时效期间自权利人知道或者应知道权利受到损害以及义务人之日起计算。法律另有规定的,依照其规定。但是自权利受到损害之日起超过二十年的,人民法院不予保护;有特殊情况的,人民法院可以根据权利人的申请决定延长。	《民法通则》 **第一百三十五条** 向人民法院请求保护民事权利的诉讼时效期间为二年,法律另有规定的除外。 **第一百三十七条** 诉讼时效期间从知道或者应当知道权利被侵害时起计算。但是,从权利被侵害之日起超过二十年的,人民法院不予保护。有特殊情况的,人民法院可以延长诉讼时效期间。 **第一百四十一条** 法律对诉讼时效另有规定的,依照法律规定。
第一百八十九条 【分期履行债务的诉讼时效起算】当事人约定同一债务分期履行的,诉讼时效期间自最后一期履行期限届满之日起计算。	《民事案件诉讼时效规定》 **第五条** 当事人约定同一债务分期履行的,诉讼时效期间从最后一期履行期限届满之日起计算。
第一百九十条 【被代理人对其法定代理人的请求权的诉讼时效起算】无民事行为能力人或者限制民事行为能力人对其法定代理人的请求权的诉讼时效期间,自该法定代理终止之日起计算。	暂无对应法条。

《民法总则》条文	《民法通则》等编纂对象法规对应条文
第一百九十一条 【未成年人受性侵害的损害赔偿请求权的诉讼时效起算】未成年人遭受性侵害的损害赔偿请求权的诉讼时效期间,自受害人年满十八周岁之日起计算。	暂无对应法条。
第一百九十二条 【诉讼时效届满的法律后果】诉讼时效期间届满的,义务人可以提出不履行义务的抗辩。 诉讼时效期间届满后,义务人同意履行的,不得以诉讼时效期间届满为由抗辩;义务人已自愿履行的,不得请求返还。	《民法通则》 第一百三十八条 超过诉讼时效期间,当事人自愿履行的,不受诉讼时效限制。
第一百九十三条 【法院不得主动适用诉讼时效】人民法院不得主动适用诉讼时效的规定。	《民事案件诉讼时效规定》 第三条 当事人未提出诉讼时效抗辩,人民法院不应对诉讼时效问题进行释明及主动适用诉讼时效的规定进行裁判。
第一百九十四条 【诉讼时效的中止】在诉讼时效期间的最后六个月内,因下列障碍,不能行使请求权的,诉讼时效中止: (一)不可抗力; (二)无民事行为能力人或者限制民事行为能力人没有法定代理人,或者法定代理人死亡、丧失民事行为能力、丧失代理权; (三)继承开始后未确定继承人或者遗产管理人; (四)权利人被义务人或者其他人控制; (五)其他导致权利人不能行使请求权的障碍。 自中止时效的原因消除之日起满六个月,诉讼时效期间届满。	《民法通则》 第一百三十九条 在诉讼时效期间的最后六个月内,因不可抗力或者其他障碍不能行使请求权的,诉讼时效中止。从中止时效的原因消除之日起,诉讼时效期间继续计算。

《民法总则》条文	《民法通则》等编纂对象法规对应条文
第一百九十五条 【诉讼时效中断】有下列情形之一的,诉讼时效中断,从中断、有关程序终结时起,诉讼时效期间重新计算: (一)权利人向义务人提出履行请求; (二)义务人同意履行义务; (三)权利人提起诉讼或者申请仲裁; (四)与提起诉讼或者申请仲裁具有同等效力的其他情形。	《民法通则》 第一百四十条 诉讼时效因提起诉讼、当事人一方提出要求或者同意履行义务而中断。从中断时起,诉讼时效期间重新计算。
第一百九十六条 【不适用诉讼时效的请求权】下列请求权不适用诉讼时效的规定: (一)请求停止侵害、排除妨碍、消除危险; (二)不动产物权和登记的动产物权的权利人请求返还财产; (三)请求支付抚养费、赡养费或者扶养费; (四)依法不适用诉讼时效的其他请求权。	暂无对应法条。
第一百九十七条 【诉讼时效法定】诉讼时效的期间、计算方法以及中止、中断的事由由法律规定,当事人约定无效。 当事人对诉讼时效利益的预先放弃无效。	《民事案件诉讼时效规定》 第二条 当事人违反法律规定,约定延长或者缩短诉讼时效期间、预先放弃诉讼时效利益的,人民法院不予认可。
第一百九十八条 【仲裁对于诉讼时效的准用】法律对仲裁时效有规定的,依照其规定;没有规定的,适用诉讼时效的规定。	《仲裁法》 第七十四条 法律对仲裁时效有规定的,适用该规定。法律对仲裁时效没有规定的,适用诉讼时效的规定。
第一百九十九条 【除斥期间】法律规定或者当事人约定的撤销权、解除权等权利的存续期间,除法律另有规定外,自权利人知道或者应当知道权利产生之日起计算,不适用有关诉讼时效中止、中断和延长的规定。存续期间届满,撤销权、解除权等权利消灭。	《合同法》 第九十五条 法律规定或者当事人约定解除权行使期限,期限届满当事人不行使的,该权利消灭。 法律没有规定或者当事人没有约定解除权行使期限,经对方催告后在合理期限内不行使的,该权利消灭。

《民法总则》条文	《民法通则》等编纂对象法规对应条文
第十章　期间计算	**第九章　附则**
第二百条　【期间的计算单位】民法所称的期间按照公历年、月、日、小时计算。 第二百零一条　【期间的起算】按照年、月、日计算期间的,开始的当日不计入,自下一日开始计算。 按照小时计算期间的,自法律规定或者当事人约定的时间开始计算。 第二百零三条　【期间最后一日的截止】期间的最后一日是法定休假日的,以法定休假日结束的次日为期间的最后一日。 期间的最后一日的截止时间为二十四时;有业务时间的,停止业务活动的时间为截止时间。	《民法通则》 第一百五十四条　民法所称的期间按照公历年、月、日、小时计算。 规定按照小时计算期间的,从规定时开始计算。规定按照日、月、年计算期间的,开始的当天不算入,从下一天开始计算。 期间的最后一天是星期日或者其他法定休假日的,以休假日的次日为期间的最后一天。 期间的最后一天的截止时间为二十四点。有业务时间的,到停止业务活动的时间截止。
第二百零二条　【期间最后一日的认定】按照年、月计算期间的,到期月的对应日为期间的最后一日;没有对应日的,月末日为期间的最后一日。	暂无对应法条。
第二百零四条　【期间计算方法的确定】期间的计算方法依照本法的规定,但是法律另有规定或者当事人另有约定的除外。	《民法通则》 第一百四十一条　法律对诉讼时效另有规定的,依照法律规定。
第十一章　附则	
第二百零五条　【与期间计算有关的术语】民法所称的"以上""以下""以内""届满",包括本数;所称的"不满""超过""以外",不包括本数。	《民法通则》 第一百五十五条　民法所称的"以上"、"以下"、"以内"、"届满",包括本数;所称的"不满"、"以外",不包括本数。
第二百零六条　【施行日期】本法自2017年10月1日起施行。	《民法通则》 第一百五十六条　本法自1987年1月1日起施行。

第二部分
《民法总则》条文释义、关联条文和对应案由

第一章 基本规定

第一条 【立法目的】

《民法总则》条文	《民法通则》等编纂对象法规对应条文
第一条 为了保护<u>民事主体</u>的合法权益,调整民事关系,<u>维护社会和经济秩序</u>,适应<u>中国特色社会主义发展要求</u>,弘扬<u>社会主义核心价值观</u>,根据宪法,制定本法。	《民法通则》 第一条 为了保障<u>公民、法人</u>的合法的民事权益,正确调整民事关系,适应<u>社会主义现代化建设事业</u>发展的需要,根据宪法和我国实际情况,总结民事活动的实践经验,制定本法。

【条文释义】

本条作为《民法总则》的立法目的条款,包括如下四个方面内容:

第一,确立了民事主体的概念。《民法总则》的民事主体类型较之《民法通则》有所增加,除了自然人和法人之外还包括其他非法人组织,甚至胎儿在特殊情况下也可以作为民法调整的对象,因此使用民事主体更为准确。

第二,确立我国民法的本位。"为了保护民事主体的合法权益"强调对民事主体合法权益的保护,体现的是权利本位;"调整民事关系,维护社会和经济秩序,适应中国特色社会主义发展要求"兼顾了不特定第三人权益、社会秩序和公共利益,体现的是社会本位。因此,《民法总则》确立的我国民法本位是权利本位为主,社会本位为辅。

第三,确定了我国民法的基本价值取向。社会主义核心价值观的内容十分丰富,包括富强、民主、文明、和谐、自由、平等、公正、法治、爱国、敬业、诚信、友善等12个方面的内容,兼顾公法和私法。在《民法总则》的立法目的条文强调"弘

扬社会主义核心价值观",在功能上能够通过第4条到第9条规定的基本原则,统摄民法总则和分则各编具体规定的立法设计和解释适用。

第四,强调宪法为立法依据。民法自有其发展历史,甚至比宪法更为悠久,但是进入现代社会后,宪法作为一个国家位阶最高的法律,确立了最基本的价值,是一个国家治国理政的基石,民法作为部门法承担着对于宪法条款和价值予以具体化实现的任务。因此,宪法是民法总则甚至整个民法典的制定依据,实乃自明之理。

【关联条文】

《物权法》

第一条 为了维护国家基本经济制度,维护社会主义市场经济秩序,明确物的归属,发挥物的效用,保护权利人的物权,根据宪法,制定本法。

《合同法》

第一条 为了保护合同当事人的合法权益,维护社会经济秩序,促进社会主义现代化建设,制定本法。

《侵权责任法》

第一条 为保护民事主体的合法权益,明确侵权责任,预防并制裁侵权行为,促进社会和谐稳定,制定本法。

《婚姻法》

第一条 本法是婚姻家庭关系的基本准则。

《继承法》

第一条 根据《中华人民共和国宪法》规定,为保护公民的私有财产的继承权,制定本法。

《收养法》

第一条 为保护合法的收养关系,维护收养关系当事人的权利,制定本法。

《公司法》

第一条 为了规范公司的组织和行为,保护公司、股东和债权人的合法权益,维护社会经济秩序,促进社会主义市场经济的发展,制定本法。

第二条 【调整对象】

《民法总则》条文	《民法通则》等编纂对象法规对应条文
第二条 民法调整平等主体的<u>自然人、法人和非法人组织之间的</u>人身关系和财产关系。	《民法通则》 第二条 中华人民共和国民法调整平等主体的<u>公民之间、法人之间、公民和法人之间的</u>财产关系和人身关系。

【条文释义】

本条规定了民法的调整对象。民法依据其调整对象分为人身关系法与财产关系法两大部分,人身关系法主要分为人格权法与身份权法两部分,财产关系法主要包括物权和债权两部分。民法调整的是"平等"主体之间的关系,体现其私法本质。

相较于《民法通则》,《民法总则》在民事主体部分有所改变,将公民改为自然人,更符合民法精神和比较法的通行做法。此外增加了非法人组织作为民事主体类型。

【关联条文】

《合同法》

第二条　本法所称合同是平等主体的自然人、法人、其他组织之间设立、变更、终止民事权利义务关系的协议。

婚姻、收养、监护等有关身份关系的协议,适用其他法律的规定。

《民事诉讼法》

第三条　人民法院受理公民之间、法人之间、其他组织之间以及他们相互之间因财产关系和人身关系提起的民事诉讼,适用本法的规定。

《审理票据案件规定》

第六十三条　人民法院审理票据纠纷案件,适用票据法的规定;票据法没有规定的,适用《中华人民共和国民法通则》、《中华人民共和国合同法》、《中华人民共和国担保法》等民商事法律以及国务院制定的行政法规。

中国人民银行制定并公布施行的有关行政规章与法律、行政法规不抵触的,可以参照适用。

《长春文化教育书刊经销中心与长春市邮政局赔偿案如何适用法律的复函》

吉林省高级人民法院:

你院〔1992〕吉高民终字第17号"关于长春市邮政局与长春文化教育书刊经销中心赔偿一案的审理报告"收悉。经研究,我们认为,本案是邮政企业在办理邮政业务中与邮政用户之间发生的赔偿纠纷,应当依照《中华人民共和国邮政法》、《中华人民共和国邮政法实施细则》的有关规定和参照邮政主管部门的有关规定处理。

《军队离退休干部腾退军产房纠纷法院是否受理的复函》

天津市高级人民法院:

你院津高法〔1990〕68号《关于中国人民解放军某部队诉林学华等五人军

产腾房案是否受理的请示报告》收悉。经研究认为,因军队离退休干部安置、腾迁、对换住房等而发生的纠纷,属于军队离退休干部转由地方安置管理工作中的遗留问题,由军队和地方政府通过行政手段解决为妥。故我们同意你院审判委员会的倾向性意见,即此类纠纷人民法院不宜受理。

《翟忠元与巴彦淖尔盟运输公司宅基地纠纷案的电话答复》
内蒙古自治区高级法院:

你院请示的翟忠元与巴彦淖尔盟运输公司宅基地纠纷一案,经研究并征求有关部门意见,提出如下处理意见:

首先,要理顺本案的法律关系,把民事法律关系和行政法律关系分开,把已经能够形成诉讼的民事关系和尚未形成诉讼的民事关系分开。其次,目前第二审只宜判决:①双方争议宅基地归盟运输公司使用;②翟忠元赔偿损坏运输公司厕所、油库等设施的维修费五十元;③撤销第一审其他判决内容。再次,告知第一审法院、运输公司、翟忠元、临河城建局、临河供电局:①征地拆迁问题,按国家征地拆迁法规由有关部门处理,对于处理决定不服依法可以起诉的,法院可立案受理;②房屋买卖尚未涉及诉讼,法院可不处理;③临河城建局工作失误造成运输公司、翟忠元的损失,由受损失人向上级城建部门申请解决,对于上级主管部门处理决定不服、依法可以向人民法院提起行政诉讼的,由行政审判庭受理。

第三条 【不得侵犯民事权益】

《民法总则》条文	《民法通则》等编纂对象法规对应条文
第三条 民事主体的人身权利、财产权利以及其他合法权益受法律保护,任何组织或者个人不得侵犯。	《民法通则》 第五条 公民、法人的合法的民事权益受法律保护,任何组织和个人不得侵犯。

【条文释义】

对于民事主体的合法民事权益予以保护是民法最为重要的任务和功能。民法对于民事权益的保护是宪法上公民基本权保护的具体化,其不但包括保护民事权益免受其他平等主体的侵害,还包括保护民事权益免受国家公权力机关的侵害。其具体的保护措施则包括对合法民事权益提供事前的防御性保护,比如排除妨害和防止妨害等请求权,还包括对其提供事后的救济性保护,比如损害赔偿请求权。

人身权利和财产权利是已经得到法律认可,且权利边界清晰的权利类型。而其他合法权益,实际上包括其他人身权益和财产权益,是指尚未得到法律认可为权利但其蕴含的民事利益受到法律保护的权益类型,主要包括各种非典型的财产权益和人身权益。

【关联条文】

《宪法》

第八条　农村集体经济组织实行家庭承包经营为基础、统分结合的双层经营体制。农村中的生产、供销、信用、消费等各种形式的合作经济，是社会主义劳动群众集体所有制经济。参加农村集体经济组织的劳动者，有权在法律规定的范围内经营自留地、自留山、家庭副业和饲养自留畜。

城镇中的手工业、工业、建筑业、运输业、商业、服务业等行业的各种形式的合作经济，都是社会主义劳动群众集体所有制经济。

国家保护城乡集体经济组织的合法的权利和利益，鼓励、指导和帮助集体经济的发展。

第十一条　在法律规定范围内的个体经济、私营经济等非公有制经济，是社会主义市场经济的重要组成部分。

国家保护个体经济、私营经济等非公有制经济的合法的权利和利益。国家鼓励、支持和引导非公有制经济的发展，并对非公有制经济依法实行监督和管理。

第十三条　公民的合法的私有财产不受侵犯。

国家依照法律规定保护公民的私有财产权和继承权。

国家为了公共利益的需要，可以依照法律规定对公民的私有财产实行征收或者征用并给予补偿。

《民法总则》

第一百零九条　自然人的人身自由、人格尊严受法律保护。

第一百一十一条　自然人的个人信息受法律保护。任何组织和个人需要获取他人个人信息的，应当依法取得并确保信息安全，不得非法收集、使用、加工、传输他人个人信息，不得非法买卖、提供或者公开他人个人信息。

第一百一十二条　自然人因婚姻、家庭关系等产生的人身权利受法律保护。

第一百一十三条　民事主体的财产权利受法律平等保护。

第一百二十七条　法律对数据、网络虚拟财产的保护有规定的，依照其规定。

第一百二十八条　法律对未成年人、老年人、残疾人、妇女、消费者等的民事权利保护有特别规定的，依照其规定。

《物权法》

第四条　国家、集体、私人的物权和其他权利人的物权受法律保护，任何单位和个人不得侵犯。

《合同法》

第八条　依法成立的合同,对当事人具有法律约束力。当事人应当按照约定履行自己的义务,不得擅自变更或者解除合同。

依法成立的合同,受法律保护。

第四条　【平等原则】

《民法总则》条文	《民法通则》等编纂对象法规对应条文
第四条　<u>民事主体</u>在民事活动中的法律地位一律平等。	《民法通则》 　第三条　<u>当事人</u>在民事活动中的地位平等。 《合同法》 　第三条　合同当事人的法律地位平等,一方不得将自己的意志强加给另一方。

【条文释义】

平等原则作为民法的基本原则,是民法体系的基石,也是其他民事基本原则的前提。其价值观渗透于整部民法中,是理解具体民法规范的前提,这也是"法律面前人人平等"在民法上的具体化。除非有法律对劳动者、消费者等弱者进行特别保护规定,民事主体的地位绝对平等,法律规则对民事主体赋予平等的地位和权利义务,任何一方不得将自己的意志强加给另一方,而应当平等协商达成合意。民法的平等原则主要通过法律规则的高度抽象性和法律主体地位的可互换性得以保障。

【关联条文】

《宪法》

第三十三条　凡具有中华人民共和国国籍的人都是中华人民共和国公民。

中华人民共和国公民在法律面前一律平等。

国家尊重和保障人权。

任何公民享有宪法和法律规定的权利,同时必须履行宪法和法律规定的义务。

《民法总则》

第十四条　自然人的民事权利能力一律平等。

第一百一十三条　民事主体的财产权利受法律平等保护。

《婚姻法》

第二条第一款、第二款　实行婚姻自由、一夫一妻、男女平等的婚姻制度。

保护妇女、儿童和老人的合法权益。

《收养法》

第二条 收养应当有利于被收养的未成年人的抚养、成长,保障被收养人和收养人的合法权益,遵循平等自愿的原则,并不得违背社会公德。

《证券法》

第三条 证券的发行、交易活动,必须实行公开、公平、公正的原则。

《义务教育法》

第四条 凡具有中华人民共和国国籍的适龄儿童、少年,不分性别、民族、种族、家庭财产状况、宗教信仰等,依法享有平等接受义务教育的权利,并履行接受义务教育的义务。

第二十九条 教师在教育教学中应当平等对待学生,关注学生的个体差异,因材施教,促进学生的充分发展。

教师应当尊重学生的人格,不得歧视学生,不得对学生实施体罚、变相体罚或者其他侮辱人格尊严的行为,不得侵犯学生合法权益。

《妇女权益保障法》

第二条 妇女在政治的、经济的、文化的、社会的和家庭的生活等各方面享有同男子平等的权利。

实行男女平等是国家的基本国策。国家采取必要措施,逐步完善保障妇女权益的各项制度,消除对妇女一切形式的歧视。

国家保护妇女依法享有的特殊权益。

禁止歧视、虐待、遗弃、残害妇女。

第三十条 国家保障妇女享有与男子平等的财产权利。

第三十二条 妇女在农村土地承包经营、集体经济组织收益分配、土地征收或者征用补偿费使用以及宅基地使用等方面,享有与男子平等的权利。

第三十四条 妇女享有的与男子平等的财产继承权受法律保护。在同一顺序法定继承人中,不得歧视妇女。

丧偶妇女有权处分继承的财产,任何人不得干涉。

第三十六条 国家保障妇女享有与男子平等的人身权利。

第四十三条 国家保障妇女享有与男子平等的婚姻家庭权利。

第四十七条 妇女对依照法律规定的夫妻共同财产享有与其配偶平等的占有、使用、收益和处分的权利,不受双方收入状况的影响。

夫妻书面约定婚姻关系存续期间所得的财产归各自所有,女方因抚育子女、照料老人、协助男方工作等承担较多义务的,有权在离婚时要求男方予以补偿。

第四十九条 父母双方对未成年子女享有平等的监护权。

父亲死亡、丧失行为能力或者有其他情形不能担任未成年子女的监护人的,母亲的监护权任何人不得干涉。

《全国人大常委会关于批准〈1958年消除就业和职业歧视公约〉的决定》

第一条 一、就本公约而言,"歧视"一词包括:

(一)基于种族、肤色、性别、宗教、政治见解、民族血统或社会出身等原因,具有取消或损害就业或职业机会均等或待遇平等作用的任何区别、排斥或优惠;

(二)有关会员国经与有代表性的雇主组织和工人组织(如存在此种组织)以及其他适当机构协商后可能确定的,具有取消或损害就业或职业机会均等或待遇平等作用的其他此种区别、排斥或优惠。

二、对一项特定职业基于其内在需要的任何区别、排斥或优惠不应视为歧视。

三、就本公约而言,"就业"和"职业"二词所指包括获得职业培训、获得就业和特定职业,以及就业条款和条件。

第二条 凡本公约生效的会员国,承诺宣布和遵循一项旨在以符合国家条件和惯例的方法促进就业和职业机会均等和待遇平等的国家政策,以消除这方面的任何歧视。

第五条 【意思自治原则】

《民法总则》条文	《民法通则》等编纂对象法规对应条文
第五条 民事主体从事民事活动,应当遵循自愿原则,按照自己的意思设立、变更、终止民事法律关系。	《民法通则》 第四条 民事活动应当遵循自愿、公平、等价有偿、诚实信用的原则。 《合同法》 第四条 当事人依法享有自愿订立合同的权利,任何单位和个人不得非法干预。

【条文释义】

意思自治原则是民法的基本原则与民事活动的核心思想,也是私法自治的基础。是民事主体依法享有的在法定范围内的广泛的行为自由,并且可以根据自己的意志产生、变更和消灭民事法律关系,在全部民法规则中"占据重要的核心地位"。意思自治原则在债权法中表现为契约自由原则,在合同法中占据极为重要的地位,具有更为重要的意义,是债法尤其是合同法的基本规则。意思自治原则的价值基础在于人格自主和自我决定,是宪法上人的自由权的民法体现。

【关联条文】

《婚姻法》

第五条 结婚必须男女双方完全自愿,不许任何一方对他方加以强迫或任何第三者加以干涉。

《反不正当竞争法》

第二条 经营者在市场交易中,应当遵循自愿、平等、公平、诚实信用的原则,遵守公认的商业道德。

本法所称的不正当竞争,是指经营者违反本法规定,损害其他经营者的合法权益,扰乱社会经济秩序的行为。

本法所称的经营者,是指从事商品经营或者营利性服务(以下所称商品包括服务)的法人、其他经济组织和个人。

《证券法》

第四条 证券发行、交易活动的当事人具有平等的法律地位,应当遵守自愿、有偿、诚实信用的原则。

《对外贸易法》

第四条 国家实行统一的对外贸易制度,鼓励发展对外贸易,维护公平、自由的对外贸易秩序。

第六条 【公平原则】

《民法总则》条文	《民法通则》等编纂对象法规对应条文
第六条 民事主体从事民事活动,应当遵循公平原则,**合理确定各方的权利和义务**。	《民法通则》 　第四条 民事活动应当遵循自愿、公平、等价有偿、诚实信用的原则。 《合同法》 　第五条 当事人应当遵循公平原则确定各方的权利和义务。

【条文释义】

公平原则,是民法针对民事利益确定的民法最高规则,体现了分配正义和交换正义的价值,是指对民法社会的人身利益、财产利益进行分配,以及关于民事主体各项利益的交易规则的设计,必须以社会公认的公平观念作为基础,维持民事主体之间的利益均衡的基本规则。由于民法的分配性规范较少,主要为交易性规范,因此公平原则主要表现为交换正义,也就是说,民事主体交易的价值、权利义务应当大致相当,不得显失公平。

【关联条文】

《公司法》

第一百二十六条 股份的发行,实行公平、公正的原则,同种类的每一股份应当具有同等权利。

同次发行的同种类股票,每股的发行条件和价格应当相同;任何单位或者个人所认购的股份,每股应当支付相同价额。

《证券法》

第三条 证券的发行、交易活动,必须实行公开、公平、公正的原则。

《拍卖法》

第四条 拍卖活动应当遵守有关法律、行政法规,遵循公开、公平、公正、诚实信用的原则。

《渔业法》

第二十二条 国家根据捕捞量低于渔业资源增长量的原则,确定渔业资源的总可捕捞量,实行捕捞限额制度。国务院渔业行政主管部门负责组织渔业资源的调查和评估,为实行捕捞限额制度提供科学依据。中华人民共和国内海、领海、专属经济区和其他管辖海域的捕捞限额总量由国务院渔业行政主管部门确定,报国务院批准后逐级分解下达;国家确定的重要江河、湖泊的捕捞限额总量由有关省、自治区、直辖市人民政府确定或者协商确定,逐级分解下达。捕捞限额总量的分配应当体现公平、公正的原则,分配办法和分配结果必须向社会公开,并接受监督。

国务院渔业行政主管部门和省、自治区、直辖市人民政府渔业行政主管部门应当加强对捕捞限额制度实施情况的监督检查,对超过上级下达的捕捞限额指标的,应当在其次年捕捞限额指标中予以核减。

第七条 【诚实信用原则】

《民法总则》条文	《民法通则》等编纂对象法规对应条文
第七条 民事主体从事民事活动,应当遵循诚信原则,秉持诚实,恪守承诺。	《民法通则》 第四条 民事活动应当遵循自愿、公平、等价有偿、诚实信用的原则。 《合同法》 第六条 当事人行使权利、履行义务应当遵循诚实信用原则。

【条文释义】

诚信原则,是民法针对具有交易性质的民事行为和民事活动确定的最高规则,被称为民法的"帝王条款"。将诚实信用的市场伦理道德准则吸收到民法规则当中,约束具有交易性质的民事行为和民事活动的行为人,秉持诚实和恪守承诺的民法最高准则。诚实信用原则是民法外价值进入民法从而对民事活动予以控制的重要通道性条款，不但在补充法律漏洞和法律解释上具有指导作用，而且还具有补充当事人约定不明确或疏漏之处的作用。

【关联条文】

《合同法》

第六十条　当事人应当按照约定全面履行自己的义务。

当事人应当遵循诚实信用原则，根据合同的性质、目的和交易习惯履行通知、协助、保密等义务。

《反不正当竞争法》

第二条　经营者在市场交易中，应当遵循自愿、平等、公平、诚实信用的原则，遵守公认的商业道德。

本法所称的不正当竞争，是指经营者违反本法规定，损害其他经营者的合法权益，扰乱社会经济秩序的行为。

本法所称的经营者，是指从事商品经营或者营利性服务（以下所称商品包括服务）的法人、其他经济组织和个人。

《拍卖法》

第四条　拍卖活动应当遵守有关法律、行政法规，遵循公开、公平、公正、诚实信用的原则。

《最高院民三庭关于转发〔2004〕民三他字第10号函的通知》

二、对违反诚实信用原则，使用与他人注册商标中的文字相同或者近似的企业字号，足以使相关公众对其商品或者服务的来源产生混淆的，根据当事人的诉讼请求，可以依照民法通则有关规定以及反不正当竞争法第二条第一、二款规定，审查是否构成不正当竞争行为，追究行为人的民事责任。

第八条　【守法和公序良俗原则】

《民法总则》条文	《民法通则》等编纂对象法规对应条文
第八条　民事主体从事民事活动，不得违反法律，不得违背公序良俗。	《民法通则》 　　第七条　民事活动应当尊重社会公德，不得损害社会公共利益，扰乱社会经济秩序。 《合同法》 　　第七条　当事人订立、履行合同，应当遵守法律、行政法规，尊重社会公德，不得扰乱社会经济秩序，损害社会公共利益。

【条文释义】

守法原则,即民事主体从事民事活动不得违反法律,是法治的应有之意。广义的说,违背公序良俗也是一种实质意义上的违法。

公序良俗原则,也是民法针对民事行为和民事活动确定的最高规则,是指以一般道德为核心,民事主体在进行非交易性质的民事行为时,应当尊重公共秩序和善良风俗的基本准则。这是民法要求民事主体对社会和道德予以尊重的起码要求,针对的主要是非交易性质的民事行为和民事活动。在我国,公序更多的是指公共道德、公共利益,良俗是指一般的伦理要求。在非交易的民事行为和民事活动中,公序良俗是衡量利益冲突的一般标准。法官依据公序良俗原则,填补法律漏洞,平衡利益冲突,确保国家的和公共的利益,协调冲突,保护弱者,维护社会正义。

与诚实信用原则相同,公序良俗原则也是民法外价值进入民法从而对民事活动予以控制的重要通道性条款。不同的是,诚实信用原则主要从正面补充确定民事活动的内容,而公序良俗原则主要从反面来否定民事活动的效力,从而达到划定民事活动边界的作用,也就是说,诚实信用原则和公序良俗原则对民事活动的调整方式不同。此外,违背诚实信用原则与违背公序良俗原则的法律后果也不同,前者并不必然导致民事活动无效,而后者却必然导致民事活动无效。

【关联条文】

《民法总则》

第十条 处理民事纠纷,应当依照法律;法律没有规定的,可以适用习惯,但是不得违背公序良俗。

《物权法》

第七条 物权的取得和行使,应当遵守法律,尊重社会公德,不得损害公共利益和他人合法权益。

《公司法》

第五条 公司从事经营活动,必须遵守法律、行政法规,遵守社会公德、商业道德,诚实守信,接受政府和社会公众的监督,承担社会责任。

公司的合法权益受法律保护,不受侵犯。

《保险法》

第四条 从事保险活动必须遵守法律、行政法规,尊重社会公德,不得损害社会公共利益。

《妇女权益保障法》

第五条 国家鼓励妇女自尊、自信、自立、自强,运用法律维护自身合法权益。

妇女应当遵守国家法律,尊重社会公德,履行法律所规定的义务。

第九条 【节约资源、保护生态环境原则】

《民法总则》条文	《民法通则》等编纂对象法规对应条文
第九条 民事主体从事民事活动,应当有利于节约资源、保护生态环境。	《环境保护法》 第四条 保护环境是国家的基本国策。 国家采取有利于节约和循环利用资源、保护和改善环境、促进人与自然和谐的经济、技术政策和措施,使经济社会发展与环境保护相协调。

【条文释义】

本条是《民法总则》回应社会发展以及社会价值变化新增加的民法基本原则,体现了立法者的绿色环保精神,原来《民法通则》对此并未予以规定,是民法社会化的表现。

进入21世纪以来,随着气候变化以及自然环境的恶化,倡导人与自然和谐相处,保护生态环境的意识日益高涨,节约资源、低碳发展、保护生态环境不但成为国家发展的基本方略,也成为社会公众行为的内在自觉,在这种情况下其已经成为整个社会的共识,有必要作为整个民法的基本原则。正是在这种背景下,本条将有利于节约资源、保护生态环境作为民事主体从事民事活动的基本原则。这就要求民事主体在从事民事活动时,应当具有环保意识,采用尽量节省资源以及尽量不影响生态环境的方式去实施民事活动。

【关联条文】

《宪法》

第九条 矿藏、水流、森林、山岭、草原、荒地、滩涂等自然资源,都属于国家所有,即全民所有;由法律规定属于集体所有的森林和山岭、草原、荒地、滩涂除外。

国家保障自然资源的合理利用,保护珍贵的动物和植物。禁止任何组织或者个人用任何手段侵占或者破坏自然资源。

《民法通则》

第一百二十四条 违反国家保护环境防止污染的规定,污染环境造成他人损害的,应当依法承担民事责任。

《侵权责任法》

第六十五条　因污染环境造成损害的,污染者应当承担侵权责任。

《海洋环境保护法》

第四条　一切单位和个人都有保护海洋环境的义务,并有权对污染损害海洋环境的单位和个人,以及海洋环境监督管理人员的违法失职行为进行监督和检举。

《环境保护法》

第六条　一切单位和个人都有保护环境的义务。

地方各级人民政府应当对本行政区域的环境质量负责。

企业事业单位和其他生产经营者应当防止、减少环境污染和生态破坏,对所造成的损害依法承担责任。

公民应当增强环境保护意识,采取低碳、节俭的生活方式,自觉履行环境保护义务。

《土地管理法》

第三十八条　国家鼓励单位和个人按照土地利用总体规划,在保护和改善生态环境、防止水土流失和土地荒漠化的前提下,开发未利用的土地;适宜开发为农用地的,应当优先开发成农用地。

国家依法保护开发者的合法权益。

第十条　【民法法源顺序】

《民法总则》条文	《民法通则》等编纂对象法规对应条文
第十条　处理民事纠纷,应当依照法律;法律没有规定的,可以适用习惯,但是不得违背公序良俗。	《民法通则》 第六条　民事活动必须遵守法律,法律没有规定的,应当遵守国家政策。

【条文释义】

本条规定了处理民事纠纷时可以遵照的法源及其顺序。在处理民事纠纷时,首先应当遵守的是民事法律以及其他法律中相关的民事规范,因为从效力上来说,除了宪法,法律具有的效力是最高的。法律指的是由全国人大及其常委会制定的具有普适效力的规范性文件。如果没有可以适用的法律依据,则可以适用民事习惯。习惯是人们长期适用所形成的一种行为方式,是法律的渊源之一。在民法没有规定的范围内,民事习惯不与现行法律、法规和社会公共利益相抵触,不违背公序良俗,自然可以作为处理民事关系的正当依据。

需要注意的是,本条与《民法通则》原有规定的区别在于,并未将国家政策规定为处理民事纠纷的依据之一,也就是说国家政策在未经立法程序被纳入法律和行政法规之前,只是一种权宜性规定,并不具有作为处理民事纠纷依据的效力。

本条所称"处理民事纠纷",实际上是指纠纷解决机制的运用而非全部的民事活动。本条所称"法律",应当是适用于民事纠纷处理的广义法律,适用《裁判文书引用规范性法律文件的规定》(法释〔2009〕14号)第4条的规定:"民事裁判文书应当引用法律、法律解释或者司法解释。对于应当适用的行政法规、地方性法规或者自治条例和单行条例,可以直接引用。"

【关联条文】

《物权法》

第八十五条 法律、法规对处理相邻关系有规定的,依照其规定;法律、法规没有规定的,可以按照当地习惯。

《合同法》

第二十二条 承诺应当以通知的方式作出,但根据交易习惯或者要约表明可以通过行为作出承诺的除外。

第二十六条 承诺通知到达要约人时生效。承诺不需要通知的,根据交易习惯或者要约的要求作出承诺的行为时生效。

采用数据电文形式订立合同的,承诺到达的时间适用本法第十六条第二款的规定。

第六十条 当事人应当按照约定全面履行自己的义务。

当事人应当遵循诚实信用原则,根据合同的性质、目的和交易习惯履行通知、协助、保密等义务。

第六十一条 合同生效后,当事人就质量、价款或者报酬、履行地点等内容没有约定或者约定不明确的,可以协议补充;不能达成补充协议的,按照合同有关条款或者交易习惯确定。

第九十二条 合同的权利义务终止后,当事人应当遵循诚实信用原则,根据交易习惯履行通知、协助、保密等义务。

第一百二十五条 当事人对合同条款的理解有争议的,应当按照合同所使用的词句、合同的有关条款、合同的目的、交易习惯以及诚实信用原则,确定该条款的真实意思。

第一百三十六条 出卖人应当按照约定或者交易习惯向买受人交付提取标的物单证以外的有关单证和资料。

第二百九十三条 客运合同自承运人向旅客交付客票时成立,但当事人另有约定或者另有交易习惯的除外。

第三百六十八条 寄存人向保管人交付保管物的,保管人应当给付保管凭证,但另有交易习惯的除外。

《公司法》

第五条　公司从事经营活动,必须遵守法律、行政法规,遵守社会公德、商业道德,诚实守信,接受政府和社会公众的监督,承担社会责任。

公司的合法权益受法律保护,不受侵犯。

《证券法》

第五条　证券的发行、交易活动,必须遵守法律、行政法规;禁止欺诈、内幕交易和操纵证券市场的行为。

《裁判文书引用规范性法律文件的规定》

第四条　民事裁判文书应当引用法律、法律解释或者司法解释。对于应当适用的行政法规、地方性法规或者自治条例和单行条例,可以直接引用。

《合同法司法解释(二)》

第七条　下列情形,不违反法律、行政法规强制性规定的,人民法院可以认定为合同法所称"交易习惯":

(一)在交易行为当地或者某一领域、某一行业通常采用并为交易对方订立合同时所知道或者应当知道的做法;

(二)当事人双方经常使用的习惯做法。

对于交易习惯,由提出主张的一方当事人承担举证责任。

第十一条　【特别法优先】

《民法总则》条文	《民法通则》等编纂对象法规对应条文
第十一条　其他法律对民事关系有特别规定的,依照其规定。	《物权法》 　第八条　其他相关法律对物权另有特别规定的,依照其规定。 《侵权责任法》 　第五条　其他法律对侵权责任另有特别规定的,依照其规定。 《涉外民事关系法律适用法》 　第二条　涉外民事关系适用的法律,依照本法确定。其他法律对涉外民事关系法律适用另有特别规定的,依照其规定。 　本法和其他法律对涉外民事关系法律适用没有规定的,适用与该涉外民事关系有最密切联系的法律。

【条文释义】

民法典是私法的一般法,规定的是商品经济社会一般的行为和裁判规则,具有一般性。与民法典的一般法地位相对,具有特殊性的民事规则主要由单行法或特别法予以规定。这些法律在民法典所确立的基本规则基础上,为了追求效率、安全等社会价值,会作出有别于民法典的法律规定,民法典与这些法律的关系是一般法与特别法的关系,不管是按照一般法理还是实际需要,特别法都具有优先于一般法的效力。因此,这些法律对于民事关系作出了不同于《民法总则》规定的,应当优先予以适用,按照其规定处理民事法律关系。

《民法总则》没有用专门的条文来说明与《民法通则》的条文发生冲突时的法律适用规则,因此应该适用《立法法》第92条关于新法优先于旧法的规定。与《物权法》第8条、《侵权责任法》第5条和《涉外民事关系法律适用法》第2条规定的"其他法律对……法律适用'另有'特别规定的,依照其规定"不同,《民法总则》第11条规定的是"其他法律对民事关系'有'特别规定的,依照其规定"。这主要是因为,《民法总则》是作为宪法意义上的民事基本法律制定的,与《民法通则》处于同一法律位阶且高于作为宪法意义上非基本法律的《物权法》《侵权责任法》和《涉外民事关系法律适用法》,因此只需要规定"有特别规定",而无需适用"另有特别规定"的表述来排除《民法通则》的适用。

【关联条文】

《立法法》

第九十二条 同一机关制定的法律、行政法规、地方性法规、自治条例和单行条例、规章,特别规定与一般规定不一致的,适用特别规定;新的规定与旧的规定不一致的,适用新的规定。

第十二条 【民法的地域效力】

《民法总则》条文	《民法通则》等编纂对象法规对应条文
第十二条 中华人民共和国领域内的民事活动,适用中华人民共和国法律。法律另有规定的,依照其规定。	《民法通则》 第八条 在中华人民共和国领域内的民事活动,适用中华人民共和国法律,法律另有规定的除外。 本法关于公民的规定,适用于在中华人民共和国领域内的外国人、无国籍人,法律另有规定的除外。

【条文释义】

本条是关于民法地域效力的规定,民法作为最高权力机关意志的体现,具有国家主权的性质,其效力自然及于我国国家权力的范围和空间。在我国领域内从事民事活动,属于我国主权管辖范围,其法律关系自然要由我国法律予以调整,应当适用我国民事法律。当然法律关于外交人员等的法律适用有特别规定的,按照其规定处理。

【关联条文】

《合同法》

第一百二十六条　涉外合同的当事人可以选择处理合同争议所适用的法律,但法律另有规定的除外。涉外合同的当事人没有选择的,适用与合同有最密切联系的国家的法律。

在中华人民共和国境内履行的中外合资经营企业合同、中外合作经营企业合同、中外合作勘探开发自然资源合同,适用中华人民共和国法律。

《涉外民事关系法律适用法》

第三条　当事人依照法律规定可以明示选择涉外民事关系适用的法律。

第二章　自　然　人

第一节　民事权利能力和民事行为能力

第十三条　【民事权利能力的起止时间】

《民法总则》条文	《民法通则》等编纂对象法规对应条文
第十三条　自然人从出生时起到死亡时止,具有民事权利能力,依法享有民事权利,承担民事义务。	《民法通则》 第九条　公民从出生时起到死亡时止,具有民事权利能力,依法享有民事权利,承担民事义务。

【条文释义】

本条对自然人的民事权利能力进行了规定。民事权利能力是判断作为民事主体的能力的唯一标准,具有民事权利能力者就具有了承担权利和义务的能力,就成为了民事主体。所有的人,不论其性别、民族、宗教和身份等因素,自其活体出生时就被赋予权利能力,是伦理规范以及宪法价值的必然要求,因此所有的人自出生起就具有权利能力。但权利能力也并非永远存续,而是在人的生命终止时停止,因此权利能力终止于人的死亡,权利能力终止后其主体原来所具有的财产性权利由其继承人继承。

需要注意的是,"民事权利能力"只是赋予了人们一种法律上的抽象的资格,只是公民进而享有法律上权利的起点,而并非意味着直接导致对任何权利的享有。"民事权利能力"不等同于具体的权利,人们要享有具体的权利,仍需要一定的法律事实。

【关联条文】

《合同法》

第九条　当事人订立合同,应当具有相应的民事权利能力和民事行为能力。当事人依法可以委托代理人订立合同。

《继承法》

第二条　继承从被继承人死亡时开始。

《民通意见》

1. 公民的民事权利能力自出生时开始。出生的时间以户籍证明为准;没有户籍证明的,以医院出具的出生证明为准。没有医院证明的,参照其他有关证明认定。

《违反计划生育政策的超生子女可否列为职工的供养直系亲属等问题的复函》

劳动部保险福利司:

你司劳险司函字〔1990〕23号函收悉。经研究我们认为:

一、关于违反计划生育政策的超生子女是否可以列为职工的供养直系亲属,应否计入家庭人口的问题。根据我国婚姻法和民法通则的有关规定,婴儿自出生时起,即为父母的直系亲属,是家庭中的一员,由父母抚养至独立生活时止,这既是子女在法律上享有的权利,也是既存的事实。因此,将超生子女排除于职工的供养直系亲属和家庭人口之外的做法,仅就法律而言,似缺依据。

二、关于违反计划生育政策的超生子女是否可计入家庭人口,享受生活困难补助,以及职工因工或非因工死亡后是否可按供养直系亲属享受丧葬费、抚恤费、救济费等待遇的问题。由于(一)所述理由,原则上似以认可超生子女有权享受上述待遇为妥,但应与执行计划生育政策的情况有所区别,尤其对申请困难补助的情况应从严掌握。

以上意见仅供参考。

第十四条 【民事权利能力平等】

《民法总则》条文	《民法通则》等编纂对象法规对应条文
第十四条 自然人的民事权利能力一律平等。	《民法通则》 第十条 公民的民事权利能力一律平等。

【条文释义】

本条是对第4条【平等原则】中"法律地位一律平等"在民事权利能力领域的具体落实,即立法者认为民事权利能力的一律平等能够确保法律地位一律平等。

自然人是平等的,因此每个自然人的民事权利能力也自然一律平等。在权利能力的享有上,人人都处于同等地位,不分性别、种族、阶级、财富、宗教等,仅凭其自然出生的事实就取得民事权利能力。民事权利能力内容、效力一律平等。

【关联条文】

《民法总则》

第四条 民事主体在民事活动中的法律地位一律平等。

第十五条 【出生和死亡时间的认定】

《民法总则》条文	《民法通则》等编纂对象法规对应条文
第十五条 自然人的出生时间和死亡时间,<u>以出生证明、死亡证明记载的时间为准;没有出生证明、死亡证明的,以户籍登记或者其他有效身份登记记载的时间为准</u>。有其他证据足以推翻以上记载时间的,以该证据证明的时间为准。	《民通意见》 1. 公民的民事权利能力自出生时开始。出生的时间<u>以户籍为准;没有户籍证明的,以医院出具的出生证明为准,没有医院证明的,参照其他有关证明认定</u>。

【条文释义】

本条对于出生和死亡时间的认定规则进行了规定。出生和死亡确切关系到自然人权利能力的开始和终止,并因此会影响到权利保护和继承法律关系,因而是一个重要的问题。但是《民法通则》并未对此予以规定,最高人民法院在《民通意见》中总结司法实践经验对此予以规定,将户籍登记所载明的时间作为出生时间的首要认定标准,没有户籍证明时以出生证明为准,没有出生证明的以其他证据予以认定。而本次《民法总则》对此进行了调整,统一以出生证明为准认定出生时间,以死亡证明为准认定死亡时间;在没有出生证明、死亡证明的情况下,才以户籍登记或者身份证等身份证件上所记载的时间为准予以认定。当然,无论是出生和死亡证明还是登记都只是一种通常的认定标准,如果有充分的证据足以推翻这些文书上所记载的时间的,应当以证据所证明的时间作为出生和死亡的时间。

【关联条文】

《户口登记条例》

第七条 婴儿出生后一个月以内,由户主、亲属、抚养人或者邻居向婴儿常住地户口登记机关申报出生登记。

弃婴,由收养人或者育婴机关向户口登记机关申报出生登记。

第八条 公民死亡,城市在葬前,农村在一个月以内,由户主、亲属、抚养人或者邻居向户口登记机关申报死亡登记,注销户口。公民如果在暂住地死亡,由暂住地户口登记机关通知常住地户口登记机关注销户口。

公民因意外事故致死或者死因不明,户主、发现人应当立即报告当地公安派出所或者乡、镇人民委员会。

《继承法意见》

2. 相互有继承关系的几个人在同一事件中死亡,如不能确定死亡先后时间的,推定没有继承人的人先死亡。死亡人各自都有继承人的,如几个死亡人辈份不同,推定长辈先死亡;几个死亡人辈份相同,推定同时死亡,彼此不发生继承,由他们各自的继承人分别继承。

第十六条 【胎儿的部分民事权利能力】

《民法总则》条文	《民法通则》等编纂对象法规对应条文
第十六条 涉及遗产继承、接受赠与等胎儿利益保护的,胎儿视为具有民事权利能力。但是胎儿娩出时为死体的,其民事权利能力自始不存在。	《继承法》 第二十八条 遗产分割时,应当保留胎儿的继承份额。胎儿出生时是死体的,保留的份额按照法定继承办理。

【条文释义】

本条关于胎儿权利能力的规定还不够完善,只是将胎儿权利能力的范围限定于"涉及遗产继承、接受赠与等胎儿利益的保护"方面,意味着胎儿在义务负担方面不能具有权利能力。这种权利能力不同于《民法通则》第9条和《民法总则》第12条关于自然人的权利能力的规定,法律并未对后者的范围或内容予以特别限定。因此,胎儿所具有的权利能力在教义学构造上不同于自然人所具有的权利能力,两者必须加以区分。胎儿仅在事关其利益保护的个别(或部分)法律关系方面被赋予权利能力,其是一种部分权利能力,而传统的权利能力普遍适用于一般法律关系,是一种全面权利能力或一般权利能力。部分权利能力不同于传统的权利能力制度,其着眼于具体和微观,传统的权利能力则着眼于一般和宏观。传统权利能力考量作为整个法律秩序承担者的能力,而部分权利能力仅考量作为具体的某些法律关系承担者的能力。

我国《民法总则》将胎儿的部分权利能力的内容限于遗产继承、接受赠与等与胎儿利益的保护相关的法律关系中。需要注意的是,这里的遗产继承、接受赠与仅为不完全列举,除此之外,胎儿遭受人身侵害的损害赔偿请求权、法定抚养人被侵害致死时的抚养费赔偿请求权等都属于与胎儿利益保护相关的法律关系,可以考虑纳入"等胎儿利益"予以保护。除了内容和范围上的限定,胎儿的权利能力同时附有条件上的限制,这是一种解除条件,即当"胎儿娩出时为死体"的条件实现时,权利能力自始不存在。

【关联条文】

《民法总则》

第十三条 自然人从出生时起到死亡时止,具有民事权利能力,依法享有民事权利,承担民事义务。

《继承法意见》

45. 应当为胎儿保留的遗产份额没有保留的应从继承人所继承的遗产中扣回。

为胎儿保留的遗产份额,如胎儿出生后死亡的,由其继承人继承;如胎儿出生时就是死体的,由被继承人的继承人继承。

第十七条 【成年时间】

《民法总则》条文	《民法通则》等编纂对象法规对应条文
第十七条 十八周岁以上的自然人为成年人。**不满十八周岁的自然人为未成年人。**	《民法通则》 第十一条第一款 十八周岁以上的公民是成年人,具有完全民事行为能力,可以独立进行民事活动,是完全民事行为能力人。

【条文释义】

本条为成年人和未成年人的界定。这里继受了《民法通则》关于成年的年龄界定,年满十八周岁的为成年人,未满十八周岁的属于未成年人。成年人和未成年人的界定具有重要意义,直接影响到对其民事行为能力的判定。

【关联条文】

《宪法》

第三十四条 中华人民共和国年满十八周岁的公民,不分民族、种族、性别、职业、家庭出身、宗教信仰、教育程度、财产状况、居住期限,都有选举权和被选举权;但是依照法律被剥夺政治权利的人除外。

《未成年人保护法》

第二条 本法所称未成年人是指未满十八周岁的公民。

第十八条 【成年人的民事行为能力】

《民法总则》条文	《民法通则》等编纂对象法规对应条文
第十八条 成年人为完全民事行为能力人,可以独立实施民事法律行为。 十六周岁以上的未成年人,以自己的劳动收入为主要生活来源的,视为完全民事行为能力人。	《民法通则》 第十一条 十八周岁以上的公民是成年人,具有完全民事行为能力,可以独立进行民事活动,是完全民事行为能力人。 十六周岁以上不满十八周岁的公民,以自己的劳动收入为主要生活来源的,视为完全民事行为能力人。

【条文释义】

本条为成年人行为能力的认定。行为能力是独立实施民事法律行为的能力,其主要判断标准是人的认识和判断能力。成年人已经年满十八周岁,智力发育已经成熟,具有充分的认识和判断能力,能够认识自己行为的意义及其将产生的法律后果。因此,成年人具有完全行为能力,能够独立实施各种法律行为。

将十六周岁以上的未成年人视为完全民事行为能力人的标准在于"以自己的劳动收入为主要生活来源"。这个标准包括两个方面的内容:(1)具有一定的劳动收入,即依靠自己的劳动获得了一定的收入,并且这种收入应当是固定的,而不是临时的、不确定的;(2)其劳动收入构成主要生活来源,即其劳动收入能够维持其生活,不需要借助其他人的经济资助,也可以维持当地群众的一般生活水平。

【关联条文】

《民法总则》

第十七条 十八周岁以上的自然人为成年人。不满十八周岁的自然人为未成年人。

《劳动法》

第十五条 禁止用人单位招用未满十六周岁的未成年人。

文艺、体育和特种工艺单位招用未满十六周岁的未成年人，必须依照国家有关规定，履行审批手续，并保障其接受义务教育的权利。

《预防未成年人犯罪法》

第十二条 对于已满十六周岁不满十八周岁准备就业的未成年人，职业教育培训机构、用人单位应当将法律知识和预防犯罪教育纳入职业培训的内容。

《民通意见》

2. 十六周岁以上不满十八周岁的公民，能够以自己的劳动取得收入，并能维持当地群众一般生活水平的，可以认定为以自己的劳动收入为主要生活来源的完全民事行为能力人。

第十九条 【八周岁以上未成年人的民事行为能力】

《民法总则》条文	《民法通则》等编纂对象法规对应条文
第十九条 <u>八周岁</u>以上的未成年人为限制民事行为能力人，实施民事法律行为由其法定代理人代理或者经其法定代理人同意、**追认**，但是可以<u>独立实施纯获利益的民事法律行为</u>或者与其年龄、智力相适应的<u>民事法律行为</u>。	《民法通则》 第十二条第一款 <u>十周岁</u>以上的未成年人是限制民事行为能力人，可以进行与他的年龄、智力相适应的<u>民事活动</u>；其他民事活动由他的法定代理人代理，或者征得他的法定代理人的同意。

【条文释义】

本条将《民法通则》"十周岁"以上的未成年人是限制民事行为能力人的年龄限制调低到了"八周岁"。

由于年龄的限制，未成年人缺乏实施某些或全部民事法律行为所必备的心智条件，民法为了保护这些人，使其免受伤害，规定了限制行为能力和无行为能力。按照这一立法目的，在与未成年人的心智条件和判断能力相适应的范围内，未成年人就应当能够实施相应的民事法律行为。而那些只会给未成年人带来好处且不会给其带来不利的法律行为，主要是纯粹受益的法律行为，根本不存在伤害未成年人利益的可能性,应当承认未成年人具有实施该类民事法律行为的能力。需要注意的是,纯获利益的判断应当采用法律意义上的标准而非实质价值标准,也就是说,此类行为的特点是只存在法律上的权利和利益而不存在法律上的义务。与未成年人年龄智力相适应的判断标准是,行为与本人生活相关联的程度、本人的智力能否理解其行为并预见相应的行为后果,以及行为标的数额等因素。

除了纯获利益的民事法律行为或者与其年龄、智力相适应的民事法律行为外,八周岁以上的未成年人不能独立实施其他民事法律行为,实施这些民事法律行为必须由其法定代表人代理,或者事前经过法定代理人的同意,或者事后经过其追认。

【关联条文】

《民法总则》

第一百四十五条　限制民事行为能力人实施的纯获利益的民事法律行为或者与其年龄、智力、精神健康状况相适应的民事法律行为有效;实施的其他民事法律行为经法定代理人同意或者追认后有效。

相对人可以催告法定代理人自收到通知之日起一个月内予以追认。法定代理人未作表示的,视为拒绝追认。民事法律行为被追认前,善意相对人有撤销的权利。撤销应当以通知的方式作出。

《合同法》

第四十七条　限制民事行为能力人订立的合同,经法定代理人追认后,该合同有效,但纯获利益的合同或者与其年龄、智力、精神健康状况相适应而订立的合同,不必经法定代理人追认。

相对人可以催告法定代理人在一个月内予以追认。法定代理人未作表示的,视为拒绝追认。合同被追认之前,善意相对人有撤销的权利。撤销应当以通知的方式作出。

《民通意见》

3. 十周岁以上的未成年人进行的民事活动是否与其年龄、智力状况相适应,可以从行为与本人生活相关联的程度、本人的智力能否理解其行为,并预见相应的行为后果,以及行为标的数额等方面认定。

6. 无民事行为能力人、限制民事行为能力人接受奖励、赠与、报酬,他人不得以行为人无民事行为能力、限制民事行为能力为由,主张以上行为无效。

第二十条 【不满八周岁未成年人的民事行为能力】

《民法总则》条文	《民法通则》等编纂对象法规对应条文
第二十条　不满八周岁的未成年人为无民事行为能力人,由其法定代理人代理实施民事法律行为。	《民法通则》 第十二条第二款　不满十周岁的未成年人是无民事行为能力人,由他的法定代理人代理民事活动。

【条文释义】

本条规定不满八周岁的未成年人为无民事行为能力人。无民事行为能力,是指自然人完全不具有独立进行有效民事法律行为,取得民事权利和承担义务的能力。

不满八周岁的自然人年龄尚小,处于生长发育的最初阶段,虽然其中有些也有一定的智力,但不能理性地从事民事活动,如果法律准许其实施民事行为,既容易使他们蒙受损害,也不利于交易的安全,因此,规定他们为无民事行为能力人。他们如果需要进行民事活动,不能由他们自己实施,而应由他们的法定代理人代理进行。

需要注意的是,本条在关于不满八周岁的无行为能力人是否可以独立实施纯获利益的法律行为上对以往的司法实践做法有所改变,按照体系解释的方法可以得知,本条不承认无行为能力人具有独立实施此类民事法律行为的能力。而此前《民通意见》第6条则规定,无民事行为能力人接受奖励、赠与、报酬所实施的法律行为是有效的。

《民法总则》起草过程中,草案曾经尝试规定无民事行为能力人的年龄标准为六周岁以下,这与我国大部分地区义务教育小学入学年龄对应,但最后确定为八周岁,实际上不利于民事法律关系相对人年龄的判断。随着社会发展,未成年人的认知能力与心理承受能力将逐步提高,建议未来"民法典"能够将这一年龄限制下调为六周岁。

【关联条文】

《民法总则》

第一百四十四条　无民事行为能力人实施的民事法律行为无效。

《民通意见》

6. 无民事行为能力人、限制民事行为能力人接受奖励、赠与、报酬,他人不得以行为人无民事行为能力、限制民事行为能力为由,主张以上行为无效。

第二十一条 【八周岁以上的无民事行为能力人】

《民法总则》条文	《民法通则》等编纂对象法规对应条文
第二十一条　不能辨认自己行为的成年人为无民事行为能力人，由其法定代理人代理实施民事法律行为。 八周岁以上的未成年人不能辨认自己行为的，适用前款规定。	《民法通则》 　第十三条第一款　不能辨认自己行为的精神病人是无民事行为能力人，由他的法定代理人代理民事活动。

【条文释义】

本条是关于八周岁以上的无民事行为能力的规定。年满十八周岁的成年人，因为心智丧失等原因，完全不具有识别能力和判断能力的，无法辨认和理解自己行为的法律意义和后果的，不具有民事行为能力。其民事法律行为应当由其法定代理人代为实施。

八周岁以上不满十八周岁的未成年人，由于疾病等原因导致其心智丧失，不能辨认自己的行为，无法理解自己行为的法律后果，同样不具有行为能力，其民事法律行为应当由其法定代理人代理实施。

本条第1款在一定程度上扩大了成年的无民事行为能力人的范围，即由不能辨认自己行为的"精神病人"改为了不能辨认自己行为的"成年人"。

【关联条文】

《民法总则》

第一百四十四条　无民事行为能力人实施的民事法律行为无效。

《精神卫生法》

第八十三条　本法所称精神障碍，是指由各种原因引起的感知、情感和思维等精神活动的紊乱或者异常，导致患者明显的心理痛苦或者社会适应等功能损害。

本法所称严重精神障碍，是指疾病症状严重，导致患者社会适应等功能严重损害、对自身健康状况或者客观现实不能完整认识，或者不能处理自身事务的精神障碍。

本法所称精神障碍患者的监护人，是指依照民法通则的有关规定可以担任监护人的人。

《民通意见》

5. 精神病人（包括痴呆症人）如果没有判断能力和自我保护能力，不知其行为后果的,可以认定为不能辨认自己行为的人;对于比较复杂的事物或者比较重大的行为缺乏判断能力和自我保护能力,并且不能预见其行为后果的,可以认定为不能完全辨认自己行为的人。

7. 当事人是否患有精神病,人民法院应当根据司法精神病学鉴定或者参照医院的诊断、鉴定确认。在不具备诊断、鉴定条件的情况下,也可以参照群众公认的当事人的精神状态认定,但应以利害关系人没有异议为限。

8. 在诉讼中,当事人及利害关系人提出一方当事人患有精神病(包括痴呆症),人民法院认为确有必要认定的,应当按照民事诉讼法(试行)规定的特别程序,先作出当事人有无民事行为能力的判决。

确认精神病人(包括痴呆症人)为限制民事行为能力人的,应当比照民事诉讼法(试行)规定的特别程序进行审理。

《确定离婚当事人李玲是否具有民事行为能力的复函》
山东省民政厅:

你厅《关于如何确定离婚当事人李玲是否具有民事行为能力的请示》收悉。经研究,答复如下:

一、《中华人民共和国民法通则》第十三条规定,不能辨认自己行为的精神病人是无民事行为能力人,由他的法定代理人代理民事活动。不能完全辨认自己行为的精神病人是限制民事行为能力人,可以进行与他的精神健康状况相适应的民事活动,其他民事活动由他的法定代理人代理,或征得法定代理人同意。

二、确认离婚当事人是否是无民事行为能力人或限制民事行为能力人,应由其利害关系人依法向司法机关申请确认,由司法机关出具其是否是无民事行为能力人或限制民事行为能力人的司法文件。

三、婚姻登记管理机关受理当事人的离婚证登记申请后,到颁发离婚证之前的审查期间,当事人的利害关系人,对当事人的民事行为能力提出异议的,利害关系人能够提供经司法机关出具的,能证明当事人此期间是无民事行为能力人或限制民事行为能力人的司法鉴定的,婚姻登记管理机关应依据司法机关的司法鉴定,终止办理离婚登记。如利害关系人未提供司法鉴定的,应由利害关系人依法向司法机关申请确认,待司法机关出具司法鉴定后,婚姻登记管理机关可依据司法鉴定作出是否办理离婚登记的决定。如果利害关系人在一定期限内不向司法机关申请确认,婚姻登记管理机关未发现离婚当事人有民事行为障碍的,则可办理离婚登记。在李玲离婚案中,李玲的父母在李与贾申请离婚登记10天后,到济南市婚姻登记管理机关反映李玲患心因性精神病,并出示1996年1月16日《交通道路事故损害赔偿责任书》复印件。在离婚当事人的利害关系人提出异议的情况下,济南市婚姻登记管理处应告知当事人提供司法机关出具的司法文件,请你们根据以上原则,妥善处理,做好善后工作。

第二十二条 【不能完全辨认自己行为的成年人的限制民事行为能力】

《民法总则》条文	《民法通则》等编纂对象法规对应条文
第二十二条 不能完全辨认自己行为的成年人为限制民事行为能力人,实施民事法律行为由其法定代理人代理或者经其法定代理人同意、**追认**,但是可以**独立实施纯获利益**的民事法律行为或者与其**智力**、精神健康状况相适应的民事法律行为。	《民法通则》 第十三条第二款 不能完全辨认自己行为的精神病人是限制民事行为能力人,可以进行与他的精神健康状况相适应的民事活动;其他民事活动由他的法定代理人代理,或者征得他的法定代理人的同意。

【条文释义】

本条是关于不能完全辨认自己行为的成年人的行为能力的规定。虽然已经成年,但是由于疾病、生理发育等原因导致其认识和判断能力有欠缺,不能完全辨认自己行为的,是限制民事行为能力人。作为限制行为能力人,其可以独立实施的民事法律行为的范围与八周岁以上不满十八周岁的未成年人一样,限于纯获利益的民事法律行为以及与其智力、精神健康状况相适应的民事法律行为。这类民事法律行为的具体认定标准与限制行为能力的未成年人相同。除此之外的其他民事法律行为,由其法定代理人代理,或者由其法定代理人事前同意或者事后追认。

【关联条文】

《民法总则》

第一百四十五条 限制民事行为能力人实施的纯获利益的民事法律行为或者与其年龄、智力、精神健康状况相适应的民事法律行为有效;实施的其他民事法律行为经法定代理人同意或者追认后有效。

相对人可以催告法定代理人自收到通知之日起一个月内予以追认。法定代理人未作表示的,视为拒绝追认。民事法律行为被追认前,善意相对人有撤销的权利。撤销应当以通知的方式作出。

《精神卫生法》

第八十三条 本法所称精神障碍,是指由各种原因引起的感知、情感和思维等精神活动的紊乱或者异常,导致患者明显的心理痛苦或者社会适应等功能损害。

本法所称严重精神障碍,是指疾病症状严重,导致患者社会适应等功能严重损害、对自身健康状况或者客观现实不能完整认识,或者不能处理自身事务的精神障碍。

本法所称精神障碍患者的监护人,是指依照民法通则的有关规定可以担任监护人的人。

《民通意见》

4. 不能完全辨认自己行为的精神病人进行的民事活动,是否与其精神健康状态相适应,可以从行为与本人生活相关联的程度、本人的精神状态能否理解其行为,并预见相应的行为后果,以及行为标的数额等方面认定。

5. 精神病人(包括痴呆症人)如果没有判断能力和自我保护能力,不知其行为后果的,可以认定为不能辨认自己行为的人;对于比较复杂的事物或者比较重大的行为缺乏判断能力和自我保护能力,并且不能预见其行为后果的,可以认定为不能完全辨认自己行为的人。

6. 无民事行为能力人、限制民事行为能力人接受奖励、赠与、报酬,他人不得以行为人无民事行为能力、限制民事行为能力为由,主张以上行为无效。

第二十三条 【法定代理人】

《民法总则》条文	《民法通则》等编纂对象法规对应条文
第二十三条　无民事行为能力人、限制民事行为能力人的监护人是其法定代理人。	《民法通则》 第十四条　无民事行为能力人、限制民事行为能力人的监护人是他的法定代理人。

【条文释义】

无民事行为能力人和限制民事行为能力人的行为能力有欠缺,全部或部分民事法律行为不能独立实施,需要有人代为其实施,代为实施民事法律行为的人就是其法定代理人。法律专门为无民事行为能力人和限制民事行为能力人设定了监护人,由监护人对他们的人身和财产予以保护,自然也由其对外代为实施民事法律行为。因此,无民事行为能力人和限制民事行为能力人的法定代理人由其监护人担任。

【关联条文】

《民法总则》

第三十四条　监护人的职责是代理被监护人实施民事法律行为,保护被监护人的人身权利、财产权利以及其他合法权益等。

监护人依法履行监护职责产生的权利,受法律保护。

监护人不履行监护职责或者侵害被监护人合法权益的,应当承担法律责任。

《婚姻法》

第二十三条　父母有保护和教育未成年子女的权利和义务。在未成年子女对国家、集体或他人造成损害时,父母有承担民事责任的义务。

第二十四条　【行为能力的宣告与恢复】

《民法总则》条文	《民法通则》等编纂对象法规对应条文
第二十四条　<u>不能辨认或者不能完全辨认自己行为的成年人</u>,其利害关系人**或者有关组织**,可以向人民法院申请认定该成年人为无民事行为能力人或者限制民事行为能力人。 被人民法院认定为无民事行为能力人或者限制民事行为能力人的,经本人、利害关系人或**有关组织申请**,人民法院可以根据其**智力**、精神健康恢复的状况,认定该成年人恢复为限制民事行为能力人或者完全民事行为能力人。 **本条规定的有关组织包括:居民委员会、村民委员会、学校、医疗机构、妇女联合会、残疾人联合会、依法设立的老年人组织、民政部门等。**	《民法通则》 第十九条　**精神病人**的利害关系人,可以向人民法院申请宣告精神病人为无民事行为能力人或限制民事行为能力人。 被人民法院宣告为无民事行为能力人或者限制民事行为能力人的,根据他健康恢复的状况,经本人或者利害关系人申请,人民法院可以宣告他为限制民事行为能力人或者完全民事行为能力人。

【条文释义】

一般来说,年满十八周岁的成年人被推定具有完全行为能力,如果因认识和判断能力的欠缺导致其不能辨认或者不能完全辨认自己行为,那么其行为能力的具体状态则需要通过一定的程序予以特别认定。具体来说,需要特定利害关系人向人民法院提出申请,由法院宣告该成年人为限制行为能力人或无行为能力人。一般来说,利害关系人包括配偶、父母、成年子女等近亲属以及与其有财产上关系的合伙人、债务人、债权人等。

被法院宣告为无行为能力或限制行为能力的成年人,如果其认识和判断能力有所恢复,可以由其本人、利害关系人或有关组织向人民法院提出申请,将其行为能力宣告恢复为限制行为能力或完全行为能力。至于恢复为限制行为能力还是完全行为能力,则要根据该成年人的智力、精神健康恢复的具体情况,由法院予以具体认定。

《民法总则》特别明确了"有关组织"包括：居民委员会、村民委员会、学校、医疗机构、妇女联合会、残疾人联合会、依法设立的老年人组织、民政部门等，较之《民法通则》和相关规定范围更宽，也更符合实际需求。

【关联条文】

《民事诉讼法》

第一百八十七条　申请认定公民无民事行为能力或者限制民事行为能力，由其近亲属或者其他利害关系人向该公民住所地基层人民法院提出。

申请书应当写明该公民无民事行为能力或者限制民事行为能力的事实和根据。

第一百八十八条　人民法院受理申请后，必要时应当对被请求认定为无民事行为能力或者限制民事行为能力的公民进行鉴定。申请人已提供鉴定意见的，应当对鉴定意见进行审查。

第一百八十九条　人民法院审理认定公民无民事行为能力或者限制民事行为能力的案件，应当由该公民的近亲属为代理人，但申请人除外。近亲属互相推诿的，由人民法院指定其中一人为代理人。该公民健康情况许可的，还应当询问本人的意见。

人民法院经审理认定申请有事实根据的，判决该公民为无民事行为能力或者限制民事行为能力人；认定申请没有事实根据的，应当判决予以驳回。

第一百九十条　人民法院根据被认定为无民事行为能力人、限制民事行为能力人或者他的监护人的申请，证实该公民无民事行为能力或者限制民事行为能力的原因已经消除的，应当作出新判决，撤销原判决。

《民通意见》

7. 当事人是否患有精神病，人民法院应当根据司法精神病学鉴定或者参照医院的诊断、鉴定确认。在不具备诊断、鉴定条件的情况下，也可以参照群众公认的当事人的精神状态认定，但应以利害关系人没有异议为限。

8. 在诉讼中，当事人及利害关系人提出一方当事人患有精神病（包括痴呆症），人民法院认为确有必要认定的，应当按照民事诉讼法（试行）规定的特别程序，先作出当事人有无民事行为能力的判决。

确认精神病人（包括痴呆症人）为限制民事行为能力人的，应当比照民事诉讼法（试行）规定的特别程序进行审理。

【对应案由】

M10.33 认定公民无民事行为能力、限制民事行为能力案件

M10.33.379 申请宣告公民无民事行为能力
M10.33.380 申请宣告公民限制民事行为能力
M10.33.381 申请宣告公民恢复限制民事行为能力
M10.33.382 申请宣告公民恢复完全民事行为能力

第二十五条 【住所】

《民法总则》条文	《民法通则》等编纂对象法规对应条文
第二十五条　自然人以户籍登记或者其他有效身份登记记载的居所为住所；经常居所与住所不一致的，经常居所视为住所。	《民法通则》 第十五条　公民以他的户籍所在地的居住地为住所，经常居住地与住所不一致的，经常居住地视为住所。

【条文释义】

本条是关于自然人住所的认定规则。住所，是指自然人长期居住生活的地点，是自然人所参与的各种法律关系发生的中心地域。住所对于确定自然人的民事主体状态，具有重要意义。如宣告失踪或者宣告死亡，都以自然人离开住所地下落不明为前提条件；债务人清偿债务，在没有其他标志确定债务履行地的时候，可以用债务人的住所地作为标志，确定债务清偿地；自然人结婚，应当进行登记，其婚姻登记地是以自然人的住所为标志进行管辖；法院决定民事纠纷案件的诉讼管辖，以及司法文书送达地点，也以自然人的住所作为管辖的标志和送达的地点。

住所的认定，以自然人的户籍、身份证等登记的居所为判断标准。如果自然人经常居住的居所与登记的住所不一致的，应当以其经常居住的居所为住所。

【关联条文】

《民事诉讼法》

第二十一条　对公民提起的民事诉讼，由被告住所地人民法院管辖；被告住所地与经常居住地不一致的，由经常居住地人民法院管辖。

对法人或者其他组织提起的民事诉讼，由被告住所地人民法院管辖。

同一诉讼的几个被告住所地、经常居住地在两个以上人民法院辖区的，各该人民法院都有管辖权。

第二十二条　下列民事诉讼，由原告住所地人民法院管辖；原告住所地与经常居住地不一致的，由原告经常居住地人民法院管辖：

（一）对不在中华人民共和国领域内居住的人提起的有关身份关系的诉讼；

（二）对下落不明或者宣告失踪的人提起的有关身份关系的诉讼；

（三）对被采取强制性教育措施的人提起的诉讼；

（四）对被监禁的人提起的诉讼。

《民通意见》

9.公民离开住所地最后连续居住一年以上的地方，为经常居住地。但住医院治疗的除外。

公民由其户籍所在地迁出后至迁入另一地之前，无经常居住地的，仍以其原户籍所在地为住所。

第二节 监 护

第二十六条 【父母与子女之间的义务】

《民法总则》条文	《民法通则》等编纂对象法规对应条文
第二十六条 父母对**未成年**子女负有抚养、教育和保护的义务。 **成年**子女对父母负有赡养、扶助和**保护**的义务。	《婚姻法》 第二十一条 父母对子女有抚养教育的义务；子女对父母有赡养扶助的义务。 父母不履行抚养义务时，未成年的或不能独立生活的子女，有要求父母付给抚养费的权利。 子女不履行赡养义务时，无劳动能力的或生活困难的父母，有要求子女付给赡养费的权利。 禁止溺婴、弃婴和其他残害婴儿的行为。

【条文释义】

本条第1款单独规定了父母对未成年子女的抚养教育和保护等法定义务，将其与其他监护人的监护区分开来，一定程度上确立了"亲权"制度。父母对于未成年子女负有法定的义务，其内容包括抚养、教育和保护。具体来说，应当照顾保护未成年子女，向其提供生活所需和教育，保护其人身安全，代为保管其财产。

本条第2款规定的是成年子女对父母负有赡养、扶助和保护的义务，即成年子女在物质上与经济上为父母提供必要的生活条件，对父母在精神上与生活上进行帮助、照料、关怀，保护父母的人身财产安全。与《婚姻法》和《老年人权益保障法》主要规定的是"赡养"义务不同,《民法总则》还规定了"扶助"和"保护"义务。

严格地说,"扶助"是社会保障制度而非亲属之间的义务,用于描绘成年子女的义务是不恰当的,《婚姻法》第4条规定的"家庭成员间应当敬老爱幼,互相帮助"可能更为合适。《老年人权益保障法》在第三章"社会保障"第33条第3款规定:"国家建立和完善计划生育家庭老年人扶助制度。"第36条第1款规定:"老年人可以与集体经济组织、基层群众性自治组织、养老机构等组织或者个人签订遗赠扶养协议或者其他扶助协议。"而"赡养"的内容是规定在第二章"家庭赡养与扶养"。因此,成年子女对父母的扶助义务,应该是比赡养义务更高的要求。

《民法总则》规定成年子女对父母"保护"义务的出发点是希望成年子女能够更好地保护父母的权益尤其是人身安全,但如果完全比照父母对未成年子女的亲权制度确立"保护"义务,则可能在特定情况下产生不利的后果。例如,父母被他人侵害,侵权人是否能够主张成年子女未尽"保护"义务而减轻责任,需要在未来实务中予以明确。

本条规定的父母与子女之间基于家庭关系的对内义务与《民法总则》第112条规定的对外的身份权相互配合,形成了完整的身份权利义务关系体系,体现了社会主义核心价值观。

【关联条文】

《宪法》

第四十九条　婚姻、家庭、母亲和儿童受国家的保护。

夫妻双方有实行计划生育的义务。

父母有抚养教育未成年子女的义务,成年子女有赡养扶助父母的义务。

禁止破坏婚姻自由,禁止虐待老人、妇女和儿童。

《民法总则》

第一百一十二条　自然人因婚姻、家庭关系等产生的人身权利受法律保护。

《婚姻法》

第四条　夫妻应当互相忠实,互相尊重;家庭成员间应当敬老爱幼,互相帮助,维护平等、和睦、文明的婚姻家庭关系。

第二十一条　父母对子女有抚养教育的义务;子女对父母有赡养扶助的义务。

父母不履行抚养义务时,未成年的或不能独立生活的子女,有要求父母付给抚养费的权利。

子女不履行赡养义务时,无劳动能力的或生活困难的父母,有要求子女付给赡养费的权利。

禁止溺婴、弃婴和其他残害婴儿的行为。

第二十三条　父母有保护和教育未成年子女的权利和义务。在未成年子女对国家、集体或他人造成损害时,父母有承担民事责任的义务。

《老年人权益保障法》

第十三条　老年人养老以居家为基础,家庭成员应当尊重、关心和照料老年人。

第十四条　赡养人应当履行对老年人经济上供养、生活上照料和精神上慰藉的义务,照顾老年人的特殊需要。

赡养人是指老年人的子女以及其他依法负有赡养义务的人。

赡养人的配偶应当协助赡养人履行赡养义务。

第十五条　赡养人应当使患病的老年人及时得到治疗和护理;对经济困难的老年人,应当提供医疗费用。

对生活不能自理的老年人,赡养人应当承担照料责任;不能亲自照料的,可以按照老年人的意愿委托他人或者养老机构等照料。

第十六条　赡养人应当妥善安排老年人的住房,不得强迫老年人居住或者迁居条件低劣的房屋。

老年人自有的或者承租的住房,子女或者其他亲属不得侵占,不得擅自改变产权关系或者租赁关系。

老年人自有的住房,赡养人有维修的义务。

第十七条　赡养人有义务耕种或者委托他人耕种老年人承包的田地,照管或者委托他人照管老年人的林木和牲畜等,收益归老年人所有。

第十八条　家庭成员应当关心老年人的精神需求,不得忽视、冷落老年人。

与老年人分开居住的家庭成员,应当经常看望或者问候老年人。

用人单位应当按照国家有关规定保障赡养人探亲休假的权利。

第十九条　赡养人不得以放弃继承权或者其他理由,拒绝履行赡养义务。

赡养人不履行赡养义务,老年人有要求赡养人付给赡养费等权利。

赡养人不得要求老年人承担力不能及的劳动。

第二十条　经老年人同意,赡养人之间可以就履行赡养义务签订协议。赡养协议的内容不得违反法律的规定和老年人的意愿。

基层群众性自治组织、老年人组织或者赡养人所在单位监督协议的履行。

第二十一条　老年人的婚姻自由受法律保护。子女或者其他亲属不得干涉老年人离婚、再婚及婚后的生活。

赡养人的赡养义务不因老年人的婚姻关系变化而消除。

第二十二条　老年人对个人的财产,依法享有占有、使用、收益和处分的权利,子女或者其他亲属不得干涉,不得以窃取、骗取、强行索取等方式侵犯老年人的财产权益。

老年人有依法继承父母、配偶、子女或者其他亲属遗产的权利,有接受赠与的权利。子女或者其他亲属不得侵占、抢夺、转移、隐匿或者损毁应当由老年人继承或者接受赠与的财产。

老年人以遗嘱处分财产,应当依法为老年配偶保留必要的份额。

第二十三条　老年人与配偶有相互扶养的义务。

由兄、姐扶养的弟、妹成年后,有负担能力的,对年老无赡养人的兄、姐有扶养的义务。

第二十四条　赡养人、扶养人不履行赡养、扶养义务的,基层群众性自治组织、老年人组织或者赡养人、扶养人所在单位应当督促其履行。

第二十五条　禁止对老年人实施家庭暴力。

第三十三条　国家建立和完善老年人福利制度,根据经济社会发展水平和老年人的实际需要,增加老年人的社会福利。

国家鼓励地方建立八十周岁以上低收入老年人高龄津贴制度。

国家建立和完善计划生育家庭老年人扶助制度。

农村可以将未承包的集体所有的部分土地、山林、水面、滩涂等作为养老基地,收益供老年人养老。

第三十六条　老年人可以与集体经济组织、基层群众性自治组织、养老机构等组织或者个人签订遗赠扶养协议或者其他扶助协议。

负有扶养义务的组织或者个人按照遗赠扶养协议,承担该老年人生养死葬的义务,享有受遗赠的权利。

《未成年人保护法》

第十条　父母或者其他监护人应当创造良好、和睦的家庭环境,依法履行对未成年人的监护职责和抚养义务。

禁止对未成年人实施家庭暴力,禁止虐待、遗弃未成年人,禁止溺婴和其他残害婴儿的行为,不得歧视女性未成年人或者有残疾的未成年人。

第十二条　父母或者其他监护人应当学习家庭教育知识,正确履行监护职责,抚养教育未成年人。

有关国家机关和社会组织应当为未成年人的父母或者其他监护人提供家庭教育指导。

第二十七条 【未成年人的监护人】

《民法总则》条文	《民法通则》等编纂对象法规对应条文
第二十七条　父母是未成年子女的监护人。 　　未成年人的父母已经死亡或者没有监护能力的，由下列有监护能力的人**按顺序**担任监护人： 　　（一）祖父母、外祖父母； 　　（二）兄、姐； 　　（三）<u>其他愿意担任监护人的个人**或者组织**</u>，但是须经未成年人住所地的居民委员会、村民委员会或者民政部门同意。	《民法通则》 　　第十六条第一款、第二款　未成年人的父母是未成年人的监护人。 　　未成年人的父母已经死亡或者没有监护能力的，由下列人员中有监护能力的人担任监护人： 　　（一）祖父母、外祖父母； 　　（二）兄、姐； 　　（三）<u>关系密切的其他亲属、朋友</u>愿意承担监护责任，经未成年人的父、母的所在单位或者未成年人住所地的居民委员会、村民委员会同意的。

【条文释义】

　　法定监护人，是指依照法律规定确定的监护人。法定监护应依照法律规定的监护顺序，以顺序在先者为监护人，在前一顺序的法定监护人缺格或缺位时，依次由后一顺序的法定监护人担任。未成年人的法定监护人首先是其父母，没有父母的情况下，其监护人顺序如下：(1)祖父母、外祖父母；(2)兄、姐；(3)其他愿意担任监护人的个人或者组织，此类监护人的担任需要经过居委会、村委会或民政部门的同意。依照法定监护方式设定监护人，按照上述法定顺序，由顺序在先的监护人自动担任，监护人设定之后，即发生监护法律关系。

　　《民法总则》改变了《民法通则》在同一条款规定自然人监护人、指定监护和单位监护人制度的立法模式，在第31条统一规定了未成年人和民事行为能力欠缺成年人的指定监护制度，第32条统一规定了未成年人和民事行为能力欠缺成年人的单位监护人制度。

【关联条文】

　　《民法总则》

　　第三十二条　没有依法具有监护资格的人的，监护人由民政部门担任，也可以由具备履行监护职责条件的被监护人住所地的居民委员会、村民委员会担任。

　　《民通意见》

　　11. 认定监护人的监护能力，应当根据监护人的身体健康状况、经济条件，以及与被监护人在生活上的联系状况等因素确定。

13. 为患有精神病的未成年人设定监护人,适用民法通则第十六条的规定。

【对应案由】

M10.35.385 申请确定监护人

第二十八条 【民事行为能力欠缺成年人的监护人】

《民法总则》条文	《民法通则》等编纂对象法规对应条文
第二十八条　无民事行为能力或者限制民事行为能力的成年人,由下列有监护能力的人**按顺序**担任监护人: (一)配偶; (二)<u>父母、子女</u>; (三)其他近亲属; (四)<u>其他愿意担任监护人的个人**或者组织**</u>,但是须经被监护人住所地的居民委员会、村民委员会或者<u>民政部门</u>同意。	《民法通则》 　　第十七条第一款　无民事行为能力或者限制民事行为能力的精神病人,由下列人员担任监护人: (一)配偶; (二)父母; (三)成年子女; (四)其他近亲属; (五)关系密切的其他亲属、朋友愿意承担监护责任,经精神病人的所在单位或者住所地的居民委员会、村民委员会同意的。

【条文释义】

成年人因为疾病、年老、意外事故等原因,行为认识能力有欠缺属于无民事行为能力或者限制民事行为能力人的,同样需要监护人,其监护人设置的法理与未成年人监护人设置相同。但是由于与成年人关系密切的人有所不同,因此其监护人担任顺序与未成年人的监护人顺序有所不同。第一顺位的首先是其配偶,第二顺位的是父母和成年子女,第三顺位的是其他近亲属,第四顺位的是其他愿意担任监护人的个人或组织。根据体系解释可知,第四顺位的个人或组织不包括村委会、居委会和民政部门。

需要注意的是,前三顺位的人都有法定的监护义务,而第四顺位的人不同于前三顺位的人,其不具有法定监护义务,是自愿监护人。自愿监护人也叫做无因监护人,是指不负有法定监护义务的人自愿担任监护,并经主管组织同意的监护人。自愿监护人与法定监护人的最大区别,就在于没有法律规定的监护义务。自愿监护人应以主管组织同意为必要,非经同意,不能作为监护人。

《民法总则》改变了《民法通则》在同一条款规定自然人监护人、指定监护和单位监护人制度的立法模式，第31条统一规定了未成年人和民事行为能力欠缺成年人的指定监护制度，第32条统一规定了未成年人和民事行为能力欠缺成年人的单位监护人制度。

【关联条文】

《民法总则》

第三十一条　对监护人的确定有争议的，由被监护人住所地的居民委员会、村民委员会或者民政部门指定监护人，有关当事人对指定不服的，可以向人民法院申请指定监护人；有关当事人也可以直接向人民法院申请指定监护人。

居民委员会、村民委员会、民政部门或者人民法院应当尊重被监护人的真实意愿，按照最有利于被监护人的原则在依法具有监护资格的人中指定监护人。

依照本条第一款规定指定监护人前，被监护人的人身权利、财产权利以及其他合法权益处于无人保护状态的，由被监护人住所地的居民委员会、村民委员会、法律规定的有关组织或者民政部门担任临时监护人。

监护人被指定后，不得擅自变更；擅自变更的，不免除被指定的监护人的责任。

第三十二条　没有依法具有监护资格的人的，监护人由民政部门担任，也可以由具备履行监护职责条件的被监护人住所地的居民委员会、村民委员会担任。

《民通意见》

12. 民法通则中规定的近亲属包括配偶、父母、子女、兄弟姐妹、祖父母、外祖父母、孙子女，外孙子女。

【对应案由】

M10.35.385 申请确定监护人

第二十九条　【遗嘱监护】

《民法总则》条文	《民法通则》等编纂对象法规对应条文
第二十九条　被监护人的父母担任监护人的，可以通过遗嘱指定监护人。	暂无对应法条。

【条文释义】

本条规定了遗嘱监护和遗嘱监护人。遗嘱监护人，是指通过遗嘱委任的监护人。由于父母是未成年子女的首选监护人，基于其自然本能和情感能够最大程度维护和教育好未成年子女，当其死亡时其自然会选任最能保护未成年子女权益的人继任监护人，因此法律准许其可通过遗嘱指定监护人。

父母通过遗嘱选定的监护人，应当具备以下资格：(1)遗嘱人须是亲权人，遗嘱指定监护人，遗嘱人必须是父或母，即亲权人，非亲权人不得以遗嘱指定监护人，即使是亲权人，如果亲权丧失或者被剥夺的，也不能遗嘱指定监护人；(2)遗嘱人须是后去世的亲权人，先去世的亲权人由于尚有亲权人在世，因此无权指定监护人；(3)遗嘱须符合法律要求，违反遗嘱法律要求的，不发生遗嘱委任监护人的效力。

需要指出的是，本条规定将原本仅适用于《继承法》上的遗嘱制度扩张到了监护人制度中。鉴于继承法上的遗嘱制度仅涉及积极的遗产流转，而本条规定指定的监护人实际上是一种消极的负担，还需要进一步与《民法总则》规定的监护人顺位制度和单位监护人制度相协调。

【关联条文】

《民法总则》

第二十七条　父母是未成年子女的监护人。

未成年人的父母已经死亡或者没有监护能力的，由下列有监护能力的人按顺序担任监护人：

（一）祖父母、外祖父母；

（二）兄、姐；

（三）其他愿意担任监护人的个人或者组织，但是须经未成年人住所地的居民委员会、村民委员会或者民政部门同意。

第二十八条　无民事行为能力或者限制民事行为能力的成年人，由下列有监护能力的人按顺序担任监护人：

（一）配偶；

（二）父母、子女；

（三）其他近亲属；

（四）其他愿意担任监护人的个人或者组织，但是须经被监护人住所地的居民委员会、村民委员会或者民政部门同意。

第三十二条　没有依法具有监护资格的人的，监护人由民政部门担任，也可以由具备履行监护职责条件的被监护人住所地的居民委员会、村民委员会担任。

《继承法》

第五条　继承开始后，按照法定继承办理；有遗嘱的，按照遗嘱继承或者遗赠办理;有遗赠扶养协议的,按照协议办理。

第三十条 【监护人的协议确定】

《民法总则》条文	《民法通则》等编纂对象法规对应条文
第三十条 依法具有监护资格的人之间可以协议确定监护人。协议确定监护人应当尊重被监护人的真实意愿。	《民通意见》 15. 有监护资格的人之间协议确定监护人的,应当由协议确定的监护人对被监护人承担监护责任。

【条文释义】

本条是关于通过协议确定监护人的规定,《民法通则》对此并无规定,这一规定是对于司法实践经验的吸收。无民事行为能力人或者限制民事行为能力人具有监护资格的人有多人的,也可以不按照顺位确定监护人,而由这些具有监护资格的人通过协议确定监护人。协议确定监护人时,不仅应尊重具有监护资格的人的共同意愿,而且应当尊重和考虑被监护人对于希望谁来担任监护人的真实意愿。

【关联条文】

《民法总则》

第二十七条 父母是未成年子女的监护人。

未成年人的父母已经死亡或者没有监护能力的,由下列有监护能力的人按顺序担任监护人:

(一)祖父母、外祖父母;

(二)兄、姐;

(三)其他愿意担任监护人的个人或者组织,但是须经未成年人住所地的居民委员会、村民委员会或者民政部门同意。

第二十八条 无民事行为能力或者限制民事行为能力的成年人,由下列有监护能力的人按顺序担任监护人:

(一)配偶;

(二)父母、子女;

(三)其他近亲属;

(四)其他愿意担任监护人的个人或者组织,但是须经被监护人住所地的居民委员会、村民委员会或者民政部门同意。

【对应案由】

M10.35.385 申请确定监护人

第三十一条 【指定监护】

《民法总则》条文	《民法通则》等编纂对象法规对应条文
第三十一条 对监护人的确定有争议的,由被监护人住所地的居民委员会、村民委员会或者民政部门指定监护人,有关当事人对指定不服的,<u>可以向人民法院申请指定监护人</u>;有关当事人也可以直接向人民法院申请指定监护人。 居民委员会、村民委员会、民政部门或者人民法院应当尊重被监护人的真实意愿,按照最有利于被监护人的原则在依法具有监护资格的人中指定监护人。 依照本条第一款规定指定监护人前,被监护人的人身权利、财产权利以及其他合法权益处于无人保护状态的,由被监护人住所地的居民委员会、村民委员会、法律规定的有关组织或者民政部门担任临时监护人。 监护人被指定后,不得擅自变更;擅自变更的,不免除被指定的监护人的责任。	《民法通则》 第十六条第三款 对担任监护人有争议的,由未成年人的父、母的所在单位或者未成年人住所地的居民委员会、村民委员会在近亲属中指定。<u>对指定不服提起诉讼的,由人民法院裁决。</u> 第十七条第二款、第三款 对担任监护人有争议的,由精神病人的所在单位或者住所地的居民委员会、村民委员会在近亲属中指定。<u>对指定不服提起诉讼的,由人民法院裁决。</u> 没有第一款规定的监护人的,由精神病人的所在单位或者住所地的居民委员会、村民委员会或者民政部门担任监护人。

【条文释义】

本条是关于指定监护的规定。指定监护,是指有法定监护资格的人之间对担任监护人有争议时,由监护权力机关指定的监护。其争议主要是由谁来担任监护人。其基本规则是,首先由被监护人住所地的居民委员会、村民委员会或者民政部门在法定的具有监护资格的人中指定一人或数人担任监护人;如果具有监护资格的人、被指定人以及其他利害关系人对于指定不服的,可以向人民法院提出申请,由人民法院指定。需要注意的是,被监护人住所地的居民委员会、村民委员会指定并非人民法院指定的必要前置程序,当事人也可以不经居委会、村委会指定而直接向人民法院提出指定监护人的申请。

人民法院指定监护人时,可以将法律关于"祖父母、外祖父母、兄、姐,其他个人或组织"或"配偶、父母、成年子女、其他个人或组织"的规定视为指定监护人的顺序。前一顺序有监护资格的人无监护能力或者对被监护人明显不利的,人民法院可以根据对被监护人有利的原则,从后一顺序有监护资格的人中择优确定。被监护人有识别能力的,应视情况征求被监护人的意见。监护人可以是一人,也可以是同一顺序中的数人。被指定人对指定不服提起诉讼的,人民法院应当根据上述规定,作出维持或者撤销指定监护人的判决。如果判决是撤销原指定的,可以同时另行指定监护人。此类案件,比照民事诉讼法规定的特别程序进行审理。

在指定的监护人确定之前,由被监护人住所地的居民委员会、村民委员会、法律规定的有关组织或者民政部门担任临时监护人。

《民法总则》改变了《民法通则》关于未成年人和精神病人监护人确定条款分别规定指定监护制度的立法模式,统一了指定监护制度。

【关联条文】

《民法总则》

第二十七条　父母是未成年子女的监护人。

未成年人的父母已经死亡或者没有监护能力的,由下列有监护能力的人按顺序担任监护人:

(一)祖父母、外祖父母;

(二)兄、姐;

(三)其他愿意担任监护人的个人或者组织,但是须经未成年人住所地的居民委员会、村民委员会或者民政部门同意。

第二十八条　无民事行为能力或者限制民事行为能力的成年人,由下列有监护能力的人按顺序担任监护人:

(一)配偶;

(二)父母、子女;

(三)其他近亲属;

(四)其他愿意担任监护人的个人或者组织,但是须经被监护人住所地的居民委员会、村民委员会或者民政部门同意。

《民通意见》

14. 人民法院指定监护人时,可以将民法通则第十六条第二款中的(一)、(二)、(三)项或第十七条第一款中的(一)、(二)、(三)、(四)、(五)项规定视为指定监护人的顺序。前一顺序有监护资格的人无监护能力或者对被监护人明显不利的,人民法院可以根据对被监护人有利的原则从后一顺序有监护资格的人中择优确定。被监护人有识别能力的,应视情况征求被监护人的意见。

监护人可以是一人,也可以是同一顺序中的数人。

16. 对于担任监护人有争议的,应当按照民法通则第十六条第三款或者第十七条第二款的规定,由有关组织予以指定。未经指定而向人民法院起诉的,人民法院不予受理。

17. 有关组织依照民法通则规定指定监护人,以书面或者口头通知了被指定人的,应当认定指定成立。被指定人不服的,应当在接到通知的次日起三十日内向人民法院起诉。逾期起诉的,按变更监护关系处理。

18. 监护人被指定后,不得自行变更。擅自变更的,由原被指定的监护人和变更后的监护人承担监护责任。

19. 被指定人对指定不服提起诉讼的,人民法院应当根据本意见第十四条的规定,作出维持或者撤销指定监护人的判决。如果判决是撤销原指定的,可以同时另行指定监护人。此类案件,比照民事诉讼法(试行)规定的特别程序进行审理。

在人民法院作出判决前的监护责任,一般应当按照指定监护人的顺序由有监护资格的人承担。

【对应案由】
M10.35.385 申请确定监护人

第三十二条 【单位监护人】

《民法总则》条文	《民法通则》等编纂对象法规对应条文
第三十二条 没有依法具有监护资格的人的,监护人由 民政部门 担任,也可以由 具备履行监护职责条件 的被监护人 住所地的居民委员会、村民委员会 担任。	《民法通则》 第十六条第四款 没有第一款、第二款规定的监护人的,由未成年人的父、母的所在单位或者未成年人 住所地的居民委员会、村民委员会 或者民政部门担任监护人。 第十七条第三款 没有第一款规定的监护人的,由精神病人的所在单位或者 住所地的居民委员会、村民委员会 或者 民政部门 担任监护人。

【条文释义】

在某些特殊情况下,无民事行为能力人或者限制民事行为能力人并没有具备监护资格的人,此时基于国家保护人的尊严和人权保障的需要,国家有义务承担起监护人的职责,从而保护无民事行为能力人和限制民事行为能力人的权益。具体来说,由国家机构中的民政部门担任监护人,当然也可以由民政部门之外的具备监护条件的当地的居委会、村委会担任。

《民法总则》改变了《民法通则》在未成年人和精神病人监护人确定条款分别规定单位监护人的立法模式,统一了单位监护人的确定制度。

【关联条文】

《民法总则》

第二十七条　父母是未成年子女的监护人。

未成年人的父母已经死亡或者没有监护能力的,由下列有监护能力的人按顺序担任监护人:

(一)祖父母、外祖父母;

(二)兄、姐;

(三)其他愿意担任监护人的个人或者组织,但是须经未成年人住所地的居民委员会、村民委员会或者民政部门同意。

第二十八条　无民事行为能力或者限制民事行为能力的成年人,由下列有监护能力的人按顺序担任监护人:

(一)配偶;

(二)父母、子女;

(三)其他近亲属;

(四)其他愿意担任监护人的个人或者组织,但是须经被监护人住所地的居民委员会、村民委员会或者民政部门同意。

【对应案由】

M10.35.385 申请确定监护人

第三十三条　【协商监护】

《民法总则》条文	《民法通则》等编纂对象法规对应条文
第三十三条　具有完全民事行为能力的<u>成年人</u>,可以与其近亲属、其他愿意担任监护人的个人或者组织**事先**协商,**以书面形式确定自己的监护人**。协商确定的监护人在该成年人丧失或者部分丧失民事行为能力时,履行监护职责。	《老年人权益保障法》 第二十六条　具备完全民事行为能力的<u>老年人</u>,可以在近亲属或者其他与自己关系密切、愿意承担监护责任的个人、组织中协商确定自己的监护人。监护人在老年人丧失或者部分丧失民事行为能力时,依法承担监护责任。 老年人未事先确定监护人的,其丧失或者部分丧失民事行为能力时,依照有关法律的规定确定监护人。

【条文释义】

本条所规定的监护设立方式本质为意定监护,是最充分体现被监护人意志的一种监护设立方式。具备完全民事行为能力的成年人可能日后因为疾病或意外事故等多种原因丧失民事行为能力,其提前按照自己的意愿确定监护人,有利于其选择自己最信任的最能保护好自己权益并能尊重自己意愿的人担任监护人。具体来说,民事行为能力不充分的人在其具有完全的判断能力时,依照自己的意思能力,选择监护人,并与其签订委托监护合同,将本人的监护事务诸如生活照料、疗养看护和财产管理等事务,全部或者部分代理权授予监护人,约定该合同和代理的授权在本人因年老或精神障碍或者丧失判断能力的事实发生后生效。

需要注意的是,这种监护设立方式是当事人与其近亲属或其他个人或组织间的协议,属于双方法律行为。其基础在于双方协商一致的合意,不但要设立人同意,其近亲属或其他个人、组织也要同意,设立人不能在未经他人同意的情况下设定他人为其未来的监护人。

本项规则最初在《老年人权益保障法》中针对老年人设立,经过实践和总结经验,在《民法总则》上扩充到具有完全民事行为能力的成年人,值得肯定。

【关联条文】

《合同法》

第二条 本法所称合同是平等主体的自然人、法人、其他组织之间设立、变更、终止民事权利义务关系的协议。

婚姻、收养、监护等有关身份关系的协议,适用其他法律的规定。

第三十四条 【监护人的职责、权力和责任】

《民法总则》条文	《民法通则》等编纂对象法规对应条文
第三十四条 监护人的职责是代理被监护人实施民事法律行为,保护被监护人的人身权利、财产权利以及其他合法权益等。 监护人依法履行监护职责产生的权利,受法律保护。 监护人不履行监护职责或者侵害被监护人合法权益的,应当承担法律责任。	《民法通则》 第十八条 监护人应当履行监护职责,保护被监护人的人身、财产及其他合法权益,除为被监护人的利益外,不得处理被监护人的财产。 监护人依法履行监护的权利,受法律保护。 监护人不履行监护职责或者侵害被监护人的合法权益的,应当承担责任;给被监护人造成财产损失的,应当赔偿损失。人民法院可以根据有关人员或者有关单位的申请,撤销监护人的资格。

【条文释义】

监护人应当依法履行监护职责,其监护权受法律保护。监护人因为履行监护职责所产生的对于被监护人财产的管理权以及代理权等权利受到法律保护。此外,监护人不履行监护职责造成被监护人合法权益损害的,或者监护人滥用监护权虐待被监护人、侵害被监护人财产的,应当承担赔偿责任。

一般来说,监护人的主要职责包括:保护被监护人的身体健康,防止其生命健康权被不法侵害;照顾被监护人的生活,保证被监护人在生活方面的基本需求;管理和保护被监护人的财产,保证其财产不受不法侵害;为被监护人的利益可以处分其财产;代理被监护人进行民事活动;对被监护人进行管理和教育,保证被监护人的身心发育和成长;代理被监护人进行诉讼。因此,立法者在列举了"代理被监护人实施民事法律行为,保护被监护人的人身权利、财产权利以及其他合法权益"职责之后,使用了"等"的表述方式。

严格地说,监护人依法履行监护职责产生的是一种"民事权力"而非"民事权利",因此其对应的才是"职责"而非义务。监护权力和职责对于监护人来讲并无利益可言,因此对于监护人不能苛加过重的责任。

【关联条文】

《侵权责任法》

第三十二条 无民事行为能力人、限制民事行为能力人造成他人损害的,由监护人承担侵权责任。监护人尽到监护责任的,可以减轻其侵权责任。

有财产的无民事行为能力人、限制民事行为能力人造成他人损害的,从本人财产中支付赔偿费用。不足部分,由监护人赔偿。

《婚姻法》

第二十三条 父母有保护和教育未成年子女的权利和义务。在未成年子女对国家、集体或他人造成损害时,父母有承担民事责任的义务。

《民通意见》

10. 监护人的监护职责包括:保护被监护人的身体健康,照顾被监护人的生活,管理和保护被监护人的财产,代理被监护人进行民事活动,对被监护人进行管理和教育,在被监护人合法权益受到侵害或者与人发生争议时,代理其进行诉讼。

22. 监护人可以将监护职责部分或者全部委托给他人。因被监护人的侵权行为需要承担民事责任的,应当由监护人承担,但另有约定的除外;被委托人确有过错的,负连带责任。

第三十五条 【监护权的履行原则】

《民法总则》条文	《民法通则》等编纂对象法规对应条文
第三十五条　监护人应当按照最有利于被监护人的原则履行监护职责。监护人除为维护被监护人利益外，不得<u>处分</u>被监护人的财产。 未成年人的监护人履行监护职责，在作出与被监护人利益有关的决定时，应当根据被监护人的年龄和智力状况，尊重被监护人的真实意愿。 成年人的监护人履行监护职责，应当最大程度地尊重被监护人的真实意愿，保障并协助被监护人实施与其智力、精神健康状况相适应的民事法律行为。对被监护人有能力独立处理的事务，监护人不得干涉。	《民法通则》 　　第十八条　监护人应当履行监护职责，保护被监护人的人身、财产及其他合法权益，除为被监护人的利益外，不得<u>处理</u>被监护人的财产。 　　监护人依法履行监护的权利，受法律保护。 　　监护人不履行监护职责或者侵害被监护人的合法权益的，应当承担责任；给被监护人造成财产损失的，应当赔偿损失。人民法院可以根据有关人员或者有关单位的申请，撤销监护人的资格。

【条文释义】

本条是关于监护权履行原则的规定，比较全面地规定了监护人履行监护权应当遵循的基本原则。本次关于监护权履行原则规定的最大特色在于，吸收了比较法上成年监护制度的核心价值，在履行监护职责处理监护事务时，要充分尊重被监护人的意愿。

监护人履行监护职责应遵循的最根本的原则就是最有利于被监护人原则，监护制度设置的目的就是为了弥补被监护人能力的不足，保护其合法权益，因此监护人在履行职责时必然应当遵循最有利于被监护人的原则，行为的实施与事务的处理应当采用最有利于被监护人的方法。

此外，不管是未成年人监护还是成年人监护，都应当充分尊重被监护人本人的意愿。其判断的标准是所涉及的事项是否对被监护人的人身具有重要影响以及是否属于被监护人可以理解的范畴。如果所涉及事项与被监护人的人身具有重要关联并会产生重要影响，并且被监护人对此可以理解，能够作出理性的判断，那么监护人应当充分尊重被监护人意愿，应按照被监护人的意愿去实施相关行为；如果所涉及的事项超出被监护人的理解和判断能力所及的范围，则被监护人意愿并非唯一决定因素，监护人应结合被监护人意愿及其利益最大化两项因素去决定如何实施监护事项。

【关联条文】

《未成年人保护法》

第十四条 父母或者其他监护人应当根据未成年人的年龄和智力发展状况,在作出与未成年人权益有关的决定时告知其本人,并听取他们的意见。

第三十六条 【监护人资格的撤销与重新指定】

《民法总则》条文	《民法通则》等编纂对象法规对应条文
第三十六条 监护人有下列情形之一的,人民法院根据有关个人或者<u>组织</u>的申请,撤销其监护人资格,安排必要的临时监护措施,并按照最有利于被监护人的原则依法指定监护人: (一)实施严重损害被监护人身心健康行为的; (二)怠于履行监护职责,或者无法履行监护职责并且拒绝将监护职责部分或者全部委托给他人,导致被监护人处于危困状态的; (三)实施严重侵害被监护人合法权益的其他行为的。 本条规定的有关个人和组织包括:其他依法具有监护资格的人、居民委员会、村民委员会、学校、医疗机构、妇女联合会、残疾人联合会、未成年人保护组织、依法设立的老年人组织、民政部门等。 前款规定的个人和民政部门以外的组织未及时向人民法院申请撤销监护人资格的,民政部门应当向人民法院申请。	《民法通则》 第十八条 监护人应当履行监护职责,保护被监护人的人身、财产及其他合法权益,除为被监护人的利益外,不得处理被监护人的财产。 监护人依法履行监护的权利,受法律保护。 监护人不履行监护职责或者侵害被监护人的合法权益的,应当承担责任;给被监护人造成财产损失的,应当赔偿损失。人民法院可以根据有关人员或者有关<u>单位</u>的申请,撤销监护人的资格。

【条文释义】

本条是关于监护人资格撤销与重新指定监护人的规定。监护人设置的目的在于保护被监护人,如果监护人不能保护被监护人,反而侵害被监护人的合法权益,那么其就不适宜继续担任监护人。其他有监护资格的人或者被监护人住所地的居民委员会、村民委员会、学校、医疗卫生机构、妇女联合会、残疾人联合会、未成年人保护组织以及老年人组织、民政部门等可以向人民法院申请撤销监护人的监护资格,并为被监护人指定新的监护人。

根据《依法处理监护人侵害未成年人权益行为的意见》,如果被监护人是未成年人,"有关组织"还包括未成年人父、母所在单位、共青团和关心下一代工作委员会。

【关联条文】

《未成年人保护法》

第五十三条　父母或者其他监护人不履行监护职责或者侵害被监护的未成年人的合法权益,经教育不改的,人民法院可以根据有关人员或者有关单位的申请,撤销其监护人的资格,依法另行指定监护人。被撤销监护资格的父母应当依法继续负担抚养费用。

《民通意见》

20. 监护人不履行监护职责,或者侵害了被监护人的合法权益,民法通则第十六条、第十七条规定的其他有监护资格的人或者单位向人民法院起诉,要求监护人承担民事责任的,按照普通程序审理;要求变更监护关系的,按照特别程序审理;既要求承担民事责任,又要求变更监护关系的,分别审理。

21. 夫妻离婚后,与子女共同生活的一方无权取消对方对该子女的监护权。但是,未与该子女共同生活的一方,对该子女有犯罪行为、虐待行为或者对该子女明显不利的,人民法院认为可以取消的除外。

《依法处理监护人侵害未成年人权益行为意见》

27. 下列单位和人员(以下简称有关单位和人员)有权向人民法院申请撤销监护人资格:

(一)未成年人的其他监护人,祖父母、外祖父母、兄、姐,关系密切的其他亲属、朋友;

(二)未成年人住所地的村(居)民委员会,未成年人父、母所在单位;

(三)民政部门及其设立的未成年人救助保护机构;

(四)共青团、妇联、关工委、学校等团体和单位。

申请撤销监护人资格,一般由前款中负责临时照料未成年人的单位和人员提出,也可以由前款中其他单位和人员提出。

【对应案由】

M10.35.386 申请变更监护人

M10.35.387 申请撤销监护人资格

第三十七条 【法定义务不因监护人资格撤销而免除】

《民法总则》条文	《民法通则》等编纂对象法规对应条文
第三十七条 依法负担被监护人抚养费、赡养费、扶养费的父母、子女、配偶等，被人民法院撤销监护人资格后，应当继续履行负担的义务。	《未成年人保护法》 　　第五十三条 父母或者其他监护人不履行监护职责或者侵害被监护的未成年人的合法权益，经教育不改的，人民法院可以根据有关人员或者有关单位的申请，撤销其监护人的资格，依法另行指定监护人。被撤销监护资格的父母应当依法继续负担抚养费用。

【条文释义】

　　本条对于父母、子女、配偶对其法定抚养、赡养或扶养人的抚养费、赡养费、扶养费支付义务与其监护人资格之间的关系进行了规定。一般来说，抚养费、赡养费、扶养费的负担义务来源于当事人之间特定的亲属法上的身份关系，其或者是父母子女关系，或者是配偶关系。在未成年人的父母已经死亡或者没有监护能力的情况下，负担相关费用的监护人也可能是兄弟姐妹、祖父母、外祖父母、孙子女、外孙子女等近亲属。

　　只要上述身份关系存在，当事人依法支付抚养费、赡养费、扶养费的义务就存在。这种身份关系与监护资格的享有或监护关系的存续并无直接关联。监护资格只是直接教育、保护和照顾被监护人的法律关系或资格，这种资格的丧失并不影响当事人之间的身份关系的存续，换言之，即使父母被撤销对其未成年子女的监护资格，他们之间仍然具有父母子女的身份关系，基于该身份关系所产生的支付抚养费、赡养费、扶养费的义务也仍然存在。因此，父母、子女、配偶被撤销监护资格后，其仍然应当继续履行所负担的对被抚养人、被赡养人、被扶养人的支付抚养费、赡养费、扶养费的义务。

【关联条文】

《婚姻法》

　　第二十条 夫妻有互相扶养的义务。
　　一方不履行扶养义务时，需要扶养的一方，有要求对方付给扶养费的权利。
　　第二十一条 父母对子女有抚养教育的义务；子女对父母有赡养扶助的义务。
　　父母不履行抚养义务时，未成年的或不能独立生活的子女，有要求父母付给抚养费的权利。

子女不履行赡养义务时,无劳动能力的或生活困难的父母,有要求子女付给赡养费的权利。

禁止溺婴、弃婴和其他残害婴儿的行为。

《民通意见》

12. 民法通则中规定的近亲属包括配偶、父母、子女、兄弟姐妹、祖父母、外祖父母、孙子女、外孙子女。

《婚姻法司法解释(一)》

第二十条 婚姻法第二十一条规定的"不能独立生活的子女",是指尚在校接受高中及其以下学历教育,或者丧失或未完全丧失劳动能力等非因主观原因而无法维持正常生活的成年子女。

《依法处理监护人侵害未成年人权益行为意见》

42. 被撤销监护人资格的父、母应当继续负担未成年人的抚养费用和因监护侵害行为产生的各项费用。相关单位和人员起诉的,人民法院应予支持。

第三十八条 【父母或子女的监护人资格的恢复】

《民法总则》条文	《民法通则》等编纂对象法规对应条文
第三十八条 被监护人的父母或者子女被人民法院撤销监护人资格后,除对被监护人实施故意犯罪的外,确有悔改表现的,经其申请,人民法院可以在尊重被监护人真实意愿的前提下,视情况恢复其监护人资格,人民法院指定的监护人与被监护人的监护关系同时终止。	暂无对应法条。

【条文释义】

鉴于父母与子女间的自然血亲关系,他们之间的关系非一般的监护人与被监护人之间的关系可比拟,因此,法律给被撤销监护人资格的父母或成年子女一项特别的优待,在其被撤销监护资格后,如果确有悔改情形的,人民法院可以恢复其监护资格。需要注意的是,需要满足三个条件:其一,父母或成年子女不曾对被监护人实施过故意犯罪行为;其二,被监护人同意恢复其父母或成年子女的监护人资格;其三,需被监护人的父母或成年子女向人民法院提出恢复申请,由人民法院予以宣告。

本条规定的"确有悔改情形的",要求人民法院"尊重被监护人真实意愿",实际上暗含了被监护人的宽恕,是类似于《继承法意见》第13条规定的被继承人宽恕继承人的情感表示行为。

【关联条文】

《继承法意见》

13. 继承人虐待被继承人情节严重的,或者遗弃被继承人的,如以后确有悔改表现,而且被虐待人、被遗弃人生前又表示宽恕,可不确认其丧失继承权。

《依法处理监护人侵害未成年人权益行为意见》

38. 被撤销监护人资格的侵害人,自监护人资格被撤销之日起三个月至一年内,可以书面向人民法院申请恢复监护人资格,并应当提交相关证据。

人民法院应当将前款内容书面告知侵害人和其他监护人、指定监护人。

39. 人民法院审理申请恢复监护人资格案件,按照变更监护关系的案件审理程序进行。

人民法院应当征求未成年人现任监护人和有表达能力的未成年人的意见,并可以委托申请人住所地的未成年人救助保护机构或者其他未成年人保护组织,对申请人监护意愿、悔改表现、监护能力、身心状况、工作生活情况等进行调查,形成调查评估报告。

申请人正在服刑或者接受社区矫正的,人民法院应当征求刑罚执行机关或者社区矫正机构的意见。

第三十九条 【监护关系终止】

《民法总则》条文	《民法通则》等编纂对象法规对应条文
第三十九条 有下列情形之一的,监护关系终止: (一)被监护人取得或者恢复完全民事行为能力; (二)监护人丧失监护能力; (三)被监护人或者监护人死亡; (四)人民法院认定监护关系终止的其他情形。 监护关系终止后,被监护人仍然需要监护的,应当依法另行确定监护人。	暂无对应法条。

【条文释义】

本条是关于监护关系终止的规定。监护关系的终止分为绝对终止和相对终止,前者是指监护关系没有必要存在因而终止,后者是指监护关系相对于某一监护人而终止但会有新的监护人产生新的监护关系。监护关系的绝对终止发生在被监护人恢复完全民事行为能力或者被监护人死亡的情况,而监护关系的相对终止在监护人丧失监护能力、监护人死亡、监护人丧失监护资格等情况下发生。

【关联条文】

《民法总则》

第十五条　自然人的出生时间和死亡时间,以出生证明、死亡证明记载的时间为准;没有出生证明、死亡证明的,以户籍登记或者其他有效身份登记记载的时间为准。有其他证据足以推翻以上记载时间的,以该证据证明的时间为准。

第二十四条　不能辨认或者不能完全辨认自己行为的成年人,其利害关系人或者有关组织,可以向人民法院申请认定该成年人为无民事行为能力人或者限制民事行为能力人。

被人民法院认定为无民事行为能力人或者限制民事行为能力人的,经本人、利害关系人或者有关组织申请,人民法院可以根据其智力、精神健康恢复的状况,认定该成年人恢复为限制民事行为能力人或者完全民事行为能力人。

本条规定的有关组织包括:居民委员会、村民委员会、学校、医疗机构、妇女联合会、残疾人联合会、依法设立的老年人组织、民政部门等。

第一百七十五条　有下列情形之一的,法定代理终止:

(一)被代理人取得或者恢复完全民事行为能力;

(二)代理人丧失民事行为能力;

(三)代理人或者被代理人死亡;

(四)法律规定的其他情形。

第三节　宣告失踪和宣告死亡

第四十条　【宣告失踪】

《民法总则》条文	《民法通则》等编纂对象法规对应条文
第四十条　自然人下落不明满二年的,利害关系人可以向人民法院申请宣告该自然人为失踪人。	《民法通则》 第二十条　公民下落不明满二年的,利害关系人可以向人民法院申请宣告他为失踪人。 战争期间下落不明的,下落不明的时间从战争结束之日起计算。

【条文释义】

　　法律规定宣告失踪的目的,是通过人民法院确认自然人失踪的事实,结束失踪人财产无人管理及其应履行的义务不能得到及时履行的非正常状态,以保护失踪人和利害关系人的利益,并维护社会经济秩序的稳定。宣告失踪,是指自然人离开自己的住所下落不明达到法定期限,经过利害关系人申请,人民法院依照法定程序宣告其为失踪人的民事主体制度。

　　宣告失踪必须满足以下条件:其一,必须是自然人下落不明满两年,下落不明,是指自然人离开自己最后的居所和住所后没有音讯,并且这种状况为持续不间断,只有从自然人音讯消失起开始计算,持续地、不间断地经过两年时间,才可以申请宣告失踪;其二,必须经由利害关系人向人民法院提出申请,利害关系人包括:被申请宣告失踪人的配偶、父母、子女、兄弟姐妹、祖父母、外祖父母、孙子女、外孙子女以及其他与被申请人有民事权利义务关系的人,其中"其他与被申请人有民事权利义务关系的人"主要是指失踪人的合伙人、债权人等;其三,必须由法院根据法定程序宣告,人民法院在收到宣告失踪的申请以后,应当依据《民事诉讼法》规定的特别程序,发出寻找失踪人的公告,公告期满以后,仍没有该自然人的音讯时,人民法院才能宣告该自然人为失踪人。

【关联条文】

《民事诉讼法》

　　第一百八十三条　公民下落不明满二年,利害关系人申请宣告其失踪的,向下落不明人住所地基层人民法院提出。

　　申请书应当写明失踪的事实、时间和请求,并附有公安机关或者其他有关机关关于该公民下落不明的书面证明。

　　第一百八十五条　人民法院受理宣告失踪、宣告死亡案件后,应当发出寻找下落不明人的公告。宣告失踪的公告期间为三个月,宣告死亡的公告期间为一年。因意外事故下落不明,经有关机关证明该公民不可能生存的,宣告死亡的公告期间为三个月。

　　公告期间届满,人民法院应当根据被宣告失踪、宣告死亡的事实是否得到确认,作出宣告失踪、宣告死亡的判决或者驳回申请的判决。

《民通意见》

　　24. 申请宣告失踪的利害关系人,包括被申请宣告失踪人的配偶、父母、子女、兄弟姐妹、祖父母、外祖父母、孙子女、外孙子女以及其他与被申请人有民事权利义务关系的人。

26. 下落不明是指公民离开最后居住地后没有音讯的状况。对于在台湾或者在国外，无法正常通讯联系的，不得以下落不明宣告死亡。

【对应案由】

M10.32.372 申请宣告公民失踪

第四十一条 【下落不明时间的起算】

《民法总则》条文	《民法通则》等编纂对象法规对应条文
第四十一条　自然人下落不明的时间从其失去音讯之日起计算。战争期间下落不明的，下落不明的时间自战争结束之日或者有关机关确定的下落不明之日起计算。	《民法通则》 　　第二十条　公民下落不明满二年的，利害关系人可以向人民法院申请宣告他为失踪人。 　　战争期间下落不明的，下落不明的时间从战争结束之日起计算。

【条文释义】

本条对于宣告失踪制度的下落不明的起算日期进行了规定。由于宣告失踪以自然人下落不明满两年为前提条件，因此下落不明的起算时间具有重要意义，应当予以明确。下落不明从自然人失去音讯，没有任何人知悉其任何消息之日起算。战争期间，由于社会秩序比较混乱，自然人因为各种原因没有音讯的情况比较普遍，这种情况下，下落不明的时间从战争结束之日起计算。

【关联条文】

《民通意见》

26. 下落不明是指公民离开最后居住地后没有音讯的状况。对于在台湾或者在国外，无法正常通讯联系的，不得以下落不明宣告死亡。

27. 战争期间下落不明的，申请宣告死亡的期间适用民法通则第二十三条第一款第一项的规定。

28. 民法通则第二十条第一款、第二十三条第一款第一项中的下落不明的起算时间，从公民音讯消失之次日起算。

宣告失踪的案件，由被宣告失踪人住所地的基层人民法院管辖。住所地与居住地不一致的，由最后居住地基层人民法院管辖。

第四十二条 【财产代管人】

《民法总则》条文	《民法通则》等编纂对象法规对应条文
第四十二条　失踪人的财产由其配偶、<u>成年子女、父母</u>或者<u>其他愿意担任财产代管人的人</u>代管。 代管有争议，没有前款规定的人，或者前款规定的人无代管能力的，由人民法院指定的人代管。	《民法通则》 　　第二十一条第一款　失踪人的财产由他的配偶、<u>父母、成年子女</u>或者<u>关系密切的其他亲属、朋友</u>代管。代管有争议的，没有以上规定的人或者以上规定的人无能力代管的，由人民法院指定的人代管。

【条文释义】

法院判决宣告自然人失踪的，应当同时指定失踪人的财产代管人。失踪人的财产应当由其配偶、成年子女、父母或者其他愿意担任财产代管人的人代管，其他愿意担任财产代管人的人主要是是指失踪人的兄弟姐妹、祖父母、外祖父母、孙子女、外孙子女等近亲属以及其他具有财产代管能力的朋友等。需要注意的是，本条所规定的财产代管人的范围比《民法通则》所规定的财产代管人的范围广泛，并不局限于关系密切的亲属朋友。

如果以上人员对于代管有争议的，或者不存在以上人员的，或者以上人员不具备代管能力的，由人民法院指定的人担任代管人。需要注意的是，可以作为指定代管人的一定是能够维护失踪人权益的人，可能侵害失踪人权益的人不能被指定作为代管人。

本条规定特别将"成年子女"置于"父母"之前，顺位上仅次于"配偶"，有两点意义：第一，明确本条的"配偶、成年子女、父母或者其他愿意担任财产代管人的人代管"规定具有顺位意义；第二，立法者更倾向于让成年子女而非父母作为财产代管人，这是因为失踪人如果同时有成年子女和父母的情形，父母年龄一般较大，成年子女担任财产代管人更为合适。

【关联条文】

《民通意见》

30. 人民法院指定失踪人的财产代管人，应当根据有利于保护失踪人财产的原则指定。没有民法通则第二十一条规定的代管人，或者他们无能力作代管人，或者不宜作代管人的，人民法院可以指定公民或者有关组织为失踪人的财产代管人。

无民事行为能力人、限制民事行为能力人失踪的，其监护人即为财产代管人。

34. 人民法院审理宣告失踪的案件,比照民事诉讼法(试行)规定的特别程序进行。

人民法院审理宣告失踪的案件,应当查清被申请宣告失踪人的财产,指定临时管理人或者采取诉讼保全措施,发出寻找失踪人的公告,公告期间为半年。公告期间届满,人民法院根据被宣告失踪人失踪的事实是否得到确认,作出宣告失踪的判决或者终结审理的裁定。如果判决宣告为失踪人,应当同时指定失踪人的财产代管人。

【对应案由】

M10.32.374 申请为失踪人财产指定、变更代管人

第四十三条 【财产代管人的职责】

《民法总则》条文	《民法通则》等编纂对象法规对应条文
第四十三条　财产代管人应当妥善管理失踪人的财产,维护其财产权益。 失踪人所欠税款、债务和应付的其他费用,由财产代管人从失踪人的财产中支付。 财产代管人因故意或者重大过失造成失踪人财产损失的,应当承担赔偿责任。	《民法通则》 第二十一条第二款　失踪人所欠税款、债务和应付的其他费用,由代管人从失踪人的财产中支付。

【条文释义】

代管人的一项职责就是妥善管理失踪人的财产,应当尽到必要的注意义务去管理失踪人财产,维护其财产权益。代管人的另一项职责是代理失踪人履行债务和受领他人所作的清偿。代管人有权从失踪人的财产中支付税款、债务和诸如赡养费、抚养费之类的其他应当支付的费用;代管人也要尽力追索失踪人的债权,代理失踪人受领他人所作的清偿。代管人不能代理失踪人从事清偿债务和追索债权以外的其他民事活动。

代管人行为不当侵害失踪人财产权益的应当承担赔偿责任,由于代管行为是一种无偿行为,因此,仅在代管人因自己的故意或重大过失造成失踪人财产的损害时,才承担赔偿责任,而无须对因一般的过失所造成的损害承担损害赔偿责任。

【关联条文】

《民通意见》

31. 民法通则第二十一条第二款中的"其他费用",包括赡养费、扶养费、抚育费和因代管财产所需的管理费等必要的费用。

32. 失踪人的财产代管人拒绝支付失踪人所欠的税款、债务和其他费用,债权人提起诉讼的,人民法院应当将代管人列为被告。

失踪人的财产代管人向失踪人的债务人要求偿还债务的,可以作为原告提起诉讼。

33. 债务人下落不明,但未被宣告失踪,债权人起诉要求清偿债务的,人民法院可以在公告传唤后缺席判决或者按中止诉讼处理。

35. 失踪人的财产代管人以无力履行代管职责,申请变更代管人的,人民法院比照特别程序进行审理。

失踪人的财产代管人不履行代管职责或者侵犯失踪人财产权益的,失踪人的利害关系人可以向人民法院请求财产代管人承担民事责任。如果同时申请人民法院变更财产代管人的,变更之诉比照特别程序单独审理。

【对应案由】

M10.32.375 失踪人债务支付纠纷

第四十四条 【财产代管人的变更】

《民法总则》条文	《民法通则》等编纂对象法规对应条文
第四十四条　财产代管人不履行代管职责、侵害失踪人财产权益**或者丧失代管能力的**,失踪人的利害关系人可以向人民法院申请变更财产代管人。 财产代管人**有正当理由的**,可以向人民法院申请变更财产代管人。 人民法院变更财产代管人的,变更后的财产代管人有权要求原财产代管人及时移交有关财产并报告财产代管情况。	《民通意见》 35. 失踪人的财产代管人**以无力履行代管职责**,申请变更代管人的,人民法院比照特别程序进行审理。 失踪人的财产代管人不履行代管职责或者侵犯失踪人财产权益的,失踪人的利害关系人可以向人民法院请求财产代管人承担民事责任。如果同时申请人民法院变更财产代管人的,变更之诉比照特别程序单独审理。

【条文释义】

关于财产代管人的变更,《民法通则》未作规定,本条文的规定是吸收了司法实践中关于财产代管人变更的经验所作出的规定。财产代管人设立之目的在于帮助管理失踪人的财产,维护其财产权益,如果财产代管人不履行代管职责,甚至侵害被代管的财产的,或者丧失代管能力,无法维护失踪人的财产权益的,失踪人的利害关系人有权向人民法院申请变更财产代管人。

人民法院变更财产代管人的,应当撤销代管人的代管资格指定新的代管人。新的财产代管人依法享有代管失踪人财产的权利,原财产代管人丧失了代管资格,应当及时将其掌握的失踪人的财产移交给新的代管人,并向其报告财产的代管情况。

【关联条文】

《民法总则》

第四十二条 失踪人的财产由其配偶、成年子女、父母或者其他愿意担任财产代管人的人代管。

代管有争议,没有前款规定的人,或者前款规定的人无代管能力的,由人民法院指定的人代管。

第四十五条 【宣告失踪的撤销】

《民法总则》条文	《民法通则》等编纂对象法规对应条文
第四十五条 失踪人重新出现,经本人或者利害关系人申请,人民法院应当撤销失踪宣告。 失踪人重新出现,有权要求财产代管人及时移交有关财产并报告财产代管情况。	《民法通则》 第二十二条 被宣告失踪的人重新出现或者确知他的下落,经本人或者利害关系人申请,人民法院应当撤销对他的失踪宣告。

【条文释义】

本条是关于失踪宣告的撤销的规定,被宣告失踪的人重新出现,经本人或者利害关系人申请,人民法院应当撤销对他的失踪宣告。宣告失踪的撤销,同样要由人民法院依据法定程序进行。

失踪宣告经撤销,则财产代管随之终止。代管人应当将其代管的财产交还给被宣告失踪的人,并向宣告失踪人报告在其代管期间对财产管理和处置的情况。只要代管人非出于恶意,其在代管期间支付的各种合理费用,失踪人无权要求代管人返还。

【关联条文】

《民事诉讼法》

第一百八十六条 被宣告失踪、宣告死亡的公民重新出现,经本人或者利害关系人申请,人民法院应当作出新判决,撤销原判决。

【对应案由】

M10.32.373 申请撤销宣告失踪

第四十六条 【宣告死亡】

《民法总则》条文	《民法通则》等编纂对象法规对应条文
第四十六条 自然人有下列情形之一的,利害关系人可以向人民法院申请宣告该自然人死亡: (一)下落不明满四年; (二)因意外事件,下落不明满二年。 因意外事件下落不明,经有关机关证明该自然人不可能生存的,申请宣告死亡不受二年时间的限制。	《民法通则》 第二十三条 公民有下列情形之一的,利害关系人可以向人民法院申请宣告他死亡: (一)下落不明满四年的; (二)因意外事故下落不明,从事故发生之日起满二年的。 战争期间下落不明的,下落不明的时间从战争结束之日起计算。 《民事诉讼法》 第一百八十四条 公民下落不明满四年,或者因意外事故下落不明满二年,或者因意外事故下落不明,经有关机关证明该公民不可能生存,利害关系人申请宣告其死亡的,向下落不明人住所地基层人民法院提出。 申请书应当写明下落不明的事实、时间和请求,并附有公安机关或者其他有关机关关于该公民下落不明的书面证明。

【条文释义】

宣告死亡,是指自然人下落不明达到法定期限,经利害关系人申请,人民法院经过法定程序,在法律上推定失踪人死亡的一项民事主体制度。法律规定宣告死亡制度的意义,在于消除自然人长期下落不明所造成财产关系和人身关系的极不稳定状态,及时了结下落不明人与他人的财产关系和人身关系,从而维护正常的社会秩序。

宣告死亡应当具备以下条件:其一,自然人下落不明达到法定期限。自然人下落不明满4年,或者因意外事件下落不明,从事故发生之日起满2年。其二,必须由利害关系人向法院提出申请。申请宣告死亡的利害关系人的顺序是:配偶;父母;子女;兄弟姐妹、祖父母、外祖父母、孙子女、外孙子女;其他有民事权利义务关系的人。其三,必须由人民法院依法定程序作出宣告。

需要注意的是,本条相较于《民法通则》的一大变化是将《民事诉讼法》的相关规定一并作为编纂对象,在特殊情况下可以不必受到时间限制直接提出死亡宣告申请,限定于因意外事件下落不明,经有关机关证明该自然人不可能生存的情况。

【关联条文】

《民通意见》

25. 申请宣告死亡的利害关系人的顺序是:

(一)配偶;

(二)父母、子女;

(三)兄弟姐妹、祖父母、外祖父母、孙子女、外孙子女;

(四)其他有民事权利义务关系的人。

申请撤销死亡宣告不受上列顺序限制。

26. 下落不明是指公民离开最后居住地后没有音讯的状况。对于在台湾或者在国外,无法正常通讯联系的,不得以下落不明宣告死亡。

27. 战争期间下落不明的,申请宣告死亡的期间适用民法通则第二十三条第一款第一项的规定。

【对应案由】

M10.32.376 申请宣告公民死亡

第四十七条 【宣告失踪与宣告死亡请求的竞合】

《民法总则》条文	《民法通则》等编纂对象法规对应条文
第四十七条 对同一自然人,有的利害关系人申请宣告死亡,<u>有的利害关系人申请宣告失踪</u>,符合本法规定的宣告死亡条件的,人民法院应当宣告死亡。	《民通意见》 29. 宣告失踪不是宣告死亡的必须程序。公民下落不明,符合申请宣告死亡的条件,利害关系人可以不经申请宣告失踪而直接申请宣告死亡。但利害关系人只申请宣告失踪的,应当宣告失踪;同一顺序的利害关系人,有的申请宣告死亡,<u>有的不同意宣告死亡</u>,则应当宣告死亡。

【条文释义】

宣告失踪与宣告死亡的关系《民法通则》并未作出规定,本条吸收了司法实践的经验,对于宣告失踪与宣告死亡的关系进行了规定。宣告死亡与宣告失踪都是民法的民事主体制度的内容,有密切的联系。在很多情况下,利害关系人往往是先申请宣告失踪,而后又申请宣告死亡,好像宣告失踪是宣告死亡的前置程序,但其实并非如此。宣告失踪并不是宣告死亡的必经程序,不管利害关系人是否曾申请过宣告失踪,都可以直接申请宣告死亡。对同一自然人,既有宣告死亡的申请,又有宣告失踪的申请的,为了保护申请人的利益和交易安全,符合宣告死亡条件的,人民法院应当作出宣告死亡的裁定。

【关联条文】

《民法总则》

第四十条　自然人下落不明满二年的,利害关系人可以向人民法院申请宣告该自然人为失踪人。

第四十六条　自然人有下列情形之一的,利害关系人可以向人民法院申请宣告该自然人死亡:

(一)下落不明满四年;

(二)因意外事件,下落不明满二年。

因意外事件下落不明,经有关机关证明该自然人不可能生存的,申请宣告死亡不受二年时间的限制。

第四十八条　【宣告死亡的日期】

《民法总则》条文	《民法通则》等编纂对象法规对应条文
第四十八条　被宣告死亡的人,人民法院宣告死亡的判决作出之日视为其死亡的日期;因意外事件下落不明宣告死亡的,意外事件发生之日视为其死亡的日期。	《民通意见》 36. 被宣告死亡的人,判决宣告之日为其死亡的日期。判决书除发给申请人外,还应当在被宣告死亡的人住所地和人民法院所在地公告。 ……

【条文释义】

《民法通则》并未对于宣告死亡人的死亡日期予以规定,实践中容易产生认识的混乱,本条对此予以明确,有利于法律的统一适用。被宣告死亡人的死亡日期首先由人民法院的判决予以确定,如果判决未确定死亡日期的,那么判决作出之日视为其死亡的日期。这与一般判决在送达后生效的一般规则有所不同,需要特别注意。

【关联条文】

《继承法意见》

1. 继承从被继承人生理死亡或被宣告死亡时开始。

失踪人被宣告死亡的,以法院判决中确定的失踪人的死亡日期,为继承开始的时间。

第四十九条 【宣告死亡不影响法律行为效力】

《民法总则》条文	《民法通则》等编纂对象法规对应条文
第四十九条 <u>自然人</u>被宣告死亡但是<u>并未死亡</u>的,不影响该自然人在被宣告死亡期间实施的民事法律行为的<u>效力</u>。	《民法通则》 　第二十四条第二款 <u>有民事行为能力人</u>在被宣告死亡期间实施的民事法律行为<u>有效</u>。

【条文释义】

宣告死亡的目的并不是要绝对地消灭或剥夺被宣告死亡人的主体资格,而在于结束以被宣告死亡人原住所地为中心的民事法律关系。因此,被宣告死亡人在其存活地的民事权利能力并不终止,其仍可依法从事各种民事活动,其实施的民事法律行为的效力并不因死亡宣告受到任何影响。

【关联条文】

《民通意见》

36. 被宣告死亡的人,判决宣告之日为其死亡的日期。判决书除发给申请人外,还应当在被宣告死亡的人住所地和人民法院所在地公告。

被宣告死亡和自然死亡的时间不一致的,被宣告死亡所引起的法律后果仍然有效,但自然死亡前实施的民事法律行为与被宣告死亡引起的法律后果相抵触的,则以其实施的民事法律行为为准。

第五十条 【宣告死亡的撤销】

《民法总则》条文	《民法通则》等编纂对象法规对应条文
第五十条 被宣告死亡的人重新出现,经本人或者利害关系人申请,人民法院应当撤销死亡宣告。	《民法通则》 　第二十四条第一款 被宣告死亡的人重新出现或者确知他没有死亡,经本人或者利害关系人申请,人民法院应当撤销对他的死亡宣告。

【条文释义】

　　死亡宣告的撤销应当满足以下条件：其一，必须被宣告死亡人仍然生存且重新出现，宣告死亡只是一种法律上的推定死亡，被宣告死亡人未必已经死亡，如果被宣告死亡人仍然生存，应当撤销此宣告；其二，必须由本人或利害关系人提出申请，撤销死亡宣告的利害关系人范围，与申请宣告死亡的利害关系人的范围是一样的，但没有顺序的限制；其三，必须由人民法院作出撤销宣告。利害关系人包括配偶；父母、子女；兄弟姐妹、祖父母、外祖父母、孙子女、外孙子女；其他有民事权利义务关系的人。

【关联条文】

　　《民事诉讼法》

　　第一百八十六条　被宣告失踪、宣告死亡的公民重新出现，经本人或者利害关系人申请，人民法院应当作出新判决，撤销原判决。

第五十一条　【宣告死亡及其撤销后婚姻关系的效力】

《民法总则》条文	《民法通则》等编纂对象法规对应条文
第五十一条　被宣告死亡的人的婚姻关系，自死亡宣告之日起消灭。死亡宣告被撤销的，婚姻关系自撤销死亡宣告之日起自行恢复，但是其配偶再婚或者向婚姻登记机关书面声明不愿意恢复的除外。	《民通意见》 37. 被宣告死亡的人与配偶的婚姻关系，自死亡宣告之日起消灭。死亡宣告被人民法院撤销，如果其配偶尚未再婚的，夫妻关系从撤销死亡宣告之日起自行恢复；如果其配偶再婚后又离婚或者再婚后配偶又死亡的，则不得认定夫妻关系自行恢复。

【条文释义】

　　《民法通则》并未对宣告死亡及其被撤销后婚姻关系的法律效力作出规定，本条参考《民通意见》的规定，对此予以明确。宣告死亡的法律后果等同于自然死亡，因此与其配偶的婚姻关系自宣告死亡之日起消灭。死亡宣告被撤销后，其配偶尚未再婚的，婚姻关系从撤销死亡宣告之日起自行恢复，如果再婚的，婚姻关系不能恢复。此外，虽然尚未再婚但是其配偶向婚姻登记机关明确表明不愿意恢复的，婚姻关系也不能恢复。

　　相比于《民通意见》，本条新增了配偶在人民法院宣告一方死亡之后向婚姻登记机关书面声明不愿意恢复婚姻关系的例外规定。《婚姻法》第32条第4款规定："一方被宣告失踪，另一方提出离婚诉讼的，应准予离婚。"举轻以明重，在人民法院宣告一方死亡之后,向婚姻登记机关书面声明不愿意恢复婚姻关系的,即使死亡宣告被撤销的,婚姻关系也不应自行恢复。

【关联条文】

《婚姻法》

第三十二条 男女一方要求离婚的,可由有关部门进行调解或直接向人民法院提出离婚诉讼。

人民法院审理离婚案件,应当进行调解;如感情确已破裂,调解无效,应准予离婚。

有下列情形之一,调解无效的,应准予离婚:

(一)重婚或有配偶者与他人同居的;
(二)实施家庭暴力或虐待、遗弃家庭成员的;
(三)有赌博、吸毒等恶习屡教不改的;
(四)因感情不和分居满二年的;
(五)其他导致夫妻感情破裂的情形。

一方被宣告失踪,另一方提出离婚诉讼的,应准予离婚。

第五十二条 【宣告死亡撤销后子女收养关系的效力】

《民法总则》条文	《民法通则》等编纂对象法规对应条文
第五十二条 被宣告死亡的人在被宣告死亡期间,其子女被他人依法收养的,在死亡宣告被撤销后,不得以未经本人同意为由主张收养关系无效。	《民通意见》 38. 被宣告死亡的人在被宣告死亡期间,其子女被他人依法收养,被宣告死亡的人在死亡宣告被撤销后,仅以未经本人同意而主张收养关系无效的,一般不应准许,但收养人和被收养人同意的除外。

【条文释义】

在被宣告死亡期间,被宣告人的子女符合被收养条件因而被他人收养的,属于合法的收养关系,该收养关系受到法律保护。被宣告死亡后被宣告人在法律上属于死者,收养关系无须也不能经其同意。在死亡宣告撤销后,其子女与收养人已经合法建立的收养关系仍然有效存在,被宣告人不得仅以未经其同意而主张收养关系无效。

【关联条文】

《收养法》

第四条 下列不满十四周岁的未成年人可以被收养:

(一)丧失父母的孤儿;
(二)查找不到生父母的弃婴和儿童;
(三)生父母有特殊困难无力抚养的子女。

第十七条 孤儿或者生父母无力抚养的子女,可以由生父母的亲属、朋友抚养。

第二十三条 自收养关系成立之日起,养父母与养子女间的权利义务关系,适用法律关于父母子女关系的规定;养子女与养父母的近亲属间的权利义务关系,适用法律关于子女与父母的近亲属关系的规定。

养子女与生父母及其他近亲属间的权利义务关系,因收养关系的成立而消除。

《中国公民收养子女登记办法》

第六条 送养人应当向收养登记机关提交下列证件和证明材料:

(一)送养人的居民户口簿和居民身份证(组织作监护人的,提交其负责人的身份证件);

(二)收养法规定送养时应当征得其他有抚养义务的人同意的,并提交其他有抚养义务的人同意送养的书面意见。

社会福利机构为送养人的,并应当提交弃婴、儿童进入社会福利机构的原始记录,公安机关出具的捡拾弃婴、儿童报案的证明,或者孤儿的生父母死亡或者宣告死亡的证明。

监护人为送养人的,并应当提交实际承担监护责任的证明,孤儿的父母死亡或者宣告死亡的证明,或者被收养人生父母无完全民事行为能力并对被收养人有严重危害的证明。

生父母为送养人的,并应当提交与当地计划生育部门签订的不违反计划生育规定的协议;有特殊困难无力抚养子女的,还应当提交其所在单位或者村民委员会、居民委员会出具的送养人有特殊困难的证明。其中,因丧偶或者一方下落不明由单方送养的,还应当提交配偶死亡或者下落不明的证明;子女由三代以内同辈旁系血亲收养的,还应当提交公安机关出具的或者经过公证的与收养人有亲属关系的证明。

被收养人是残疾儿童的,并应当提交县级以上医疗机构出具的该儿童的残疾证明。

《外国人在中华人民共和国收养子女登记办法》

第五条 送养人应当向省、自治区、直辖市人民政府民政部门提交本人的居民户口簿和居民身份证(社会福利机构作送养人的,应当提交其负责人的身份证件)、被收养人的户籍证明等情况证明,并根据不同情况提交下列有关证明材料：

（一）被收养人的生父母(包括已经离婚的)为送养人的,应当提交生父母有特殊困难无力抚养的证明和生父母双方同意送养的书面意见；其中,被收养人的生父或者生母因丧偶或者一方下落不明,由单方送养的,并应当提交配偶死亡或者下落不明的证明以及死亡的或者下落不明的配偶的父母不行使优先抚养权的书面声明；

（二）被收养人的父母均不具备完全民事行为能力,由被收养人的其他监护人作送养人的,应当提交被收养人的父母不具备完全民事行为能力且对被收养人有严重危害的证明以及监护人有监护权的证明；

（三）被收养人的父母均已死亡,由被收养人的监护人作送养人的,应当提交其生父母的死亡证明、监护人实际承担监护责任的证明,以及其他有抚养义务的人同意送养的书面意见；

（四）由社会福利机构作送养人的,应当提交弃婴、儿童被遗弃和发现的情况证明以及查找其父母或者其他监护人的情况证明；被收养人是孤儿的,应当提交孤儿父母的死亡或者宣告死亡证明,以及有抚养孤儿义务的其他人同意送养的书面意见。

送养残疾儿童的,还应当提交县级以上医疗机构出具的该儿童的残疾证明。

第五十三条 【死亡宣告撤销后的财产返还】

《民法总则》条文	《民法通则》等编纂对象法规对应条文
第五十三条　被撤销死亡宣告的人有权请求依照继承法取得其财产的民事主体返还财产。无法返还的,应当给予适当补偿。 利害关系人隐瞒真实情况,致使他人被宣告死亡取得其财产的,除应当返还财产外,还应当对由此造成的损失承担赔偿责任。	《民法通则》 第二十五条　被撤销死亡宣告的人有权请求返还财产。依照继承法取得他的财产的公民或者组织,应当返还原物；原物不存在的,给予适当补偿。 《民通意见》 39. 利害关系人隐瞒真实情况使他人被宣告死亡而取得其财产的,除应返还原物及孳息外,还应对造成的损失予以赔偿。

【条文释义】

死亡宣告被撤销后,不管利害关系人是因继承、受遗赠,还是因其他原因取得财产,都应当向被撤销死亡宣告的人返还财产。返还以返还原物为原则,如果原物不存在,则应当作出适当补偿。在确定返还义务人应补偿的数额时,主要考虑返还义务人所取得的财产的价值、其返还能力等因素。

如果利害关系人故意隐瞒他人的有关讯息等情况,导致他人被宣告死亡的,并因而取得他人财物的,返还原物是必然的。除此之外,其故意行为导致他人被宣告死亡因而遭受财产损失,属于故意侵权行为,其应当对由此给他人造成的损失承担赔偿责任。

【关联条文】

《民通意见》

40. 被撤销死亡宣告的人请求返还财产,其原物已被第三人合法取得的,第三人可不予返还。但依继承法取得原物的公民或者组织,应当返还原物或者给予适当补偿。

【对应案由】

M10.32.378 被撤销死亡宣告人请求返还财产纠纷

第四节 个体工商户和农村承包经营户

第五十四条 【个体工商户】

《民法总则》条文	《民法通则》等编纂对象法规对应条文
第五十四条 自然人从事工商业经营,经依法登记,为个体工商户。个体工商户可以起字号。	《民法通则》 第二十六条 公民在法律允许的范围内,依法经核准登记,从事工商业经营的,为个体工商户。个体工商户可以起字号。

【条文释义】

个体工商户是民营经济的重要组成部分,不仅在改革开放初期对于我国经济发展具有重要作用,目前仍然具有重要作用,因此本条继承了《民法通则》的做法,对于个体工商户的规定,自然人在登记机关依法进行登记并从事工商业经营就构成了个体工商户,个体工商户虽然是由自然人注册成立的,但其可以起字号,以显示与作为其设立人的自然人的差别。需要注意的是,个体工商户并非一类独立的民事主体,而是被包含在自然人这一民事主体中,其产生更多的是出于一种工商、税收等行政管理方便的需要,具有从事特定商业行为的资格。

【关联条文】

《个体工商户条例》

第二条 有经营能力的公民,依照本条例规定经工商行政管理部门登记,从事工商业经营的,为个体工商户。

个体工商户可以个人经营,也可以家庭经营。

个体工商户的合法权益受法律保护,任何单位和个人不得侵害。

《民通意见》

41. 起字号的个体工商户,在民事诉讼中,应以营业执照登记的户主(业主)为诉讼当事人,在诉讼文书中注明系某字号的户主。

49. 个人合伙或者个体工商户,虽经工商行政管理部门错误地登记为集体所有制的企业,但实际为个人合伙或者个体工商户的,应当按个人合伙或者个体工商户对待。

《工商总局对浙工商法〔1995〕25号请示的答复》

二、持有公安部门发放的居留证或临时居留证的外国公民,申请进入当地商品交易市场从事经营活动的,应当按照《中华人民共和国民法通则》第二十六条、第八条的原则办理登记。

第五十五条 【农村承包经营户】

《民法总则》条文	《民法通则》等编纂对象法规对应条文
第五十五条 农村集体经济组织的成员,依法取得农村土地承包经营权,<u>从事家庭承包经营的</u>,为农村承包经营户。	《民法通则》 第二十七条 农村集体经济组织的成员,<u>在法律允许的范围内,按照承包合同规定从事商品经营的</u>,为农村承包经营户。

【条文释义】

农村承包经营户是农村集体经济组织的成员,依据法律和承包合同,承包集体所有或国家所有集体使用的土地、森林、草原、荒地、水面等,是以家庭或个人为单位从事生产经营活动的组织形式。

【关联条文】

《农村土地承包法》

第五条 农村集体经济组织成员有权依法承包由本集体经济组织发包的农

村土地。

任何组织和个人不得剥夺和非法限制农村集体经济组织成员承包土地的权利。

第十五条 家庭承包的承包方是本集体经济组织的农户。

第十六条 承包方享有下列权利：

（一）依法享有承包地使用、收益和土地承包经营权流转的权利，有权自主组织生产经营和处置产品；

（二）承包地被依法征收、征用、占用的，有权依法获得相应的补偿；

（三）法律、行政法规规定的其他权利。

《农村土地承包经营纠纷调解仲裁司法解释》

第一条 农村土地承包仲裁委员会根据农村土地承包经营纠纷调解仲裁法第十八条规定，以超过申请仲裁的时效期间为由驳回申请后，当事人就同一纠纷提起诉讼的，人民法院应予受理。

第二条 当事人在收到农村土地承包仲裁委员会作出的裁决书之日起三十日后或者签收农村土地承包仲裁委员会作出的调解书后，就同一纠纷向人民法院提起诉讼的，裁定不予受理；已经受理的，裁定驳回起诉。

第三条 当事人在收到农村土地承包仲裁委员会作出的裁决书之日起三十日内，向人民法院提起诉讼，请求撤销仲裁裁决的，人民法院应当告知当事人就原纠纷提起诉讼。

第四条 农村土地承包仲裁委员会依法向人民法院提交当事人财产保全申请的，申请财产保全的当事人为申请人。

农村土地承包仲裁委员会应当提交下列材料：

（一）财产保全申请书；

（二）农村土地承包仲裁委员会发出的受理案件通知书；

（三）申请人的身份证明；

（四）申请保全财产的具体情况。

人民法院采取保全措施，可以责令申请人提供担保，申请人不提供担保的，裁定驳回申请。

第五条 人民法院对农村土地承包仲裁委员会提交的财产保全申请材料，应当进行审查。符合前条规定的，应予受理；申请材料不齐全或不符合规定的，人民法院应当告知农村土地承包仲裁委员会需要补齐的内容。

人民法院决定受理的，应当于三日内向当事人送达受理通知书并告知农村土地承包仲裁委员会。

第六条 人民法院受理财产保全申请后，应当在十日内作出裁定。因特殊情况需要延长的,经本院院长批准,可以延长五日。

人民法院接受申请后,对情况紧急的,必须在四十八小时内作出裁定;裁定采取保全措施的,应当立即开始执行。

第七条 农村土地承包经营纠纷仲裁中采取的财产保全措施,在申请保全的当事人依法提起诉讼后,自动转为诉讼中的财产保全措施,并适用《最高人民法院关于人民法院民事执行中查封、扣押、冻结财产的规定》第二十九条关于查封、扣押、冻结期限的规定。

第八条 农村土地承包仲裁委员会依法向人民法院提交当事人证据保全申请的,应当提供下列材料:

(一)证据保全申请书;

(二)农村土地承包仲裁委员会发出的受理案件通知书;

(三)申请人的身份证明;

(四)申请保全证据的具体情况。

对证据保全的具体程序事项,适用本解释第五、六、七条关于财产保全的规定。

第九条 农村土地承包仲裁委员会作出先行裁定后,一方当事人依法向被执行人住所地或者被执行的财产所在地基层人民法院申请执行的,人民法院应予受理和执行。

申请执行先行裁定的,应当提供以下材料:

(一)申请执行书;

(二)农村土地承包仲裁委员会作出的先行裁定书;

(三)申请执行人的身份证明;

(四)申请执行人提供的担保情况;

(五)其他应当提交的文件或证件。

第十条 当事人根据农村土地承包经营纠纷调解仲裁法第四十九条规定,向人民法院申请执行调解书、裁决书,符合《最高人民法院关于人民法院执行工作若干问题的规定(试行)》第十八条规定条件的,人民法院应予受理和执行。

第十一条 当事人因不服农村土地承包仲裁委员会作出的仲裁裁决向人民法院提起诉讼的,起诉期从其收到裁决书的次日起计算。

第十二条 本解释施行后,人民法院尚未审结的一审、二审案件适用本解释规定。本解释施行前已经作出生效裁判的案件,本解释施行后依法再审的,不适用本解释规定。

第五十六条 【"两户"的债务承担】

《民法总则》条文	《民法通则》等编纂对象法规对应条文
第五十六条 个体工商户的债务,个人经营的,以个人财产承担;家庭经营的,以家庭财产承担;无法区分的,以家庭财产承担。 农村承包经营户的债务,以从事农村土地承包经营的农户财产承担;事实上由农户部分成员经营的,以该部分成员的财产承担。	《民法通则》 第二十九条 个体工商户、农村承包经营户的债务,个人经营的,以个人财产承担;家庭经营的,以家庭财产承担。

【条文释义】

由于个体工商户和农村承包经营户的组织形式比较松散,法律并未承认其独立的法律地位,其在很大程度上依赖于组成成员,因此其债务承担上的财产基础是经营成员的全部财产。

具体来说,个体工商户如果是个人经营的,以其个人财产承担债务清偿责任,如果是家庭经营的,以家庭全部财产承担清偿责任。在无法区分是个人经营还是家庭经营的情况下,以家庭财产承担债务清偿责任。农村承包经营户的债务,一般以从事农村土地承包经营的农户的全部财产承担清偿责任,如果仅农户的部分成员经营的,以这一部分农户成员的全部个人财产承担清偿责任。

实务中,有关"两户"的诉讼争议主要是对外债务承担问题。《民法总则》改变了《民法通则》"两户"适用相同对外债务承担规则的立法模式,分别规定个体工商户和农村承包经营户的对外债务承担规则,有利于解决实务中的纠纷。另外,该条还要注意与新修改的《婚姻法司法解释(二)》的协调。

【关联条文】

《民通意见》

42. 以公民个人名义申请登记的个体工商户和个人承包的农村承包经营户,用家庭共有财产投资,或者收益的主要部分供家庭成员享用的,其债务应以家庭共有财产清偿。

43. 在夫妻关系存续期间,一方从事个体经营或者承包经营的,其收入为夫妻共有财产,债务亦应以夫妻共有财产清偿。

44. 个体工商户、农村承包经营户的债务,如以其家庭共有财产承担责任时,应当保留家庭成员的生活必需品和必要的生产工具。

《婚姻法司法解释(二)》

第二十四条 债权人就婚姻关系存续期间夫妻一方以个人名义所负债务主张权利的,应当按夫妻共同债务处理。但夫妻一方能够证明债权人与债务人明确约定为个人债务,或者能够证明属于婚姻法第十九条第三款规定情形的除外。

夫妻一方与第三人串通,虚构债务,第三人主张权利的,人民法院不予支持。

夫妻一方在从事赌博、吸毒等违法犯罪活动中所负债务,第三人主张权利的,人民法院不予支持。

《曹彩凤等诉许莉债务案适用法律的复函》

上海市高级人民法院:

你院关于曹彩凤、曹景凤、汪潜等诉许莉债务纠纷案的请示报告收悉。经研究,答复如下:

根据《中华人民共和国民法通则》第二十九条、第七十八条和最高人民法院《关于贯彻执行〈中华人民共和国民法通则〉若干问题的意见(试行)》第四十三条的规定,赵海平在从事承包经营期间所欠债务为夫妻共同债务,赵海平死亡后,其妻许莉作为连带债务人有义务继续清偿全部债务。

以上意见,供参考。

第三章 法 人

第一节 一般规定

第五十七条 【法人的概念】

《民法总则》条文	《民法通则》等编纂对象法规对应条文
第五十七条 法人是具有民事权利能力和民事行为能力,依法独立享有民事权利和承担民事义务的组织。	《民法通则》 第三十六条第一款 法人是具有民事权利能力和民事行为能力,依法独立享有民事权利和承担民事义务的组织。

【条文释义】

法人是指法律规定具有民事权利能力和民事行为能力,能够独立享有民事权利和承担民事义务的人合组织和资合组织。法人具有如下特点:其一,法人具有独立的名称,能够以自己的名义参加民事活动,并能够在法院起诉、应诉;其二,法人具有独立的财产,所拥有的财产独立于其成员的财产之外,享有所有权,自主支配其所有的财产,享有完整的占有、使用、收益和处分的权能;其三,法人具有独立的意思;其四,法人承担独立的责任,法人以其全部财产独立承担民事责任。

【关联条文】

《南京摩托车总公司是否具备法人条件问题的复函》

江苏省高级人民法院:

你院〔1991〕经请字第1号请示收悉。经研究,同意你院第二种意见,即南京摩托车总公司具备法人条件。因为它符合《中华人民共和国民法通则》第三十六、三十七条之规定,并经工商行政管理机关核准依法领取有企业法人的营业执照。

此复

第五十八条 【法人的成立】

《民法总则》条文	《民法通则》等编纂对象法规对应条文
第五十八条 法人应当依法成立。 法人应当有自己的名称、组织机构、住所、财产或者经费。法人成立的具体条件和程序,依照法律、行政法规的规定。 设立法人,法律、行政法规规定须经有关机关批准的,依照其规定。	《民法通则》 第三十七条 法人应当具备下列条件: (一)依法成立; (二)有必要的财产或者经费; (三)有自己的名称、组织机构和场所; (四)能够独立承担民事责任。

【条文释义】

本条是关于法人成立条件的规定,法人作为独立的民事主体,其成立必须具有组织机构,以便形成法人意思,并执行法人决定,此外还应当具有住所、财产或经费,这些是其开展活动的基础。另外,法人还应当具有自己的名称,从而区别与其成员独立对外从事民事活动。至于法人成立应当满足的具体财产或经费等方面的具体条件,以及成立应当履行的程序,按照法律或行政法规的规定执行。

从事某些特殊经营活动的法人的设立,法律、行政法规规定需要经过有关机关批准的,应当按照规定办理批准手续。

【关联条文】

《公司法》

第六条 设立公司,应当依法向公司登记机关申请设立登记。符合本法规定的设立条件的,由公司登记机关分别登记为有限责任公司或者股份有限公司;不符合本法规定的设立条件的,不得登记为有限责任公司或者股份有限公司。

法律、行政法规规定设立公司必须报经批准的,应当在公司登记前依法办理批准手续。

公众可以向公司登记机关申请查询公司登记事项,公司登记机关应当提供查询服务。

第七条 依法设立的公司,由公司登记机关发给公司营业执照。公司营业执照签发日期为公司成立日期。

公司营业执照应当载明公司的名称、住所、注册资本、经营范围、法定代表人姓名等事项。

公司营业执照记载的事项发生变更的,公司应当依法办理变更登记,由公司登记机关换发营业执照。

第八条 依照本法设立的有限责任公司,必须在公司名称中标明有限责任公司或者有限公司字样。

依照本法设立的股份有限公司,必须在公司名称中标明股份有限公司或者股份公司字样。

第二十三条 设立有限责任公司,应当具备下列条件:

(一)股东符合法定人数;

(二)有符合公司章程规定的全体股东认缴的出资额;

(三)股东共同制定公司章程;

(四)有公司名称,建立符合有限责任公司要求的组织机构;

(五)有公司住所。

《社会团体登记管理条例》

第三条 成立社会团体,应当经其业务主管单位审查同意,并依照本条例的规定进行登记。

社会团体应当具备法人条件。

下列团体不属于本条例规定登记的范围:

(一)参加中国人民政治协商会议的人民团体;

(二)由国务院机构编制管理机关核定,并经国务院批准免于登记的团体;

(三)机关、团体、企业事业单位内部经本单位批准成立、在本单位内部活动的团体。

第九条　申请成立社会团体,应当经其业务主管单位审查同意,由发起人向登记管理机关申请登记。

筹备期间不得开展筹备以外的活动。

第五十九条　【法人的民事权利能力和民事行为能力】

《民法总则》条文	《民法通则》等编纂对象法规对应条文
第五十九条　法人的民事权利能力和民事行为能力,从法人成立时产生,到法人终止时消灭。	《民法通则》 　第三十六条第二款　法人的民事权利能力和民事行为能力,从法人成立时产生,到法人终止时消灭。

【条文释义】

法人的民事权利能力是法人实施民事行为和从事民事活动的前提和基础。法人的民事权利能力和民事行为能力,从法人成立时产生,到法人终止时消灭。法人成立之前的阶段为设立中的法人,清算过程中为清算中的法人,适用特殊规则。

法人的民事权利能力从其成立时产生。(1)有独立经费的机关从其成立之日起,具有民事权利能力。(2)事业单位和社会团体法人,不需要办理法人登记的,从成立之日起具有民事权利能力;依法需要办理法人登记的,从办理完毕核准登记手续之日起,具有民事权利能力。(3)企业法人,依据《企业法人登记管理条例》第3条第1款规定,"申请企业法人登记,经企业法人登记主管机关审核,准予登记注册的,领取《企业法人营业执照》,取得法人资格,其合法权益受国家法律保护",具有民事权利能力。

法人因依法被撤销、解散、依法宣告破产或其他原因而终止后,其民事权利能力即时消灭,民事主体资格不复存在。

【关联条文】

《民法总则》

第七十二条　清算期间法人存续,但是不得从事与清算无关的活动。

法人清算后的剩余财产,根据法人章程的规定或者法人权力机构的决议处理。法律另有规定的,依照其规定。

清算结束并完成法人注销登记时,法人终止;依法不需要办理法人登记的,清算结束时,法人终止。

第七十五条 设立人为设立法人从事的民事活动,其法律后果由法人承受;法人未成立的,其法律后果由设立人承受,设立人为二人以上的,享有连带债权,承担连带债务。

设立人为设立法人以自己的名义从事民事活动产生的民事责任,第三人有权选择请求法人或者设立人承担。

第六十条 【法人的责任财产】

《民法总则》条文	《民法通则》等编纂对象法规对应条文
第六十条 法人以其全部财产独立承担民事责任。	《民法通则》 第四十八条 全民所有制企业法人以国家授予它经营管理的财产承担民事责任。集体所有制企业法人以企业所有的财产承担民事责任。中外合资经营企业法人、中外合作经营企业法人和外资企业法人以企业所有的财产承担民事责任,法律另有规定的除外。

【条文释义】

法人具有独立的人格和财产,所拥有的财产独立于其成员的财产之外,享有所有权,自主支配其所有的财产,享有完整的占有、使用、收益和处分的权能。具有独立的财产,是法人能够享受民事权利、承担民事义务的财产基础,也是法人独立承担民事责任的财产保障。

【关联条文】

《公司法》

第三条 公司是企业法人,有独立的法人财产,享有法人财产权。公司以其全部财产对公司的债务承担责任。

有限责任公司的股东以其认缴的出资额为限对公司承担责任;股份有限公司的股东以其认购的股份为限对公司承担责任。

第十四条 公司可以设立分公司。设立分公司,应当向公司登记机关申请登记,领取营业执照。分公司不具有法人资格,其民事责任由公司承担。

公司可以设立子公司,子公司具有法人资格,依法独立承担民事责任。

《商业银行法》

第四条 商业银行以安全性、流动性、效益性为经营原则,实行自主经营,自担风险,自负盈亏,自我约束。

商业银行依法开展业务,不受任何单位和个人的干涉。

商业银行以其全部法人财产独立承担民事责任。

第六十一条 【法定代表人】

《民法总则》条文	《民法通则》等编纂对象法规对应条文
第六十一条　依照法律或者法人章程的规定,代表法人<u>从事民事活动</u>的负责人,为法人的法定代表人。 法定代表人以法人名义从事的民事活动,其法律后果由法人承受。 法人章程或者法人权力机构对法定代表人代表权的限制,不得对抗善意相对人。	《民法通则》 第三十八条　依照法律或者法人组织章程规定,代表法人<u>行使职权</u>的负责人,是法人的法定代表人。

【条文释义】

法人的法定代表人是指依照法律或法人的组织章程的规定,代表法人行使职权的负责人。法人的法定代表人的特征是:(1)法定代表人是由法人的章程所确定的自然人。(2)法人的法定代表人有权代表法人从事民事活动。法定代表人依法代表法人行为时,法定代表人的行为就是法人的行为,因此,法定代表人执行职务的行为所产生一切法律后果都应由法人承担。(3)法人的法定代表人是法人的主要负责人。在民事诉讼中,应由法定代表人代表法人在法院起诉和应诉。需要注意的是,法定代表人超越章程或权力机构的授权范围从事法律行为的,该授权由于只具有内部效力,外部第三人一般无法知悉,为了保护交易安全,该行为并不因超越授权范围而无效。

【关联条文】

《民法总则》

第一百七十条　执行法人或者非法人组织工作任务的人员,就其职权范围内的事项,以法人或者非法人组织的名义实施民事法律行为,对法人或者非法人组织发生效力。

法人或者非法人组织对执行其工作任务的人员职权范围的限制,不得对抗善意相对人。

《公司法》

第十三条　公司法定代表人依照公司章程的规定,由董事长、执行董事或者经理担任,并依法登记。公司法定代表人变更,应当办理变更登记。

《证券法》

第一百零七条　证券交易所设总经理一人,由国务院证券监督管理机构任免。

第六十二条　【法定代表人职务行为的法律责任】

《民法总则》条文	《民法通则》等编纂对象法规对应条文
第六十二条　法定代表人<u>因执行职务造成他人损害的</u>,由法人承担民事责任。法人承担民事责任后,依照法律或者法人章程的规定,可以向有过错的法定代表人追偿。	《民法通则》 第四十三条　企业法人对它的法定代表人和其他工作人员的<u>经营活动</u>,承担民事责任。

【条文释义】

法定代表人为依法或依据公司章程对外代表法人的人,其执行职务行为相当于法人的行为,因执行职务造成他人损害的,自然应当由法人承担民事责任。如果法定代表人故意越权、违反法律和公司章程规定等情况下,其对于损害的发生具有故意或重大过失的,在法人承担民事责任后,可以向法定代表人追偿损失。

需要指出的是,法人对于有过错的法定代表人的追偿,必须以法律或者法人章程的规定为限。另外,如果法人与法定代理人之间的劳动合同有追偿权条款,不违背法律、行政法规的,也可以适用。

【关联条文】

《公司法》

第十三条　公司法定代表人依照公司章程的规定,由董事长、执行董事或者经理担任,并依法登记。公司法定代表人变更,应当办理变更登记。

第一百四十九条　董事、监事、高级管理人员执行公司职务时违反法律、行政法规或者公司章程的规定,给公司造成损失的,应当承担赔偿责任。

《保险法》

第八十三条　保险公司的董事、监事、高级管理人员执行公司职务时违反法律、行政法规或者公司章程的规定,给公司造成损失的,应当承担赔偿责任。

《企业国有资产法》

第七十一条　国家出资企业的董事、监事、高级管理人员有下列行为之一,

造成国有资产损失的,依法承担赔偿责任;属于国家工作人员的,并依法给予处分:

(一)利用职权收受贿赂或者取得其他非法收入和不当利益的;

(二)侵占、挪用企业资产的;

(三)在企业改制、财产转让等过程中,违反法律、行政法规和公平交易规则,将企业财产低价转让、低价折股的;

(四)违反本法规定与本企业进行交易的;

(五)不如实向资产评估机构、会计师事务所提供有关情况和资料,或者与资产评估机构、会计师事务所串通出具虚假资产评估报告、审计报告的;

(六)违反法律、行政法规和企业章程规定的决策程序,决定企业重大事项的;

(七)有其他违反法律、行政法规和企业章程执行职务行为的。

国家出资企业的董事、监事、高级管理人员因前款所列行为取得的收入,依法予以追缴或者归国家出资企业所有。

履行出资人职责的机构任命或者建议任命的董事、监事、高级管理人员有本条第一款所列行为之一,造成国有资产重大损失的,由履行出资人职责的机构依法予以免职或者提出免职建议。

《民通意见》

58. 企业法人的法定代表人和其他工作人员,以法人名义从事的经营活动,给他人造成经济损失的,企业法人应当承担民事责任。

《人身损害赔偿司法解释》

第八条 法人或者其他组织的法定代表人、负责人以及工作人员,在执行职务中致人损害的,依照民法通则第一百二十一条的规定,由该法人或者其他组织承担民事责任。上述人员实施与职务无关的行为致人损害的,应当由行为人承担赔偿责任。

属于《国家赔偿法》赔偿事由的,依照《国家赔偿法》的规定处理。

《企业设置的办事机构对外所签订的购销合同是否一律认定为无效合同的电话答复》

福建省高级人民法院:

你院〔1988〕闽法经字第 29 号"关于企业设置的办事机构对外所签订的购销合同是否一律认定为无效合同的请示"收悉。经研究答复如下:

三明市对外贸易公司福州办事处(以下简称办事处)是三明市对外贸易公司的办事机构,没有申报营业执照,对外无权从事经营活动。办事处擅自以自己的名义与宁德地区生产资料贸易公司签订的购销合同,应认定无效。虽然三明市对外贸易公司对办事处在履行合同中有时以公司的名义进行信、电往来的行为,未提出异议,但因该合同是办事处对外签订的,因此,不应视为三明市对外贸易公司事后追认了办事处的代理权。参照民法通则第四十三条规定,三明市对外贸易公司对办事处的经营活动,应当承担民事责任。

此复

第六十三条 【法人的住所】

《民法总则》条文	《民法通则》等编纂对象法规对应条文
第六十三条 法人以其主要办事机构所在地为住所。依法需要办理法人登记的,应当将主要办事机构所在地登记为住所。	《民法通则》 第三十九条 法人以它的主要办事机构所在地为住所。

【条文释义】

法人的住所,是指法人主要办事机构及与他人发生法律关系的中心地域。法人的住所,在法律上具有重要意义:一是决定登记管辖,二是决定债务履行地,三是决定诉讼管辖,四是决定法律文书的送达地点,五是决定涉外民事法律关系的准据法。法人的住所以其登记的住所为准。如果某些法人依法不需要办理法人登记的,其住所为其主要办事机构所在地。

【关联条文】

《公司法》

第十条 公司以其主要办事机构所在地为住所。

《公司登记管理条例》

第十二条 公司的住所是公司主要办事机构所在地。经公司登记机关登记的公司的住所只能有一个。公司的住所应当在其公司登记机关辖区内。

《公司法司法解释(二)》

第二十四条 解散公司诉讼案件和公司清算案件由公司住所地人民法院管辖。公司住所地是指公司主要办事机构所在地。公司办事机构所在地不明确的,由其注册地人民法院管辖。

基层人民法院管辖县、县级市或者区的公司登记机关核准登记公司的解散诉讼案件和公司清算案件;中级人民法院管辖地区、地级市以上的公司登记机关核准登记公司的解散诉讼案件和公司清算案件。

《民事诉讼法司法解释》

第三条 公民的住所地是指公民的户籍所在地,法人或者其他组织的住所地是指法人或者其他组织的主要办事机构所在地。

法人或者其他组织的主要办事机构所在地不能确定的,法人或者其他组织的注册地或者登记地为住所地。

第六十四条 【变更登记】

《民法总则》条文	《民法通则》等编纂对象法规对应条文
第六十四条 法人存续期间登记事项发生变化的,应当依法向登记机关申请变更登记。	《民法通则》 第四十四条第一款 企业法人分立、合并或者有其他重要事项变更,应当向登记机关办理登记并公告。

【条文释义】

为了能够将法人的重要事项充分地向社会公众予以公示,法律要求必须予以登记。登记事项应当反映法人的真实情况,如果登记事项发生变化的,应当及时向登记机关申请变更登记。法人登记事项包括名称、住所、经营范围、公司类型、法定代表人姓名、注册资本、实收资本、营业期限。有限责任公司的股东、股份有限公司还应当登记发起人姓名或名称以及认缴和实缴的出资额、出资时间、出资方式。以上事项发生变化时,应当依法申请变更登记。

【关联条文】

《公司法》

第七条 依法设立的公司,由公司登记机关发给公司营业执照。公司营业执照签发日期为公司成立日期。

公司营业执照应当载明公司的名称、住所、注册资本、经营范围、法定代表人姓名等事项。

公司营业执照记载的事项发生变更的,公司应当依法办理变更登记,由公司登记机关换发营业执照。

第九条 有限责任公司变更为股份有限公司,应当符合本法规定的股份有限公司的条件。股份有限公司变更为有限责任公司,应当符合本法规定的有限责任公司的条件。

有限责任公司变更为股份有限公司的,或者股份有限公司变更为有限责任公司的,公司变更前的债权、债务由变更后的公司承继。

第十二条 公司的经营范围由公司章程规定,并依法登记。公司可以修改公司章程,改变经营范围,但是应当办理变更登记。

公司的经营范围中属于法律、行政法规规定须经批准的项目,应当依法经过批准。

第十三条　公司法定代表人依照公司章程的规定,由董事长、执行董事或者经理担任,并依法登记。公司法定代表人变更,应当办理变更登记。

第三十二条　有限责任公司应当置备股东名册,记载下列事项:

(一)股东的姓名或者名称及住所;

(二)股东的出资额;

(三)出资证明书编号。

记载于股东名册的股东,可以依股东名册主张行使股东权利。

公司应当将股东的姓名或者名称向公司登记机关登记;登记事项发生变更的,应当办理变更登记。未经登记或者变更登记的,不得对抗第三人。

第一百三十六条　公司发行新股募足股款后,必须向公司登记机关办理变更登记,并公告。

第一百七十九条　公司合并或者分立,登记事项发生变更的,应当依法向公司登记机关办理变更登记;公司解散的,应当依法办理公司注销登记;设立新公司的,应当依法办理公司设立登记。

公司增加或者减少注册资本,应当依法向公司登记机关办理变更登记。

第二百一十一条　公司成立后无正当理由超过六个月未开业的,或者开业后自行停业连续六个月以上的,可以由公司登记机关吊销营业执照。

公司登记事项发生变更时,未依照本法规定办理有关变更登记的,由公司登记机关责令限期登记;逾期不登记的,处以一万元以上十万元以下的罚款。

《外资企业法》

第十条　外资企业分立、合并或者其他重要事项变更,应当报审查批准机关批准,并向工商行政管理机关办理变更登记手续。

《中外合作经营企业法》

第七条　中外合作者在合作期限内协商同意对合作企业合同作重大变更的,应当报审查批准机关批准;变更内容涉及法定工商登记项目、税务登记项目的,应当向工商行政管理机关、税务机关办理变更登记手续。

第十二条　合作企业应当设立董事会或者联合管理机构,依照合作企业合同或者章程的规定,决定合作企业的重大问题。中外合作者的一方担任董事会的董事长、联合管理机构的主任的,由他方担任副董事长、副主任。董事会或者联合管理机构可以决定任命或者聘请总经理负责合作企业的日常经营管理工作。总经理对董事会或者联合管理机构负责。

合作企业成立后改为委托中外合作者以外的他人经营管理的,必须经董事会或者联合管理机构一致同意,报审查批准机关批准,并向工商行政管理机关办理变更登记手续。

《公司登记管理条例》

第二十六条　公司变更登记事项,应当向原公司登记机关申请变更登记。

未经变更登记,公司不得擅自改变登记事项。

《基金会管理条例》

第十五条　基金会、基金会分支机构、基金会代表机构和境外基金会代表机构的登记事项需要变更的,应当向登记管理机关申请变更登记。

基金会修改章程,应当征得其业务主管单位的同意,并报登记管理机关核准。

《企业法人登记管理条例》

第十七条　企业法人改变名称、住所、经营场所、法定代表人、经济性质、经营范围、经营方式、注册资金、经营期限,以及增设或者撤销分支机构,应当申请办理变更登记。

《社会团体登记管理条例》

第十八条　社会团体的登记事项需要变更的,应当自业务主管单位审查同意之日起30日内,向登记管理机关申请变更登记。

社会团体修改章程,应当自业务主管单位审查同意之日起30日内,报登记管理机关核准。

《事业单位登记管理暂行条例》

第十条　事业单位的登记事项需要变更的,应当向登记管理机关办理变更登记。

第六十五条　【法人的错误登记不得对抗善意第三人】

《民法总则》条文	《民法通则》等编纂对象法规对应条文
第六十五条　法人的实际情况与登记的事项不一致的,不得对抗善意相对人。	暂无对应法条。

【条文释义】

法人的登记是向社会公众公示的重要方法,登记事项具有公信力,为了保护交易安全,第三人因为信赖登记事项而实施活动的,不知道登记事项并非真实情况的善意当事人对于登记事项的合理信赖值得保护。法人不得以实际情况与登记事项不一致而否定善意相对人的行为效力。

本条没有规定法人登记事项错误导致损害的赔偿问题,建议未来最高人民法院出台司法解释,参考《物权法》上的不动产登记错误赔偿规则,明确这一问题的法律适用。

【关联条文】

《物权法》

第十七条 不动产权属证书是权利人享有该不动产物权的证明。不动产权属证书记载的事项,应当与不动产登记簿一致;记载不一致的,除有证据证明不动产登记簿确有错误外,以不动产登记簿为准。

第二十一条 当事人提供虚假材料申请登记,给他人造成损害的,应当承担赔偿责任。

因登记错误,给他人造成损害的,登记机构应当承担赔偿责任。登记机构赔偿后,可以向造成登记错误的人追偿。

《公司法》

第三十二条 有限责任公司应当置备股东名册,记载下列事项:

(一)股东的姓名或者名称及住所;

(二)股东的出资额;

(三)出资证明书编号。

记载于股东名册的股东,可以依股东名册主张行使股东权利。

公司应当将股东的姓名或者名称向公司登记机关登记;登记事项发生变更的,应当办理变更登记。未经登记或者变更登记的,不得对抗第三人。

第六十六条 【登记机关法人信息的及时公示义务】

《民法总则》条文	《民法通则》等编纂对象法规对应条文
第六十六条 登记机关应当依法及时<u>公示</u>法人登记的有关信息。	《公司法》 第六条 设立公司,应当依法向公司登记机关申请设立登记。符合本法规定的设立条件的,由公司登记机关分别登记为有限责任公司或者股份有限公司;不符合本法规定的设立条件的,不得登记为有限责任公司或者股份有限公司。 法律、行政法规规定设立公司必须报经批准的,<u>应当在公司登记前依法办理批准手续</u>。 <u>公众</u>可以向公司登记机关<u>申请查询</u>公司登记事项,公司登记机关<u>应当提供查询服务</u>。

【条文释义】

法人登记的目的是为了向公众公示有关信息,因此登记机关在对有关事项进行登记之后,应当采用适当的方式依法及时向社会公示法人登记的相关信息。公示的信息就是法人登记的相关事项。法人登记事项包括名称、住所、经营范围、公司类型、法定代表人姓名、注册资本、实收资本、营业期限等。

本条增加了登记机关的"及时"公示义务,值得肯定。但本条未对登记机关应当依法及时公示而未能及时公示并造成损失的责任作出规定,未来还需要进一步明确。

【关联条文】

《慈善法》

第七十条 县级以上人民政府民政部门和其他有关部门应当及时向社会公开下列慈善信息:

(一)慈善组织登记事项;

(二)慈善信托备案事项;

(三)具有公开募捐资格的慈善组织名单;

(四)具有出具公益性捐赠税前扣除票据资格的慈善组织名单;

(五)对慈善活动的税收优惠、资助补贴等促进措施;

(六)向慈善组织购买服务的信息;

(七)对慈善组织、慈善信托开展检查、评估的结果;

(八)对慈善组织和其他组织以及个人的表彰、处罚结果;

(九)法律法规规定应当公开的其他信息。

《公司登记管理条例》

第五十五条 公司登记机关应当将公司登记、备案信息通过企业信用信息公示系统向社会公示。

第五十七条 公司应当于每年1月1日至6月30日,通过企业信用信息公示系统向公司登记机关报送上一年度年度报告,并向社会公示。

年度报告公示的内容以及监督检查办法由国务院制定

《企业法人登记管理条例》

第二十三条 登记主管机关应当将企业法人登记、备案信息通过企业信用信息公示系统向社会公示。

第二十四条 企业法人应当于每年1月1日至6月30日,通过企业信用信息公示系统向登记主管机关报送上一年度年度报告,并向社会公示。

《企业信息公示暂行条例》

第三条　企业信息公示应当真实、及时。公示的企业信息涉及国家秘密、国家安全或者社会公共利益的，应当报请主管的保密行政管理部门或者国家安全机关批准。县级以上地方人民政府有关部门公示的企业信息涉及企业商业秘密或者个人隐私的，应当报请上级主管部门批准。

第六条　工商行政管理部门应当通过企业信用信息公示系统，公示其在履行职责过程中产生的下列企业信息：

（一）注册登记、备案信息；

（二）动产抵押登记信息；

（三）股权出质登记信息；

（四）行政处罚信息；

（五）其他依法应当公示的信息。

前款规定的企业信息应当自产生之日起20个工作日内予以公示。

第七条　工商行政管理部门以外的其他政府部门（以下简称其他政府部门）应当公示其在履行职责过程中产生的下列企业信息：

（一）行政许可准予、变更、延续信息；

（二）行政处罚信息；

（三）其他依法应当公示的信息。

其他政府部门可以通过企业信用信息公示系统，也可以通过其他系统公示前款规定的企业信息。工商行政管理部门和其他政府部门应当按照国家社会信用信息平台建设的总体要求，实现企业信息的互联共享。

第八条　企业应当于每年1月1日至6月30日，通过企业信用信息公示系统向工商行政管理部门报送上一年度年度报告，并向社会公示。

当年设立登记的企业，自下一年起报送并公示年度报告。

第九条　企业年度报告内容包括：

（一）企业通信地址、邮政编码、联系电话、电子邮箱等信息；

（二）企业开业、歇业、清算等存续状态信息；

（三）企业投资设立企业、购买股权信息；

（四）企业为有限责任公司或者股份有限公司的，其股东或者发起人认缴和实缴的出资额、出资时间、出资方式等信息；

（五）有限责任公司股东股权转让等股权变更信息；

（六）企业网站以及从事网络经营的网店的名称、网址等信息；

（七）企业从业人数、资产总额、负债总额、对外提供保证担保、所有者权益合计、营业总收入、主营业务收入、利润总额、净利润、纳税总额信息。

前款第一项至第六项规定的信息应当向社会公示，第七项规定的信息由企业选择是否向社会公示。

经企业同意,公民、法人或者其他组织可以查询企业选择不公示的信息。

第十条 企业应当自下列信息形成之日起 20 个工作日内通过企业信用信息公示系统向社会公示:

(一)有限责任公司股东或者股份有限公司发起人认缴和实缴的出资额、出资时间、出资方式等信息;

(二)有限责任公司股东股权转让等股权变更信息;

(三)行政许可取得、变更、延续信息;

(四)知识产权出质登记信息;

(五)受到行政处罚的信息;

(六)其他依法应当公示的信息。

工商行政管理部门发现企业未依照前款规定履行公示义务的,应当责令其限期履行。

《人民法院办理执行异议和复议案件的规定》

第二十五条 对案外人的异议,人民法院应当按照下列标准判断其是否系权利人:

(一)已登记的不动产,按照不动产登记簿判断;未登记的建筑物、构筑物及其附属设施,按照土地使用权登记簿、建设工程规划许可、施工许可等相关证据判断;

(二)已登记的机动车、船舶、航空器等特定动产,按照相关管理部门的登记判断;未登记的特定动产和其他动产,按照实际占有情况判断;

(三)银行存款和存管在金融机构的有价证券,按照金融机构和登记结算机构登记的账户名称判断;有价证券由具备合法经营资质的托管机构名义持有的,按照该机构登记的实际投资人账户名称判断;

(四)股权按照工商行政管理机关的登记和企业信用信息公示系统公示的信息判断;

(五)其他财产和权利,有登记的,按照登记机构的登记判断;无登记的,按照合同等证明财产权属或者权利人的证据判断。

案外人依据另案生效法律文书提出排除执行异议,该法律文书认定的执行标的权利人与依照前款规定得出的判断不一致的,依照本规定第二十六条规定处理。

《企业法人登记管理条例施行细则》

第十二条 各级登记主管机关可以运用登记注册档案、登记统计资料以及有关的基础信息资料,向机关、企事业单位、社会团体等单位和个人提供各种形式的咨询服务。

第五十一条 登记主管机关应当将企业法人登记、备案信息通过企业信用信息公示系统向社会公示。

第六十七条 【法人合并分立后权利义务的承担】

《民法总则》条文	《民法通则》等编纂对象法规对应条文
第六十七条　法人合并的,其权利和义务由合并后的法人享有和承担。 　　法人分立的,其权利和义务**由分立后的法人享有连带债权,承担连带债务,但是债权人和债务人另有约定的除外**。	《民法通则》 　　第四十四条第二款　企业法人分立、合并,它的权利和义务由变更后的法人享有和承担。

【条文释义】

　　法人合并,指两个以上的法人集合为一个法人的民事法律行为。法人的合并是法人集中资金、扩大实力、增加竞争优势的重要手段。法人合并,有新设式合并和吸收式合并两种方式。新设式合并也称创设式合并,是两个以上的法人归并为一个新法人,原法人均告消灭的合并方式。吸收式合并也称吞并式合并,是一个法人吸收被合并的其他法人,合并后只有一个法人存续,被吸收法人均告消灭的合并方式。法人合并时,应有法人意思机关的合并决定和合并各方缔结的合并合同。为保障各合并法人的债权人的利益,法人应在合并前将合并决定通知债权人,债权人有权要求清偿其债务或者提供担保。法人合并后,原来的权利义务由合并后的法人承担。

　　法人分立,是指一个法人分为两个以上法人的民事法律行为。法人分立是调整经营规模、分散风险的重要手段。法人分立也不需要经过法定清算程序,所以有与法人合并同样的优点。法人分立,有新设式分立和存续式分立两种方式。新设式分立也称创设式分立,指解散原法人,分立为两个以上新法人的分立方式。存续式分立也称派生式分立,指原法人存续,分出部分财产设立一个以上新法人的分立方式。法人分立的程序与法人合并程序基本相同,需要有分立的决定、债务分配合同,对债权人发出分立通知并根据债权人请求清偿债务或提供担保。法人分立为几个法人的,原来的权利义务由分立后的法人享有连带债权,承担连带债务,债权人和债务人另有约定的除外。

【关联条文】

《合同法》

　　第九十条　当事人订立合同后合并的,由合并后的法人或者其他组织行使合同权利,履行合同义务。当事人订立合同后分立的,除债权人和债务人另有约定的以外,由分立的法人或者其他组织对合同的权利和义务享有连带债权,承担连带债务。

《侵权责任法》

第十八条 被侵权人死亡的,其近亲属有权请求侵权人承担侵权责任。被侵权人为单位,该单位分立、合并的,承继权利的单位有权请求侵权人承担侵权责任。

被侵权人死亡的,支付被侵权人医疗费、丧葬费等合理费用的人有权请求侵权人赔偿费用,但侵权人已支付该费用的除外。

《公司法》

第一百七十二条 公司合并可以采取吸收合并或者新设合并。

一个公司吸收其他公司为吸收合并,被吸收的公司解散。两个以上公司合并设立一个新的公司为新设合并,合并各方解散。

第一百七十三条 公司合并,应当由合并各方签订合并协议,并编制资产负债表及财产清单。公司应当自作出合并决议之日起十日内通知债权人,并于三十日内在报纸上公告。债权人自接到通知书之日起三十日内,未接到通知书的自公告之日起四十五日内,可以要求公司清偿债务或者提供相应的担保。

第一百七十四条 公司合并时,合并各方的债权、债务,应当由合并后存续的公司或者新设的公司承继。

第一百七十五条 公司分立,其财产作相应的分割。

公司分立,应当编制资产负债表及财产清单。公司应当自作出分立决议之日起十日内通知债权人,并于三十日内在报纸上公告。

第一百七十六条 公司分立前的债务由分立后的公司承担连带责任。但是,公司在分立前与债权人就债务清偿达成的书面协议另有约定的除外。

《税收征收管理法》

第四十八条 纳税人有合并、分立情形的,应当向税务机关报告,并依法缴清税款。纳税人合并时未缴清税款的,应当由合并后的纳税人继续履行未履行的纳税义务;纳税人分立时未缴清税款的,分立后的纳税人对未履行的纳税义务应当承担连带责任。

《民事诉讼法司法解释》

第六十三条 企业法人合并的,因合并前的民事活动发生的纠纷,以合并后的企业为当事人;企业法人分立的,因分立前的民事活动发生的纠纷,以分立后的企业为共同诉讼人。

第六十八条 【法人终止的原因】

《民法总则》条文	《民法通则》等编纂对象法规对应条文
第六十八条　有下列原因之一并**依法完成清算、注销登记**的,法人终止: (一)法人解散; (二)法人被宣告破产; (三)法律规定的其他原因。 **法人终止,法律、行政法规规定须经有关机关批准的,依照其规定。**	《民法通则》 　第四十五条　企业法人由于下列原因之一终止: (一)依法被撤销; (二)解散; (三)依法宣告破产; (四)其他原因。

【条文释义】

　　法人的终止,也称为法人的消灭,是指法人丧失民事主体资格,不再具有民事权利能力与民事行为能力。法人终止后,其民事权利能力和行为能力消灭,民事主体资格丧失,终止后的法人不能再以法人的名义对外从事民事活动。

　　法人终止的原因主要包括以下几种情形:

　　第一,自行解散。法人解散,是法人终止的主要原因。法人的解散和法人的被撤销是有区别的。法人的解散通常是由法人自己决定的,解散法人一般要体现法人的自主意志;而法人的撤销一般不由法人自己决定,而由法律规定或由行政命令决定。

　　第二,依法宣告破产。企业法人在其全部资产不足以清偿到期债务的情况下,经企业的法定代表人、主管部门或者企业法人的债权人等提出申请,由人民法院宣告企业法人破产。企业法人被宣告破产后,由清算组织负责对企业法人的财产、债权和债务进行清理,并变卖企业的财产清偿债务。对于破产企业,应仅以其资产清偿其债务。从宣告破产之日起,企业法人终止。由于企业法人的终止直接关系到企业法人和利害关系人的利益,因此,企业法人歇业、被撤销、宣告破产或者因其他原因终止营业,应当向登记主管机关办理注销登记。

　　第三,其他原因。主要是依法被撤销。法人被撤销,是指法人在存续期间内,违反有关法律的强制性规定,例如利用法人名义从事走私、贩毒等违法犯罪行为,依法被有权机关予以撤销。

　　对于一些特殊的法人,法律、行政法规规定其终止须经有关机关批准的,应当依照其规定。

需要注意的是,法人终止必须进行清算,只有清算完毕才可以向登记机关申请注销登记,从而最终终止法人。

【关联条文】

《公司法》

第一百八十条　公司因下列原因解散:

(一)公司章程规定的营业期限届满或者公司章程规定的其他解散事由出现;

(二)股东会或者股东大会决议解散;

(三)因公司合并或者分立需要解散;

(四)依法被吊销营业执照、责令关闭或者被撤销;

(五)人民法院依照本法第一百八十二条的规定予以解散。

第六十九条　【法人解散的原因】

《民法总则》条文	《民法通则》等编纂对象法规对应条文
第六十九条　有下列情形之一的,法人解散: (一)法人章程规定的存续期间届满或者法人章程规定的其他解散事由出现; (二)法人的权力机构决议解散; (三)因法人合并或者分立需要解散; (四)法人依法被吊销营业执照、登记证书,被责令关闭或者被撤销; (五)法律规定的其他情形。	《公司法》 第一百八十条　公司因下列原因解散: (一)公司章程规定的营业期限届满或者公司章程规定的其他解散事由出现; (二)股东会或者股东大会决议解散; (三)因公司合并或者分立需要解散; (四)依法被吊销营业执照、责令关闭或者被撤销; (五)人民法院依照本法第一百八十二条的规定予以解散。

【条文释义】

法人解散的主要原因是:

(1)因章程所规定的存续期届满或所规定的解散事由出现而解散,或者是章程所规定的设立法人的目的已经实现或者确定无法实现等原因而解散。成立特定的法人是为完成特定的目的,当目的实现后,该法人没有必要继续存在;如果法人的目的已经确定无法实现,法人也应当解散。

(2)因法人权力机构决议而解散,就是基于法人成员的共同意志而解散。法人如果是由于其成员的共同意志而成立,则可以因其成员的共同意志而解散。如经全体股东大会决定解散法人,或经出资人全体会议决定歇业,都是法人解散的原因。如果法人章程规定不许对法人解散,而全体成员共同决定解散,则应当对原章程进行修改,之后再解散。由于解散是公司的重要事项,所以股东会会议作出解散公司的决议,必须经代表2/3以上表决权的股东通过。

(3)因法人合并成立新法人或被其他法人所吸收,原公司自然需要解散。如果法人分立成立新的法人,原法人不再继续存在,原法人也需要解散。

(4)法人有违反法律、行政法规行为,法人被行政机关依法决定吊销营业执照、责令关闭或者撤销。行政机关作出处罚决定必须依据全国人大及其常委会制定的法律或者国务院制定的行政法规的明文规定。

(5)法律规定的其他情形。例如,公司经营管理发生严重困难,继续存续会使股东利益受到重大损失,但是要求解散公司的股东所持表决权不超过2/3,通过股东会不能形成解散公司的决议,这时,持有公司全部股东表决权10%以上的股东,可以请求人民法院解散公司。再如,公司不能清偿到期债务,公司或债权人向法院提出破产清算申请,公司被法院依照《企业破产法》规定宣告破产而解散。

【关联条文】

《公司法》

第一百八十一条　公司有本法第一百八十条第(一)项情形的,可以通过修改公司章程而存续。

依照前款规定修改公司章程,有限责任公司须经持有三分之二以上表决权的股东通过,股份有限公司须经出席股东大会会议的股东所持表决权的三分之二以上通过。

第一百八十二条　公司经营管理发生严重困难,继续存续会使股东利益受到重大损失,通过其他途径不能解决的,持有公司全部股东表决权百分之十以上的股东,可以请求人民法院解散公司。

《保险法》

第八十九条　保险公司因分立、合并需要解散,或者股东会、股东大会决议解散,或者公司章程规定的解散事由出现,经国务院保险监督管理机构批准后解散。

经营有人寿保险业务的保险公司,除因分立、合并或者被依法撤销外,不得解散。

保险公司解散,应当依法成立清算组进行清算。

《商业银行法》

第六十九条　商业银行因分立、合并或者出现公司章程规定的解散事由需要解散的,应当向国务院银行业监督管理机构提出申请,并附解散的理由和支付存款的本金和利息等债务清偿计划。经国务院银行业监督管理机构批准后解散。

商业银行解散的,应当依法成立清算组,进行清算,按照清偿计划及时偿还存款本金和利息等债务。国务院银行业监督管理机构监督清算过程。

第七十条　【法人的清算义务】

《民法总则》条文	《民法通则》等编纂对象法规对应条文
第七十条　法人解散的,除合并或者分立的情形外,清算义务人应当及时组成清算组进行清算。 法人的董事、理事等执行机构或者决策机构的成员为清算义务人。法律、行政法规另有规定的,依照其规定。 清算义务人未及时履行清算义务,造成损害的,应当承担民事责任;主管机关或者利害关系人可以申请人民法院指定有关人员组成清算组进行清算。	《民法通则》 第四十条　法人终止,应当依法进行清算,停止清算范围外的活动。 第四十七条　企业法人解散,应当成立清算组织,进行清算。企业法人被撤销、被宣告破产的,应当由主管机关或者人民法院组织有关机关和有关人员成立清算组织,进行清算。

【条文释义】

清算,是指法人在终止前,应当对其财产进行清理,对债权债务关系进行了结的行为。清算法人在清算期间,可以进行清算范围以内的活动,只有在清算完毕并办理注销登记之后,其法人资格才最终归于消灭。在清算期间,法人在清算的必要范围内视为存续,但清算法人仅仅在清算范围内享有民事权利能力,超过清算范围,清算法人无民事权利能力。

清算义务人是在清算过程中,负责法人清算工作的人,一般来说,法人的董事、理事等执行机构成员为清算义务人。法人发生解散原因后,清算义务人应当及时进行清算,如果未及时履行清算义务,造成债权人或债务人以及其他利害关系人损失的,清算义务人应当承担损害赔偿责任。主管机关或者利害关系人可以申请人民法院指定有关人员组成清算组进行清算。

【关联条文】

《公司法》

第一百八十三条　公司因本法第一百八十条第(一)项、第(二)项、第(四)项、第(五)项规定而解散的,应当在解散事由出现之日起十五日内成立清算组,开始清算。有限责任公司的清算组由股东组成,股份有限公司的清算组由董事或者股东大会确定的人员组成。逾期不成立清算组进行清算的,债权人可以申请人民法院指定有关人员组成清算组进行清算。人民法院应当受理该申请,并及时组织清算组进行清算。

第一百八十四条　清算组在清算期间行使下列职权:

(一)清理公司财产,分别编制资产负债表和财产清单;

(二)通知、公告债权人;

(三)处理与清算有关的公司未了结的业务;

(四)清缴所欠税款以及清算过程中产生的税款;

(五)清理债权、债务;

(六)处理公司清偿债务后的剩余财产;

(七)代表公司参与民事诉讼活动。

《基金会管理条例》

第十八条　基金会在办理注销登记前,应当在登记管理机关、业务主管单位的指导下成立清算组织,完成清算工作。

基金会应当自清算结束之日起15日内向登记管理机关办理注销登记;在清算期间不得开展清算以外的活动。

《社会团体登记管理条例》

第二十条　社会团体在办理注销登记前,应当在业务主管单位及其他有关机关的指导下,成立清算组织,完成清算工作。清算期间,社会团体不得开展清算以外的活动。

《民办非企业单位登记管理暂行条例》

第十六条　民办非企业单位自行解散的,分立、合并的,或者由于其他原因需要注销登记的,应当向登记管理机关办理注销登记。

民办非企业单位在办理注销登记前,应当在业务主管单位和其他有关机关的指导下,成立清算组织,完成清算工作。清算期间,民办非企业单位不得开展清算以外的活动。

《事业单位登记管理暂行条例》

第十三条　事业单位被撤销、解散的,应当向登记管理机关办理注销登记或者注销备案。

事业单位办理注销登记前,应当在审批机关指导下成立清算组织,完成清算工作。

事业单位应当自清算结束之日起15日内,向登记管理机关办理注销登记。事业单位办理注销登记,应当提交撤销或者解散该事业单位的文件和清算报告;登记管理机关收缴《事业单位法人证书》和印章。

《宗教事务条例》

第三十七条　宗教团体、宗教活动场所注销或者终止的,应当进行财产清算,清算后的剩余财产应当用于与该宗教团体或者宗教活动场所宗旨相符的事业。

《民通意见》

59. 企业法人解散或者被撤销的,应当由其主管机关组织清算小组进行清算。企业法人被宣告破产的,应当由人民法院组织有关机关和有关人员成立清算组织进行清算。

60. 清算组织是以清算企业法人债权、债务为目的而依法成立的组织。它负责对终止的企业法人的财产进行保管、清理、估价、处理和清偿。

对于涉及终止的企业法人债权、债务的民事诉讼,清算组织可以用自己的名义参加诉讼。

以逃避债务责任为目的而成立的清算组织,其实施的民事行为无效。

《公司法司法解释(二)》

第十八条　有限责任公司的股东、股份有限公司的董事和控股股东未在法定期限内成立清算组开始清算,导致公司财产贬值、流失、毁损或者灭失,债权人主张其在造成损失范围内对公司债务承担赔偿责任的,人民法院应依法予以支持。

有限责任公司的股东、股份有限公司的董事和控股股东因怠于履行义务,导致公司主要财产、账册、重要文件等灭失,无法进行清算,债权人主张其对公司债务承担连带清偿责任的,人民法院应依法予以支持。

上述情形系实际控制人原因造成,债权人主张实际控制人对公司债务承担相应民事责任的,人民法院应依法予以支持。

第十九条　有限责任公司的股东、股份有限公司的董事和控股股东,以及公司的实际控制人在公司解散后,恶意处置公司财产给债权人造成损失,或者未经依法清算,以虚假的清算报告骗取公司登记机关办理法人注销登记,债权人主张其对公司债务承担相应赔偿责任的,人民法院应依法予以支持。

第二十条　公司解散应当在依法清算完毕后,申请办理注销登记。公司未经清算即办理注销登记,导致公司无法进行清算,债权人主张有限责任公司的股东、股份有限公司的董事和控股股东,以及公司的实际控制人对公司债务承担清偿责任的,人民法院应依法予以支持。

公司未经依法清算即办理注销登记,股东或者第三人在公司登记机关办理注销登记时承诺对公司债务承担责任,债权人主张其对公司债务承担相应民事责任的,人民法院应依法予以支持。

《指导案例9号:上海存亮贸易有限公司诉蒋志东、王卫明等买卖合同纠纷案》

关键词:民事　公司清算义务　连带清偿责任

裁判要点:有限责任公司的股东、股份有限公司的董事和控股股东,应当依法在公司被吊销营业执照后履行清算义务,不能以其不是实际控制人或者未实际参加公司经营管理为由,免除清算义务。

相关法条:《中华人民共和国公司法》第二十条、第一百八十四条

基本案情

原告上海存亮贸易有限公司(简称存亮公司)诉称:其向被告常州拓恒机械设备有限公司(简称拓恒公司)供应钢材,拓恒公司尚欠货款1395228.6元。被告房恒福、蒋志东和王卫明为拓恒公司的股东,拓恒公司未年检,被工商部门吊销营业执照,至今未组织清算。因其怠于履行清算义务,导致公司财产流失、灭失,存亮公司的债权得不到清偿。根据公司法及相关司法解释规定,房恒福、蒋志东和王卫明应对拓恒公司的债务承担连带责任。故请求判令拓恒公司偿还存亮公司货款1395228.6元及违约金,房恒福、蒋志东和王卫明对拓恒公司的债务承担连带清偿责任。

被告蒋志东、王卫明辩称:1.两人从未参与过拓恒公司的经营管理;2.拓恒公司实际由大股东房恒福控制,两人无法对其进行清算;3.拓恒公司由于经营不善,在被吊销营业执照前已背负了大量债务,资不抵债,并非由于蒋志东、王卫明怠于履行清算义务而导致拓恒公司财产灭失;4.蒋志东、王卫明也曾委托律师对拓恒公司进行清算,但由于拓恒公司财物多次被债权人哄抢,导致无法清算,因此蒋志东、王卫明不存在怠于履行清算义务的情况。故请求驳回存亮公司对蒋志东、王卫明的诉讼请求。

被告拓恒公司、房恒福未到庭参加诉讼,亦未作答辩。

法院经审理查明:2007年6月28日,存亮公司与拓恒公司建立钢材买卖合同关系。存亮公司履行了7095006.6元的供货义务,拓恒公司已付货款5699778元,尚欠货款1395228.6元。另,房恒福、蒋志东和王卫明为拓恒公司的股东,所占股份分别为40%、30%、30%。拓恒公司因未进行年检,2008

年 12 月 25 日被工商部门吊销营业执照,至今股东未组织清算。现拓恒公司无办公经营地,账册及财产均下落不明。拓恒公司在其他案件中因无财产可供执行被中止执行。

裁判结果

上海市松江区人民法院于 2009 年 12 月 8 日作出(2009)松民二(商)初字第 1052 号民事判决:一、拓恒公司偿付存亮公司货款 1395228.6 元及相应的违约金;二、房恒福、蒋志东和王卫明对拓恒公司的上述债务承担连带清偿责任。宣判后,蒋志东、王卫明提出上诉。上海市第一中级人民法院于 2010 年 9 月 1 日作出(2010)沪一中民四(商)终字第 1302 号民事判决:驳回上诉,维持原判。

裁判理由

法院生效裁判认为:存亮公司按约供货后,拓恒公司未能按约付清货款,应当承担相应的付款责任及违约责任。房恒福、蒋志东和王卫明作为拓恒公司的股东,应在拓恒公司被吊销营业执照后及时组织清算。因房恒福、蒋志东和王卫明怠于履行清算义务,导致拓恒公司的主要财产、账册等均已灭失,无法进行清算,房恒福、蒋志东和王卫明怠于履行清算义务的行为,违反了公司法及其司法解释的相关规定,应当对拓恒公司的债务承担连带清偿责任。拓恒公司作为有限责任公司,其全体股东在法律上应一体成为公司的清算义务人。公司法及其相关司法解释并未规定蒋志东、王卫明所辩称的例外条款,因此无论蒋志东、王卫明在拓恒公司中所占的股份为多少,是否实际参与了公司的经营管理,两人在拓恒公司被吊销营业执照后,都有义务在法定期限内依法对拓恒公司进行清算。

关于蒋志东、王卫明辩称拓恒公司在被吊销营业执照前已背负大量债务,即使其怠于履行清算义务,也与拓恒公司财产灭失之间没有关联性。根据查明的事实,拓恒公司在其他案件中因无财产可供执行被中止执行的情况,只能证明人民法院在执行中未查找到拓恒公司的财产,不能证明拓恒公司的财产在被吊销营业执照前已全部灭失。拓恒公司的三名股东怠于履行清算义务与拓恒公司的财产、账册灭失之间具有因果联系,蒋志东、王卫明的该项抗辩理由不成立。蒋志东、王卫明委托律师进行清算的委托代理合同及律师的证明,仅能证明蒋志东、王卫明欲对拓恒公司进行清算,但事实上对拓恒公司的清算并未进行。据此,不能认定蒋志东、王卫明依法履行了清算义务,故对蒋志东、王卫明的该项抗辩理由不予采纳。

第七十一条 【法人清算的法律适用】

《民法总则》条文	《民法通则》等编纂对象法规对应条文
第七十一条　法人的清算程序和清算组职权,依照有关法律的规定;没有规定的,参照适用公司法的有关规定。	《公司法》 第一百八十四条　清算组在清算期间行使下列职权: (一)清理公司财产,分别编制资产负债表和财产清单; (二)通知、公告债权人; (三)处理与清算有关的公司未了结的业务; (四)清缴所欠税款以及清算过程中产生的税款; (五)清理债权、债务; (六)处理公司清偿债务后的剩余财产; (七)代表公司参与民事诉讼活动。

【条文释义】

关于具体的清算程序和清算组的职权,如果法律对该种法人清算有专门规定的,依照其规定处理,没有规定的,参照适用公司法关于公司清算的有关规定处理。具体来说,包括通知债权人申报债权,清理法人财产、编制资产负债表和财产清单。

【关联条文】

《公司法》

第一百八十五条　清算组应当自成立之日起十日内通知债权人,并于六十日内在报纸上公告。债权人应当自接到通知书之日起三十日内,未接到通知书的自公告之日起四十五日内,向清算组申报其债权。

债权人申报债权,应当说明债权的有关事项,并提供证明材料。清算组应当对债权进行登记。

在申报债权期间,清算组不得对债权人进行清偿。

第一百八十六条　清算组在清理公司财产、编制资产负债表和财产清单后,应当制定清算方案,并报股东会、股东大会或者人民法院确认。

公司财产在分别支付清算费用、职工的工资、社会保险费用和法定补偿金,缴纳所欠税款,清偿公司债务后的剩余财产,有限责任公司按照股东的出资比例分配,股份有限公司按照股东持有的股份比例分配。

清算期间,公司存续,但不得开展与清算无关的经营活动。公司财产在未依照前款规定清偿前,不得分配给股东。

第一百八十七条 清算组在清理公司财产、编制资产负债表和财产清单后,发现公司财产不足清偿债务的,应当依法向人民法院申请宣告破产。

公司经人民法院裁定宣告破产后,清算组应当将清算事务移交给人民法院。

第一百八十八条 公司清算结束后,清算组应当制作清算报告,报股东会、股东大会或者人民法院确认,并报送公司登记机关,申请注销公司登记,公告公司终止。

第一百八十九条 清算组成员应当忠于职守,依法履行清算义务。

清算组成员不得利用职权收受贿赂或者其他非法收入,不得侵占公司财产。

清算组成员因故意或者重大过失给公司或者债权人造成损失的,应当承担赔偿责任。

第七十二条 【清算结束的法律后果】

《民法总则》条文	《民法通则》等编纂对象法规对应条文
第七十二条 清算期间法人存续,但是不得从事与清算无关的活动。 法人清算后的剩余财产,根据法人章程的规定或者法人权力机构的决议处理。法律另有规定的,依照其规定。 清算结束并完成法人注销登记时,法人终止;依法不需要办理法人登记的,清算结束时,法人终止。	《民法通则》 第四十条 法人终止,应当依法进行清算,停止清算范围外的活动。 《公司法》 第一百八十八条 公司清算结束后,清算组应当制作清算报告,报股东会、股东大会或者人民法院确认,并报送公司登记机关,申请注销公司登记,公告公司终止。

【条文释义】

在清算期间,清算法人可以从事清算范围内的活动,包括清理财产、清偿债务,从事清算活动所必要的资金借贷、变卖法人的财产、追回被他人占有的财产、在法院起诉和应诉等。其间,法人应停止清算范围外的活动,不能实施与清算无关的活动。

清算结束后,如果还有剩余的财产,原则上这些财产应当归属于出资人,具体的处理方法则应当依据法人章程规定的处理方法进行,或者由出资人组成的法人权力机构通过决议的方法进行处理,从而确定剩余财产分配的原则、具体分配方法和比例。当然,如果法律对剩余财产的处理有专门规定的,应当依照法律的规定处理。

清算结束后,一般的法人需要向登记机关申请注销登记,登记机关完成注销登记时,法人终止。对于某些特殊的法人,其设立与终止依照法律规定不需要办理登记的,清算结束时,法人即终止。

【关联条文】

《基金会管理条例》

第十八条　基金会在办理注销登记前,应当在登记管理机关、业务主管单位的指导下成立清算组织,完成清算工作。

基金会应当自清算结束之日起15日内向登记管理机关办理注销登记;在清算期间不得开展清算以外的活动。

《社会团体登记管理条例》

第二十一条　社会团体应当自清算结束之日起15日内向登记管理机关办理注销登记。办理注销登记,应当提交法定代表人签署的注销登记申请书、业务主管单位的审查文件和清算报告书。

登记管理机关准予注销登记的,发给注销证明文件,收缴该社会团体的登记证书、印章和财务凭证。

第二十二条　社会团体处分注销后的剩余财产,按照国家有关规定办理。

《民办非企业单位登记管理暂行条例》

第十七条　民办非企业单位法定代表人或者负责人应当自完成清算之日起15日内,向登记管理机关办理注销登记。办理注销登记,须提交注销登记申请书、业务主管单位的审查文件和清算报告。

登记管理机关准予注销登记的,发给注销证明文件,收缴登记证书、印章和财务凭证。

《事业单位登记管理暂行条例》

第十三条　事业单位被撤销、解散的,应当向登记管理机关办理注销登记或者注销备案。

事业单位办理注销登记前,应当在审批机关指导下成立清算组织,完成清算工作。

事业单位应当自清算结束之日起15日内,向登记管理机关办理注销登记。事业单位办理注销登记,应当提交撤销或者解散该事业单位的文件和清算报告;登记管理机关收缴《事业单位法人证书》和印章。

《宗教事务条例》

第三十七条 宗教团体、宗教活动场所注销或者终止的,应当进行财产清算,清算后的剩余财产应当用于与该宗教团体或者宗教活动场所宗旨相符的事业。

《民通意见》

60. 清算组织是以清算企业法人债权、债务为目的而依法成立的组织。它负责对终止的企业法人的财产进行保管、清理、估价、处理和清偿。

对于涉及终止的企业法人债权、债务的民事诉讼,清算组织可以用自己的名义参加诉讼。

以逃避债务责任为目的而成立的清算组织,其实施的民事行为无效。

第七十三条 【法人因破产清算终止】

《民法总则》条文	《民法通则》等编纂对象法规对应条文
第七十三条 法人被宣告破产的,依法进行破产清算并完成法人注销登记时,法人终止。	《民法通则》 第四十六条 企业法人终止,应当向登记机关办理注销登记并公告。

【条文释义】

法人在其全部资产不足以清偿到期债务的情况下,经法人的法定代表人、主管部门或者企业法人的债权人等提出申请,由人民法院宣告法人破产。法人被宣告破产后,由清算组织负责对法人的财产、债权和债务进行清理,并变卖企业的财产清偿债务。破产清算完毕后,由清算组向法人登记机关申请注销登记,注销登记完成后法人终止。

【关联条文】

《公司法》

第一百九十条 公司被依法宣告破产的,依照有关企业破产的法律实施破产清算。

《企业破产法》

第二条 企业法人不能清偿到期债务,并且资产不足以清偿全部债务或者明显缺乏清偿能力的,依照本法规定清理债务。

企业法人有前款规定情形,或者有明显丧失清偿能力可能的,可以依照本法规定进行重整。

第七条 债务人有本法第二条规定的情形,可以向人民法院提出重整、和解或者破产清算申请。

债务人不能清偿到期债务,债权人可以向人民法院提出对债务人进行重整或者破产清算的申请。

企业法人已解散但未清算或者未清算完毕,资产不足以清偿债务的,依法负有清算责任的人应当向人民法院申请破产清算。

第一百零七条　人民法院依照本法规定宣告债务人破产的,应当自裁定作出之日起五日内送达债务人和管理人,自裁定作出之日起十日内通知已知债权人,并予以公告。

债务人被宣告破产后,债务人称为破产人,债务人财产称为破产财产,人民法院受理破产申请时对债务人享有的债权称为破产债权。

第一百零八条　破产宣告前,有下列情形之一的,人民法院应当裁定终结破产程序,并予以公告:

(一)第三人为债务人提供足额担保或者为债务人清偿全部到期债务的;

(二)债务人已清偿全部到期债务的。

第一百零九条　对破产人的特定财产享有担保权的权利人,对该特定财产享有优先受偿的权利。

第一百一十条　享有本法第一百零九条规定权利的债权人行使优先受偿权利未能完全受偿的,其未受偿的债权作为普通债权;放弃优先受偿权利的,其债权作为普通债权。

第一百一十一条　管理人应当及时拟订破产财产变价方案,提交债权人会议讨论。

管理人应当按照债权人会议通过的或者人民法院依照本法第六十五条第一款规定裁定的破产财产变价方案,适时变价出售破产财产。

第一百一十二条　变价出售破产财产应当通过拍卖进行。但是,债权人会议另有决议的除外。

破产企业可以全部或者部分变价出售。企业变价出售时,可以将其中的无形资产和其他财产单独变价出售。

按照国家规定不能拍卖或者限制转让的财产,应当按照国家规定的方式处理。

第一百一十三条　破产财产在优先清偿破产费用和共益债务后,依照下列顺序清偿:

(一)破产人所欠职工的工资和医疗、伤残补助、抚恤费用,所欠的应当划入职工个人账户的基本养老保险、基本医疗保险费用,以及法律、行政法规规定应当支付给职工的补偿金;

(二)破产人欠缴的除前项规定以外的社会保险费用和破产人所欠税款;
(三)普通破产债权。

破产财产不足以清偿同一顺序的清偿要求的,按照比例分配。

破产企业的董事、监事和高级管理人员的工资按照该企业职工的平均工资计算。

第一百一十四条 破产财产的分配应当以货币分配方式进行。但是,债权人会议另有决议的除外。

第一百一十五条 管理人应当及时拟订破产财产分配方案,提交债权人会议讨论。

破产财产分配方案应当载明下列事项:
(一)参加破产财产分配的债权人名称或者姓名、住所;
(二)参加破产财产分配的债权额;
(三)可供分配的破产财产数额;
(四)破产财产分配的顺序、比例及数额;
(五)实施破产财产分配的方法。

债权人会议通过破产财产分配方案后,由管理人将该方案提请人民法院裁定认可。

第一百一十六条 破产财产分配方案经人民法院裁定认可后,由管理人执行。

管理人按照破产财产分配方案实施多次分配的,应当公告本次分配的财产额和债权额。管理人实施最后分配的,应当在公告中指明,并载明本法第一百一十七条第二款规定的事项。

第一百一十七条 对于附生效条件或者解除条件的债权,管理人应当将其分配额提存。

管理人依照前款规定提存的分配额,在最后分配公告日,生效条件未成就或者解除条件成就的,应当分配给其他债权人;在最后分配公告日,生效条件成就或者解除条件未成就的,应当交付给债权人。

第一百一十八条 债权人未受领的破产财产分配额,管理人应当提存。债权人自最后分配公告之日起满二个月仍不领取的,视为放弃受领分配的权利,管理人或者人民法院应当将提存的分配额分配给其他债权人。

第一百一十九条 破产财产分配时,对于诉讼或者仲裁未决的债权,管理人应当将其分配额提存。自破产程序终结之日起满二年仍不能受领分配的,人民法院应当将提存的分配额分配给其他债权人。

第一百二十条 破产人无财产可供分配的,管理人应当请求人民法院裁定终结破产程序。

管理人在最后分配完结后,应当及时向人民法院提交破产财产分配报告,并提请人民法院裁定终结破产程序。

人民法院应当自收到管理人终结破产程序的请求之日起十五日内作出是否终结破产程序的裁定。裁定终结的,应当予以公告。

第一百二十一条 管理人应当自破产程序终结之日起十日内,持人民法院终结破产程序的裁定,向破产人的原登记机关办理注销登记。

第一百二十二条 管理人于办理注销登记完毕的次日终止执行职务。但是,存在诉讼或者仲裁未决情况的除外。

第七十四条 【法人的分支机构】

《民法总则》条文	《民法通则》等编纂对象法规对应条文
第七十四条 法人可以依法设立分支机构。法律、行政法规规定分支机构应当登记的,依照其规定。 分支机构以自己的名义从事民事活动,产生的民事责任由法人承担;也可以先以该分支机构管理的财产承担,不足以承担的,由法人承担。	《公司法》 第十四条 公司可以设立分公司。设立分公司,应当向公司登记机关申请登记,领取营业执照。分公司不具有法人资格,其民事责任由公司承担。 公司可以设立子公司,子公司具有法人资格,依法独立承担民事责任。

【条文释义】

法人的分支机构,是指企业法人投资设立的、有固定经营场所、以自己的名义直接对外从事经营活动的、不具有法人资格,其民事责任由其隶属企业法人承担的经济组织。法人的分支机构并非独立的法人,而是法人的办事机构,具体可包括企业法人或公司的分厂、分公司、营业部、分理处、储蓄所等机构。如果法律、行政法规规定分支机构应当办理登记的,还应当按照规定办理登记,领取营业执照。例如我国《公司登记管理条例》第47条第1款规定:"公司设立分公司的,应当自决定作出之日起30日内向分公司所在地的公司登记机关申请登记;法律、行政法规或者国务院决定规定必须报经有关部门批准的,应当自批准之日起30日内向公司登记机关申请登记。"

分支机构具有自己的名称,对外可以自己的名义从事民事活动,但是由于其并非独立的法人而只是法人的办事机构,因此分支机构对外从事民事活动所产生的民事责任由法人承担。较之《商业银行法》和《保险法》的规定,《民法总则》还增加了"也可以先以该分支机构管理的财产承担,不足以承担的,由法人承担。"的规定,相当于是确立了法人对分支机构的补充责任。

【关联条文】

《证券法》

第一百二十九条 证券公司设立、收购或者撤销分支机构,变更业务范围,增加注册资本且股权结构发生重大调整,减少注册资本,变更持有百分之五以上股权的股东、实际控制人,变更公司章程中的重要条款,合并、分立、停业、解散、破产,必须经国务院证券监督管理机构批准。

证券公司在境外设立、收购或者参股证券经营机构,必须经国务院证券监督管理机构批准。

《保险法》

第七十四条 保险公司在中华人民共和国境内设立分支机构,应当经保险监督管理机构批准。

保险公司分支机构不具有法人资格,其民事责任由保险公司承担。

《商业银行法》

第十九条 商业银行根据业务需要可以在中华人民共和国境内外设立分支机构。设立分支机构必须经国务院银行业监督管理机构审查批准。在中华人民共和国境内的分支机构,不按行政区划设立。

商业银行在中华人民共和国境内设立分支机构,应当按照规定拨付与其经营规模相适应的营运资金额。拨付各分支机构营运资金额的总和,不得超过总行资本金总额的百分之六十。

第二十二条 商业银行对其分支机构实行全行统一核算,统一调度资金,分级管理的财务制度。

商业银行分支机构不具有法人资格,在总行授权范围内依法开展业务,其民事责任由总行承担。

《公司登记管理条例》

第四十五条 分公司是指公司在其住所以外设立的从事经营活动的机构。分公司不具有企业法人资格。

第四十六条 分公司的登记事项包括:名称、营业场所、负责人、经营范围。

分公司的名称应当符合国家有关规定。

分公司的经营范围不得超出公司的经营范围。

第四十七条 公司设立分公司的,应当自决定作出之日起30日内向分公司所在地的公司登记机关申请登记；法律、行政法规或者国务院决定规定必须报经有关部门批准的，应当自批准之日起30日内向公司登记机关申请登记。

设立分公司，应当向公司登记机关提交下列文件：

（一）公司法定代表人签署的设立分公司的登记申请书；

（二）公司章程以及加盖公司印章的《企业法人营业执照》复印件；

（三）营业场所使用证明；

（四）分公司负责人任职文件和身份证明；

（五）国家工商行政管理总局规定要求提交的其他文件。

法律、行政法规或者国务院决定规定设立分公司必须报经批准，或者分公司经营范围中属于法律、行政法规或者国务院决定规定在登记前须经批准的项目的，还应当提交有关批准文件。

分公司的公司登记机关准予登记的，发给《营业执照》。公司应当自分公司登记之日起30日内，持分公司的《营业执照》到公司登记机关办理备案。

《基金会管理条例》

第十二条　基金会拟设立分支机构、代表机构的，应当向原登记管理机关提出登记申请，并提交拟设机构的名称、住所和负责人等情况的文件。

登记管理机关应当自收到前款所列全部有效文件之日起60日内作出准予或者不予登记的决定。准予登记的，发给《基金会分支（代表）机构登记证书》；不予登记的，应当书面说明理由。

基金会分支机构、基金会代表机构设立登记的事项包括：名称、住所、公益活动的业务范围和负责人。

基金会分支机构、基金会代表机构依据基金会的授权开展活动，不具有法人资格。

《社会团体登记管理条例》

第十七条　社会团体的分支机构、代表机构是社会团体的组成部分，不具有法人资格，应当按照其所属于的社会团体的章程所规定的宗旨和业务范围，在该社会团体授权的范围内开展活动、发展会员。社会团体的分支机构不得再设立分支机构。

社会团体不得设立地域性的分支机构。

《民办非企业单位登记管理暂行条例》

第十三条　民办非企业单位不得设立分支机构。

第七十五条 【设立法人民事活动的法律后果承受】

《民法总则》条文	《民法通则》等编纂对象法规对应条文
第七十五条　设立人为设立法人从事的民事活动,其法律后果由法人承受;法人未成立的,其法律后果由设立人承受,设立人为二人以上的,享有连带债权,承担连带债务。 设立人为设立法人以自己的名义从事民事活动产生的民事责任,第三人有权选择请求法人或者设立人承担。	《公司法》 第九十四条　股份有限公司的发起人应当承担下列责任: (一)公司不能成立时,对设立行为所产生的债务和费用负连带责任; (二)公司不能成立时,对认股人已缴纳的股款,负返还股款并加算银行同期存款利息的连带责任; (三)在公司设立过程中,由于发起人的过失致使公司利益受到损害的,应当对公司承担赔偿责任。

【条文释义】

设立中的法人在从事设立行为过程中,也要从事一些民事行为,如借款、购买建筑材料等,从而发生一定的债权债务关系。对此,必须在法律上明确应当由谁承担责任。从性质上看,设立中的法人不同于合伙组织,因为设立人之间并没有订立合伙协议,而且设立中的法人在设立期间所享受的权利和所承担的义务都要转移给设立后的法人,其自身也不独立享有和承担此项债权债务,因此与合伙不同。

设立中的法人是一个具有部分权利能力的特殊团体,其民事权利能力受到限制,其受到的限制主要表现在三个方面:一是其民事权利能力的范围仅限于为设立法人而必须参与的法律关系,不得超出这一范围。必须参与的法律关系应当根据法律的规定、设立法人的协议以及行为的性质等来加以认定;二是应当以将来法人成立为条件而享有民事权利能力。尽管设立中的法人具有特殊的民事权利能力,但其是为了将来法人的成立而存在的,若将来法人不能够有效成立,其权利能力要溯及既往地消灭,从而应当由筹建人和设立人承担法律后果;三是如果法人最终成功设立,设立中法人所实施的民事活动的法律后果,由设立中法人转到设立成功的法人之处,由设立后的法人承受。

如果设立人为设立法人所实施的民事活动并未使用设立中法人的名义,而是以自己的名义从事民事活动，其所产生的民事责任的承担主体并非当然由设立后的法人承担，而是应由交易相对人选择，相对人既可以选择设立后的法人承担，也可以选择设立人承担。

【关联条文】

《公司法司法解释（三）》

第二条　发起人为设立公司以自己名义对外签订合同，合同相对人请求该发起人承担合同责任的，人民法院应予支持。

公司成立后对前款规定的合同予以确认，或者已经实际享有合同权利或者履行合同义务，合同相对人请求公司承担合同责任的，人民法院应予支持。

第三条　发起人以设立中公司名义对外签订合同，公司成立后合同相对人请求公司承担合同责任的，人民法院应予支持。

公司成立后有证据证明发起人利用设立中公司的名义为自己的利益与相对人签订合同，公司以此为由主张不承担合同责任的，人民法院应予支持，但相对人为善意的除外。

第四条　公司因故未成立，债权人请求全体或者部分发起人对设立公司行为所产生的费用和债务承担连带清偿责任的，人民法院应予支持。

部分发起人依照前款规定承担责任后，请求其他发起人分担的，人民法院应当判令其他发起人按照约定的责任承担比例分担责任；没有约定责任承担比例的，按照约定的出资比例分担责任；没有约定出资比例的，按照均等份额分担责任。

因部分发起人的过错导致公司未成立，其他发起人主张其承担设立行为所产生的费用和债务的，人民法院应当根据过错情况，确定过错一方的责任范围。

第五条　发起人因履行公司设立职责造成他人损害，公司成立后受害人请求公司承担侵权赔偿责任的，人民法院应予支持；公司未成立，受害人请求全体发起人承担连带赔偿责任的，人民法院应予支持。

公司或者无过错的发起人承担赔偿责任后，可以向有过错的发起人追偿。

第二节　营利法人

第七十六条　【营利法人的概念与类型】

《民法总则》条文	《民法通则》等编纂对象法规对应条文
第七十六条　以取得利润并分配给股东等出资人为目的成立的法人，为<u>营利法人</u>。 营利法人包括有限责任公司、股份有限公司和其他企业法人等。	《公司法》 　　**第三条**　公司是<u>企业法人</u>，有独立的法人财产，享有法人财产权。公司以其全部财产对公司的债务承担责任。 　　<u>有限责任公司的股东以其认缴的出资额为限对公司承担责任；股份有限公司的股东以其认购的股份为限对公司承担责任。</u>

【条文释义】

营利法人的宗旨就是获取利润并将利润分配予成员，因此一切以法人名义进行的商业活动，其最终的受益人都是股东。判断是否属于营利法人的关键，并不在于法人是否从事经营活动，也不在于法人是否从经营活动中获得利润，而是在于是否将获得的利润分配给其出资人，如果以获取利润并分配给出资人为目的设立的法人就是营利法人，否则就不是营利法人。企业法人是明显的营利法人，具体来说，包括有限责任公司、股份有限责任公司、三资企业以及正在发展中的股份合作制企业等。

【关联条文】

《民法通则》

第四十一条　全民所有制企业、集体所有制企业有符合国家规定的资金数额，有组织章程、组织机构和场所，能够独立承担民事责任，经主管机关核准登记，取得法人资格。

在中华人民共和国领域内设立的中外合资经营企业、中外合作经营企业和外资企业，具备法人条件的，依法经工商行政管理机关核准登记，取得中国法人资格。

《公司法》

第四条　公司股东依法享有资产收益、参与重大决策和选择管理者等权利。

第三十四条　股东按照实缴的出资比例分取红利；公司新增资本时，股东有权优先按照实缴的出资比例认缴出资。但是，全体股东约定不按照出资比例分取红利或者不按照出资比例优先认缴出资的除外。

《外资企业法》

第八条 外资企业符合中国法律关于法人条件的规定的,依法取得中国法人资格。

《中外合资经营企业法实施条例》

第二条 依照《中外合资经营企业法》批准在中国境内设立的中外合资经营企业(以下简称合营企业)是中国的法人,受中国法律的管辖和保护。

《中外合作经营企业法》

第二条 中外合作者举办合作企业,应当依照本法的规定,在合作企业合同中约定投资或者合作条件、收益或者产品的分配、风险和亏损的分担、经营管理的方式和合作企业终止时财产的归属等事项。

合作企业符合中国法律关于法人条件的规定的,依法取得中国法人资格。

《民办教育促进法》

第十九条 民办学校的举办者可以自主选择设立非营利性或者营利性民办学校。但是,不得设立实施义务教育的营利性民办学校。

非营利性民办学校的举办者不得取得办学收益,学校的办学结余全部用于办学。

营利性民办学校的举办者可以取得办学收益,学校的办学结余依照公司法等有关法律、行政法规的规定处理。

民办学校取得办学许可证后,进行法人登记,登记机关应当依法予以办理。

第七十七条 【营利法人的成立原则】

《民法总则》条文	《民法通则》等编纂对象法规对应条文
第七十七条 营利法人经依法登记成立。	**《民法通则》** 第四十一条 全民所有制企业、集体所有制企业有符合国家规定的资金数额,有组织章程、组织机构和场所,能够独立承担民事责任,经主管机关核准登记,取得法人资格。 在中华人民共和国领域内设立的中外合资经营企业、中外合作经营企业和外资企业,具备法人条件的,依法经工商行政管理机关核准登记,取得中国法人资格。

【条文释义】

营利法人的成立原则为登记成立,所有的营利法人都必须依法登记后才能成立并获得法人资格。因为营利法人主要从事生产经营活动,为了保护相对人的利益,必须进行登记。这一点与非营利法人有所不同,非营利法人的功能非常多样,有些非营利法人履行公共职能,依据法律规定并不需要登记。

【关联条文】

《公司法》

第六条 设立公司,应当依法向公司登记机关申请设立登记。符合本法规定的设立条件的,由公司登记机关分别登记为有限责任公司或者股份有限公司;不符合本法规定的设立条件的,不得登记为有限责任公司或者股份有限公司。

法律、行政法规规定设立公司必须报经批准的,应当在公司登记前依法办理批准手续。

公众可以向公司登记机关申请查询公司登记事项,公司登记机关应当提供查询服务。

第七十八条 【营业执照的签发】

《民法总则》条文	《民法通则》等编纂对象法规对应条文
第七十八条 依法设立的营利法人,由登记机关发给营利法人营业执照。营业执照签发日期为营利法人的成立日期。	《公司法》 第七条 依法设立的公司,由公司登记机关发给公司营业执照。公司营业执照签发日期为公司成立日期。

【条文释义】

营业执照是工商行政管理机关发给企业、个体经营者的准许从事某项生产经营活动的凭证。其格式由国家工商行政管理局统一规定。其登记事项为:名称、地址、负责人、资金数额、经济成分、经营范围、经营方式、从业人数、经营期限等。营业执照分正本和副本,二者具有相同的法律效力。没有营业执照的营利法人不能开业。

营利法人在登记机关办理登记后,登记机关颁发营业执照,营业执照的签发日期是营利法人的成立日期,获得营业执照后,营利法人才可以从事生产经营活动。

【关联条文】

《外资企业法》

第七条 设立外资企业的申请经批准后,外国投资者应当在接到批准证书之日起三十天内向工商行政管理机关申请登记,领取营业执照。外资企业的营业执照签发日期,为该企业成立日期。

《中外合作经营企业法》

第六条　设立合作企业的申请经批准后,应当自接到批准证书之日起三十天内向工商行政管理机关申请登记,领取营业执照。合作企业的营业执照签发日期,为该企业的成立日期。

合作企业应当自成立之日起三十天内向税务机关办理税务登记。

《商业银行法》

第十六条　经批准设立的商业银行,由国务院银行业监督管理机构颁发经营许可证,并凭该许可证向工商行政管理部门办理登记,领取营业执照。

《公司登记管理条例》

第二十五条　依法设立的公司,由公司登记机关发给《企业法人营业执照》。公司营业执照签发日期为公司成立日期。公司凭公司登记机关核发的《企业法人营业执照》刻制印章,开立银行账户,申请纳税登记。

第七十九条　【法人章程的制定义务】

《民法总则》条文	《民法通则》等编纂对象法规对应条文
第七十九条　设立营利法人应当依法制定法人章程。	《公司法》 第十一条　设立公司必须依法制定公司章程。公司章程对公司、股东、董事、监事、高级管理人员具有约束力。

【条文释义】

法人章程,是指法人依法制定的,规定公司名称、住所、经营范围、经营管理制度等重大事项的基本文件,也是法人必备的规定法人组织及活动基本规则的书面文件,载明了公司组织和活动的基本准则,是法人的宪章。法人章程是设立营利法人的必要条件。法人章程具有法定性、真实性、自治性和公开性的基本特征。公司章程对公司、股东、董事、监事、高级管理人员具有约束力。章程一般应当载明下列事项:(1)法人名称和住所;(2)法人的经营范围;(3)法人资本;(4)成员的姓名或者名称;(5)成员出资方式、出资额和出资时间;(6)法人的机构及其产生办法、职权、议事规则;(7)法定代表人;(8)其他事项。

【关联条文】

《公司法》

第十二条　公司的经营范围由公司章程规定,并依法登记。公司可以修改公司章程,改变经营范围,但是应当办理变更登记。

公司的经营范围中属于法律、行政法规规定须经批准的项目,应当依法经过批准。

第二十五条　有限责任公司章程应当载明下列事项:

(一)公司名称和住所;

(二)公司经营范围;

(三)公司注册资本;

(四)股东的姓名或者名称;

(五)股东的出资方式、出资额和出资时间;

(六)公司的机构及其产生办法、职权、议事规则;

(七)公司法定代表人;

(八)股东会会议认为需要规定的其他事项。

股东应当在公司章程上签名、盖章。

第八十条　【营利法人的权力机构】

《民法总则》条文	《民法通则》等编纂对象法规对应条文
第八十条　营利法人应当设权力机构。权力机构行使修改法人章程,选举或者更换执行机构、监督机构成员,以及法人章程规定的其他职权。	《公司法》 　第三十六条　有限责任公司股东会由全体股东组成。股东会是公司的权力机构,依照本法行使职权。

【条文释义】

按照法人的意思形成机制的需要以及法人治理的需要,营利法人应当设立权力机构,以对于法人的重大事项形成意思决定。一般来说,营利法人的权力机构由法人的全体成员构成,是法人的最高决策机构,比如说公司的权力机构就是公司全体股东组成的股东会。

法人权力机构的职权主要是:其一,修改法人章程。法人章程作为法人组织和活动的基本准则,是根本性的重要文件,只有法人的权力机构才有权进行修改。其二,选举或者更换执行机构成员。执行机构是执行权力机构的意思,具体负责实施法人事务的法人机关,执行机构成员由法人权力机构选举并更换。其三,法人的权力机构选举或者更换监督机构成员。其四,法人权力机构行使法人章程规定的其他职权。

【关联条文】

《公司法》

第三十七条　股东会行使下列职权：

（一）决定公司的经营方针和投资计划；

（二）选举和更换非由职工代表担任的董事、监事，决定有关董事、监事的报酬事项；

（三）审议批准董事会的报告；

（四）审议批准监事会或者监事的报告；

（五）审议批准公司的年度财务预算方案、决算方案；

（六）审议批准公司的利润分配方案和弥补亏损方案；

（七）对公司增加或者减少注册资本作出决议；

（八）对发行公司债券作出决议；

（九）对公司合并、分立、解散、清算或者变更公司形式作出决议；

（十）修改公司章程；

（十一）公司章程规定的其他职权。

对前款所列事项股东以书面形式一致表示同意的，可以不召开股东会会议，直接作出决定，并由全体股东在决定文件上签名、盖章。

第六十六条　国有独资公司不设股东会，由国有资产监督管理机构行使股东会职权。国有资产监督管理机构可以授权公司董事会行使股东会的部分职权，决定公司的重大事项，但公司的合并、分立、解散、增加或者减少注册资本和发行公司债券，必须由国有资产监督管理机构决定；其中，重要的国有独资公司合并、分立、解散、申请破产的，应当由国有资产监督管理机构审核后，报本级人民政府批准。

第九十八条　股份有限公司股东大会由全体股东组成。股东大会是公司的权力机构，依照本法行使职权。

《中外合资经营企业法实施条例》

第三十条　董事会是合营企业的最高权力机构，决定合营企业的一切重大问题。

《中外合作经营企业法实施细则》

第二十四条　合作企业设董事会或者联合管理委员会。董事会或者联合管理委员会是合作企业的权力机构，按照合作企业章程的规定，决定合作企业的重大问题。

第八十一条 【营利法人的执行机构】

《民法总则》条文	《民法通则》等编纂对象法规对应条文
第八十一条 营利法人应当设执行机构。 执行机构行使召集权力机构会议,决定法人的经营计划和投资方案,决定法人内部管理机构的设置,以及法人章程规定的其他职权。 执行机构为董事会或者执行董事的,董事长、执行董事或者经理按照法人章程的规定担任法定代表人;未设董事会或者执行董事的,法人章程规定的主要负责人为其执行机构和法定代表人。	《公司法》 第四十四条 有限责任公司设董事会,其成员为三人至十三人;但是,本法第五十条另有规定的除外。 两个以上的国有企业或者两个以上的其他国有投资主体投资设立的有限责任公司,其董事会成员中应当有公司职工代表;其他有限责任公司董事会成员中可以有公司职工代表。董事会中的职工代表由公司职工通过职工代表大会、职工大会或者其他形式民主选举产生。 董事会设董事长一人,可以设副董事长。董事长、副董事长的产生办法由公司章程规定。 第五十条 股东人数较少或者规模较小的有限责任公司,可以设一名执行董事,不设董事会。执行董事可以兼任公司经理。 执行董事的职权由公司章程规定。

【条文释义】

营利法人因为从事生产经营需要,应当有专门的执行机构负责法人具体事务的实施。具体来说,执行机构具体负责通知召集权力机构会议,在权力机构确定的框架内具体决定法人的经营计划和投资方案,决定执行机构以下层级的内部具体管理机构的设置和组成,此外,执行机构还负责实施法人章程规定的其他职权。

营利法人的法定代表人一般从执行机构中产生,如果执行机构是董事会或者执行董事的,由董事长、执行董事或者经理担任法定代表人。如果法人规模较小,未设董事会或者执行董事的,法定代表人则由法人章程所规定的主要负责人担任。

【关联条文】

《公司法》

第十三条 公司法定代表人依照公司章程的规定,由董事长、执行董事或者经理担任,并依法登记。公司法定代表人变更,应当办理变更登记。

第四十六条　董事会对股东会负责,行使下列职权:

(一)召集股东会会议,并向股东会报告工作;

(二)执行股东会的决议;

(三)决定公司的经营计划和投资方案;

(四)制订公司的年度财务预算方案、决算方案;

(五)制订公司的利润分配方案和弥补亏损方案;

(六)制订公司增加或者减少注册资本以及发行公司债券的方案;

(七)制订公司合并、分立、解散或者变更公司形式的方案;

(八)决定公司内部管理机构的设置;

(九)决定聘任或者解聘公司经理及其报酬事项,并根据经理的提名决定聘任或者解聘公司副经理、财务负责人及其报酬事项;

(十)制定公司的基本管理制度;

(十一)公司章程规定的其他职权。

第六十七条　国有独资公司设董事会,依照本法第四十六条、第六十六条的规定行使职权。董事每届任期不得超过三年。董事会成员中应当有公司职工代表。

《中外合资经营企业法》

第六条　合营企业设董事会,其人数组成由合营各方协商,在合同、章程中确定,并由合营各方委派和撤换。董事长和副董事长由合营各方协商确定或由董事会选举产生。中外合营者的一方担任董事长的,由他方担任副董事长。董事会根据平等互利的原则,决定合营企业的重大问题。

董事会的职权是按合营企业章程规定,讨论决定合营企业的一切重大问题:企业发展规划、生产经营活动方案、收支预算、利润分配、劳动工资计划、停业,以及总经理、副总经理、总工程师、总会计师、审计师的任命或聘请及其职权和待遇等。

正副总经理(或正副厂长)由合营各方分别担任。

合营企业职工的录用、辞退、报酬、福利、劳动保护、劳动保险等事项,应当依法通过订立合同加以规定。

《中外合作经营企业法》

第十二条　合作企业应当设立董事会或者联合管理机构,依照合作企业合同或者章程的规定,决定合作企业的重大问题。中外合作者的一方担任董事会的董事长、联合管理机构的主任的,由他方担任副董事长、副主任。董事会或者联合管理机构可以决定任命或者聘请总经理负责合作企业的日常经营管理工作。总经理对董事会或者联合管理机构负责。

合作企业成立后改为委托中外合作者以外的他人经营管理的,必须经董事会或者联合管理机构一致同意,报审查批准机关批准,并向工商行政管理机关办理变更登记手续。

第八十二条 【营利法人的监督机构】

《民法总则》条文	《民法通则》等编纂对象法规对应条文
第八十二条　营利法人设监事会或者监事等监督机构的,监督机构依法行使检查法人财务,监督执行机构成员、高级管理人员执行法人职务的行为,以及法人章程规定的其他职权。	《公司法》 　　第五十一条　有限责任公司设监事会,其成员不得少于三人。股东人数较少或者规模较小的有限责任公司,可以设一至二名监事,不设监事会。 　　监事会应当包括股东代表和适当比例的公司职工代表,其中职工代表的比例不得低于三分之一,具体比例由公司章程规定。监事会中的职工代表由公司职工通过职工代表大会、职工大会或者其他形式民主选举产生。 　　监事会设主席一人,由全体监事过半数选举产生。监事会主席召集和主持监事会会议;监事会主席不能履行职务或者不履行职务的,由半数以上监事共同推举一名监事召集和主持监事会会议。 　　董事、高级管理人员不得兼任监事。

【条文释义】

　　监事会或者监事是营利法人的监督机构,监事会由法人成员代表与职工代表组成,最低人数不得少于三人。监事会享有的职权包括:检查法人的财务;对董事、经理执行职务时违反法律、法规或者法人章程的行为进行监督;当董事和经理的行为损害法人的利益时,要求董事和经理予以纠正;提议召开临时权力机构大会;法人章程规定的其他职权。因此,监事会的主要功能是对法人的执行机构的活动进行监督检查,防止其滥用权力,以保障法人、股东及法人债权人的合法权益。

【关联条文】

《公司法》

　　第五十三条　监事会、不设监事会的公司的监事行使下列职权:

（一）检查公司财务；
（二）对董事、高级管理人员执行公司职务的行为进行监督，对违反法律、行政法规、公司章程或者股东会决议的董事、高级管理人员提出罢免的建议；
（三）当董事、高级管理人员的行为损害公司的利益时，要求董事、高级管理人员予以纠正；
（四）提议召开临时股东会会议，在董事会不履行本法规定的召集和主持股东会会议职责时召集和主持股东会会议；
（五）向股东会会议提出提案；
（六）依照本法第一百五十一条的规定，对董事、高级管理人员提起诉讼；
（七）公司章程规定的其他职权。

第七十条　国有独资公司监事会成员不得少于五人，其中职工代表的比例不得低于三分之一，具体比例由公司章程规定。

监事会成员由国有资产监督管理机构委派；但是，监事会成员中的职工代表由公司职工代表大会选举产生。监事会主席由国有资产监督管理机构从监事会成员中指定。

监事会行使本法第五十三条第（一）项至第（三）项规定的职权和国务院规定的其他职权。

第一百一十七条　股份有限公司设监事会，其成员不得少于三人。

监事会应当包括股东代表和适当比例的公司职工代表，其中职工代表的比例不得低于三分之一，具体比例由公司章程规定。监事会中的职工代表由公司职工通过职工代表大会、职工大会或者其他形式民主选举产生。

监事会设主席一人，可以设副主席。监事会主席和副主席由全体监事过半数选举产生。监事会主席召集和主持监事会会议；监事会主席不能履行职务或者不履行职务的，由监事会副主席召集和主持监事会会议；监事会副主席不能履行职务或者不履行职务的，由半数以上监事共同推举一名监事召集和主持监事会会议。

董事、高级管理人员不得兼任监事。

本法第五十二条关于有限责任公司监事任期的规定，适用于股份有限公司监事。

《商业银行法》

第十八条　国有独资商业银行设立监事会。监事会的产生办法由国务院规定。

监事会对国有独资商业银行的信贷资产质量、资产负债比例、国有资产保值增值等情况以及高级管理人员违反法律、行政法规或者章程的行为和损害银行利益的行为进行监督。

第八十三条 【营利法人出资人滥用权利的法律后果】

《民法总则》条文	《民法通则》等编纂对象法规对应条文
第八十三条 营利法人的出资人不得滥用出资人权利损害法人或者其他出资人的利益。滥用出资人权利给法人或者其他出资人造成损失的,应当依法承担民事责任。 营利法人的出资人不得滥用法人独立地位和出资人有限责任损害法人的债权人利益。滥用法人独立地位和出资人有限责任,逃避债务,严重损害法人的债权人利益的,应当对法人债务承担连带责任。	《公司法》 第二十条 公司股东应当遵守法律、行政法规和公司章程,依法行使股东权利,不得滥用股东权利损害公司或者其他股东的利益;不得滥用公司法人独立地位和股东有限责任损害公司债权人的利益。 公司股东滥用股东权利给公司或者其他股东造成损失的,应当依法承担赔偿责任。 公司股东滥用公司法人独立地位和股东有限责任,逃避债务,严重损害公司债权人利益的,应当对公司债务承担连带责任。

【条文释义】

营利法人出资人应当按照法律、法规、法人章程等的规定,正当合理地行使自己的权利,不得滥用出资人的权利,主要是其表决权等损害法人或者其他出资人的利益。出资人滥用权利的情形,主要是违反法律规定行使法律赋予其的表决权、查阅权等。例如,股东为个人经营的目的,以查账为由,窃取公司商业秘密;再如,法人章程规定出售重大资产需权力机构大会特别决议通过;法人的控制性出资人无视章程的规定,不经法定程序,强令公司经营管理层出售该资产。出资人滥用其权利造成法人或其他出资人损害的,应当承担损害赔偿的民事责任。

法律为保护和鼓励投资,同时也保证法人经营的灵活性和高效性,创制了出资人有限责任和法人独立地位制度。对出资人来说,依约定足额出资后,即享受有限责任的待遇,不再对法人的债务承担责任;出资人通过法人权力机构依法定程序行使其权利,不直接负责法人的经营活动。法人在经营活动中发生的债权债务关系独立于其出资人,独立承担民事责任。但是,在实际经济生活中,有的法人的出资人通过各种途径控制着公司,为赚取高额利润或逃避债务,常常擅自挪用法人的财产,或者与自己的财产混同、账目混同、业务混同。在这种情况下,法人的独立地位被出资人滥用,法人事实上已失去独立地位。出资人利用上述方式逃避其应承担的责任,也滥用了其有限责任的待遇,使债权人面临着极大的交易风险。在这种情况下,应当否定法人的独立地位,法人所负债务由滥用有限责任的出资人与法人一起对债权人承担连带清偿责任。

【关联条文】

《证券公司监督管理条例》

第三条 证券公司的股东和实际控制人不得滥用权利,占用证券公司或者客户的资产,损害证券公司或者客户的合法权益。

《企业破产法司法解释(二)》

第四十六条 债务人的股东主张以下列债务与债务人对其负有的债务抵销,债务人管理人提出异议的,人民法院应予支持:

(一)债务人股东因欠缴债务人的出资或者抽逃出资对债务人所负的债务;

(二)债务人股东滥用股东权利或者关联关系损害公司利益对债务人所负的债务。

《审理民间借贷案件规定》

第二十三条 企业法定代表人或负责人以企业名义与出借人签订民间借贷合同,出借人、企业或者其股东能够证明所借款项用于企业法定代表人或负责人个人使用,出借人请求将企业法定代表人或负责人列为共同被告或者第三人的,人民法院应予准许。

企业法定代表人或负责人以个人名义与出借人签订民间借贷合同,所借款项用于企业生产经营,出借人请求企业与个人共同承担责任的,人民法院应予支持。

《公司债券发行与交易管理办法》

第六十七条 发行人的控股股东滥用公司法人独立地位和股东有限责任,损害债券持有人利益的,应当依法对公司债务承担连带责任。

第八十四条 【关联交易的规制】

《民法总则》条文	《民法通则》等编纂对象法规对应条文
第八十四条 营利法人的控股出资人、实际控制人、董事、监事、高级管理人员不得利用其关联关系损害法人的利益。**利用关联关系**给法人造成损失的,应当承担赔偿责任。	《公司法》 第二十一条 公司的控股股东、实际控制人、董事、监事、高级管理人员不得利用其关联关系损害公司利益。 违反前款规定,给公司造成损失的,应当承担赔偿责任。

【条文释义】

关联交易一般是指具有投资关系或合同关系的不同主体之间所进行的交易,又称为关联方交易。关联交易是一种经济行为。正常的关联交易,可以稳定法人业务,分散经营风险,有利于法人的发展。但实务中常有控制法人利用与从属法人或他人的关联关系和控制地位,从事侵害控制法人或者从属法人及他人利益的行为,对于此类行为法律必须予以规制。本条规制的是营利法人的出资人、实际控制人、董事、监事、高级管理人员利用自己的关联关系损害法人利益的情形,主要是指这些人利用其在法人决策中的影响力促成法人与其关联单位的法律交易,通过这些交易使关联单位受益而法人利益受损的情况。关联关系主要是出资人、实际控制人、董事、监事、高级管理人员与那些间接或直接控制的单位或者其他有关单位之间的关系。本条严格禁止法人出资人、实际控制人、董事、监事、高级管理人员利用关联关系侵害法人利益,如果存在利用关联关系的行为给法人造成损失的,法人的出资人、实际控制人、董事、监事、高级管理人员应当对法人的损失承担损害赔偿责任。

【关联条文】

《公司法司法解释(三)》

第十二条 公司成立后,公司、股东或者公司债权人以相关股东的行为符合下列情形之一且损害公司权益为由,请求认定该股东抽逃出资的,人民法院应予支持:

(一)制作虚假财务会计报表虚增利润进行分配的;

(二)通过虚构债权债务关系将其出资转出;

(三)利用关联交易将出资转出;

(四)其他未经法定程序将出资抽回的行为。

第八十五条 【营利法人决议程序瑕疵的法律后果】

《民法总则》条文	《民法通则》等编纂对象法规对应条文
第八十五条 营利法人的权力机构、执行机构作出决议的会议召集程序、表决方式违反法律、行政法规、法人章程,或者决议内容违反法人章程的,营利法人的出资人可以请求人民法院撤销该决议,但是营利法人依据该决议与善意相对人形成的民事法律关系不受影响。	《公司法》 第二十二条 公司股东会或者股东大会、董事会的决议内容违反法律、行政法规的无效。 股东会或者股东大会、董事会的会议召集程序、表决方式违反法律、行政法规或者公司章程,或者决议内容违反公司章程的,股东可以自决议作出之日起六十日内,请求人民法院撤销。 股东依照前款规定提起诉讼的,人民法院可以应公司的请求,要求股东提供相应担保。 公司根据股东会或者股东大会、董事会决议已办理变更登记的,人民法院宣告该决议无效或者撤销该决议后,公司应当向公司登记机关申请撤销变更登记。

【条文释义】

　　本条对于营利法人的决议程序瑕疵时的救济机制,以及据此决议与善意相对人所形成的法律关系的效力问题进行了明确。法人决议瑕疵种类较多,包括内容瑕疵和程序瑕疵,程序瑕疵属于决议瑕疵的一种具体类型。法人决议的产生要履行一定的程序方可形成,只有按照规定的程序形成的决议,才能保证决议参与者平等、充分地表达意思,也才能发生公司决议的效力。如果公司决议在程序上存在瑕疵,就不能体现所有应当享有表决权的决议参与者的真实意思表示,除非该决议作出后取得所有应当享有表决权的决议参与者的一致追认或默认。程序瑕疵发生于决议形成的过程之中,主要体现在会议召集程序和表决方式两个方面。程序瑕疵表现为会议召集程序、表决方式违反法律、行政法规或者公司章程。

　　存在程序瑕疵的决议并非法人真实的意思,营利法人的出资人自然可以请求人民法院予以撤销。如果营利法人已经依据存在程序瑕疵的决议与第三人建立了民事法律关系,为了保护善意第三人的信赖利益以及交易安全,在第三人是善意的情况下,也就是其不知道法人决议存在瑕疵的情况下,法人与善意第三人之间已经形成的民事法律关系的效力不受影响。

第八十六条　【营利法人的社会责任】

《民法总则》条文	《民法通则》等编纂对象法规对应条文
第八十六条　营利法人从事经营活动,应当遵守商业道德,**维护交易安全**,接受政府和社会的监督,承担社会责任。	《公司法》 　　第五条第一款　公司从事经营活动,必须遵守法律、行政法规,遵守社会公德、商业道德,诚实守信,接受政府和社会公众的监督,承担社会责任。

【条文释义】

　　本条是关于营利法人社会责任的规定。随着社会的进步以及法人理念的发展,营利法人不能仅以最大限度地为股东们赚钱作为自己的唯一存在目的,同时,应当关怀和增进股东利益之外的其他社会利益、职工利益、债权人利益、中小竞争者利益、当地社区利益、环境利益等利益,其经营活动应当遵守通行的商业道德,维护交易安全、兼顾交易相对人利益,接受主管机关和社会公众的监督。

【关联条文】

《公司法》

第十七条 公司必须保护职工的合法权益,依法与职工签订劳动合同,参加社会保险,加强劳动保护,实现安全生产。

公司应当采用多种形式,加强公司职工的职业教育和岗位培训,提高职工素质。

第十八条 公司职工依照《中华人民共和国工会法》组织工会,开展工会活动,维护职工合法权益。公司应当为本公司工会提供必要的活动条件。公司工会代表职工就职工的劳动报酬、工作时间、福利、保险和劳动安全卫生等事项依法与公司签订集体合同。

公司依照宪法和有关法律的规定,通过职工代表大会或者其他形式,实行民主管理。

公司研究决定改制以及经营方面的重大问题、制定重要的规章制度时,应当听取公司工会的意见,并通过职工代表大会或者其他形式听取职工的意见和建议。

《网络安全法》

第九条 网络运营者开展经营和服务活动,必须遵守法律、行政法规,尊重社会公德,遵守商业道德,诚实信用,履行网络安全保护义务,接受政府和社会的监督,承担社会责任。

《旅游法》

第六条 国家建立健全旅游服务标准和市场规则,禁止行业垄断和地区垄断。旅游经营者应当诚信经营,公平竞争,承担社会责任,为旅游者提供安全、健康、卫生、方便的旅游服务。

《食品安全法》

第四条 食品生产经营者对其生产经营食品的安全负责。

食品生产经营者应当依照法律、法规和食品安全标准从事生产经营活动,保证食品安全,诚信自律,对社会和公众负责,接受社会监督,承担社会责任。

《企业国有资产法》

第十七条 国家出资企业从事经营活动,应当遵守法律、行政法规,加强经营管理,提高经济效益,接受人民政府及其有关部门、机构依法实施的管理和监督,接受社会公众的监督,承担社会责任,对出资人负责。

国家出资企业应当依法建立和完善法人治理结构,建立健全内部监督管理和风险控制制度。

第三节　非营利法人

第八十七条　【非营利法人的概念与类型】

《民法总则》条文	《民法通则》等编纂对象法规对应条文
第八十七条　为公益目的或者其他非营利目的成立，不向出资人、设立人或者会员分配所取得利润的法人，为非营利法人。 非营利法人包括事业单位、社会团体、基金会、社会服务机构等。	《公益事业捐赠法》 　第十条　公益性社会团体和公益性非营利的事业单位可以依照本法接受捐赠。本法所称公益性社会团体是指依法成立的，以发展公益事业为宗旨的基金会、慈善组织等社会团体。 　本法所称公益性非营利的事业单位是指依法成立的，从事公益事业的不以营利为目的的教育机构、科学研究机构、医疗卫生机构、社会公共文化机构、社会公共体育机构和社会福利机构等。 《慈善法》 　第八条第一款　本法所称慈善组织，是指依法成立、符合本法规定，以面向社会开展慈善活动为宗旨的非营利性组织。

【条文释义】

　　本条为关于非营利法人的界定。与营利法人相对，不以营利为目的，不向其出资人或者设立人分配所获得的利润，而是将利润用于法人章程所确定的目的的法人类型。非营利法人的核心在于，即使是从事商业活动，赚取利润，法人的利润也不向其成员分配，而是用于公益或者其他非营利用途。

　　非营利法人的主要类型是事业单位、社会团体、基金会以及某些社会服务机构等。事业单位法人是指从事非营利性的社会公益事业的各类法人，例如从事新闻、出版、广播、电视、电影、教育、文艺等事业的法人。国务院《事业单位登记管理暂行条例》规定："事业单位，是指国家为了社会公益目的，由国家机关举办或者其他组织利用国有资产举办的，从事教育、科技、文化、卫生等活动的社会服务组织。"社会团体法人，是指由其成员自愿组织的从事社会公益、文学艺术、学术研究、宗教等活动的各类法人，如工会，妇女联合会，工商业联合会等。依据《社会团体登记管理条例》的规定，申请成立社会团体，应当经其业务主管单位审查同意，由发起人向登记管理机关申请筹备。基金会，是指利用自然人、法人或者其他组织捐赠的财产,以从事公益事业为目的而设立的非营利法人。

【关联条文】

《工会法》

第十四条　中华全国总工会、地方总工会、产业工会具有社会团体法人资格。

基层工会组织具备民法通则规定的法人条件的,依法取得社会团体法人资格。

《基金会管理条例》

第二条　本条例所称基金会,是指利用自然人、法人或者其他组织捐赠的财产,以从事公益事业为目的,按照本条例的规定成立的非营利法人。

《社会团体登记管理条例》

第二条　本条例所称社会团体,是指中国公民自愿组成,为实现会员共同意愿,按照其章程开展活动的非营利性社会组织。

国家机关以外的组织可以作为单位会员加入社会团体。

《事业单位登记管理暂行条例》

第二条　本条例所称事业单位,是指国家为了社会公益目的,由国家机关举办或者其他组织利用国有资产举办的,从事教育、科技、文化、卫生等活动的社会服务组织。

事业单位依法举办的营利性经营组织,必须实行独立核算,依照国家有关公司、企业等经营组织的法律、法规登记管理。

《工会法司法解释》

第一条　人民法院审理涉及工会组织的有关案件时,应当认定依照工会法建立的工会组织的社团法人资格。具有法人资格的工会组织依法独立享有民事权利,承担民事义务。建立工会的企业、事业单位、机关与所建工会以及工会投资兴办的企业,根据法律和司法解释的规定,应当分别承担各自的民事责任。

第八十八条　【公益性事业单位法人的设立】

《民法总则》条文	《民法通则》等编纂对象法规对应条文
第八十八条　具备法人条件,为适应经济社会发展需要,提供公益服务设立的事业单位,经依法登记成立,取得**事业单位法人**资格;依法不需要办理法人登记的,从成立之日起,具有**事业单位**法人资格。	《民法通则》 第五十条　有独立经费的机关从成立之日起,具有法人资格。 具备法人条件的事业单位、社会团体,依法不需要办理法人登记的,从成立之日起,具有法人资格;依法需要办理法人登记的,经核准登记,取得法人资格。

【条文释义】

本条对于公益性事业单位法人的设立条件进行了规定。首先应当具备法人条件,也就是应当有自己的名称、组织机构、住所、财产或者经费、能够独立承担责任。此外,绝大部分公益性事业单位在具备法人条件后应当向登记机关申请登记,依法登记后法人成立,取得事业单位法人资格。对于某些特殊的公益性事业单位法律规定不需要办理登记的,从其满足法人条件成立之日其就具备了事业单位法人的资格。

【关联条文】

《事业单位登记管理暂行条例》

第二条 本条例所称事业单位,是指国家为了社会公益目的,由国家机关举办或者其他组织利用国有资产举办的,从事教育、科技、文化、卫生等活动的社会服务组织。

事业单位依法举办的营利性经营组织,必须实行独立核算,依照国家有关公司、企业等经营组织的法律、法规登记管理。

第三条 事业单位经县级以上各级人民政府及其有关主管部门(以下统称审批机关)批准成立后,应当依照本条例的规定登记或者备案。

事业单位应当具备法人条件。

第六条 申请事业单位法人登记,应当具备下列条件:

(一)经审批机关批准设立;

(二)有自己的名称、组织机构和场所;

(三)有与其业务活动相适应的从业人员;

(四)有与其业务活动相适应的经费来源;

(五)能够独立承担民事责任。

第十一条 法律规定具备法人条件、自批准设立之日起即取得法人资格的事业单位,或者法律、其他行政法规规定具备法人条件、经有关主管部门依法审核或者登记,已经取得相应的执业许可证书的事业单位,不再办理事业单位法人登记,由有关主管部门按照分级登记管理的规定向登记管理机关备案。

县级以上各级人民政府设立的直属事业单位直接向登记管理机关备案。

第八十九条 【事业单位法人的机构】

《民法总则》条文	《民法通则》等编纂对象法规对应条文
第八十九条　事业单位法人设理事会的,除法律另有规定外,理事会为其决策机构。事业单位法人的法定代表人依照法律、行政法规或者法人章程的规定产生。	暂无对应法条。

【条文释义】

由于事业单位的类型多样,组织机构比较复杂,因此本条并未对其作出统一的规定,只是针对设立理事会的事业单位的组织机构进行规范。设立理事会的事业单位法人,其决策机构为理事会,理事会应推举理事长一名。其法定代表人按照法人章程规定的方法产生,由理事长或者理事担任。如果有专门的法律对于事业单位法人的组织机构的设立,以及法定代表人的产生办法有特别规定的,依照其规定处理。

第九十条 【社会团体法人的设立】

《民法总则》条文	《民法通则》等编纂对象法规对应条文
第九十条　具备法人条件,基于会员共同意愿,为公益目的或者会员共同利益等非营利目的设立的社会团体,经依法登记成立,取得社会团体法人资格;依法不需要办理法人登记的,从成立之日起,具有社会团体法人资格。	《民法通则》 第五十条　有独立经费的机关从成立之日起,具有法人资格。 具备法人条件的事业单位、社会团体,依法不需要办理法人登记的,从成立之日起,具有法人资格;依法需要办理法人登记的,经核准登记,取得法人资格。

【条文释义】

社会团体法人是指由其成员自愿组织的从事社会公益、文学艺术、学术研究、宗教等活动的各类法人。社会团体法人应当具备法人条件,也就是应当有自己的名称、组织机构和场所,有与其业务活动相适应的从业人员,有与其业务活动相适应的经费或财产,能够独立承担民事责任。一般来说,成立社会团体法人应当经依法登记才能成立,并取得社会团体法人资格,但是某些特殊的社会团体法人依法不需要办理法人登记,自其成立之日其具有社会团体法人资格。例如,由国务院机构编制管理机关核定,并经国务院批准免于登记的团体,其成立就不需要进行登记。

【关联条文】

《社会团体登记管理条例》

第二条 本条例所称社会团体,是指中国公民自愿组成,为实现会员共同意愿,按照其章程开展活动的非营利性社会组织。

国家机关以外的组织可以作为单位会员加入社会团体。

第三条 成立社会团体,应当经其业务主管单位审查同意,并依照本条例的规定进行登记。

社会团体应当具备法人条件。

下列团体不属于本条例规定登记的范围:

(一)参加中国人民政治协商会议的人民团体;

(二)由国务院机构编制管理机关核定,并经国务院批准免于登记的团体;

(三)机关、团体、企业事业单位内部经本单位批准成立、在本单位内部活动的团体。

第六条 国务院民政部门和县级以上地方各级人民政府民政部门是本级人民政府的社会团体登记管理机关(以下简称登记管理机关)。

国务院有关部门和县级以上地方各级人民政府有关部门、国务院或者县级以上地方各级人民政府授权的组织,是有关行业、学科或者业务范围内社会团体的业务主管单位(以下简称业务主管单位)。

法律、行政法规对社会团体的监督管理另有规定的,依照有关法律、行政法规的规定执行。

第九条 申请成立社会团体,应当经其业务主管单位审查同意,由发起人向登记管理机关申请登记。

筹备期间不得开展筹备以外的活动。

第九十一条 【社会团体法人的机构设置】

《民法总则》条文	《民法通则》等编纂对象法规对应条文
第九十一条 设立社会团体法人应当依法制定法人章程。 社会团体法人应当设会员大会或者会员代表大会等权力机构。 社会团体法人应当设理事会等执行机构。理事长或者会长等负责人按照法人章程的规定担任法定代表人。	《社会团体登记管理条例》 　　第二条 本条例所称社会团体,是指中国公民自愿组成,为实现会员共同意愿,按照其章程开展活动的非营利性社会组织。 　　国家机关以外的组织可以作为单位会员加入社会团体。

【条文释义】

本条对于社会团体法人的机构设置进行了规定。其一，社会团体法人应当依法制定法人章程，对于社会团体的宗旨、目的、组织机构等重大事项进行规定。其二，社会团体法人应当设立会员大会，会员人数众多时应当设立会员代表大会，会员大会或者会员代表大会是社会团体法人的权力机构，决定法人的重要事项。其三，社会团体法人还应当设立理事会等执行机构，负责按照法人章程和权力机构的决议进行法人活动。其四，法定代表人由理事长或者会长担任。

【关联条文】

《社会团体登记管理条例》

第九条 申请成立社会团体，应当经其业务主管单位审查同意，由发起人向登记管理机关申请登记。

筹备期间不得开展筹备以外的活动。

第十条 成立社会团体，应当具备下列条件：

（一）有50个以上的个人会员或者30个以上的单位会员；个人会员、单位会员混合组成的，会员总数不得少于50个；

（二）有规范的名称和相应的组织机构；

（三）有固定的住所；

（四）有与其业务活动相适应的专职工作人员；

（五）有合法的资产和经费来源，全国性的社会团体有10万元以上活动资金，地方性的社会团体和跨行政区域的社会团体有3万元以上活动资金；

（六）有独立承担民事责任的能力。

第十一条 申请登记社会团体，发起人应当向登记管理机关提交下列文件：

（一）登记申请书；

（二）业务主管单位的批准文件；

（三）验资报告、场所使用权证明；

（四）发起人和拟任负责人的基本情况、身份证明；

（五）章程草案。

第十二条 登记管理机关应当自收到本条例第十一条所列全部有效文件之日起60日内，作出准予或者不予登记的决定。准予登记的，发给《社会团体法人登记证书》；不予登记的，应当向发起人说明理由。

社会团体登记事项包括：名称、住所、宗旨、业务范围、活动地域、法定代表人、活动资金和业务主管单位。

社会团体的法定代表人,不得同时担任其他社会团体的法定代表人。

第十四条　社会团体的章程应当包括下列事项:

(一)名称、住所;

(二)宗旨、业务范围和活动地域;

(三)会员资格及其权利、义务;

(四)民主的组织管理制度,执行机构的产生程序;

(五)负责人的条件和产生、罢免的程序;

(六)资产管理和使用的原则;

(七)章程的修改程序;

(八)终止程序和终止后资产的处理;

(九)应当由章程规定的其他事项。

第九十二条　【捐助法人的设立】

《民法总则》条文	《民法通则》等编纂对象法规对应条文
第九十二条　具备法人条件,为公益目的以捐助财产设立的基金会、社会服务机构等,经依法登记成立,取得捐助法人资格。 依法设立的宗教活动场所,具备法人条件的,可以申请法人登记,取得捐助法人资格。法律、行政法规对宗教活动场所有规定的,依照其规定。	《慈善法》 第十条　设立慈善组织,应当向县级以上人民政府民政部门申请登记,民政部门应当自受理申请之日起三十日内作出决定。符合本法规定条件的,准予登记并向社会公告;不符合本法规定条件的,不予登记并书面说明理由。 本法公布前已经设立的基金会、社会团体、社会服务机构等非营利性组织,可以向其登记的民政部门申请认定为慈善组织,民政部门应当自受理申请之日起二十日内作出决定。符合慈善组织条件的,予以认定并向社会公告;不符合慈善组织条件的,不予认定并书面说明理由。 有特殊情况需要延长登记或者认定期限的,报经国务院民政部门批准,可以适当延长,但延长的期限不得超过六十日。

【条文释义】

捐助法人是非营利法人的一种重要类型,本条对其进行了规定。取得捐助法人资格必须满足以下条件:其一,具备法人条件,也就是具有独立的名称、组织机构、场所、独立的捐助财产，能够独立承担责任。其二，应当依法进行登记。捐助法人只有在依法登记后才能取得法人资格。

宗教活动场所的财产一般为信众捐赠，如果具备法人条件的，也可以申请进行法人登记，取得捐助法人资格。法律、行政法规对宗教活动场所有规定的，依照其规定。

【关联条文】

《宪法》

第三十六条　中华人民共和国公民有宗教信仰自由。

任何国家机关、社会团体和个人不得强制公民信仰宗教或者不信仰宗教，不得歧视信仰宗教的公民和不信仰宗教的公民。

国家保护正常的宗教活动。任何人不得利用宗教进行破坏社会秩序、损害公民身体健康、妨碍国家教育制度的活动。

宗教团体和宗教事务不受外国势力的支配。

《慈善法》

第三条　本法所称慈善活动，是指自然人、法人和其他组织以捐赠财产或者提供服务等方式，自愿开展的下列公益活动：

（一）扶贫、济困；

（二）扶老、救孤、恤病、助残、优抚；

（三）救助自然灾害、事故灾难和公共卫生事件等突发事件造成的损害；

（四）促进教育、科学、文化、卫生、体育等事业的发展；

（五）防治污染和其他公害，保护和改善生态环境；

（六）符合本法规定的其他公益活动。

第八条　本法所称慈善组织，是指依法成立、符合本法规定，以面向社会开展慈善活动为宗旨的非营利性组织。

慈善组织可以采取基金会、社会团体、社会服务机构等组织形式。

第九条　慈善组织应当符合下列条件：

（一）以开展慈善活动为宗旨；

（二）不以营利为目的；

（三）有自己的名称和住所；

（四）有组织章程；

（五）有必要的财产；

（六）有符合条件的组织机构和负责人；

（七）法律、行政法规规定的其他条件。

《基金会管理条例》

第二条　本条例所称基金会,是指利用自然人、法人或者其他组织捐赠的财产,以从事公益事业为目的,按照本条例的规定成立的非营利性法人。

《宗教事务条例》

第六条　宗教团体的成立、变更和注销,应当依照《社会团体登记管理条例》的规定办理登记。

宗教团体章程应当符合《社会团体登记管理条例》的有关规定。

宗教团体按照章程开展活动,受法律保护。

第九十三条　【捐助法人的机构设置】

《民法总则》条文	《民法通则》等编纂对象法规对应条文
第九十三条　设立捐助法人应当依法制定法人章程。 捐助法人应当设理事会、民主管理组织等决策机构,并设执行机构。理事长等负责人按照法人章程的规定担任法定代表人。 捐助法人应当设监事会等监督机构。	《慈善法》 第十二条　慈善组织应当根据法律法规以及章程的规定,建立健全内部治理结构,明确决策、执行、监督等方面的职责权限,开展慈善活动。 慈善组织应当执行国家统一的会计制度,依法进行会计核算,建立健全会计监督制度,并接受政府有关部门的监督管理。

【条文释义】

本条对于捐助法人的机构设置进行了规定。第一,捐助法人作为非营利法人的一种,应制定法人章程,规定其利用捐助财产实施的具体公益目的、活动范围、决策、执行机构的组成及职责、内部监督机制、财产管理使用制度等重大事项;第二,应当设立决策机构,决定法人的基本方针、各项制度的制定,其决策机构包括理事会、民主管理委员会等;第三,应当设立执行机构,具体执行决策机构的各项决定,捐助法人的法定代表人,由法人章程所规定的理事长等负责人担任;第四,应当设置监事会等监督机构,监督决策机构和执行机构的行为是否符合章程规定、是否符合法人的设立宗旨、是否履行了勤勉义务以及是否存在侵害捐助法人利益的情形。

【关联条文】

《慈善法》

第十四条　慈善组织的发起人、主要捐赠人以及管理人员,不得利用其关联关系损害慈善组织、受益人的利益和社会公共利益。

慈善组织的发起人、主要捐赠人以及管理人员与慈善组织发生交易行为的,不得参与慈善组织有关该交易行为的决策,有关交易情况应当向社会公开。

第十五条 慈善组织不得从事、资助危害国家安全和社会公共利益的活动,不得接受附加违反法律法规和违背社会公德条件的捐赠,不得对受益人附加违反法律法规和违背社会公德的条件。

第十六条 有下列情形之一的,不得担任慈善组织的负责人:

(一)无民事行为能力或者限制民事行为能力的;

(二)因故意犯罪被判处刑罚,自刑罚执行完毕之日起未逾五年的;

(三)在被吊销登记证书或者被取缔的组织担任负责人,自该组织被吊销登记证书或者被取缔之日起未逾五年的;

(四)法律、行政法规规定的其他情形。

《基金会管理条例》

第二十条 基金会设理事会,理事为5人至25人,理事任期由章程规定,但每届任期不得超过5年。理事任期届满,连选可以连任。

用私人财产设立的非公募基金会,相互间有近亲属关系的基金会理事,总数不得超过理事总人数的1/3;其他基金会,具有近亲属关系的不得同时在理事会任职。

在基金会领取报酬的理事不得超过理事总人数的1/3。

理事会设理事长、副理事长和秘书长,从理事中选举产生,理事长是基金会的法定代表人。

第二十一条 理事会是基金会的决策机构,依法行使章程规定的职权。

理事会每年至少召开2次会议。理事会会议须有2/3以上理事出席方能召开;理事会决议须经出席理事过半数通过方为有效。

下列重要事项的决议,须经出席理事表决,2/3以上通过方为有效:

(一)章程的修改;

(二)选举或者罢免理事长、副理事长、秘书长;

(三)章程规定的重大募捐、投资活动;

(四)基金会的分立、合并。

理事会会议应当制作会议记录,并由出席理事审阅、签名。

第二十二条 基金会设监事。监事任期与理事任期相同。理事、理事的近亲属和基金会财会人员不得兼任监事。

监事依照章程规定的程序检查基金会财务和会计资料,监督理事会遵守法律和章程的情况。

监事列席理事会会议,有权向理事会提出质询和建议,并应当向登记管理机关、业务主管单位以及税务、会计主管部门反映情况。

第九十四条 【捐助人的权利】

《民法总则》条文	《民法通则》等编纂对象法规对应条文
第九十四条　捐助人有权向捐助法人查询捐助财产的使用、管理情况,并提出意见和建议,捐助法人应当及时、如实答复。 捐助法人的决策机构、执行机构或者法定代表人作出决定的程序违反法律、行政法规、法人章程,或者决定内容违反法人章程的,捐助人等利害关系人或者主管机关可以请求人民法院撤销该决定,但是捐助法人依据该决定与善意相对人形成的民事法律关系不受影响。	《公益事业捐赠法》 　　第二十一条　捐赠人有权向受赠人查询捐赠财产的使用、管理情况,并提出意见和建议。对于捐赠人的查询,受赠人应当如实答复。

【条文释义】

本条对于捐助人的权利进行了规定。捐助人是为了特定公益目的捐助财产,其自然有权利向捐助法人查询捐助财产的使用和管理情况,以判断捐助财产是否用于捐助目的,以及其使用是否合理;捐助法人则有义务提供相关便利和协助。捐助人查询捐助财产的使用管理情况后,发现问题的,可以向捐助法人提出意见和建议,捐助法人应当及时将相关情况向捐助人答复。

捐助法人的一切活动都应当遵循捐助宗旨和捐助法人的章程。如果捐助法人的决策或执行机构等作出的决定违反法人章程的,捐助人及与该决定有利害关系的人或主管机关可以请求人民法院撤销该决定。但是需要注意的是,撤销的仅是内部的决议,为了保护交易安全以及善意第三人的信赖利益,捐助法人依据该内部决议与善意相对人所建立的外部法律关系的效力不受影响。

【关联条文】

《慈善法》

第四十二条　捐赠人有权查询、复制其捐赠财产管理使用的有关资料,慈善组织应当及时主动向捐赠人反馈有关情况。

慈善组织违反捐赠协议约定的用途,滥用捐赠财产的,捐赠人有权要求其改正;拒不改正的,捐赠人可以向民政部门投诉、举报或者向人民法院提起诉讼。

第四十八条 慈善信托的受托人管理和处分信托财产,应当按照信托目的,恪尽职守,履行诚信、谨慎管理的义务。

慈善信托的受托人应当根据信托文件和委托人的要求,及时向委托人报告信托事务处理情况、信托财产管理使用情况。慈善信托的受托人应当每年至少一次将信托事务处理情况及财务状况向其备案的民政部门报告,并向社会公开。

《基金会管理条例》

第三十九条 捐赠人有权向基金会查询捐赠财产的使用、管理情况,并提出意见和建议。对于捐赠人的查询,基金会应当及时如实答复。

基金会违反捐赠协议使用捐赠财产的,捐赠人有权要求基金会遵守捐赠协议或者向人民法院申请撤销捐赠行为、解除捐赠协议。

第九十五条 【非营利法人剩余财产的处理】

《民法总则》条文	《民法通则》等编纂对象法规对应条文
第九十五条 为公益目的成立的非营利法人终止时,不得向出资人、设立人或者会员分配剩余财产。剩余财产应当按照法人章程的规定<u>或者权力机构的决议</u>用于公益目的;<u>无法按照法人章程的规定或者权力机构的决议处理的,由主管机关主持转给宗旨相同或者相近的法人,并向社会公告。</u>	《慈善法》 第十八条 慈善组织终止,应当进行清算。 慈善组织的决策机构应当在本法第十七条规定的终止情形出现之日起三十日内成立清算组进行清算,并向社会公告。不成立清算组或者清算组不履行职责的,民政部门可以申请人民法院指定有关人员组成清算组进行清算。 <u>慈善组织清算后的剩余财产,应当按照慈善组织章程的规定转给宗旨相同或者相近的慈善组织;章程未规定的,由民政部门主持转给宗旨相同或者相近的慈善组织,并向社会公告。</u> 慈善组织清算结束后,应当向其登记的民政部门办理注销登记,并由民政部门向社会公告。

【条文释义】

非营利法人的非营利性,决定了法人的利润和财产不得向其出资人或设立人分配。因此,公益目的非营利法人终止时,其剩余财产自然不得向其出资人或设立人分配。其剩余财产应当用于法人章程或者法人设立时所确定的公益目的。如果基于特殊原因无法按照法人章程或者权力机构的决议处理的,由该非营利法人的主管机关主持,将剩余财产转移给与其公益目的或宗旨相同或相似的其他非营利法人,并应当将相关情况向社会予以公告。

【关联条文】

《民办教育促进法》

第五十九条 对民办学校的财产按照下列顺序清偿:

(一)应退受教育者学费、杂费和其他费用;

(二)应发教职工的工资及应缴纳的社会保险费用;

(三)偿还其他债务。

非营利性民办学校清偿上述债务后的剩余财产继续用于其他非营利性学校办学;营利性民办学校清偿上述债务后的剩余财产,依照公司法的有关规定处理。

《基金会管理条例》

第三十三条 基金会注销后的剩余财产应当按照章程的规定用于公益目的;无法按照章程规定处理的,由登记管理机关组织捐赠给与该基金会性质、宗旨相同的社会公益组织,并向社会公告。

《宗教事务条例》

第三十七条 宗教团体、宗教活动场所注销或者终止的,应当进行财产清算,清算后的剩余财产应当用于与该宗教团体或者宗教活动场所宗旨相符的事业。

第四节 特别法人

第九十六条 【特别法人的类型】

《民法总则》条文	《民法通则》等编纂对象法规对应条文
第九十六条 本节规定的机关法人、农村集体经济组织法人、城镇农村的合作经济组织法人、基层群众性自治组织法人,为特别法人。	暂无对应法条。

【条文释义】

本条是在营利法人和非营利法人之外另外规定的特殊类型的法人,这类法人承担着一定的国家政策性功能,其组织结构也比较特殊,属于特别法人。具体来说包括,机关法人、农村集体经济组织法人、城镇农村的合作经济组织法人和基层群众性自治组织法人。

【关联条文】

《村民委员会组织法》

第二条 村民委员会是村民自我管理、自我教育、自我服务的基层群众性自治组织,实行民主选举、民主决策、民主管理、民主监督。

村民委员会办理本村的公共事务和公益事业,调解民间纠纷,协助维护社会治安,向人民政府反映村民的意见、要求和提出建议。

村民委员会向村民会议、村民代表会议负责并报告工作。

《城市居民委员会组织法》

第二条 居民委员会是居民自我管理、自我教育、自我服务的基层群众性自治组织。

不设区的市、市辖区的人民政府或者它的派出机关对居民委员会的工作给予指导、支持和帮助。居民委员会协助不设区的市、市辖区的人民政府或者它的派出机关开展工作。

第九十七条 【机关法人】

《民法总则》条文	《民法通则》等编纂对象法规对应条文
第九十七条 有独立经费的机关和承担行政职能的法定机构从成立之日起,具有机关法人资格,可以从事为履行职能所需要的民事活动。	《民法通则》 第五十条 有独立经费的机关从成立之日起,具有法人资格。 具备法人条件的事业单位、社会团体,依法不需要办理法人登记的,从成立之日起,具有法人资格;依法需要办理法人登记的,经核准登记,取得法人资格。

【条文释义】

机关法人是指依照法律和行政命令组建的、享有公权力的以从事国家管理活动为主的各级国家机关,分为国家权力机关、国家行政机关、国家审判机关与国家法律监督机关、国家军事机关。有独立经费的机关从成立之日起,即具有法人资格。机关法人的基本特征为:第一,代表国家行使公权力;第二,机关法人的独立经费来自中央或者地方财政拨款;第三,只能在因行使职权所必需时才能参与民事活动,如购买办公用品、租赁房屋、购买交通工具与房屋等。此外,需要注意两个方面:其一,其不需要登记,从成立之日起具有法人资格。其二,其可以从事的民事活动限定于为履行职能所需的范围内。

第九十八条 【机关法人撤销后的责任承担】

《民法总则》条文	《民法通则》等编纂对象法规对应条文
第九十八条 机关法人被撤销的,法人终止,其民事权利和义务由继任的机关法人享有和承担;没有继任的机关法人的,由<u>作出撤销决定的机关法人</u>享有和承担。	《国家赔偿法》 第七条第五款 赔偿义务机关被撤销的,继续行使其职权的行政机关为赔偿义务机关;没有继续行使其职权的行政机关的,<u>撤销该赔偿义务机关的</u>行政机关为赔偿义务机关。

【条文释义】

本条是关于机关法人被撤销后,其民事责任承担的具体规则。机关法人是为履行特定行政职能而设立的,因为某些原因,如国家政策调整等而被撤销的,撤销后其法人资格终止,不能再继续承担其民事责任。在这种情况下,其民事责任由继续履行其职能的机关法人承担,这也符合法人变更的一般规则。如果没有继续履行其职能的机关法人的,则由撤销该机关法人的机关法人去承担,以保护民事法律关系对方当事人的利益。

【关联条文】

《行政诉讼法》

第二十六条 公民、法人或者其他组织直接向人民法院提起诉讼的,作出行政行为的行政机关是被告。

经复议的案件,复议机关决定维持原行政行为的,作出原行政行为的行政机关和复议机关是共同被告;复议机关改变原行政行为的,复议机关是被告。

复议机关在法定期限内未作出复议决定,公民、法人或者其他组织起诉原行政行为的,作出原行政行为的行政机关是被告;起诉复议机关不作为的,复议机关是被告。

两个以上行政机关作出同一行政行为的,共同作出行政行为的行政机关是共同被告。

行政机关委托的组织所作的行政行为,委托的行政机关是被告。

行政机关被撤销或者职权变更的,继续行使其职权的行政机关是被告。

《行政复议法》

第十五条　对本法第十二条、第十三条、第十四条规定以外的其他行政机关、组织的具体行政行为不服的,按照下列规定申请行政复议:

(一)对县级以上地方人民政府依法设立的派出机关的具体行政行为不服的,向设立该派出机关的人民政府申请行政复议;

(二)对政府工作部门依法设立的派出机构依照法律、法规或者规章规定,以自己的名义作出的具体行政行为不服的,向设立该派出机构的部门或者该部门的本级地方人民政府申请行政复议;

(三)对法律、法规授权的组织的具体行政行为不服的,分别向直接管理该组织的地方人民政府、地方人民政府工作部门或者国务院部门申请行政复议;

(四)对两个或者两个以上行政机关以共同的名义作出的具体行政行为不服的,向其共同上一级行政机关申请行政复议;

(五)对被撤销的行政机关在撤销前所作出的具体行政行为不服的,向继续行使其职权的行政机关的上一级行政机关申请行政复议。

有前款所列情形之一的,申请人也可以向具体行政行为发生地的县级地方人民政府提出行政复议申请,由接受申请的县级地方人民政府依照本法第十八条的规定办理。

《民事执行中变更、追加当事人规定》

第八条　作为申请执行人的机关法人被撤销,继续履行其职能的主体申请变更、追加其为申请执行人的,人民法院应予支持,但生效法律文书确定的权利依法应由其他主体承受的除外;没有继续履行其职能的主体,且生效法律文书确定权利的承受主体不明确,作出撤销决定的主体申请变更、追加其为申请执行人的,人民法院应予支持。

第九十九条　【农村集体经济组织法人】

《民法总则》条文	《民法通则》等编纂对象法规对应条文
第九十九条　农村集体经济组织依法取得法人资格。 　　法律、行政法规对农村集体经济组织有规定的,依照其规定。	暂无对应法条。

【条文释义】

本条承认了农村集体经济组织的法人资格。农村集体经济组织符合法人条件的,可以依据法律规定取得法人资格。如果法律、行政法规对于农村集体经济组织有特别规定的,依据其规定处理。

【关联条文】

《宪法》

第八条 农村集体经济组织实行家庭承包经营为基础、统分结合的双层经营体制。农村中的生产、供销、信用、消费等各种形式的合作经济,是社会主义劳动群众集体所有制经济。参加农村集体经济组织的劳动者,有权在法律规定的范围内经营自留地、自留山、家庭副业和饲养自留畜。

城镇中的手工业、工业、建筑业、运输业、商业、服务业等行业的各种形式的合作经济,都是社会主义劳动群众集体所有制经济。

国家保护城乡集体经济组织的合法的权利和利益,鼓励、指导和帮助集体经济的发展。

第十七条 集体经济组织在遵守有关法律的前提下,有独立进行经济活动的自主权。

集体经济组织实行民主管理,依照法律规定选举和罢免管理人员,决定经营管理的重大问题。

《物权法》

第六十条 对于集体所有的土地和森林、山岭、草原、荒地、滩涂等,依照下列规定行使所有权:

(一)属于村农民集体所有的,由村集体经济组织或者村民委员会代表集体行使所有权;

(二)分别属于村内两个以上农民集体所有的,由村内各该集体经济组织或者村民小组代表集体行使所有权;

(三)属于乡镇农民集体所有的,由乡镇集体经济组织代表集体行使所有权。

《农业法》

第四十四条 国家鼓励供销合作社、农村集体经济组织、农民专业合作经济组织、其他组织和个人发展多种形式的农业生产产前、产中、产后的社会化服务事业。县级以上人民政府及其各有关部门应当采取措施对农业社会化服务事业给予支持。

对跨地区从事农业社会化服务的,农业、工商管理、交通运输、公安等有关部门应当采取措施给予支持。

《农村土地承包法》

第十二条　农民集体所有的土地依法属于村农民集体所有的,由村集体经济组织或者村民委员会发包;已经分别属于村内两个以上农村集体经济组织的农民集体所有的,由村内各该农村集体经济组织或者村民小组发包。村集体经济组织或者村民委员会发包的,不得改变村内各集体经济组织农民集体所有的土地的所有权。

国家所有依法由农民集体使用的农村土地,由使用该土地的农村集体经济组织、村民委员会或者村民小组发包。

第一百条　【合作经济组织法人】

《民法总则》条文	《民法通则》等编纂对象法规对应条文
第一百条　城镇农村的合作经济组织依法取得法人资格。 法律、行政法规对城镇农村的合作经济组织有规定的,依照其规定。	《农民专业合作社法》 第四条　农民专业合作社依照本法登记,取得法人资格。 农民专业合作社对由成员出资、公积金、国家财政直接补助、他人捐赠以及合法取得的其他资产所形成的财产,享有占有、使用和处分的权利,并以上述财产对债务承担责任。

【条文释义】

本条承认了城镇农村的合作经济组织的法人资格。城镇农村的合作经济组织在符合法人条件的情况下,可以依法取得法人资格。城镇农村的合作经济组织的政策性比较强,如果法律、行政法规对其有特别规定的,依照其规定处理。

【关联条文】

《宪法》

第八条　农村集体经济组织实行家庭承包经营为基础、统分结合的双层经营体制。农村中的生产、供销、信用、消费等各种形式的合作经济,是社会主义劳动群众集体所有制经济。参加农村集体经济组织的劳动者,有权在法律规定的范围内经营自留地、自留山、家庭副业和饲养自留畜。

城镇中的手工业、工业、建筑业、运输业、商业、服务业等行业的各种形式的合作经济,都是社会主义劳动群众集体所有制经济。

国家保护城乡集体经济组织的合法的权利和利益,鼓励、指导和帮助集体经济的发展。

《农民专业合作社法》

第二条 农民专业合作社是在农村家庭承包经营基础上,同类农产品的生产经营者或者同类农业生产经营服务的提供者、利用者,自愿联合、民主管理的互助性经济组织。

农民专业合作社以其成员为主要服务对象,提供农业生产资料的购买,农产品的销售、加工、运输、贮藏以及与农业生产经营有关的技术、信息等服务。

第十条 设立农民专业合作社,应当具备下列条件:

(一)有五名以上符合本法第十四条、第十五条规定的成员;

(二)有符合本法规定的章程;

(三)有符合本法规定的组织机构;

(四)有符合法律、行政法规规定的名称和章程确定的住所;

(五)有符合章程规定的成员出资。

第十一条 设立农民专业合作社应当召开由全体设立人参加的设立大会。设立时自愿成为该社成员的人为设立人。

设立大会行使下列职权:

(一)通过本社章程,章程应当由全体设立人一致通过;

(二)选举产生理事长、理事、执行监事或者监事会成员;

(三)审议其他重大事项。

《农民专业合作社登记管理条例》

第三条 农民专业合作社经登记机关依法登记,领取农民专业合作社法人营业执照(以下简称营业执照),取得法人资格。未经依法登记,不得以农民专业合作社名义从事经营活动。

第一百零一条 【居民委员会、村民委员会】

《民法总则》条文	《民法通则》等编纂对象法规对应条文
第一百零一条　居民委员会、村民委员会具有基层群众性自治组织法人资格，可以从事为履行职能所需要的民事活动。 未设立村集体经济组织的，村民委员会可以依法代行村集体经济组织的职能。	《城市居民委员会组织法》 　　第二条　居民委员会是居民自我管理、自我教育、自我服务的基层群众性自治组织。 　　不设区的市、市辖区的人民政府或者它的派出机关对居民委员会的工作给予指导、支持和帮助。居民委员会协助不设区的市、市辖区的人民政府或者它的派出机关开展工作。 《村民委员会组织法》 　　第二条　村民委员会是村民自我管理、自我教育、自我服务的基层群众性自治组织，实行民主选举、民主决策、民主管理、民主监督。 　　村民委员会办理本村的公共事务和公益事业，调解民间纠纷，协助维护社会治安，向人民政府反映村民的意见、要求和提出建议。 　　村民委员会向村民会议、村民代表会议负责并报告工作。

【条文释义】

居民委员会、村民委员会在一定程度上履行一定的管理职能，属于群众性自治组织；符合法人条件的，具备基层群众性自治组织的法人资格，可以从事民事活动。但是需要注意的是，其可以从事的民事活动限于为履行职能所需要的范围内。

本次《民法总则》规定，"未设立村集体经济组织的，村民委员会可以依法代行村集体经济组织的职能"，具有重大意义。据调查，我国农村集体经济组织在不少地方实际上并未成立或者没有实际运作，需要履行农村集体经济组织职能时，如外来投资需要签订合同时，缺乏权利主体。在这种情形下，村民委员会可以代行村集体经济组织的职能，在村集体经济组织职能的范围内从事民事活动。

【关联条文】

《村民委员会组织法》

第七条　村民委员会根据需要设人民调解、治安保卫、公共卫生与计划生育等委员会。村民委员会成员可以兼任下属委员会的成员。人口少的村的村民委员会可以不设下属委员会，由村民委员会成员分工负责人民调解、治安保卫、公共卫生与计划生育等工作。

第八条　村民委员会应当支持和组织村民依法发展各种形式的合作经济和其他经济，承担本村生产的服务和协调工作，促进农村生产建设和经济发展。

村民委员会依照法律规定，管理本村属于村农民集体所有的土地和其他财产，引导村民合理利用自然资源，保护和改善生态环境。

村民委员会应当尊重并支持集体经济组织依法独立进行经济活动的自主权，维护以家庭承包经营为基础、统分结合的双层经营体制，保障集体经济组织和村民、承包经营户、联户或者合伙的合法财产权和其他合法权益。

《城市居民委员会组织法》

第三条　居民委员会的任务：

（一）宣传宪法、法律、法规和国家的政策，维护居民的合法权益，教育居民履行依法应尽的义务，爱护公共财产，开展多种形式的社会主义精神文明建设活动；

（二）办理本居住地区居民的公共事务和公益事业；

（三）调解民间纠纷；

（四）协助维护社会治安；

（五）协助人民政府或者它的派出机关做好与居民利益有关的公共卫生、计划生育、优抚救济、青少年教育等项工作；

（六）向人民政府或者它的派出机关反映居民的意见、要求和提出建议。

第四条　居民委员会应当开展便民利民的社区服务活动，可以兴办有关的服务事业。

居民委员会管理本居民委员会的财产，任何部门和单位不得侵犯居民委员会的财产所有权。

第四章 非法人组织

第一百零二条 【非法人组织的概念与类型】

《民法总则》条文	《民法通则》等编纂对象法规对应条文
第一百零二条 非法人组织是不具有法人资格,但是能够依法以自己的名义从事民事活动的组织。 非法人组织包括个人独资企业、合伙企业、不具有法人资格的专业服务机构等。	《个人独资企业法》 第二条 本法所称个人独资企业,是指依照本法在中国境内设立,由一个自然人投资,财产为投资人个人所有,投资人以其个人财产对企业债务承担无限责任的经营实体。 《合伙企业法》 第二条第一款 本法所称合伙企业,是指自然人、法人和其他组织依照本法在中国境内设立的普通合伙企业和有限合伙企业。

【条文释义】

本条是对于非法人组织的界定。非法人组织是不具有法人的条件和资格,但是依法却能够以自己的名义从事民事活动的组织。其特点是组织形态尚不严密,组织与其成员间存在一定的联系,组织并未像法人那样被构造成完全独立于其成员的结构。按照我国法律规定,非法人组织包括个人独资企业、合伙企业以及不具有法人资格但能够以自己名义从事民事活动的专业服务机构,例如,律师事务所、会计师事务所等。

【关联条文】

《个人独资企业法》

第八条 设立个人独资企业应当具备下列条件:

(一)投资人为一个自然人;

(二)有合法的企业名称;

(三)有投资人申报的出资;

(四)有固定的生产经营场所和必要的生产经营条件;

(五)有必要的从业人员。

《注册会计师法》

第二十三条　会计师事务所可以由注册会计师合伙设立。

合伙设立的会计师事务所的债务,由合伙人按照出资比例或者协议的约定,以各自的财产承担责任。合伙人对会计师事务所的债务承担连带责任。

《律师法》

第十四条　律师事务所是律师的执业机构。设立律师事务所应当具备下列条件:

(一)有自己的名称、住所和章程;

(二)有符合本法规定的律师;

(三)设立人应当是具有一定的执业经历,且三年内未受过停止执业处罚的律师;

(四)有符合国务院司法行政部门规定数额的资产。

第十五条　设立合伙律师事务所,除应当符合本法第十四条规定的条件外,还应当有三名以上合伙人,设立人应当是具有三年以上执业经历的律师。

合伙律师事务所可以采用普通合伙或者特殊的普通合伙形式设立。合伙律师事务所的合伙人按照合伙形式对该律师事务所的债务依法承担责任。

第一百零三条　【非法人组织的设立原则】

《民法总则》条文	《民法通则》等编纂对象法规对应条文
第一百零三条　非法人组织应当依照法律的规定登记。 设立非法人组织,法律、行政法规规定须经有关机关批准的,依照其规定。	暂无对应法条。

【条文释义】

本条是关于非法人组织设立原则的规定。一般来说,非法人组织的成立应当依照法律的规定进行登记。如果法律规定非法人组织的设立须经有关机关批准的,则要在批准后才能办理登记。

【关联条文】

《个人独资企业法》

第九条　申请设立个人独资企业,应当由投资人或者其委托的代理人向个人独资企业所在地的登记机关提交设立申请书、投资人身份证明、生产经营场所使用证明等文件。委托代理人申请设立登记时,应当出具投资人的委托书和代理人的合法证明。

个人独资企业不得从事法律、行政法规禁止经营的业务;从事法律、行政法规规定须报经有关部门审批的业务,应当在申请设立登记时提交有关部门的批准文件。

第十三条　个人独资企业的营业执照的签发日期,为个人独资企业成立日期。

在领取个人独资企业营业执照前,投资人不得以个人独资企业名义从事经营活动。

《合伙企业法》

第九条　申请设立合伙企业,应当向企业登记机关提交登记申请书、合伙协议书、合伙人身份证明等文件。

合伙企业的经营范围中有属于法律、行政法规规定在登记前须经批准的项目的,该项经营业务应当依法经过批准,并在登记时提交批准文件。

第十条　申请人提交的登记申请材料齐全、符合法定形式,企业登记机关能够当场登记的,应予当场登记,发给营业执照。

除前款规定情形外,企业登记机关应当自受理申请之日起二十日内,作出是否登记的决定。予以登记的,发给营业执照;不予登记的,应当给予书面答复,并说明理由。

第十一条　合伙企业的营业执照签发日期,为合伙企业成立日期。

合伙企业领取营业执照前,合伙人不得以合伙企业名义从事合伙业务。

《注册会计师法》

第二十五条　设立会计师事务所,由省、自治区、直辖市人民政府财政部门批准。

申请设立会计师事务所,申请者应当向审批机关报送下列文件:

(一)申请书;

(二)会计师事务所的名称、组织机构和业务场所;

(三)会计师事务所章程,有合伙协议的并应报送合伙协议;

(四)注册会计师名单、简历及有关证明文件;

(五)会计师事务所主要负责人、合伙人的姓名、简历及有关证明文件;

(六)负有限责任的会计师事务所的出资证明;

(七)审批机关要求的其他文件。

第二十六条　审批机关应当自收到申请文件之日起三十日内决定批准或者不批准。

省、自治区、直辖市人民政府财政部门批准的会计师事务所,应当报国务院财政部门备案。国务院财政部门发现批准不当的,应当自收到备案报告之日起三十日内通知原审批机关重新审查。

《律师法》

第十八条 设立律师事务所,应当向设区的市级或者直辖市的区人民政府司法行政部门提出申请,受理申请的部门应当自受理之日起二十日内予以审查,并将审查意见和全部申请材料报送省、自治区、直辖市人民政府司法行政部门。省、自治区、直辖市人民政府司法行政部门应当自收到报送材料之日起十日内予以审核,作出是否准予设立的决定。准予设立的,向申请人颁发律师事务所执业证书;不准予设立的,向申请人书面说明理由。

第一百零四条 【非法人组织的责任承担】

《民法总则》条文	《民法通则》等编纂对象法规对应条文
第一百零四条 非法人组织的财产不足以清偿债务的,其出资人或者设立人承担无限责任。法律另有规定的,依照其规定。	《合伙企业法》 第二条第二款、第三款 普通合伙企业由普通合伙人组成,合伙人对合伙企业债务承担无限连带责任。本法对普通合伙人承担责任的形式有特别规定的,从其规定。 有限合伙企业由普通合伙人和有限合伙人组成,普通合伙人对合伙企业债务承担无限连带责任,有限合伙人以其认缴的出资额为限对合伙企业债务承担责任。 《个人独资企业法》 第二条 本法所称个人独资企业,是指依照本法在中国境内设立,由一个自然人投资,财产为投资人个人所有,投资人以其个人财产对企业债务承担无限责任的经营实体。

【条文释义】

本条对非法人组织对外实施民事活动所产生的债务应当如何承担进行了规定。由于非法人组织并不具有法人资格,也就是说,其组织结构并未实现其组织与成员的完全分离,非法人组织不具有独立人格,因而,其成员应当承担无限责任而非有限责任。具体来说，非法人组织对外所负的债务，不但要以非法人组织的财产承担清偿责任，还要以出资人或设立人的财产承担责任，此外，一般情况下，出资人或设立人对该债务所承担的责任，还是一种连带责任。当然，如果法律对于其责任承担方式有特别规定的，应当依照其规定处理。

【关联条文】

《个人独资企业法》

第十八条　个人独资企业投资人在申请企业设立登记时明确以其家庭共有财产作为个人出资的，应当依法以家庭共有财产对企业债务承担无限责任。

第三十一条　个人独资企业财产不足以清偿债务的，投资人应当以其个人的其他财产予以清偿。

《合伙企业法》

第三十九条　合伙企业不能清偿到期债务的，合伙人承担无限连带责任。

第五十七条　一个合伙人或者数个合伙人在执业活动中因故意或者重大过失造成合伙企业债务的，应当承担无限责任或者无限连带责任，其他合伙人以其在合伙企业中的财产份额为限承担责任。

合伙人在执业活动中非因故意或者重大过失造成的合伙企业债务以及合伙企业的其他债务，由全体合伙人承担无限连带责任。

《注册会计师法》

第二十三条　会计师事务所可以由注册会计师合伙设立。

合伙设立的会计师事务所的债务，由合伙人按照出资比例或者协议的约定，以各自的财产承担责任。合伙人对会计师事务所的债务承担连带责任。

《律师法》

第十五条　设立合伙律师事务所，除应当符合本法第十四条规定的条件外，还应当有三名以上合伙人，设立人应当是具有三年以上执业经历的律师。

合伙律师事务所可以采用普通合伙或者特殊的普通合伙形式设立。合伙律师事务所的合伙人按照合伙形式对该律师事务所的债务依法承担责任。

第十六条　设立个人律师事务所，除应当符合本法第十四条规定的条件外，设立人还应当是具有五年以上执业经历的律师。设立人对律师事务所的债务承担无限责任。

第一百零五条　【非法人组织的民事活动】

《民法总则》条文	《民法通则》等编纂对象法规对应条文
第一百零五条　非法人组织可以确定一人或者数人代表该组织从事民事活动。	《合伙企业法》 　　第二十六条　合伙人对执行合伙事务享有同等的权利。 　　按照合伙协议的约定或者经全体合伙人决定，可以委托一个或者数个合伙人对外代表合伙企业，执行合伙事务。 　　作为合伙人的法人、其他组织执行合伙事务的，由其委派的代表执行。

【条文释义】

非法人组织的结构比较简单，不设决定机构和执行机构，但是非法人组织要从事各种民事活动也需要执行人，因此，非法人组织可以确定其成员中的一人或者数人代表该组织从事民事活动。当然，在非法人组织人数较少的情况下，也可以由所有的成员共同代表非法人组织从事民事活动。

【关联条文】

《个人独资企业法》

第十九条　个人独资企业投资人可以自行管理企业事务，也可以委托或者聘用其他具有民事行为能力的人负责企业的事务管理。

投资人委托或者聘用他人管理个人独资企业事务，应当与受托人或者被聘用的人签订书面合同，明确委托的具体内容和授予的权利范围。

受托人或者被聘用的人员应当履行诚信、勤勉义务，按照与投资人签订的合同负责个人独资企业的事务管理。

投资人对受托人或者被聘用的人员职权的限制，不得对抗善意第三人。

《民事诉讼法司法解释》

第五十条　法人的法定代表人以依法登记的为准，但法律另有规定的除外。依法不需要办理登记的法人，以其正职负责人为法定代表人；没有正职负责人的，以其主持工作的副职负责人为法定代表人。

法定代表人已经变更，但未完成登记，变更后的法定代表人要求代表法人参加诉讼的，人民法院可以准许。

其他组织，以其主要负责人为代表人。

第一百零六条 【非法人组织的解散】

《民法总则》条文	《民法通则》等编纂对象法规对应条文
第一百零六条　有下列情形之一的,非法人组织解散: (一)章程规定的存续期间届满或者章程规定的其他解散事由出现; (二)出资人或者设立人决定解散; (三)法律规定的其他情形。	《合伙企业法》 　　第八十五条　合伙企业有下列情形之一的,应当解散: (一)合伙期限届满,合伙人决定不再经营; (二)合伙协议约定的解散事由出现; (三)全体合伙人决定解散; (四)合伙人已不具备法定人数满三十天; (五)合伙协议约定的合伙目的已经实现或者无法实现; (六)依法被吊销营业执照、责令关闭或者被撤销; (七)法律、行政法规规定的其他原因。

【条文释义】

本条对于非法人组织解散的具体情形进行了规定。其一,章程规定的存续期间届满或者章程规定的其他解散事由出现;如果在设立之初非法人章程就对非法人组织的存续期间进行了规定,那么在期间届满时可以解散;此外,设立非法人组织的目的已经实现或者确定无法实现的,非法人组织也应解散;其二,出资人或者设立人决定解散,非法人组织是由于其成员的共同意志而成立,自然可以因其成员的共同意志而解散,这是非法人组织解散的主要原因。其三,法律规定的其他情形,比如出现非法人组织被撤销登记或吊销营业执照等情况时,非法人组织自然也应解散。

【关联条文】

《个人独资企业法》

第二十六条　个人独资企业有下列情形之一时,应当解散:

(一)投资人决定解散;

(二)投资人死亡或者被宣告死亡,无继承人或者继承人决定放弃继承;

(三)被依法吊销营业执照;

(四)法律、行政法规规定的其他情形。

《注册会计师法》

第三十九条　会计师事务所违反本法第二十条、第二十一条规定的,由省级以上人民政府财政部门给予警告,没收违法所得,可以并处违法所得一倍以上五倍以下的罚款;情节严重的,并可以由省级以上人民政府财政部门暂停其经营业务或者予以撤销。

注册会计师违反本法第二十条、第二十一条规定的,由省级以上人民政府财政部门给予警告;情节严重的,可以由省级以上人民政府财政部门暂停其执行业务或者吊销注册会计师证书。

会计师事务所、注册会计师违反本法第二十条、第二十一条的规定,故意出具虚假的审计报告、验资报告,构成犯罪的,依法追究刑事责任。

《律师法》

第二十二条　律师事务所有下列情形之一的,应当终止:

(一)不能保持法定设立条件,经限期整改仍不符合条件的;

(二)律师事务所执业证书被依法吊销的;

(三)自行决定解散的;

(四)法律、行政法规规定应当终止的其他情形。

律师事务所终止的,由颁发执业证书的部门注销该律师事务所的执业证书。

第一百零七条　【非法人组织的清算】

《民法总则》条文	《民法通则》等编纂对象法规对应条文
第一百零七条　非法人组织解散的,应当依法进行清算。	《合伙企业法》 第八十六条　合伙企业解散,应当由清算人进行清算。 清算人由全体合伙人担任;经全体合伙人过半数同意,可以自合伙企业解散事由出现后十五日内指定一个或者数个合伙人,或者委托第三人,担任清算人。 自合伙企业解散事由出现之日起十五日内未确定清算人的,合伙人或者其他利害关系人可以申请人民法院指定清算人。 《个人独资企业法》 第二十七条　个人独资企业解散,由投资人自行清算或者由债权人申请人民法院指定清算人进行清算。 投资人自行清算的,应当在清算前十五日内书面通知债权人,无法通知的,应当予以公告。债权人应当在接到通知之日起三十日内,未接到通知的应当在公告之日起六十日内,向投资人申报其债权。

【条文释义】

非法人组织解散的,也需要进行清算,清算完毕后办理注销登记。非法人组织在清算期间不得从事经营活动,主要从事了结现务、收取债权、清偿债务,并将剩余财产按照章程予以分配。清偿债务主要包括,清偿所欠职工的工资和社会保险费、清偿所欠税款以及其他债务。剩余财产的分配是按照章程的规定或经成员大会的决议将剩余财产按比例分配给非法人组织成员。

我国《律师法》和《注册会计师法》均未规定清算程序,根据《民法总则》的最新规定,未来应当予以完善。

【关联条文】

《个人独资企业法》

第二十八条 个人独资企业解散后,原投资人对个人独资企业存续期间的债务仍应承担偿还责任,但债权人在五年内未向债务人提出偿债请求的,该责任消灭。

第二十九条 个人独资企业解散的,财产应当按照下列顺序清偿:

(一)所欠职工工资和社会保险费用;

(二)所欠税款;

(三)其他债务。

第三十条 清算期间,个人独资企业不得开展与清算目的无关的经营活动。在按前条规定清偿债务前,投资人不得转移、隐匿财产。

第三十二条 个人独资企业清算结束后,投资人或者人民法院指定的清算人应当编制清算报告,并于十五日内到登记机关办理注销登记。

《合伙企业法》

第八十七条 清算人在清算期间执行下列事务:

(一)清理合伙企业财产,分别编制资产负债表和财产清单;

(二)处理与清算有关的合伙企业未了结事务;

(三)清缴所欠税款;

(四)清理债权、债务;

(五)处理合伙企业清偿债务后的剩余财产;

(六)代表合伙企业参加诉讼或者仲裁活动。

第八十八条 清算人自被确定之日起十日内将合伙企业解散事项通知债权人,并于六十日内在报纸上公告。债权人应当自接到通知书之日起三十日内,未接到通知书的自公告之日起四十五日内,向清算人申报债权。

债权人申报债权,应当说明债权的有关事项,并提供证明材料。清算人应当对债权进行登记。

清算期间,合伙企业存续,但不得开展与清算无关的经营活动。

第九十条　清算结束,清算人应当编制清算报告,经全体合伙人签名、盖章后,在十五日内向企业登记机关报送清算报告,申请办理合伙企业注销登记。

第一百零八条　【非法人组织的参照适用】

《民法总则》条文	《民法通则》等编纂对象法规对应条文
第一百零八条　非法人组织除适用本章规定外,参照适用本法第三章第一节的有关规定。	暂无对应法条。

【条文释义】

本条规定的是非法人组织对于法人一般规定的参照适用。非法人组织虽然与法人存在本质不同,但其都属于组织的形态,也都需要登记,因而在某些方面具有相似性,这就是参照适用的现实和理论基础。但是需要注意的是,非法人组织毕竟不同于法人,可以参照适用的仅限于法人关于组织机构、登记、清算、注销登记等方面,在债务承担规则方面两者存在本质不同,不能参照适用。

第五章　民事权利

第一百零九条　【一般人格权】

《民法总则》条文	《民法通则》等编纂对象法规对应条文
第一百零九条　自然人的人身自由、人格尊严受法律保护。	《民法通则》 第一百零一条　公民、法人享有名誉权,公民的人格尊严受法律保护,禁止用侮辱、诽谤等方式损害公民、法人的名誉。

【条文释义】

本条是关于一般人格权的规定。对于一般人格权的承认,是人格权立法的一项重要成果,是我国二十多年关于一般人格权学说研究和司法实践成果在立法上的确认。一般人格权是对于人的存在和人的尊严的全部要素予以保护的权利,是一项具有高度概括性的权利。人身自由和人格尊严本为我国宪法上的基本权利,本条将其作为一种民事权利予以规定,是将宪法上的基本权利转化为民法上的民事权利。作为民事权利,其为宪法权利的具体化,其保护的是人身自由和人格尊严的各种具体表现形态,在学理上和司法实践中,仍然需要通过具体的解释将其予以具体化。

本条规定突破了《民法通则》将人格尊严纳入名誉权保护的做法,并增加了人身自由的规定,值得肯定。未来还可以通过立法和司法解释,将人格独立、人格平等、人格自主、人格自由等一般人格权内容纳入该条的内涵。

【关联条文】

《宪法》

第三十七条 中华人民共和国公民的人身自由不受侵犯。

任何公民,非经人民检察院批准或者决定或者人民法院决定,并由公安机关执行,不受逮捕。

禁止非法拘禁和以其他方法非法剥夺或者限制公民的人身自由,禁止非法搜查公民的身体。

第三十八条 中华人民共和国公民的人格尊严不受侵犯。禁止用任何方法对公民进行侮辱、诽谤和诬告陷害。

《消费者权益保护法》

第十四条 消费者在购买、使用商品和接受服务时,享有人格尊严、民族风俗习惯得到尊重的权利,享有个人信息依法得到保护的权利。

第二十七条 经营者不得对消费者进行侮辱、诽谤,不得搜查消费者的身体及其携带的物品,不得侵犯消费者的人身自由。

第五十条 经营者侵害消费者的人格尊严、侵犯消费者人身自由或者侵害消费者个人信息依法得到保护的权利的,应当停止侵害、恢复名誉、消除影响、赔礼道歉,并赔偿损失。

第五十一条 经营者有侮辱诽谤、搜查身体、侵犯人身自由等侵害消费者或者其他受害人人身权益的行为,造成严重精神损害的,受害人可以要求精神损害赔偿。

《精神损害赔偿司法解释》

第一条 自然人因下列人格权利遭受非法侵害,向人民法院起诉请求赔偿精神损害的,人民法院应当依法予以受理:

(一)生命权、健康权、身体权;

(二)姓名权、肖像权、名誉权、荣誉权;

(三)人格尊严权、人身自由权。

违反社会公共利益、社会公德侵害他人隐私或者其他人格利益,受害人以侵权为由向人民法院起诉请求赔偿精神损害的,人民法院应当依法予以受理。

【对应案由】

M1.1.8 人身自由权纠纷

M1.1.9 一般人格权纠纷

第一百一十条　【具体人格权】

《民法总则》条文	《民法通则》等编纂对象法规对应条文
第一百一十条　自然人享有生命权、身体权、健康权、姓名权、肖像权、名誉权、荣誉权、隐私权、婚姻自主权等权利。 法人、非法人组织享有名称权、名誉权、荣誉权等权利。	《民法通则》 第九十八条　公民享有生命健康权。 第九十九条　公民享有姓名权,有权决定、使用和依照规定改变自己的姓名,禁止他人干涉、盗用、假冒。 法人、个体工商户、个人合伙享有名称权。企业法人、个体工商户、个人合伙有权使用、依法转让自己的名称。 第一百条　公民享有肖像权,未经本人同意,不得以营利为目的使用公民的肖像。 第一百零一条　公民、法人享有名誉权,公民的人格尊严受法律保护,禁止用侮辱、诽谤等方式损害公民、法人的名誉。 第一百零二条　公民、法人享有荣誉权,禁止非法剥夺公民、法人的荣誉称号。 第一百零三条　公民享有婚姻自主权,禁止买卖、包办婚姻和其他干涉婚姻自由的行为。

【条文释义】

本条对于各种具体人格权进行了列举。《民法通则》以来的各种具体人格权均得到了明确列举,具体包括:生命权、身体权、健康权、姓名权、肖像权、名誉权、荣誉权、隐私权、婚姻自主权。生命权、身体权、健康权为物质性人格权;姓名权、肖像权为标表性人格权;名誉权、荣誉权为评价性人格权;隐私权、婚姻自主权为自由性人格权。

本条规定改变了《民法通则》使用的"生命健康权"概念,列举了"生命权、身体权、健康权"三种权利,且列举顺序不同于《精神损害赔偿司法解释》的"生命权、健康权、身体权",对于确定身体权的内容具有重大体系解释价值。

本条规定改变了《民法通则》列举式规定法人人格权的方式,不但将主体扩张到非法人组织,而且在列举名称权、名誉权和荣誉权之后,还使用了"等权利"的立法技术,预留了未来的立法空间。例如,可以通过对本法第 111 条的参照,认定"等权利"应当包括法人、非法人组织的组织信息权。

需要注意的是,《民法通则》第 99 条第 2 款规定:"法人、个体工商户、个人合伙享有名称权。企业法人、个体工商户、个人合伙有权使用、依法转让自己的名称。"《民法总则》并未将个人合伙作为民事主体规定,也未纳入非法人组织,而第 111 条未能明确个体工商户的名称权,因此,未来对个体工商户、个人合伙的名称权仍然将适用《民法通则》第 99 条第 2 款的规定,并需要在未来"民法典"编纂过程中予以完善。

本条仅对各种具体人格权进行了正面承认,至于其具体的救济方法则属于侵权责任法的内容,因此并未在此予以规定。

【关联条文】

《宪法》

第三十九条　中华人民共和国公民的住宅不受侵犯。禁止非法搜查或者非法侵入公民的住宅。

《侵权责任法》

第二条　侵害民事权益,应当依照本法承担侵权责任。

本法所称民事权益,包括生命权、健康权、姓名权、名誉权、荣誉权、肖像权、隐私权、婚姻自主权、监护权、所有权、用益物权、担保物权、著作权、专利权、商标专用权、发现权、股权、继承权等人身、财产权益。

《全国人民代表大会常务委员会关于〈民法通则〉第九十九条第一款、〈婚姻法〉第二十二条的解释》

最高人民法院向全国人民代表大会常务委员会提出,为使人民法院正确理解和适用法律,请求对民法通则第九十九条第一款"公民享有姓名权,有权决定、使用和依照规定改变自己的姓名"和婚姻法第二十二条"子女可以随父姓,可以随母姓"的规定作法律解释,明确公民在父姓和母姓之外选取姓氏如何适用法律。

全国人民代表大会常务委员会讨论了上述规定的含义,认为:公民依法享有姓名权。公民行使姓名权属于民事活动,既应当依照民法通则第九十九条第一款和婚姻法第二十二条的规定,还应当遵守民法通则第七条的规定,即应当尊重社会公德,不得损害社会公共利益。在中华传统文化中,"姓名"中的"姓",即姓氏,体现着血缘传承、伦理秩序和文化传统,公民选取姓氏涉及公序良俗。公民原则上随父姓或者母姓符合中华传统文化和伦理观念,符合绝大多数公民的意愿和实际做法。同时,考虑到社会实际情况,公民有正当理由的也可以选取其他姓氏。基于此,对民法通则第九十九条第一款、婚姻法第二十二条解释如下:

公民依法享有姓名权。公民行使姓名权,还应当尊重社会公德,不得损害社会公共利益。

公民原则上应当随父姓或者母姓。有下列情形之一的,可以在父姓和母姓之外选取姓氏:

(一)选取其他直系长辈血亲的姓氏;

(二)因由法定扶养人以外的人扶养而选取扶养人姓氏;

(三)有不违反公序良俗的其他正当理由。

少数民族公民的姓氏可以从本民族的文化传统和风俗习惯。

现予公告。

《婚姻法》

第二条 实行婚姻自由、一夫一妻、男女平等的婚姻制度。

保护妇女、儿童和老人的合法权益。

实行计划生育。

第十四条 夫妻双方都有各用自己姓名的权利。

《老年人权益保障法》

第二十一条 老年人的婚姻自由受法律保护。子女或者其他亲属不得干涉老年人离婚、再婚及婚后的生活。

赡养人的赡养义务不因老年人的婚姻关系变化而消除。

《未成年人保护法》

第四十六条 国家依法保护未成年人的智力成果和荣誉权不受侵犯。

《妇女权益保障法》

第三十八条 妇女的生命健康权不受侵犯。禁止溺、弃、残害女婴;禁止歧视、虐待生育女婴的妇女和不育的妇女;禁止用迷信、暴力等手段残害妇女;禁止虐待、遗弃病、残妇女和老年妇女。

第四十二条 妇女的名誉权、荣誉权、隐私权、肖像权等人格权受法律保护。

禁止用侮辱、诽谤等方式损害妇女的人格尊严。禁止通过大众传播媒介或者其他方式贬低损害妇女人格。未经本人同意,不得以营利为目的,通过广告、商标、展览橱窗、报纸、期刊、图书、音像制品、电子出版物、网络等形式使用妇女肖像。

第四十四条 国家保护妇女的婚姻自主权。禁止干涉妇女的结婚、离婚自由。

《民通意见》

139. 以营利为目的,未经公民同意利用其肖像做广告、商标、装饰橱窗等,应当认定为侵犯公民肖像权的行为。

140. 以书面、口头等形式宣扬他人的隐私,或者捏造事实公然丑化他人人格,以及用侮辱、诽谤等方式损害他人名誉,造成一定影响的,应当认定为侵害公民名誉权的行为。

以书面、口头等形式诋毁、诽谤法人名誉,给法人造成损害的,应当认定为侵害法人名誉权的行为。

141. 盗用、假冒他人姓名、名称造成损害的,应当认定为侵犯姓名权、名称权的行为。

《人身损害赔偿司法解释》

第一条 因生命、健康、身体遭受侵害,赔偿权利人起诉请求赔偿义务人赔偿财产损失和精神损害的,人民法院应予受理。

本条所称"赔偿权利人",是指因侵权行为或者其他致害原因直接遭受人身损害的受害人、依法由受害人承担扶养义务的被扶养人以及死亡受害人的近亲属。

本条所称"赔偿义务人",是指因自己或者他人的侵权行为以及其他致害原因依法应当承担民事责任的自然人、法人或者其他组织。

《精神损害赔偿司法解释》

第一条 自然人因下列人格权利遭受非法侵害,向人民法院起诉请求赔偿精神损害的,人民法院应当依法予以受理:

(一)生命权、健康权、身体权;

(二)姓名权、肖像权、名誉权、荣誉权;

(三)人格尊严权、人身自由权。

违反社会公共利益、社会公德侵害他人隐私或者其他人格利益,受害人以侵权为由向人民法院起诉请求赔偿精神损害的,人民法院应当依法予以受理。

《审理名誉权案件问题解释》

1993年我院印发《关于审理名誉权案件若干问题的解答》以来,各地人民法院在审理名誉权案件中,又提出一些如何适用法律的问题,现解释如下:

一、问:名誉权案件如何确定侵权结果发生地?

答:人民法院受理这类案件时,受侵权的公民、法人和其他组织的住所地,可以认定为侵权结果发生地。

二、问：有关机关和组织编印的仅供领导部门内部参阅的刊物、资料等刊登来信或者文章引起的名誉权纠纷，以及机关、社会团体、学术机构、企事业单位分发本单位、本系统或者其他一定范围内的一般内部刊物和内部资料所载内容引起的名誉权纠纷，人民法院是否受理？

答：有关机关和组织编印的仅供领导部门内部参阅的刊物、资料等刊登的来信或者文章，当事人以其内容侵害名誉权向人民法院提起诉讼的，人民法院不予受理。

机关、社会团体、学术机构、企事业单位分发本单位、本系统或者其他一定范围内的内部刊物和内部资料，所载内容引起名誉权纠纷的，人民法院应当受理。

三、问：新闻媒介和出版机构转载作品引起的名誉权纠纷，人民法院是否受理？

答：新闻媒介和出版机构转载作品，当事人以转载者侵害其名誉权向人民法院提起诉讼的，人民法院应当受理。

四、问：国家机关、社会团体、企事业单位等部门依职权对其管理的人员作出的结论引起的名誉权纠纷，人民法院是否受理？

答：国家机关、社会团体、企事业单位等部门对其管理的人员作出的结论或者处理决定，当事人以其侵害名誉权向人民法院提起诉讼的，人民法院不予受理。

五、问：因检举、控告引起的名誉权纠纷，人民法院是否受理？

答：公民依法向有关部门检举、控告他人的违法违纪行为，他人以检举、控告侵害其名誉权向人民法院提起诉讼的，人民法院不予受理。如果借检举、控告之名侮辱、诽谤他人，造成他人名誉损害，当事人以其名誉权受到侵害向人民法院提起诉讼的，人民法院应当受理。

六、问：新闻单位报道国家机关的公开的文书和职权行为引起的名誉权纠纷，是否认定为构成侵权？

答：新闻单位根据国家机关依职权制作的公开的文书和实施的公开的职权行为所作的报道，其报道客观准确的，不应当认定为侵害他人名誉权；其报道失实，或者前述文书和职权行为已公开纠正而拒绝更正报道，致使他人名誉受到损害的，应当认定为侵害他人名誉权。

七、问：因提供新闻材料引起的名誉权纠纷，如何认定是否构成侵权？

答：因提供新闻材料引起的名誉权纠纷，认定是否构成侵权，应区分以下两种情况：

（一）主动提供新闻材料，致使他人名誉受到损害的，应当认定为侵害他人名誉权。

（二）因被动接受采访而提供新闻材料，且未经提供者同意公开，新闻单位擅自发表，致使他人名誉受到损害的，对提供者一般不应当认定为侵害名誉权；虽系被动提供新闻材料，但发表时得到提供者同意或者默许，致使他人名誉受到损害的，应当认定为侵害名誉权。

八、问：因医疗卫生单位公开患者患有淋病、梅毒、麻风病、艾滋病等病情引起的名誉权纠纷，如何认定是否构成侵权？

答：医疗卫生单位的工作人员擅自公开患者患有淋病、梅毒、麻风病、艾滋病等病情，致使患者名誉受到损害的，应当认定为侵害患者名誉权。

医疗卫生单位向患者或其家属通报病情，不应当认定为侵害患者名誉权。

九、问：对产品质量、服务质量进行批评、评论引起的名誉权纠纷，如何认定是否构成侵权？

答：消费者对生产者、经营者、销售者的产品质量或者服务质量进行批评、评论，不应当认定为侵害他人名誉权。但借机诽谤、诋毁，损害其名誉的，应当认定为侵害名誉权。

新闻单位对生产者、经营者、销售者的产品质量或者服务质量进行批评、评论，内容基本属实，没有侮辱内容的，不应当认定为侵害其名誉权；主要内容失实，损害其名誉的，应当认定为侵害名誉权。

十、问：因名誉权受到侵害使生产、经营、销售遭受损失予以赔偿的范围和数额如何确定？

答：因名誉权受到侵害使生产、经营、销售遭受损失予以赔偿的范围和数额，可以按照确因侵权而造成客户退货、解除合同等损失程度来适当确定。

十一、问：名誉权纠纷与其他民事纠纷交织在一起的，人民法院应如何审理？

答：名誉权纠纷与其他民事纠纷交织在一起的，人民法院应当按当事人自己选择的请求予以审理。发生适用数种请求的，人民法院应当根据《中华人民共和国民事诉讼法》的有关规定和案件的实际情况，可以合并审理的合并审理；不能合并审理的，可以告知当事人另行起诉。

《审理名誉权案件问题解答》

各地人民法院在审理名誉权案件中，提出一些如何适用法律的问题，现解答如下：

一、问：人民法院对当事人关于名誉权纠纷的起诉应如何进行审查？

答：人民法院收到有关名誉权纠纷的起诉时，应按照《中华人民共和国民事诉讼法》（以下简称民事诉讼法）第一百零八条的规定进行审查，符合条件的，应予受理；对缺乏侵权事实不符合起诉条件而坚持起诉的，应裁定驳回起诉。

二、问:当事人在公共场所受到侮辱、诽谤,经公安机关依照《中华人民共和国治安管理处罚条例》(以下简称治安管理处罚条例)处理后,又向人民法院提起民事诉讼的,人民法院是否受理?

答:当事人在公共场所受到侮辱、诽谤,以名誉权受侵害为由提起民事诉讼的,无论是否经公安机关依照治安管理处罚条例处理,人民法院均应依法审查,符合受理条件的,应予受理。

三、问:当事人提起名誉权诉讼后,以同一事实和理由又要求追究被告人的刑事责任的,应如何处理?

答:当事人因受到侮辱、诽谤提起刑事诉讼的,应中止民事案件的审理,待刑事案件审结后,根据不同情况分别处理:对于犯罪情节轻微,没有给予被告人刑事处罚的,或者刑事自诉已由原告撤回或者被驳回的,应恢复民事案件的审理;对于民事诉讼请求已在刑事附带民事诉讼中解决的,应终结民事案件的审理。

四、问:名誉权案件如何确定管辖?

答:名誉权案件,适用民事诉讼法第二十九条的规定,由侵权行为地或者被告住所地人民法院管辖。侵权行为地包括侵权行为实施地和侵权结果发生地。

五、问:死者名誉受到损害,哪些人可以作为原告提起民事诉讼?

答:死者名誉受到损害的,其近亲属有权向人民法院起诉。近亲属包括:配偶、父母、子女、兄弟姐妹、祖父母、外祖父母、孙子女、外孙子女。

六、问:因新闻报道或者其他作品引起的名誉权纠纷,如何确定被告?

答:因新闻报道或其他作品发生的名誉权纠纷,应根据原告的起诉确定被告。只诉作者的,列作者为被告;只诉新闻出版单位的,列新闻出版单位为被告;对作者和新闻出版单位都提起诉讼的,将作者和新闻出版单位均列为被告,但作者与新闻出版单位为隶属关系,作品系作者履行职务所形成的,只列单位为被告。

七、问:侵害名誉权责任应如何认定?

答:是否构成侵害名誉权的责任,应当根据受害人确有名誉被损害的事实、行为人行为违法、违法行为与损害后果之间有因果关系、行为人主观上有过错来认定。

以书面或者口头形式侮辱或者诽谤他人,损害他人名誉的,应认定为侵害他人名誉权。

对未经他人同意,擅自公布他人的隐私材料或以书面、口头形式宣扬他人隐私,致他人名誉受到损害的,按照侵害他人名誉权处理。

因新闻报道严重失实,致他人名誉受到损害的,应按照侵害他人名誉权处理。

八、问:因撰写、发表批评文章引起的名誉权纠纷,应如何认定是否构成侵权?

答:因撰写、发表批评文章引起的名誉权纠纷,人民法院应根据不同情况处理:

文章反映的问题基本真实,没有侮辱他人人格的内容的,不应认定为侵害他人名誉权。

文章反映的问题虽基本属实,但有侮辱他人人格的内容,使他人名誉受到侵害的,应认定为侵害他人名誉权。

文章的基本内容失实,使他人名誉受到损害的,应认定为侵害他人名誉权。

九、问:因文学作品引起的名誉权纠纷,应如何认定是否构成侵权?

答:撰写、发表文学作品,不是以生活中特定的人为描写对象,仅是作品的情节与生活中某人的情况相似,不应认定为侵害他人名誉权。

描写真人真事的文学作品,对特定人进行侮辱、诽谤或者披露隐私损害其名誉的;或者虽未写明真实姓名和住址,但事实是以特定人为描写对象,文中有侮辱、诽谤或者披露隐私的内容,致其名誉受到损害的,应认定为侵害他人名誉权。

编辑出版单位在作品已被认定为侵害他人名誉权或被告知明显属于侵害他人名誉权后,应刊登声明消除影响或者采取其他补救措施;拒不刊登声明,不采取其他补救措施,或继续刊登、出版侵权作品的,应认定为侵权。

十、问:侵害名誉权的责任承担形式如何掌握?

答:人民法院依照《中华人民共和国民法通则》第一百二十条和第一百三十四条的规定,可以责令侵权人停止侵害、恢复名誉、消除影响、赔礼道歉、赔偿损失。

恢复名誉、消除影响、赔礼道歉可以书面或者口头的方式进行,内容须事先经人民法院审查。

恢复名誉、消除影响的范围,一般应与侵权所造成不良影响的范围相当。

公民、法人因名誉权受到侵害要求赔偿的,侵权人应赔偿侵权行为造成的经济损失;公民并提出精神损害赔偿要求的,人民法院可根据侵权人的过错程度、侵权行为的具体情节、给受害人造成精神损害的后果等情况酌定。

十一、问:侵权人不执行生效判决,不为对方恢复名誉、消除影响、赔礼道歉的,应如何处理?

答：侵权人拒不执行生效判决，不为对方恢复名誉、消除影响的，人民法院可以采取公告、登报等方式，将判决的主要内容及有关情况公布于众，费用由被执行人负担，并可依照民事诉讼法第一百零二条第六项的规定处理。

【对应案由】

　　M1.1.1 生命权、健康权、身体权纠纷
　　M1.1.2 姓名权纠纷
　　M1.1.3 肖像权纠纷
　　M1.1.4 名誉权纠纷
　　M1.1.5 荣誉权纠纷
　　M1.1.6 隐私权纠纷
　　M1.1.7 婚姻自主权纠纷

第一百一十一条 【个人信息权】

《民法总则》条文	《民法通则》等编纂对象法规对应条文
第一百一十一条　自然人的个人信息受法律保护。任何组织和个人需要获取他人个人信息的，应当依法取得并确保信息安全，不得非法收集、使用、加工、传输他人个人信息，不得非法买卖、提供或者公开他人个人信息。	《加强网络信息保护决定》 　　一、国家保护能够识别公民个人身份和涉及公民个人隐私的电子信息。 　　任何组织和个人不得窃取或者以其他非法方式获取公民个人电子信息，不得出售或者非法向他人提供公民个人电子信息。 《网络安全法》 　　第四十二条第一款　网络运营者不得泄露、篡改、毁损其收集的个人信息；未经被收集者同意，不得向他人提供个人信息。但是，经过处理无法识别特定个人且不能复原的除外。 　　第四十四条　任何个人和组织不得窃取或者以其他非法方式获取个人信息，不得非法出售或者非法向他人提供个人信息。

【条文释义】

　　随着信息时代的到来，个人信息保护的社会需求越来越强烈。本条关于个

人信息权的规定就是对于这种社会需求的回应。个人信息权是个人对其在社会生活与网络中所形成的姓名、肖像、就医记录、购物记录等具有直接或间接识别主体身份的信息所享有的控制或决定的权利。

这里需要注意个人信息和隐私的区别。第一，隐私是早于个人信息出现的一种人格要素或利益，是个人所具有的与公众无关的不愿为他人所知悉的私密信息、私密空间和家庭生活状况；而个人信息的私密性要较隐私弱一些，很多个人信息并不具有私密性，例如网络环境中的姓名、肖像等。第二，隐私的保护方法主要是排除非法获得或侵入，任何人不得非法获得、公布或传播他人隐私，也不得非法侵入他人的私密空间；而个人信息的保护方法虽然也包括禁止非法获得、公布或传播，但此外还包括禁止将个人信息予以非匿名化处理或者予以识别化处理。第三，隐私的专属性程度较高，个人隐私不允许他人予以任何方式的利用或使用；而个人信息的专属性较低，在某些情况下，网络平台或特定机构可以在合理限度内对于个人信息予以合理使用。例如，通过交易过程而获得个人信息的网络运营商、医院等组织，可以在合理的限度内持有和使用个人信息。除此之外，任何组织和个人不得非法收集、使用、加工、传输个人信息，更不得非法买卖个人信息；合法持有者也不得将其持有的个人信息出卖给他人或者公开其掌握的个人信息。

需要指出的是，本条规定是在《民法总则》起草过程中新增加的条文，在立法技术上与本法第 110 条第 2 款规定的法人、非法人组织的人格权未能实现协调。与自然人的个人信息权相对应的，是法人、非法人组织的组织信息权，因此，应将其纳入第 110 条第 2 款规定的法人、非法人组织所享有的名称权、名誉权、荣誉权"等权利"中予以解释适用。

【关联条文】

《宪法》

第四十条　中华人民共和国公民的通信自由和通信秘密受法律的保护。除因国家安全或者追查刑事犯罪的需要，由公安机关或者检察机关依照法律规定的程序对通信进行检查外，任何组织或个人不得以任何理由侵犯公民的通信自由和通信秘密。

《消费者权益保护法》

第十四条　消费者在购买、使用商品和接受服务时，享有人格尊严、民族风俗习惯得到尊重的权利，享有个人信息依法得到保护的权利。

第二十九条　经营者收集、使用消费者个人信息，应当遵循合法、正当、必要的原则，明示收集、使用信息的目的、方式和范围，并经消费者同意。经营者收集、使用消费者个人信息,应当公开其收集、使用规则,不得违反法律、法规的规定和双方的约定收集、使用信息。

经营者及其工作人员对收集的消费者个人信息必须严格保密,不得泄露、出售或者非法向他人提供。经营者应当采取技术措施和其他必要措施,确保信息安全,防止消费者个人信息泄露、丢失。在发生或者可能发生信息泄露、丢失的情况时,应当立即采取补救措施。

经营者未经消费者同意或者请求,或者消费者明确表示拒绝的,不得向其发送商业性信息。

第五十条 经营者侵害消费者的人格尊严、侵犯消费者人身自由或者侵害消费者个人信息依法得到保护的权利的,应当停止侵害、恢复名誉、消除影响、赔礼道歉,并赔偿损失。

《网络安全法》

第二十二条 网络产品、服务应当符合相关国家标准的强制性要求。网络产品、服务的提供者不得设置恶意程序;发现其网络产品、服务存在安全缺陷、漏洞等风险时,应当立即采取补救措施,按照规定及时告知用户并向有关主管部门报告。

网络产品、服务的提供者应当为其产品、服务持续提供安全维护;在规定或者当事人约定的期限内,不得终止提供安全维护。

网络产品、服务具有收集用户信息功能的,其提供者应当向用户明示并取得同意;涉及用户个人信息的,还应当遵守本法和有关法律、行政法规关于个人信息保护的规定。

第四十条 网络运营者应当对其收集的用户信息严格保密,并建立健全用户信息保护制度。

第四十一条 网络运营者收集、使用个人信息,应当遵循合法、正当、必要的原则,公开收集、使用规则,明示收集、使用信息的目的、方式和范围,并经被收集者同意。

网络运营者不得收集与其提供的服务无关的个人信息,不得违反法律、行政法规的规定和双方的约定收集、使用个人信息,并应当依照法律、行政法规的规定和与用户的约定,处理其保存的个人信息。

第四十二条 网络运营者不得泄露、篡改、毁损其收集的个人信息;未经被收集者同意,不得向他人提供个人信息。但是,经过处理无法识别特定个人且不能复原的除外。

网络运营者应当采取技术措施和其他必要措施,确保其收集的个人信息安全,防止信息泄露、毁损、丢失。在发生或者可能发生个人信息泄露、毁损、丢失的情况时,应当立即采取补救措施,按照规定及时告知用户并向有关主管部门报告。

第四十三条　个人发现网络运营者违反法律、行政法规的规定或者双方的约定收集、使用其个人信息的,有权要求网络运营者删除其个人信息;发现网络运营者收集、存储的其个人信息有错误的,有权要求网络运营者予以更正。网络运营者应当采取措施予以删除或者更正。

第四十五条　依法负有网络安全监督管理职责的部门及其工作人员,必须对在履行职责中知悉的个人信息、隐私和商业秘密严格保密,不得泄露、出售或者非法向他人提供。

第七十六条　本法下列用语的含义:

(一)网络,是指由计算机或者其他信息终端及相关设备组成的按照一定的规则和程序对信息进行收集、存储、传输、交换、处理的系统。

(二)网络安全,是指通过采取必要措施,防范对网络的攻击、侵入、干扰、破坏和非法使用以及意外事故,使网络处于稳定可靠运行的状态,以及保障网络数据的完整性、保密性、可用性的能力。

(三)网络运营者,是指网络的所有者、管理者和网络服务提供者。

(四)网络数据,是指通过网络收集、存储、传输、处理和产生的各种电子数据。

(五)个人信息,是指以电子或者其他方式记录的能够单独或者与其他信息结合识别自然人个人身份的各种信息,包括但不限于自然人的姓名、出生日期、身份证件号码、个人生物识别信息、住址、电话号码等。

《旅游法》

第五十二条　旅游经营者对其在经营活动中知悉的旅游者个人信息,应当予以保密。

第八十六条　旅游主管部门和有关部门依法实施监督检查,其监督检查人员不得少于二人,并应当出示合法证件。监督检查人员少于二人或者未出示合法证件的,被检查单位和个人有权拒绝。

监督检查人员对在监督检查中知悉的被检查单位的商业秘密和个人信息应当依法保密。

《商业银行法》

第二十九条　商业银行办理个人储蓄存款业务,应当遵循存款自愿、取款自由、存款有息、为存款人保密的原则。

对个人储蓄存款,商业银行有权拒绝任何单位或者个人查询、冻结、扣划,但法律另有规定的除外。

《刑法》

第二百五十三条之一　违反国家有关规定,向他人出售或者提供公民个人信息,情节严重的,处三年以下有期徒刑或者拘役,并处或者单处罚金;情节特别严重的,处三年以上七年以下有期徒刑,并处罚金。

违反国家规定,将在履行职责或者提供服务过程中获得的公民个人信息,出售或者非法提供给他人的,依照前款的规定从事处罚。

窃取或者以其他方法非法获取公民个人信息的,依照第一款的规定处罚。

单位犯前三款罪的,对单位判处罚金,并对其直接负责的主管人员和其他直接责任人员,依照各该款的规定处罚。

《加强网络信息保护决定》

一、国家保护能够识别公民个人身份和涉及公民个人隐私的电子信息。

任何组织和个人不得窃取或者以其他非法方式获取公民个人电子信息,不得出售或者非法向他人提供公民个人电子信息。

二、网络服务提供者和其他企业事业单位在业务活动中收集、使用公民个人电子信息,应当遵循合法、正当、必要的原则,明示收集、使用信息的目的、方式和范围,并经被收集者同意,不得违反法律、法规的规定和双方的约定收集、使用信息。

网络服务提供者和其他企业事业单位收集、使用公民个人电子信息,应当公开其收集、使用规则。

三、网络服务提供者和其他企业事业单位及其工作人员对在业务活动中收集的公民个人电子信息必须严格保密,不得泄露、篡改、毁损,不得出售或者非法向他人提供。

四、网络服务提供者和其他企业事业单位应当采取技术措施和其他必要措施,确保信息安全,防止在业务活动中收集的公民个人电子信息泄露、毁损、丢失。在发生或者可能发生信息泄露、毁损、丢失的情况时,应当立即采取补救措施。

五、网络服务提供者应当加强对其用户发布的信息的管理,发现法律、法规禁止发布或者传输的信息的,应当立即停止传输该信息,采取消除等处置措施,保存有关记录,并向有关主管部门报告。

六、网络服务提供者为用户办理网站接入服务,办理固定电话、移动电话等入网手续,或者为用户提供信息发布服务,应当在与用户签订协议或者确认提供服务时,要求用户提供真实身份信息。

七、任何组织和个人未经电子信息接收者同意或者请求,或者电子信息接收者明确表示拒绝的,不得向其固定电话、移动电话或者个人电子邮箱发送商业性电子信息。

八、公民发现泄露个人身份、散布个人隐私等侵害其合法权益的网络信息，或者受到商业性电子信息侵扰的，有权要求网络服务提供者删除有关信息或者采取其他必要措施予以制止。

九、任何组织和个人对窃取或者以其他非法方式获取、出售或者非法向他人提供公民个人电子信息的违法犯罪行为以及其他网络信息违法犯罪行为，有权向有关主管部门举报、控告；接到举报、控告的部门应当依法及时处理。被侵权人可以依法提起诉讼。

十、有关主管部门应当在各自职权范围内依法履行职责，采取技术措施和其他必要措施，防范、制止和查处窃取或者以其他非法方式获取、出售或者非法向他人提供公民个人电子信息的违法犯罪行为以及其他网络信息违法犯罪行为。有关主管部门依法履行职责时，网络服务提供者应当予以配合，提供技术支持。

国家机关及其工作人员对在履行职责中知悉的公民个人电子信息应当予以保密，不得泄露、篡改、毁损，不得出售或者非法向他人提供。

十一、对有违反本决定行为的，依法给予警告、罚款、没收违法所得、吊销许可证或者取消备案、关闭网站、禁止有关责任人员从事网络服务业务等处罚，记入社会信用档案并予以公布；构成违反治安管理行为的，依法给予治安管理处罚。构成犯罪的，依法追究刑事责任。侵害他人民事权益的，依法承担民事责任。

《居民身份证法》

第十九条 国家机关或者金融、电信、交通、教育、医疗等单位的工作人员泄露在履行职责或者提供服务过程中获得的居民身份证记载的公民个人信息，构成犯罪的，依法追究刑事责任；尚不构成犯罪的，由公安机关处十日以上十五日以下拘留，并处五千元罚款，有违法所得的，没收违法所得。

单位有前款行为，构成犯罪的，依法追究刑事责任；尚不构成犯罪的，由公安机关对其直接负责的主管人员和其他直接责任人员，处十日以上十五日以下拘留，并处十万元以上五十万元以下罚款，有违法所得的，没收违法所得。

有前两款行为，对他人造成损害的，依法承担民事责任。

《统计法》

第九条 统计机构和统计人员对在统计工作中知悉的国家秘密、商业秘密和个人信息，应当予以保密。

第三十九条 县级以上人民政府统计机构或者有关部门有下列行为之一的，对直接负责的主管人员和其他直接责任人员由任免机关或者监察机关依法

给予处分:

(一)违法公布统计资料的;

(二)泄露统计调查对象的商业秘密、个人信息或者提供、泄露在统计调查中获得的能够识别或者推断单个统计调查对象身份的资料的;

(三)违反国家有关规定,造成统计资料毁损、灭失的。

统计人员有前款所列行为之一的,依法给予处分。

第一百一十二条 【身份权】

《民法总则》条文	《民法通则》等编纂对象法规对应条文
第一百一十二条 自然人因婚姻、家庭关系等产生的人身权利受法律保护。	《婚姻法》 第二十条 夫妻有互相扶养的义务。 一方不履行扶养义务时,需要扶养的一方,有要求对方付给扶养费的权利。 《精神损害赔偿司法解释》 第二条 非法使被监护人脱离监护,导致亲子关系或者近亲属间的亲属关系遭受严重损害,监护人向人民法院起诉请求赔偿精神损害的,人民法院应当依法予以受理。

【条文释义】

自然人的民事权利中除了人格权之外,还有一种非常重要的具有人身属性的权利,那就是自然人的身份权。身份权是自然人基于婚姻、家庭等人身关系所产生的配偶、父母子女等身份而享有的具有人身属性的与人身不可分割的权利。

配偶权是指夫妻之间互为配偶的基本身份权。它表明夫妻之间互为配偶的身份利益,由权利人专属支配,其他任何人均负不得侵犯的义务。亲权,是指父母对未成年子女在人身和财产方面的管教和保护的权利和义务。

本条规定自然人因婚姻、家庭关系"等"产生的人身权利,这里的"等"字主要是指亲权之外的亲属权和监护权。其中亲属权主要是相对权,尤其是指依据《婚姻法》第28条和第29条由不具有家庭关系的有负担能力的祖父母、外祖父母,对于父母已经死亡或父母无力抚养的未成年的孙子女、外孙子女有抚养的义务;或者有负担能力的孙子女、外孙子女,对于子女已经死亡或子女无力赡养的祖父母、外祖父母负有的赡养义务;以及有负担能力的兄、姐,对于父母已经死亡或父母无力抚养的未成年的弟、妹有抚养的义务;或者由兄、姐扶养长大的有负担能力的弟、妹,对于缺乏劳动能力又缺乏生活来源的兄、姐负有的扶养义务。而监护权主要是绝对权,非法使被监护人脱离监护,导致亲子关系或者近亲属间的亲属关系遭受严重损害,可以请求精神损害赔偿。

【关联条文】

《宪法》

第四十九条 婚姻、家庭、母亲和儿童受国家的保护。

夫妻双方有实行计划生育的义务。

父母有抚养教育未成年子女的义务,成年子女有赡养扶助父母的义务。

禁止破坏婚姻自由,禁止虐待老人、妇女和儿童。

《民法总则》

第二十六条 父母对未成年子女负有抚养、教育和保护的义务。

成年子女对父母负有赡养、扶助和保护的义务。

《民法通则》

第一百零四条 婚姻、家庭、老人、母亲和儿童受法律保护。

残疾人的合法权益受法律保护。

《婚姻法》

第二十一条 父母对子女有抚养教育的义务;子女对父母有赡养扶助的义务。

父母不履行抚养义务时,未成年的或不能独立生活的子女,有要求父母付给抚养费的权利。

子女不履行赡养义务时,无劳动能力的或生活困难的父母,有要求子女付给赡养费的权利。

禁止溺婴、弃婴和其他残害婴儿的行为。

第二十三条 父母有保护和教育未成年子女的权利和义务。在未成年子女对国家、集体或他人造成损害时,父母有承担民事责任的义务。

第二十八条 有负担能力的祖父母、外祖父母,对于父母已经死亡或父母无力抚养的未成年的孙子女、外孙子女,有抚养的义务。有负担能力的孙子女、外孙子女,对于子女已经死亡或子女无力赡养的祖父母、外祖父母,有赡养的义务。

第二十九条 有负担能力的兄、姐,对于父母已经死亡或父母无力抚养的未成年的弟、妹,有扶养的义务。由兄、姐扶养长大的有负担能力的弟、妹,对于缺乏劳动能力又缺乏生活来源的兄、姐,有扶养的义务。

第四十六条 有下列情形之一,导致离婚的,无过错方有权请求损害赔偿:

(一)重婚的;

（二）有配偶者与他人同居的；
（三）实施家庭暴力的；
（四）虐待、遗弃家庭成员的。

《收养法》

第二十三条　自收养关系成立之日起，养父母与养子女间的权利义务关系，适用法律关于父母子女关系的规定；养子女与养父母的近亲属间的权利义务关系，适用法律关于子女与父母的近亲属关系的规定。

养子女与生父母及其他近亲属间的权利义务关系，因收养关系的成立而消除。

《老年人权益保障法》

第十四条　赡养人应当履行对老年人经济上供养、生活上照料和精神上慰藉的义务，照顾老年人的特殊需要。

赡养人是指老年人的子女以及其他依法负有赡养义务的人。

赡养人的配偶应当协助赡养人履行赡养义务。

第十五条　赡养人应当使患病的老年人及时得到治疗和护理；对经济困难的老年人，应当提供医疗费用。

对生活不能自理的老年人，赡养人应当承担照料责任；不能亲自照料的，可以按照老年人的意愿委托他人或者养老机构等照料。

《未成年人保护法》

第十条　父母或者其他监护人应当创造良好、和睦的家庭环境，依法履行对未成年人的监护职责和抚养义务。

禁止对未成年人实施家庭暴力，禁止虐待、遗弃未成年人，禁止溺婴和其他残害婴儿的行为，不得歧视女性未成年人或者有残疾的未成年人。

《婚姻法司法解释（一）》

第二十九条　承担婚姻法第四十六条规定的损害赔偿责任的主体，为离婚诉讼当事人中无过错方的配偶。

人民法院判决不准离婚的案件，对于当事人基于婚姻法第四十六条提出的损害赔偿请求，不予支持。

在婚姻关系存续期间，当事人不起诉离婚而单独依据该条规定提起损害赔偿请求的，人民法院不予受理。

【对应案由】

M2.2.18 抚养纠纷

M2.2.18.1 抚养费纠纷

M2.2.18.2 变更抚养关系纠纷
M2.2.19 扶养纠纷
M2.2.19.1 扶养费纠纷
M2.2.19.2 变更扶养关系纠纷
M2.2.20 赡养纠纷
M2.2.20.1 赡养费纠纷
M2.2.20.2 变更赡养关系纠纷
M2.2.22 监护权纠纷

第一百一十三条 【财产权受法律平等保护】

《民法总则》条文	《民法通则》等编纂对象法规对应条文
第一百一十三条　民事主体的财产权利受法律平等保护。	《物权法》 　　第三条　国家在社会主义初级阶段,坚持公有制为主体、多种所有制经济共同发展的基本经济制度。 　　国家巩固和发展公有制经济,鼓励、支持和引导非公有制经济的发展。 　　国家实行社会主义市场经济,保障一切市场主体的平等法律地位和发展权利。 　　第四条　国家、集体、私人的物权和其他权利人的物权受法律保护,任何单位和个人不得侵犯。

【条文释义】

本条是对于私有财产权及其保护的概括性规定。自然人的私有财产权利是一种重要的民事权利,是民法保护的重要对象。其主要包括物权、债权、继承权、知识产权以及股权等财产性权利。

《物权法》第3条第1款规定:"国家在社会主义初级阶段,坚持公有制为主体、多种所有制经济共同发展的基本经济制度。"第2款进一步规定:"国家巩固和发展公有制经济,鼓励、支持和引导非公有制经济的发展。"在前两款的基础上,第3款规定:"国家实行社会主义市场经济,保障一切市场主体的平等法律地位和发展权利。"接着在第4条规定:"国家、集体、私人的物权和其他权利人的物权受法律保护,任何单位和个人不得侵犯。"但《物权法》并未直接规定不同所有制民事主体的民事财产能够得到平等保护。

中共中央、国务院《关于完善产权保护制度依法保护产权的意见》(2016年

11月4日,中发〔2016〕28号)明确提出:"坚持平等保护。健全以公平为核心原则的产权保护制度,毫不动摇巩固和发展公有制经济,毫不动摇鼓励、支持、引导非公有制经济发展,公有制经济财产权不可侵犯,非公有制经济财产权同样不可侵犯。"并在第三点"完善平等保护产权的法律制度"中进一步明确:"加快推进民法典编纂工作,完善物权、合同、知识产权相关法律制度,清理有违公平的法律法规条款,将平等保护作为规范财产关系的基本原则。健全以企业组织形式和出资人承担责任方式为主的市场主体法律制度,统筹研究清理、废止按照所有制不同类型制定的市场主体法律和行政法规,开展部门规章和规范性文件专项清理,平等保护各类市场主体。加大对非公有财产的刑法保护力度。"

《民法总则》第113条在本法第2条和第4条的基础上,贯彻《关于完善产权保护制度依法保护产权的意见》,将《物权法》第3条和第4条的立法精神更明确、简洁地表述为民事主体的财产权利受法律平等保护",具有重大宪法意义。

【关联条文】

《宪法》

第十二条 社会主义的公共财产神圣不可侵犯。

国家保护社会主义的公共财产。禁止任何组织或者个人用任何手段侵占或者破坏国家的和集体的财产。

第十三条 公民的合法的私有财产不受侵犯。

国家依照法律规定保护公民的私有财产权和继承权。

国家为了公共利益的需要,可以依照法律规定对公民的私有财产实行征收或者征用并给予补偿。

《民法总则》

第二条 民法调整平等主体的自然人、法人和非法人组织之间的人身关系和财产关系。

第四条 民事主体在民事活动中的法律地位一律平等。

《民法通则》

第三条 当事人在民事活动中的地位平等。

第七十三条 国家财产属于全民所有。

国家财产神圣不可侵犯,禁止任何组织或者个人侵占、哄抢、私分、截留、破坏。

第七十四条 劳动群众集体组织的财产属于劳动群众集体所有,包括:

(一)法律规定为集体所有的土地和森林、山岭、草原、荒地、滩涂等;

(二)集体经济组织的财产;

(三)集体所有的建筑物、水库、农田水利设施和教育、科学、文化、卫生、体育等设施；

（四）集体所有的其他财产。

集体所有的土地依照法律属于村农民集体所有,由村农业生产合作社等农业集体经济组织或者村民委员会经营、管理。已经属于乡(镇)农民集体经济组织所有的,可以属于乡(镇)农民集体所有。

集体所有的财产受法律保护,禁止任何组织或者个人侵占、哄抢、私分、破坏或者非法查封、扣押、冻结、没收。

第七十五条　公民的个人财产,包括公民的合法收入、房屋、储蓄、生活用品、文物、图书资料、林木、牲畜和法律允许公民所有的生产资料以及其他合法财产。

公民的合法财产受法律保护,禁止任何组织或者个人侵占、哄抢、破坏或者非法查封、扣押、冻结、没收。

《物权法》

第五十六条　国家所有的财产受法律保护,禁止任何单位和个人侵占、哄抢、私分、截留、破坏。

第六十三条　集体所有的财产受法律保护,禁止任何单位和个人侵占、哄抢、私分、破坏。

集体经济组织、村民委员会或者其负责人作出的决定侵害集体成员合法权益的,受侵害的集体成员可以请求人民法院予以撤销。

第六十六条　私人的合法财产受法律保护,禁止任何单位和个人侵占、哄抢、破坏。

《民通意见》

170. 未授权给公民、法人经营、管理的国家财产受到侵害的,不受诉讼时效期间的限制。

第一百一十四条　【物权的概念与类型】

《民法总则》条文	《民法通则》等编纂对象法规对应条文
第一百一十四条　民事主体依法享有物权。 物权是权利人依法对特定的物享有直接支配和排他的权利,包括所有权、用益物权和担保物权。	《物权法》 第二条第三款　本法所称物权,是指权利人依法对特定的物享有直接支配和排他的权利,包括所有权、用益物权和担保物权。

【条文释义】

本条是对于物权的规定。物权是一种重要的财产权,为权利人对特定有体物所享有的具有排他效力的直接支配权。具体来说,物权又分为自物权和他物权,前者为所有权,后者又可细分为用益物权和担保物权。用益物权包括建设用地使用权、土地承包经营权、宅基地使用权、地役权;担保物权包括抵押权、质权和留置权。

【关联条文】

《民法通则》

第七十一条 财产所有权是指所有人依法对自己的财产享有占有、使用、收益和处分的权利。

《物权法》

第二条 因物的归属和利用而产生的民事关系,适用本法。

本法所称物,包括不动产和动产。法律规定权利作为物权客体的,依照其规定。

本法所称物权,是指权利人依法对特定的物享有直接支配和排他的权利,包括所有权、用益物权和担保物权。

第三十九条 所有权人对自己的不动产或者动产,依法享有占有、使用、收益和处分的权利。

第四十条 所有权人有权在自己的不动产或者动产上设立用益物权和担保物权。用益物权人、担保物权人行使权利,不得损害所有权人的权益。

第一百一十七条 用益物权人对他人所有的不动产或者动产,依法享有占有、使用和收益的权利。

第一百七十条 担保物权人在债务人不履行到期债务或者发生当事人约定的实现担保物权的情形,依法享有就担保财产优先受偿的权利,但法律另有规定的除外。

第一百一十五条 【物权的客体】

《民法总则》条文	《民法通则》等编纂对象法规对应条文
第一百一十五条 物包括不动产和动产。法律规定权利作为物权客体的,依照其规定。	《物权法》 第二条第二款 本法所称物,包括不动产和动产。法律规定权利作为物权客体的,依照其规定。

【条文释义】

物权的客体主要是有体物,包括不动产和动产,权利在法律特别规定的情况下可以作为物权客体,主要是作为担保物权的客体。不动产是土地、房屋、空间等不可移动或移动后其价值将重大减损的有体物,动产是不动产之外的其他可以移动的有体物。

【关联条文】

《物权法》

第二条　因物的归属和利用而产生的民事关系,适用本法。

本法所称物,包括不动产和动产。法律规定权利作为物权客体的,依照其规定。

本法所称物权,是指权利人依法对特定的物享有直接支配和排他的权利,包括所有权、用益物权和担保物权。

第一百八十条　债务人或者第三人有权处分的下列财产可以抵押:

(一)建筑物和其他土地附着物;

(二)建设用地使用权;

(三)以招标、拍卖、公开协商等方式取得的荒地等土地承包经营权;

(四)生产设备、原材料、半成品、产品;

(五)正在建造的建筑物、船舶、航空器;

(六)交通运输工具;

(七)法律、行政法规未禁止抵押的其他财产。

抵押人可以将前款所列财产一并抵押。

第二百二十三条　债务人或者第三人有权处分的下列权利可以出质:

(一)汇票、支票、本票;

(二)债券、存款单;

(三)仓单、提单;

(四)可以转让的基金份额、股权;

(五)可以转让的注册商标专用权、专利权、著作权等知识产权中的财产权;

(六)应收账款;

(七)法律、行政法规规定可以出质的其他财产权利。

第一百一十六条　【物权法定】

《民法总则》条文	《民法通则》等编纂对象法规对应条文
第一百一十六条　物权的种类和内容,由法律规定。	《物权法》 第五条　物权的种类和内容,由法律规定。

【条文释义】

物权是一种绝对权和对世权,其特征是权利人之外的其他人均为义务人,对权利人负有不作为义务,因此物权不但涉及权利人的利益还涉及一般人的行为自由。为了保护公众的行为自由,给其行为设定一个可以预期的清晰边界,物权的种类及其具体内容都必须由法律明确规定,不能由当事人自己约定。物权的法定与契约的自由约定两者之间形成鲜明的对比。我国物权法所规定的物权为所有权、建设用地使用权、土地承包经营权、宅基地使用权、地役权、抵押权、质权和留置权。

【关联条文】

《物权法》

第二条 因物的归属和利用而产生的民事关系,适用本法。

本法所称物,包括不动产和动产。法律规定权利作为物权客体的,依照其规定。

本法所称物权,是指权利人依法对特定的物享有直接支配和排他的权利,包括所有权、用益物权和担保物权。

第三十九条 所有权人对自己的不动产或者动产,依法享有占有、使用、收益和处分的权利。

第一百二十五条 土地承包经营权人依法对其承包经营的耕地、林地、草地等享有占有、使用和收益的权利,有权从事种植业、林业、畜牧业等农业生产。

第一百三十五条 建设用地使用权人依法对国家所有的土地享有占有、使用和收益的权利,有权利用该土地建造建筑物、构筑物及其附属设施。

第一百五十二条 宅基地使用权人依法对集体所有的土地享有占有和使用的权利,有权依法利用该土地建造住宅及其附属设施。

第一百五十六条 地役权人有权按照合同约定,利用他人的不动产,以提高自己的不动产的效益。

前款所称他人的不动产为供役地,自己的不动产为需役地。

第一百七十九条 为担保债务的履行,债务人或者第三人不转移财产的占有,将该财产抵押给债权人的,债务人不履行到期债务或者发生当事人约定的实现抵押权的情形,债权人有权就该财产优先受偿。

前款规定的债务人或者第三人为抵押人,债权人为抵押权人,提供担保的财产为抵押财产。

第二百零八条 为担保债务的履行,债务人或者第三人将其动产出质给债权人占有的,债务人不履行到期债务或者发生当事人约定的实现质权的情形,债权人有权就该动产优先受偿。

前款规定的债务人或者第三人为出质人,债权人为质权人,交付的动产为质押财产。

第二百三十条　债务人不履行到期债务,债权人可以留置已经合法占有的债务人的动产,并有权就该动产优先受偿。

前款规定的债权人为留置权人,占有的动产为留置财产。

第一百一十七条　【不动产或动产的征收征用】

《民法总则》条文	《民法通则》等编纂对象法规对应条文
第一百一十七条　为了公共利益的需要,依照法律规定的权限和程序征收、征用不动产或者动产的,应当给予公平、合理的补偿。	《物权法》 第四十二条　为了公共利益的需要,依照法律规定的权限和程序可以征收集体所有的土地和单位、个人的房屋及其他不动产。 征收集体所有的土地,应当依法足额支付土地补偿费、安置补助费、地上附着物和青苗的补偿费等费用,安排被征地农民的社会保障费用,保障被征地农民的生活,维护被征地农民的合法权益。 征收单位、个人的房屋及其他不动产,应当依法给予拆迁补偿,维护被征收人的合法权益;征收个人住宅的,还应当保障被征收人的居住条件。 任何单位和个人不得贪污、挪用、私分、截留、拖欠征收补偿费等费用。

【条文释义】

本条对于不动产、动产的征收、征用进行了规定。动产和不动产属于物权人的物权,受到法律的保护,任何人不得侵害,这是最基本的原则。征收是指国家基于公共利益的需要,以行政权取得集体、个人财产所有权并给予适当补偿的行政行为。征用是指国家基于公共利益的需要,以行政权取得集体、个人财产使用权,并给予合理补偿的行政行为。只有为了公共利益需要才可以进行征收、征用,在征收、征用时不但要按照法律规定的权限和程序进行,还要给予公平、合理的补偿。

较之《物权法》,《民法总则》第117条规定的依法征收、征用范围不限于不动产,还包括动产。这是对《宪法》第 13 条第 3 款规定的直接落实:"国家为了公共利益的需要,可以依照法律规定对公民的私有财产实行征收或者征用并给予补偿。"

【关联条文】

《宪法》

第十条 城市的土地属于国家所有。

农村和城市郊区的土地,除由法律规定属于国家所有的以外,属于集体所有;宅基地和自留地、自留山,也属于集体所有。

国家为了公共利益的需要,可以依照法律规定对土地实行征收或者征用并给予补偿。

任何组织或者个人不得侵占、买卖或者以其他形式非法转让土地。土地的使用权可以依照法律的规定转让。

一切使用土地的组织和个人必须合理地利用土地。

第十三条 公民的合法的私有财产不受侵犯。

国家依照法律规定保护公民的私有财产权和继承权。

国家为了公共利益的需要,可以依照法律规定对公民的私有财产实行征收或者征用并给予补偿。

《物权法》

第四十四条 因抢险、救灾等紧急需要,依照法律规定的权限和程序可以征用单位、个人的不动产或者动产。被征用的不动产或者动产使用后,应当返还被征用人。单位、个人的不动产或者动产被征用或者征用后毁损、灭失的,应当给予补偿。

《农业法》

第七十一条 国家依法征收农民集体所有的土地,应当保护农民和农村集体经济组织的合法权益,依法给予农民和农村集体经济组织征地补偿,任何单位和个人不得截留、挪用征地补偿费用。

《城市房地产管理法》

第六条 为了公共利益的需要,国家可以征收国有土地上单位和个人的房屋,并依法给予拆迁补偿,维护被征收人的合法权益;征收个人住宅的,还应当保障被征收人的居住条件。具体办法由国务院规定。

《土地管理法》

第四十五条 征收下列土地的,由国务院批准:

(一)基本农田;

（二）基本农田以外的耕地超过三十五公顷的；
（三）其他土地超过七十公顷的。

征收前款规定以外的土地的，由省、自治区、直辖市人民政府批准，并报国务院备案。

征收农用地的，应当依照本法第四十四条的规定先行办理农用地转用审批。其中，经国务院批准农用地转用的，同时办理征地审批手续，不再另行办理征地审批；经省、自治区、直辖市人民政府在征地批准权限内批准农用地转用的，同时办理征地审批手续，不再另行办理征地审批，超过征地批准权限的，应当依照本条第一款的规定另行办理征地审批。

第四十六条　国家征收土地的，依照法定程序批准后，由县级以上地方人民政府予以公告并组织实施。

被征收土地的所有权人、使用权人应当在公告规定期限内，持土地权属证书到当地人民政府土地行政主管部门办理征地补偿登记。

第四十七条　征收土地的，按照被征收土地的原用途给予补偿。

征收耕地的补偿费用包括土地补偿费、安置补助费以及地上附着物和青苗的补偿费。征收耕地的土地补偿费，为该耕地被征收前三年平均年产值的六至十倍。征收耕地的安置补助费，按照需要安置的农业人口数计算。需要安置的农业人口数，按照被征收的耕地数量除以征地前被征收单位平均每人占有耕地的数量计算。每一个需要安置的农业人口的安置补助费标准，为该耕地被征收前三年平均年产值的四至六倍。但是，每公顷被征收耕地的安置补助费，最高不得超过被征收前三年平均年产值的十五倍。

征收其他土地的土地补偿费和安置补助费标准，由省、自治区、直辖市参照征收耕地的土地补偿费和安置补助费的标准规定。

被征收土地上的附着物和青苗的补偿标准，由省、自治区、直辖市规定。

征收城市郊区的菜地，用地单位应当按照国家有关规定缴纳新菜地开发建设基金。

依照本条第二款的规定支付土地补偿费和安置补助费，尚不能使需要安置的农民保持原有生活水平的，经省、自治区、直辖市人民政府批准，可以增加安置补助费。但是，土地补偿费和安置补助费的总和不得超过土地被征收前三年平均年产值的三十倍。

国务院根据社会、经济发展水平，在特殊情况下，可以提高征收耕地的土地补偿费和安置补助费的标准。

第四十八条　征地补偿安置方案确定后，有关地方人民政府应当公告，并听取被征地的农村集体经济组织和农民的意见。

第四十九条　被征地的农村集体经济组织应当将征收土地的补偿费用的收支状况向本集体经济组织的成员公布,接受监督。

禁止侵占、挪用被征收土地单位的征地补偿费用和其他有关费用。

《国有土地上房屋征收与补偿条例》

第八条　为了保障国家安全、促进国民经济和社会发展等公共利益的需要,有下列情形之一,确需征收房屋的,由市、县级人民政府作出房屋征收决定:

(一)国防和外交的需要;

(二)由政府组织实施的能源、交通、水利等基础设施建设的需要;

(三)由政府组织实施的科技、教育、文化、卫生、体育、环境和资源保护、防灾减灾、文物保护、社会福利、市政公用等公共事业的需要;

(四)由政府组织实施的保障性安居工程建设的需要;

(五)由政府依照城乡规划法有关规定组织实施的对危房集中、基础设施落后等地段进行旧城区改建的需要;

(六)法律、行政法规规定的其他公共利益的需要。

第一百一十八条　【债权的概念和发生原因】

《民法总则》条文	《民法通则》等编纂对象法规对应条文
第一百一十八条　民事主体依法享有债权。 债权是因合同、侵权行为、无因管理、不当得利以及法律的其他规定,权利人请求特定义务人为或者不为一定行为的权利。	《民法通则》 第八十四条　债是按照合同的约定或者依照法律的规定,在当事人之间产生的特定的权利和义务关系。享有权利的人是债权人,负有义务的人是债务人。 债权人有权要求债务人按照合同的约定或者依照法律的规定履行义务。

【条文释义】

债权是民事主体的一种重要财产权,债权是一种典型的相对权,是请求对方为或不为一定行为的权利。债权的后果往往是财货流动,体现一种动态的财产价值。债权的发生原因有很多,既有依据当事人的意愿而发生也有依据法律规定而发生,主要包括合同、侵权行为、无因管理、不当得利以及法律关于特殊之债的规定,例如单方允诺、悬赏广告等。

需要指出的是,《民法通则》第84条第2款"债权人有权要求债务人按照合同的约定或者依照法律的规定履行义务"的规定在实务中适用比例极高,未来实务中将更多的适用《合同法》第60条规定,在合同债权之外的领域将适用《民法总则》第 118 条。

【关联条文】

《合同法》

第六十条 当事人应当按照约定全面履行自己的义务。

当事人应当遵循诚实信用原则,根据合同的性质、目的和交易习惯履行通知、协助、保密等义务。

《合同法司法解释(二)》

第三条 悬赏人以公开方式声明对完成一定行为的人支付报酬,完成特定行为的人请求悬赏人支付报酬的,人民法院依法予以支持。但悬赏有合同法第五十二条规定情形的除外。

第一百一十九条 【合同的约束力】

《民法总则》条文	《民法通则》等编纂对象法规对应条文
第一百一十九条 依法成立的合同,对当事人具有法律约束力。	《合同法》 第八条 依法成立的合同,对当事人具有法律约束力。当事人应当按照约定履行自己的义务,不得擅自变更或者解除合同。 依法成立的合同,受法律保护。

【条文释义】

本条对于合同的拘束力进行了规定。合同是当事人之间的合意,是关于当事人之间权利义务的自主安排,体现了私法自治的基本原则,基于契约必守和诚实信用原则的要求,当事人对于自己的意思表示合意所形成的合同法律关系必须予以遵守,不得擅自拒绝履行或解除合同。当然在某些特殊情况下,法律赋予一方当事人法定解除权时,其可以依法解除合同。对于已经生效的合同不予履行或者履行不符合约定的,应当承担损害赔偿责任。

【关联条文】

《民法通则》

第八十五条 合同是当事人之间设立、变更、终止民事关系的协议。依法成立的合同,受法律保护。

《合同法》

第二条 本法所称合同是平等主体的自然人、法人、其他组织之间设立、变更、终止民事权利义务关系的协议。

婚姻、收养、监护等有关身份关系的协议,适用其他法律的规定。

第九十四条 有下列情形之一的,当事人可以解除合同:

(一)因不可抗力致使不能实现合同目的;

(二)在履行期限届满之前,当事人一方明确表示或者以自己的行为表明不履行主要债务;

(三)当事人一方迟延履行主要债务,经催告后在合理期限内仍未履行;

(四)当事人一方迟延履行债务或者有其他违约行为致使不能实现合同目的;

(五)法律规定的其他情形。

第一百零七条 当事人一方不履行合同义务或者履行合同义务不符合约定的,应当承担继续履行、采取补救措施或者赔偿损失等违约责任。

第一百二十条 【侵权责任的当事人主义】

《民法总则》条文	《民法通则》等编纂对象法规对应条文
第一百二十条 民事权益受到侵害的,被侵权人有权请求侵权人承担侵权责任。	《侵权责任法》 第二条第一款 侵害民事权益,应当依照本法承担侵权责任。 第三条 被侵权人有权请求侵权人承担侵权责任。

【条文释义】

本条是对于侵权责任的规定,融合了《侵权责任法》第 2 条和第 3 条的内容。行为人侵害他人合法权益,符合侵权责任构成的,应当承担损害赔偿责任,也就是说,受害人有权请求侵权人予以损害赔偿。需要注意的是,仅仅造成他人损害的发生并不一定会产生损害赔偿责任,还需要行为具有可归责性,也就是过错。侵权责任分为过错责任和无过错责任,前者要求行为人具有过错,后者虽然不要求行为人有过错但必须有法律的明确规定才行,也就是无过错责任必须法定。

本条规定包含了侵权责任的当事人主义,即被侵权人有权请求侵权人承担全部或者部分的承担赔偿责任,也可以请求侵权人只承担赔偿责任或者非赔偿责任。有数个责任人的,可以请求全部或者部分责任人承担责任;数个责任人承担连带责任的,也可以选择其中部分或者全部的责任人承担部分或者全部的责任。

【关联条文】

《民法通则》

第一百零六条 公民、法人违反合同或者不履行其他义务的,应当承担民事责任。

公民、法人由于过错侵害国家的、集体的财产,侵害他人财产、人身的,应当承担民事责任。

没有过错,但法律规定应当承担民事责任的,应当承担民事责任。

《侵权责任法》

第六条 行为人因过错侵害他人民事权益,应当承担侵权责任。

根据法律规定推定行为人有过错,行为人不能证明自己没有过错的,应当承担侵权责任。

第七条 行为人损害他人民事权益,不论行为人有无过错,法律规定应当承担侵权责任的,依照其规定。

第十三条 法律规定承担连带责任的,被侵权人有权请求部分或者全部连带责任人承担责任。

第一百二十一条 【无因管理】

《民法总则》条文	《民法通则》等编纂对象法规对应条文
第一百二十一条 没有法定的或者约定的义务,为避免他人利益受损失而进行管理的人,有权请求受益人偿还由此支出的必要费用。	《民法通则》 第九十三条 没有法定的或者约定的义务,为避免他人利益受损失进行管理或者服务的,有权要求受益人偿付由此而支付的必要费用。

【条文释义】

本条规定的是无因管理之债。无因管理,是指没有法定或者约定义务,为避免造成损失,主动管理他人事务或为他人提供服务的法律事实。无因管理之债发生后,管理人享有请求本人偿还因管理事务而支出的必要费用的债权,本人负有偿还该项费用的债务。无因管理是一种法律事实,为债的发生根据之一。无因管理之债的产生是基于法律规定,而非当事人意思。

无因管理有三个要件:其一,无因管理是管理他人事务的行为。其二,无因管理必须是为了他人的利益。也就是说,管理人必须有为他人谋利益的目的。从其动机来看,管理人的管理从为他人利益服务出发;从其效果来看,管理行为所取得的利益最终都为本人所享有。其三,管理他人事务没有约定或法定义务。

较之《民法通则》,本条有两处细微的措辞修改:第一,将"管理或者服务的"修改为"管理的",删除了"服务",主要是为了避免"服务"概念带来的混淆。第二,将"偿付"修改为了"偿还",严格地说,并无特别必要和特殊含义,只能理解为"支付"对应"服务",在用语上所作的对应性调整。

【关联条文】

《民通意见》

132. 民法通则第九十三条规定的管理人或者服务人可以要求受益人偿付的必要费用,包括在管理或者服务活动中直接支出的费用,以及在该活动中受到的实际损失。

【对应案由】

M4.12.129 无因管理纠纷

第一百二十二条 【不当得利】

《民法总则》条文	《民法通则》等编纂对象法规对应条文
第一百二十二条 因他人没有<u>法律根据</u>,取得不当利益,<u>受损失的人有权请求其返还不当利益</u>。	《民法通则》 第九十二条 没有<u>合法</u>根据,取得利益,造成他人损失的,<u>应当将取得的不当利益返还受损失的人</u>。

【条文释义】

本条对不当得利之债进行了规定,是一种典型的法定之债。不当得利是没有法律根据取得不当利益,导致他人受损,因此而在受益人和受损人之间产生的不当得利返还之债。不当得利的成立要件有四:一方取得财产利益;一方受有损失;取得利益与所受损失间有因果关系;没有法律上的根据。不当得利具体区分为给付不当得利和非给付不当得利,前者主要是因给付原因不存在或嗣后丧失而发生的不当得利;后者是非因给付而发生的不当得利,主要是权益侵害型不当得利。

【关联条文】

《民通意见》

131. 返还的不当利益,应当包括原物和原物所生的孳息。利用不当得利所取得的其他利益,扣除劳务管理费用后,应当予以收缴。

【对应案由】

M4.11.128 不当得利纠纷

第一百二十三条 【知识产权及其客体】

《民法总则》条文	《民法通则》等编纂对象法规对应条文
第一百二十三条 民事主体依法享有知识产权。 知识产权是权利人依法就下列客体享有的专有的权利: (一)作品; (二)发明、实用新型、外观设计; (三)商标; (四)地理标志; (五)商业秘密; (六)集成电路布图设计; (七)植物新品种; (八)法律规定的其他客体。	《民法通则》 第九十四条 公民、法人享有著作权(版权),依法有署名、发表、出版、获得报酬等权利。 第九十五条 公民、法人依法取得的专利权受法律保护。 第九十六条 法人、个体工商户、个人合伙依法取得的商标专用权受法律保护。

【条文释义】

知识产权也是民事主体享有的一项重要民事权利。是权利人依法对其智慧创造成果所享有的专属支配的权利。

知识产权的客体主要包括:

(1)作品,作品必须能传播文艺或科学思想,它是一种信息的载体,而不是一种实用工具和手段,主要包括文字作品、口述作品、音乐、戏剧、曲艺、舞蹈、杂技艺术作品、美术、建筑作品、摄影作品、电影作品和以类似摄制电影的方法创作的作品、工程设计图、产品设计图、地图、示意图等图形作品和模型作品、计算机软件等。

(2)发明、实用新型和外观设计,发明是指对产品、方法或其改进所提出的新的技术方案;实用新型,是指对产品的形状、构造及其结合所提出的适于实用的新的技术方案;外观设计是指对产品的形状、图案、色彩或者其结合所作出的富有美感并适于工业上应用的新设计。

(3)商标,商标是商品或服务来源的标志,向社会公众直接传递商品或服务来源方面的信息。

（4）地理标志。地理标志是指标示某商品来源于某地区，该商品的特定质量、信誉或者其他特征，主要由该地区的自然因素或者人文因素所决定的标志。

（5）商业秘密。商业秘密是指关系公司权利和利益，依照特定程序确定，在一定时间内只限一定范围的人员知悉的事项。

（6）集成电路布图设计，是指确定用以制造集成电路的电子元件在一个传导材料中的几何图形排列和连接的布局设计。

（7）植物新品种。植物新品种是指经过人工培育的或者对发现的野生植物加以开发，具备新颖性、特异性、一致性、稳定性，并有适当的命名的植物新品种。

《民法总则》没有采纳《民法通则》对科技成果权的规定，未将发现权、发明权等科技成果权纳入总则规定，避免了两类权利的混淆。

【关联条文】

《民法通则》

第九十七条　公民对自己的发现享有发现权。发现人有权申请领取发现证书、奖金或者其他奖励。

公民对自己的发明或者其他科技成果，有权申请领取荣誉证书、奖金或者其他奖励。

《侵权责任法》

第二条　侵害民事权益，应当依照本法承担侵权责任。

本法所称民事权益，包括生命权、健康权、姓名权、名誉权、荣誉权、肖像权、隐私权、婚姻自主权、监护权、所有权、用益物权、担保物权、著作权、专利权、商标专用权、发现权、股权、继承权等人身、财产权益。

《著作权法》

第三条　本法所称的作品，包括以下列形式创作的文学、艺术和自然科学、社会科学、工程技术等作品：

（一）文字作品；

（二）口述作品；

（三）音乐、戏剧、曲艺、舞蹈、杂技艺术作品；

（四）美术、建筑作品；

（五）摄影作品；

（六）电影作品和以类似摄制电影的方法创作的作品；

（七）工程设计图、产品设计图、地图、示意图等图形作品和模型作品；

（八）计算机软件；

（九）法律、行政法规规定的其他作品。

第十条　著作权包括下列人身权和财产权：

（一）发表权，即决定作品是否公之于众的权利；

（二）署名权，即表明作者身份，在作品上署名的权利；

（三）修改权，即修改或者授权他人修改作品的权利；

（四）保护作品完整权，即保护作品不受歪曲、篡改的权利；

（五）复制权，即以印刷、复印、拓印、录音、录像、翻录、翻拍等方式将作品制作一份或者多份的权利；

（六）发行权，即以出售或者赠与方式向公众提供作品的原件或者复制件的权利；

（七）出租权，即有偿许可他人临时使用电影作品和以类似摄制电影的方法创作的作品、计算机软件的权利，计算机软件不是出租的主要标的的除外；

（八）展览权，即公开陈列美术作品、摄影作品的原件或者复制件的权利；

（九）表演权，即公开表演作品，以及用各种手段公开播送作品的表演的权利；

（十）放映权，即通过放映机、幻灯机等技术设备公开再现美术、摄影、电影和以类似摄制电影的方法创作的作品等的权利；

（十一）广播权，即以无线方式公开广播或者传播作品，以有线传播或者转播的方式向公众传播广播的作品，以及通过扩音器或者其他传送符号、声音、图像的类似工具向公众传播广播的作品的权利；

（十二）信息网络传播权，即以有线或者无线方式向公众提供作品，使公众可以在其个人选定的时间和地点获得作品的权利；

（十三）摄制权，即以摄制电影或者以类似摄制电影的方法将作品固定在载体上的权利；

（十四）改编权，即改变作品，创作出具有独创性的新作品的权利；

（十五）翻译权，即将作品从一种语言文字转换成另一种语言文字的权利；

（十六）汇编权，即将作品或者作品的片段通过选择或者编排，汇集成新作品的权利；

（十七）应当由著作权人享有的其他权利。

著作权人可以许可他人行使前款第（五）项至第（十七）项规定的权利，并依照约定或者本法有关规定获得报酬。

著作权人可以全部或者部分转让本条第一款第（五）项至第（十七）项规定的权利，并依照约定或者本法有关规定获得报酬。

《专利法》

第二条　本法所称的发明创造是指发明、实用新型和外观设计。

发明,是指对产品、方法或者其改进所提出的新的技术方案。

实用新型,是指对产品的形状、构造或者其结合所提出的适于实用的新的技术方案。

外观设计,是指对产品的形状、图案或者其结合以及色彩与形状、图案的结合所作出的富有美感并适于工业应用的新设计。

《商标法》

第三条 经商标局核准注册的商标为注册商标,包括商品商标、服务商标和集体商标、证明商标;商标注册人享有商标专用权,受法律保护。

本法所称集体商标,是指以团体、协会或者其他组织名义注册,供该组织成员在商事活动中使用,以表明使用者在该组织中的成员资格的标志。

本法所称证明商标,是指由对某种商品或者服务具有监督能力的组织所控制,而由该组织以外的单位或者个人使用于其商品或者服务,用以证明该商品或者服务的原产地、原料、制造方法、质量或者其他特定品质的标志。

集体商标、证明商标注册和管理的特殊事项,由国务院工商行政管理部门规定。

第八条 任何能够将自然人、法人或者其他组织的商品与他人的商品区别开的标志,包括文字、图形、字母、数字、三维标志、颜色组合和声音等,以及上述要素的组合,均可以作为商标申请注册。

第九条 申请注册的商标,应当有显著特征,便于识别,并不得与他人在先取得的合法权利相冲突。

商标注册人有权标明"注册商标"或者注册标记。

第十条 下列标志不得作为商标使用:

(一)同中华人民共和国的国家名称、国旗、国徽、国歌、军旗、军徽、军歌、勋章等相同或者近似的,以及同中央国家机关的名称、标志、所在地特定地点的名称或者标志性建筑物的名称、图形相同的;

(二)同外国的国家名称、国旗、国徽、军旗等相同或者近似的,但经该国政府同意的除外;

(三)同政府间国际组织的名称、旗帜、徽记等相同或者近似的,但经该组织同意或者不易误导公众的除外;

(四)与表明实施控制、予以保证的官方标志、检验印记相同或者近似的,但经授权的除外;

(五)同"红十字"、"红新月"的名称、标志相同或者近似的;

(六)带有民族歧视性的;

(七)带有欺骗性,容易使公众对商品的质量等特点或者产地产生误认的;

（八）有害于社会主义道德风尚或者有其他不良影响的。

县级以上行政区划的地名或者公众知晓的外国地名,不得作为商标。但是,地名具有其他含义或者作为集体商标、证明商标组成部分的除外;已经注册的使用地名的商标继续有效。

第十一条　下列标志不得作为商标注册:
（一）仅有本商品的通用名称、图形、型号的;
（二）仅直接表示商品的质量、主要原料、功能、用途、重量、数量及其他特点的;
（三）其他缺乏显著特征的。

前款所列标志经过使用取得显著特征,并便于识别的,可以作为商标注册。

第十二条　以三维标志申请注册商标的,仅由商品自身的性质产生的形状、为获得技术效果而需有的商品形状或者使商品具有实质性价值的形状,不得注册。

第十六条　商标中有商品的地理标志,而该商品并非来源于该标志所标示的地区,误导公众的,不予注册并禁止使用;但是,已经善意取得注册的继续有效。

前款所称地理标志,是指标示某商品来源于某地区,该商品的特定质量、信誉或者其他特征,主要由该地区的自然因素或者人文因素所决定的标志。

第五十七条　有下列行为之一的,均属侵犯注册商标专用权:
（一）未经商标注册人的许可,在同一种商品上使用与其注册商标相同的商标的;
（二）未经商标注册人的许可,在同一种商品上使用与其注册商标近似的商标,或者在类似商品上使用与其注册商标相同或者近似的商标,容易导致混淆的;
（三）销售侵犯注册商标专用权的商品的;
（四）伪造、擅自制造他人注册商标标识或者销售伪造、擅自制造的注册商标标识的;
（五）未经商标注册人同意,更换其注册商标并将该更换商标的商品又投入市场的;
（六）故意为侵犯他人商标专用权行为提供便利条件,帮助他人实施侵犯商标专用权行为的;
（七）给他人的注册商标专用权造成其他损害的。

《反不正当竞争法》

第五条　经营者不得采用下列不正当手段从事市场交易,损害竞争对手:

（一）假冒他人的注册商标；

（二）擅自使用知名商品特有的名称、包装、装潢，或者使用与知名商品近似的名称、包装、装潢，造成和他人的知名商品相混淆，使购买者误认为是该知名商品；

（三）擅自使用他人的企业名称或者姓名，引人误认为是他人的商品；

（四）在商品上伪造或者冒用认证标志、名优标志等质量标志，伪造产地，对商品质量作引人误解的虚假表示。

第十条 经营者不得采用下列手段侵犯商业秘密：

（一）以盗窃、利诱、胁迫或者其他不正当手段获取权利人的商业秘密；

（二）披露、使用或者允许他人使用以前项手段获取的权利人的商业秘密；

（三）违反约定或者违反权利人有关保守商业秘密的要求，披露、使用或者允许他人使用其所掌握的商业秘密。

第三人明知或者应知前款所列违法行为，获取、使用或者披露他人的商业秘密，视为侵犯商业秘密。

本条所称的商业秘密，是指不为公众所知悉、能为权利人带来经济利益、具有实用性并经权利人采取保密措施的技术信息和经营信息。

《种子法》

第二十五条 国家实行植物新品种保护制度。对国家植物品种保护名录内经过人工选育或者发现的野生植物加以改良，具备新颖性、特异性、一致性、稳定性和适当命名的植物品种，由国务院农业、林业主管部门授予植物新品种权，保护植物新品种权所有人的合法权益。植物新品种权的内容和归属、授予条件、申请和受理、审查与批准，以及期限、终止和无效等依照本法、有关法律和行政法规规定执行。

国家鼓励和支持种业科技创新、植物新品种培育及成果转化。取得植物新品种权的品种得到推广应用的，育种者依法获得相应的经济利益。

第二十八条 完成育种的单位或者个人对其授权品种，享有排他的独占权。任何单位或者个人未经植物新品种权所有人许可，不得生产、繁殖或者销售该授权品种的繁殖材料，不得为商业目的将该授权品种的繁殖材料重复使用于生产另一品种的繁殖材料；但是本法、有关法律、行政法规另有规定的除外。

《农业法》

第二十三条 国家支持依法建立健全优质农产品认证和标志制度。

国家鼓励和扶持发展优质农产品生产。县级以上地方人民政府应当结合本地情况，按照国家有关规定采取措施，发展优质农产品生产。

符合国家规定标准的优质农产品可以依照法律或者行政法规的规定申请使用有关的标志。符合规定产地及生产规范要求的农产品可以依照有关法律或者行政法规的规定申请使用农产品地理标志。

第四十九条　国家保护植物新品种、农产品地理标志等知识产权,鼓励和引导农业科研、教育单位加强农业科学技术的基础研究和应用研究,传播和普及农业科学技术知识,加速科技成果转化与产业化,促进农业科学技术进步。

国务院有关部门应当组织农业重大关键技术的科技攻关。国家采取措施促进国际农业科技、教育合作与交流,鼓励引进国外先进技术。

《商标法实施条例》

第四条　商标法第十六条规定的地理标志,可以依照商标法和本条例的规定,作为证明商标或者集体商标申请注册。

以地理标志作为证明商标注册的,其商品符合使用该地理标志条件的自然人、法人或者其他组织可以要求使用该证明商标,控制该证明商标的组织应当允许。以地理标志作为集体商标注册的,其商品符合使用该地理标志条件的自然人、法人或者其他组织,可以要求参加以该地理标志作为集体商标注册的团体、协会或者其他组织,该团体、协会或者其他组织应当依据其章程接纳为会员;不要求参加以该地理标志作为集体商标注册的团体、协会或者其他组织的,也可以正当使用该地理标志,该团体、协会或者其他组织无权禁止。

《植物新品种保护条例》

第二条　本条例所称植物新品种,是指经过人工培育的或者对发现的野生植物加以开发,具备新颖性、特异性、一致性和稳定性并有适当命名的植物品种。

《集成电路布图设计保护条例》

第一条　为了保护集成电路布图设计专有权,鼓励集成电路技术的创新,促进科学技术的发展,制定本条例。

第二条　本条例下列用语的含义:

(一)集成电路,是指半导体集成电路,即以半导体材料为基片,将至少有一个是有源元件的两个以上元件和部分或者全部互连线路集成在基片之中或者基片之上,以执行某种电子功能的中间产品或者最终产品;

(二)集成电路布图设计(以下简称布图设计),是指集成电路中至少有一个是有源元件的两个以上元件和部分或者全部互连线路的三维配置,或者为制造集成电路而准备的上述三维配置;

(三)布图设计权利人,是指依照本条例的规定,对布图设计享有专有权的自然人、法人或者其他组织;

(四)复制,是指重复制作布图设计或者含有该布图设计的集成电路的

行为;

(五)商业利用,是指为商业目的进口、销售或者以其他方式提供受保护的布图设计、含有该布图设计的集成电路或者含有该集成电路的物品的行为。

第一百二十四条 【财产继承权】

《民法总则》条文	《民法通则》等编纂对象法规对应条文
第一百二十四条 自然人依法享有继承权。 自然人合法的私有财产,可以依法继承。	《民法通则》 第七十六条 公民依法享有财产继承权。 《继承法》 第三条 遗产是公民死亡时遗留的个人合法财产,包括: (一)公民的收入; (二)公民的房屋、储蓄和生活用品; (三)公民的林木、牲畜和家禽; (四)公民的文物、图书资料; (五)法律允许公民所有的生产资料; (六)公民的著作权、专利权中的财产权利; (七)公民的其他合法财产。

【条文释义】

本条对继承权进行了规定,并对遗产进行了界定。继承是指自然人死亡时,其法律规定范围内的近亲属,按照死者生前所立的有效遗嘱或法律之规定,依法取得死者所遗留之个人合法财产的法律制度。继承权指自然人按照法律的直接规定、被继承人所立的合法有效遗嘱或与被继承人订立之继承合同而享有的继承被继承人遗产的权利。

遗产就是被继承人死亡时遗留的可移转的个人合法财产。包括:(1)自然人的收入;(2)自然人的房屋、储蓄和生活用品;(3)自然人的林木、牲畜和家禽;(4)自然人的文物、图书资料;(5)法律允许自然人所有的生产资料;(6)自然人的著作权、专利权中的财产权利;(7)股权等权益;(8)其他合法财产。

【关联条文】

《宪法》

第十三条 公民的合法的私有财产不受侵犯。

国家依照法律规定保护公民的私有财产权和继承权。

国家为了公共利益的需要,可以依照法律规定对公民的私有财产实行征收或者征用并给予补偿。

《物权法》

第六十五条　私人合法的储蓄、投资及其收益受法律保护。

国家依照法律规定保护私人的继承权及其他合法权益。

《侵权责任法》

第二条　侵害民事权益,应当依照本法承担侵权责任。

本法所称民事权益,包括生命权、健康权、姓名权、名誉权、荣誉权、肖像权、隐私权、婚姻自主权、监护权、所有权、用益物权、担保物权、著作权、专利权、商标专用权、发现权、股权、继承权等人身、财产权益。

《继承法》

第一条　根据《中华人民共和国宪法》规定,为保护公民的私有财产的继承权,制定本法。

第二条　继承从被继承人死亡时开始。

第四条　个人承包应得的个人收益,依照本法规定继承。个人承包,依照法律允许由继承人继续承包的,按照承包合同办理。

第五条　继承开始后,按照法定继承办理;有遗嘱的,按照遗嘱继承或者遗赠办理;有遗赠扶养协议的,按照协议办理。

第六条　无行为能力人的继承权、受遗赠权,由他的法定代理人代为行使。

限制行为能力人的继承权、受遗赠权,由他的法定代理人代为行使,或者征得法定代理人同意后行使。

第七条　继承人有下列行为之一的,丧失继承权:

(一)故意杀害被继承人的;

(二)为争夺遗产而杀害其他继承人的;

(三)遗弃被继承人的,或者虐待被继承人情节严重的;

(四)伪造、篡改或者销毁遗嘱,情节严重的。

第十条　遗产按照下列顺序继承:

第一顺序:配偶、子女、父母。

第二顺序:兄弟姐妹、祖父母、外祖父母。

继承开始后,由第一顺序继承人继承,第二顺序继承人不继承。没有第一顺序继承人继承的,由第二顺序继承人继承。

本法所说的子女,包括婚生子女、非婚生子女、养子女和有扶养关系的继子女。

本法所说的父母,包括生父母、养父母和有扶养关系的继父母。

本法所说的兄弟姐妹,包括同父母的兄弟姐妹、同父异母或者同母异父的兄弟姐妹、养兄弟姐妹、有扶养关系的继兄弟姐妹。

第十六条 公民可以依照本法规定立遗嘱处分个人财产,并可以指定遗嘱执行人。

公民可以立遗嘱将个人财产指定由法定继承人的一人或者数人继承。

公民可以立遗嘱将个人财产赠给国家、集体或者法定继承人以外的人。

第三十一条 公民可以与扶养人签订遗赠扶养协议。按照协议,扶养人承担该公民生养死葬的义务,享有受遗赠的权利。

公民可以与集体所有制组织签订遗赠扶养协议。按照协议,集体所有制组织承担该公民生养死葬的义务,享有受遗赠的权利。

第三十二条 无人继承又无人受遗赠的遗产,归国家所有;死者生前是集体所有制组织成员的,归所在集体所有制组织所有。

第三十三条 继承遗产应当清偿被继承人依法应当缴纳的税款和债务,缴纳税款和清偿债务以他的遗产实际价值为限。超过遗产实际价值部分,继承人自愿偿还的不在此限。

继承人放弃继承的,对被继承人依法应当缴纳的税款和债务可以不负偿还责任。

第三十四条 执行遗赠不得妨碍清偿遗赠人依法应当缴纳的税款和债务。

《继承法意见》

1. 继承从被继承人生理死亡或被宣告死亡时开始。

失踪人被宣告死亡的,以法院判决中确定的失踪人的死亡日期,为继承开始的时间。

3. 公民可继承的其他合法财产包括有价证券和履行标的为财物的债权等。

4. 承包人死亡时尚未取得承包收益的,可把死者生前对承包所投入的资金和所付出的劳动及其增值和孳息,由发包单位或者接续承包合同的人合理折价、补偿,其价额作为遗产。

5. 被继承人生前与他人订有遗赠扶养协议,同时又立有遗嘱的,继承开始后,如果遗赠扶养协议与遗嘱没有抵触,遗产分别按协议和遗嘱处理;如果有抵触,按协议处理,与协议抵触的遗嘱全部或部分无效。

6. 遗嘱继承人依遗嘱取得遗产后,仍有权依继承法第十三条的规定取得遗嘱未处分的遗产。

7. 不满六周岁的儿童、精神病患者,可以认定其为无行为能力人。

已满六周岁,不满十八周岁的未成年人,应当认定其为限制行为能力人。

8. 法定代理人代理被代理人行使继承权、受遗赠权,不得损害被代理人的利益。法定代理人一般不能代理被代理人放弃继承权、受遗赠权。明显损害被代理人利益的,应认定其代理行为无效。

9. 在遗产继承中,继承人之间因是否丧失继承权发生纠纷,诉讼到人民法院的,由人民法院根据继承法第七条的规定,判决确认其是否丧失继承权。

10. 继承人虐待被继承人情节是否严重,可以从实施虐待行为的时间、手段、后果和社会影响等方面认定。

虐待被继承人情节严重的,不论是否追究刑事责任,均可确认其丧失继承权。

11. 继承人故意杀害被继承人的,不论是既遂还是未遂,均应确认其丧失继承权。

13. 继承人虐待被继承人情节严重的,或者遗弃被继承人的,如以后确有悔改表现,而且被虐待人、被遗弃人生前又表示宽恕,可不确认其丧失继承权。

19. 被收养人对养父母尽了赡养义务,同时又对生父母扶养较多的,除可依继承法第十条的规定继承养父母的遗产外,还可依继承法第十四条的规定分得生父母的适当的遗产。

第一百二十五条 【投资性权利】

《民法总则》条文	《民法通则》等编纂对象法规对应条文
第一百二十五条 民事主体依法享有股权和其他投资性权利。	《公司法》 第三十三条 股东有权查阅、复制公司章程、股东会会议记录、董事会会议决议、监事会会议决议和财务会计报告。 股东可以要求查阅公司会计账簿。股东要求查阅公司会计账簿的,应当向公司提出书面请求,说明目的。公司有合理根据认为股东查阅会计账簿有不正当目的,可能损害公司合法利益的,可以拒绝提供查阅,并应当自股东提出书面请求之日起十五日内书面答复股东并说明理由。公司拒绝提供查阅的,股东可以请求人民法院要求公司提供查阅。

【条文释义】

本条对于股权和其他投资性权利的保护进行了规定。股权即股票持有者所具有的与其拥有的股票比例相应的权益及承担一定责任的权利。股权等投资性权利是现代社会的一种重要财产权,受到法律的保护。

其他投资性权利,包括公司债券、政府债券、证券投资基金份额和各种证券衍生品种,适用特别法的相关规定。

【关联条文】

《公司法》

第四条　公司股东依法享有资产收益、参与重大决策和选择管理者等权利。

第三十一条　有限责任公司成立后,应当向股东签发出资证明书。

出资证明书应当载明下列事项:

(一)公司名称;

(二)公司成立日期;

(三)公司注册资本;

(四)股东的姓名或者名称、缴纳的出资额和出资日期;

(五)出资证明书的编号和核发日期。

出资证明书由公司盖章。

第三十二条　有限责任公司应当置备股东名册,记载下列事项:

(一)股东的姓名或者名称及住所;

(二)股东的出资额;

(三)出资证明书编号。

记载于股东名册的股东,可以依股东名册主张行使股东权利。

公司应当将股东的姓名或者名称向公司登记机关登记;登记事项发生变更的,应当办理变更登记。未经登记或者变更登记的,不得对抗第三人。

第三十四条　股东按照实缴的出资比例分取红利;公司新增资本时,股东有权优先按照实缴的出资比例认缴出资。但是,全体股东约定不按照出资比例分取红利或者不按照出资比例优先认缴出资的除外。

第一百五十二条　董事、高级管理人员违反法律、行政法规或者公司章程的规定,损害股东利益的,股东可以向人民法院提起诉讼。

《证券法》

第二条　在中华人民共和国境内,股票、公司债券和国务院依法认定的其他证券的发行和交易,适用本法;本法未规定的,适用《中华人民共和国公司法》和其他法律、行政法规的规定。

政府债券、证券投资基金份额的上市交易,适用本法;其他法律、行政法规另有规定的,适用其规定。

证券衍生品种发行、交易的管理办法,由国务院依照本法的原则规定。

第一百二十六条 【其他民事权益】

《民法总则》条文	《民法通则》等编纂对象法规对应条文
第一百二十六条 民事主体享有法律规定的其他民事权利和利益。	暂无对应法条。

【条文释义】

本条是兜底性条款,是对于以上条文没有规定但是实践中会逐渐出现得到法律认可的新的民事权利和利益的规定,受到法律保护。

本条采用了"法律规定"的限定,实际上采纳了民事权益"法定说"。这一"法律"应该理解为广义的法律,即包括法律、行政法规、司法解释等。

第一百二十七条 【对数据和网络虚拟财产的保护】

《民法总则》条文	《民法通则》等编纂对象法规对应条文
第一百二十七条 法律对数据、网络虚拟财产的保护有规定的,依照其规定。	暂无对应法条。

【条文释义】

数据是对于互联网上包括个人信息在内的各种信息加工处理后所形成的具有价值的信息,也是一种财产利益。网络虚拟财产,是指虚拟的网络本身以及存在于网络上的具有财产性的电磁记录,是一种能够用现有的度量标准度量其价值的数字化的新型财产。它包括网络游戏、电子邮件、网络寻呼等一系列信息类产品。这类财产也具有使用价值,属于财产利益,但学界目前对其属于物权还是债权存在争议。鉴于目前对于数据和网络虚拟财产的研究尚不深入,因而本法并未对其概念和保护规则予以规定,而是留了一个特别法与本法对接的通道,如果其他法律有特别保护规定,依照其规定处理。

【关联条文】

《著作权法》

第十四条 汇编若干作品、作品的片段或者不构成作品的数据或者其他材料,对其内容的选择或者编排体现独创性的作品,为汇编作品,其著作权由汇编人享有,但行使著作权时,不得侵犯原作品的著作权。

《反不正当竞争法》

第十条 经营者不得采用下列手段侵犯商业秘密：

（一）以盗窃、利诱、胁迫或者其他不正当手段获取权利人的商业秘密；

（二）披露、使用或者允许他人使用以前项手段获取的权利人的商业秘密；

（三）违反约定或者违反权利人有关保守商业秘密的要求，披露、使用或者允许他人使用其所掌握的商业秘密。

第三人明知或者应知前款所列违法行为，获取、使用或者披露他人的商业秘密，视为侵犯商业秘密。

本条所称的商业秘密，是指不为公众所知悉、能为权利人带来经济利益、具有实用性并经权利人采取保密措施的技术信息和经营信息。

《网络安全法》

第十条 建设、运营网络或者通过网络提供服务，应当依照法律、行政法规的规定和国家标准的强制性要求，采取技术措施和其他必要措施，保障网络安全、稳定运行，有效应对网络安全事件，防范网络违法犯罪活动，维护网络数据的完整性、保密性和可用性。

第二十一条 国家实行网络安全等级保护制度。网络运营者应当按照网络安全等级保护制度的要求，履行下列安全保护义务，保障网络免受干扰、破坏或者未经授权的访问，防止网络数据泄露或者被窃取、篡改：

（一）制定内部安全管理制度和操作规程，确定网络安全负责人，落实网络安全保护责任；

（二）采取防范计算机病毒和网络攻击、网络侵入等危害网络安全行为的技术措施；

（三）采取监测、记录网络运行状态、网络安全事件的技术措施，并按照规定留存相关的网络日志不少于六个月；

（四）采取数据分类、重要数据备份和加密等措施；

（五）法律、行政法规规定的其他义务。

第二十七条 任何个人和组织不得从事非法侵入他人网络、干扰他人网络正常功能、窃取网络数据等危害网络安全的活动；不得提供专门用于从事侵入网络、干扰网络正常功能及防护措施、窃取网络数据等危害网络安全活动的程序、工具；明知他人从事危害网络安全的活动的，不得为其提供技术支持、广告推广、支付结算等帮助。

第七十六条 本法下列用语的含义：

（一）网络，是指由计算机或者其他信息终端及相关设备组成的按照一定的规则和程序对信息进行收集、存储、传输、交换、处理的系统。

（二）网络安全，是指通过采取必要措施，防范对网络的攻击、侵入、干扰、破坏和非法使用以及意外事故，使网络处于稳定可靠运行的状态，以及保障网络数据的完整性、保密性、可用性的能力。

（三）网络运营者，是指网络的所有者、管理者和网络服务提供者。

（四）网络数据，是指通过网络收集、存储、传输、处理和产生的各种电子数据。

（五）个人信息，是指以电子或者其他方式记录的能够单独或者与其他信息结合识别自然人个人身份的各种信息，包括但不限于自然人的姓名、出生日期、身份证件号码、个人生物识别信息、住址、电话号码等。

第一百二十八条 【对弱势群体的特别保护】

《民法总则》条文	《民法通则》等编纂对象法规对应条文
第一百二十八条　法律对未成年人、老年人、残疾人、妇女、消费者等的民事权利保护有特别规定的，依照其规定。	《民法通则》 　　第一百零四条　婚姻、家庭、老人、母亲和儿童受法律保护。 　　残疾人的合法权益受法律保护。 　　第一百零五条　妇女享有同男子平等的民事权利。

【条文释义】

本条是对于未成年人、老年人、残疾人、妇女、消费者等处于弱势地位的特殊民事主体的民事权利的特别保护规定，明确了法律可对他们予以特别保护。由于他们处于弱势地位，法律可对他们的民事权利予以倾斜保护。

严格地说，本条较之《民法通则》第104条和第105条，放弃了宣誓性规定的模式，改为适用特别法，司法实务无法直接适用本条。在权利保护的实际作用上，显得更为消极。

【关联条文】

《宪法》

第四十八条　中华人民共和国妇女在政治的、经济的、文化的、社会的和家庭的生活等各方面享有同男子平等的权利。

国家保护妇女的权利和利益，实行男女同工同酬，培养和选拔妇女干部。

第四十九条　婚姻、家庭、母亲和儿童受国家的保护。

夫妻双方有实行计划生育的义务。

父母有抚养教育未成年子女的义务,成年子女有赡养扶助父母的义务。

禁止破坏婚姻自由,禁止虐待老人、妇女和儿童。

《消费者权益保护法》

第七条　消费者在购买、使用商品和接受服务时享有人身、财产安全不受损害的权利。

消费者有权要求经营者提供的商品和服务,符合保障人身、财产安全的要求。

第八条　消费者享有知悉其购买、使用的商品或者接受的服务的真实情况的权利。

消费者有权根据商品或者服务的不同情况,要求经营者提供商品的价格、产地、生产者、用途、性能、规格、等级、主要成份、生产日期、有效期限、检验合格证明、使用方法说明书、售后服务,或者服务的内容、规格、费用等有关情况。

第九条　消费者享有自主选择商品或者服务的权利。

消费者有权自主选择提供商品或者服务的经营者,自主选择商品品种或者服务方式,自主决定购买或者不购买任何一种商品、接受或者不接受任何一项服务。

消费者在自主选择商品或者服务时,有权进行比较、鉴别和挑选。

第十条　消费者享有公平交易的权利。

消费者在购买商品或者接受服务时,有权获得质量保障、价格合理、计量正确等公平交易条件,有权拒绝经营者的强制交易行为。

第十一条　消费者因购买、使用商品或者接受服务受到人身、财产损害的,享有依法获得赔偿的权利。

第十二条　消费者享有依法成立维护自身合法权益的社会组织的权利。

第十三条　消费者享有获得有关消费和消费者权益保护方面的知识的权利。

消费者应当努力掌握所需商品或者服务的知识和使用技能,正确使用商品,提高自我保护意识。

第十四条　消费者在购买、使用商品和接受服务时,享有人格尊严、民族风俗习惯得到尊重的权利,享有个人信息依法得到保护的权利。

第十五条　消费者享有对商品和服务以及保护消费者权益工作进行监督的权利。

消费者有权检举、控告侵害消费者权益的行为和国家机关及其工作人员在保护消费者权益工作中的违法失职行为,有权对保护消费者权益工作提出批评、建议。

《老年人权益保障法》

第十四条 赡养人应当履行对老年人经济上供养、生活上照料和精神上慰藉的义务,照顾老年人的特殊需要。

赡养人是指老年人的子女以及其他依法负有赡养义务的人。

赡养人的配偶应当协助赡养人履行赡养义务。

第十六条 赡养人应当妥善安排老年人的住房,不得强迫老年人居住或者迁居条件低劣的房屋。

老年人自有的或者承租的住房,子女或者其他亲属不得侵占,不得擅自改变产权关系或者租赁关系。

老年人自有的住房,赡养人有维修的义务。

第二十一条 老年人的婚姻自由受法律保护。子女或者其他亲属不得干涉老年人离婚、再婚及婚后的生活。

赡养人的赡养义务不因老年人的婚姻关系变化而消除。

《未成年人保护法》

第三条 未成年人享有生存权、发展权、受保护权、参与权等权利,国家根据未成年人身心发展特点给予特殊、优先保护,保障未成年人的合法权益不受侵犯。

未成年人享有受教育权,国家、社会、学校和家庭尊重和保障未成年人的受教育权。

未成年人不分性别、民族、种族、家庭财产状况、宗教信仰等,依法平等地享有权利。

第三十九条 任何组织或者个人不得披露未成年人的个人隐私。

对未成年人的信件、日记、电子邮件,任何组织或者个人不得隐匿、毁弃;除因追查犯罪的需要,由公安机关或者人民检察院依法进行检查,或者对无行为能力未成年人的信件、日记、电子邮件由其父母或者其他监护人代为开拆、查阅外,任何组织或者个人不得开拆、查阅。

第四十条 学校、幼儿园、托儿所和公共场所发生突发事件时,应当优先救护未成年人。

第四十一条 禁止拐卖、绑架、虐待未成年人,禁止对未成年人实施性侵害。

禁止胁迫、诱骗、利用未成年人乞讨或者组织未成年人进行有害其身心健康的表演等活动。

《妇女权益保障法》

第二十七条 任何单位不得因结婚、怀孕、产假、哺乳等情形,降低女职工的工资,辞退女职工,单方解除劳动(聘用)合同或者服务协议。但是,女职工要求终止劳动(聘用)合同或者服务协议的除外。

各单位在执行国家退休制度时,不得以性别为由歧视妇女。

第三十三条　任何组织和个人不得以妇女未婚、结婚、离婚、丧偶等为由,侵害妇女在农村集体经济组织中的各项权益。

因结婚男方到女方住所落户的,男方和子女享有与所在地农村集体经济组织成员平等的权益。

第三十七条　妇女的人身自由不受侵犯。禁止非法拘禁和以其他非法手段剥夺或者限制妇女的人身自由;禁止非法搜查妇女的身体。

第三十八条　妇女的生命健康权不受侵犯。禁止溺、弃、残害女婴;禁止歧视、虐待生育女婴的妇女和不育的妇女;禁止用迷信、暴力等手段残害妇女;禁止虐待、遗弃病、残妇女和老年妇女。

第三十九条　禁止拐卖、绑架妇女;禁止收买被拐卖、绑架的妇女;禁止阻碍解救被拐卖、绑架的妇女。

各级人民政府和公安、民政、劳动和社会保障、卫生等部门按照其职责及时采取措施解救被拐卖、绑架的妇女,做好善后工作,妇女联合会协助和配合做好有关工作。任何人不得歧视被拐卖、绑架的妇女。

第四十条　禁止对妇女实施性骚扰。受害妇女有权向单位和有关机关投诉。

第四十二条　妇女的名誉权、荣誉权、隐私权、肖像权等人格权受法律保护。

禁止用侮辱、诽谤等方式损害妇女的人格尊严。禁止通过大众传播媒介或者其他方式贬低损害妇女人格。未经本人同意,不得以营利为目的,通过广告、商标、展览橱窗、报纸、期刊、图书、音像制品、电子出版物、网络等形式使用妇女肖像。

第一百二十九条　【民事权利的取得方式】

《民法总则》条文	《民法通则》等编纂对象法规对应条文
第一百二十九条　民事权利可以依据民事法律行为、事实行为、法律规定的事件或者法律规定的其他方式取得。	暂无对应法条。

【条文释义】

本条对于民事权利的取得方式进行了规定。民事权利可以基于多种原因取得,具体来说有民事法律行为、事实行为、事件以及其他方式。所有这些能够引起民事权利产生或取得的事实就是民事法律事实。

民事法律行为就是以意思表示为核心的能够引起法律关系产生、变更、消亡的行为。事实行为,是指行为人主观上不一定具有发生、变更、消灭民事法律关系的意思,但是客观上能够引起这种法律后果的行为。事件,是指不直接包含人的意志的法律事实。最典型的事件,就是人的出生和死亡,以及灾害、时间的经过等。这些事实虽然与人的意志无关,或者不直接具有意志性,但是其一旦发生,就依法在一定的主体之间发生、变更或者消灭一定的民事法律关系。此外,民事权利还可以依据国家公权力机关的法律文书例如民事裁判书、征收决定等方式取得。

【关联条文】

《物权法》

第二十八条 因人民法院、仲裁委员会的法律文书或者人民政府的征收决定等,导致物权设立、变更、转让或者消灭的,自法律文书或者人民政府的征收决定等生效时发生效力。

第二十九条 因继承或者受遗赠取得物权的,自继承或者受遗赠开始时发生效力。

第三十条 因合法建造、拆除房屋等事实行为设立或者消灭物权的,自事实行为成就时发生效力。

第一百三十条 【民事主体自愿依法行使民事权利】

《民法总则》条文	《民法通则》等编纂对象法规对应条文
第一百三十条 民事主体按照自己的意愿依法行使民事权利,不受干涉。	暂无对应法条。

【条文释义】

本条规定了权利行使的自愿原则。民事权利是法律赋予民事主体得以享受特定利益的为法律所承认的意思力。在民事权利所划定的范围内,权利人具有广泛的自由,只要不违反法律和公序良俗,其可以按照自己的意愿去行使权利。例如物权人可以按照自己的意愿随意使用其所拥有的物,并排除他人干涉。权利被认为是一种为或不为一定行为的自由,权利人可以自由行使其权利,任何机关和个人不得干涉更不得侵害。

本条与本法第5条的差别在于,第5条作为基本原则,确保民事主体按照自己的意思设立、变更、终止民事法律关系,而本条则是自愿原则在民事权利行使领域的具体化。

【关联条文】

《民法总则》

第五条　民事主体从事民事活动,应当遵循自愿原则,按照自己的意思设立、变更、终止民事法律关系。

《民法通则》

第四条　民事活动应当遵循自愿、公平、等价有偿、诚实信用的原则。

《合同法》

第四条　当事人依法享有自愿订立合同的权利,任何单位和个人不得非法干预。

《婚姻法》

第五条　结婚必须男女双方完全自愿,不许任何一方对他方加以强迫或任何第三者加以干涉。

第三十一条　男女双方自愿离婚的,准予离婚。双方必须到婚姻登记机关申请离婚。婚姻登记机关查明双方确实是自愿并对子女和财产问题已有适当处理时,发给离婚证。

《种子法》

第四十四条　种子使用者有权按照自己的意愿购买种子,任何单位和个人不得非法干预。

第一百三十一条　【行使权利应履行义务】

《民法总则》条文	《民法通则》等编纂对象法规对应条文
第一百三十一条　民事主体行使权利时,应当履行法律规定的和当事人约定的义务。	暂无对应法条。

【条文释义】

人类共同生活,不但需要民事权益满足其需求,还需要承担民事义务以满足他人的需求,因此,民事主体在行使民事权益并得到法律保护的同时,还应当履行相应的民事义务,这是社会主义核心价值观的体现。民事义务主要源于平等民事主体之间的合意,其典型代表为合同义务,此外还包括一些法定的义务,主要是基于侵权、无因管理、不当得利等事实产生的义务。

【关联条文】

《物权法》

第七十二条 业主对建筑物专有部分以外的共有部分,享有权利,承担义务;不得以放弃权利不履行义务。

业主转让建筑物内的住宅、经营性用房,其对共有部分享有的共有和共同管理的权利一并转让。

《合同法》

第六十条 当事人应当按照约定全面履行自己的义务。

当事人应当遵循诚实信用原则,根据合同的性质、目的和交易习惯履行通知、协助、保密等义务。

第一百三十二条 【禁止权利滥用】

《民法总则》条文	《民法通则》等编纂对象法规对应条文
第一百三十二条 民事主体不得滥用民事权利损害国家利益、社会公共利益或者他人合法权益。	暂无对应法条。

【条文释义】

权利的行使,原则上应当依照权利人的自由意思,不受他人干涉。但是,任何权利的行使都应当有一定限度和范围。如果权利的行使完全无视他人和社会利益,则违反了权利存在的宗旨。禁止权利滥用原则是诚信原则的当然内容。判断是否构成滥用民事权利并不能仅以权利行使造成他人权益侵害为唯一考量因素,因为行使权利在合理限度内给他人造成的损害是应当被容忍的,判断是否构成权利滥用其关键在于是否以损害他人为目的行使权利,如果行使权利并不能给自己带来多少利益反而会给他人造成严重损害的,就构成权利滥用。

【关联条文】

《宪法》

第五十一条 中华人民共和国公民在行使自由和权利的时候,不得损害国家的、社会的、集体的利益和其他公民的合法的自由和权利。

《民法通则》

第七条 民事活动应当尊重社会公德,不得损害社会公共利益,扰乱社会经济秩序。

《合同法》

第五十二条　有下列情形之一的,合同无效:

(一)一方以欺诈、胁迫的手段订立合同,损害国家利益;

(二)恶意串通,损害国家、集体或者第三人利益;

(三)以合法形式掩盖非法目的;

(四)损害社会公共利益;

(五)违反法律、行政法规的强制性规定。

第六章　民事法律行为

第一节　一般规定

第一百三十三条　【民事法律行为】

《民法总则》条文	《民法通则》等编纂对象法规对应条文
第一百三十三条　民事法律行为是民事主体通过意思表示设立、变更、终止民事法律关系的行为。	《民法通则》 第五十四条　民事法律行为是公民或者法人设立、变更、终止民事权利和民事义务的合法行为。

【条文释义】

民事法律行为,是指自然人、法人或者其他组织设立、变更、终止民事法律关系的以意思表示为要素的表意行为。民事法律行为是一种人为的法律事实,具有明确的目的性。民事法律行为是民事法律关系的发生、变更或消灭的原因之一,属于法律事实中的行为。民事法律行为是一种表意行为,民事法律行为以意思表示为核心要素。

相较于《民法通则》关于民事法律行为的规定,新的规定有三个特点:第一,特别强调了民事法律行为的意思表示要素,这是非常必要的,民事法律行为以意思表示为核心,没有意思表示就没有民事法律行为;第二,不再将合法性作为民事法律行为的判断因素,民事法律行为合法与否属于民事法律行为效力判断层面的问题,而非民事法律行为本身需要考虑的因素;第三,将"民事权利和民事义务"改为"民事法律关系",表述更加准确。

【关联条文】

《合同法》

第二条 本法所称合同是平等主体的自然人、法人、其他组织之间设立、变更、终止民事权利义务关系的协议。

婚姻、收养、监护等有关身份关系的协议，适用其他法律的规定。

第一百三十四条 【民事法律行为成立的方式】

《民法总则》条文	《民法通则》等编纂对象法规对应条文
第一百三十四条 民事法律行为可以基于双方或者多方的意思表示一致成立，也可以基于单方的意思表示成立。 法人、非法人组织依照法律或者章程规定的议事方式和表决程序作出决议的，该决议行为成立。	暂无对应法条。

【条文释义】

本条是对于民事法律行为成立的意思表示数量的规定，依据意思表示数量的不同，民事法律行为可以分为双方民事法律行为、多方民事法律行为、单方民事法律行为。

双方民事法律行为，是指双方当事人对应的意思表示达成一致才能成立的民事法律行为，合同行为是最为典型的双方行为。

多方民事法律行为，是指三方以上的当事人并行的意思表示达成一致才能成立的民事法律行为，例如，由三个以上的合伙人订立合伙合同的行为，为多方行为。

单方民事法律行为，是指根据一方当事人的意思表示就可以成立的法律行为，这种行为无须他方当事人的同意就可以发生法律效力，订立遗嘱、放弃继承权、撤销委托代理、免除债务、追认无权代理等行为，都属于单方行为；凡是单方行为，一经实施就立即发生法律效果。

【关联条文】

《合同法》

第十四条 要约是希望和他人订立合同的意思表示，该意思表示应当符合下列规定：

（一）内容具体确定；

（二）表明经受要约人承诺，要约人即受该意思表示约束。

第二十一条　承诺是受要约人同意要约的意思表示。

第二十五条　承诺生效时合同成立。

《婚姻法》

第五条　结婚必须男女双方完全自愿，不许任何一方对他方加以强迫或任何第三者加以干涉。

第三十一条　男女双方自愿离婚的，准予离婚。双方必须到婚姻登记机关申请离婚。婚姻登记机关查明双方确实是自愿并对子女和财产问题已有适当处理时，发给离婚证。

《继承法》

第十六条　公民可以依照本法规定立遗嘱处分个人财产，并可以指定遗嘱执行人。

公民可以立遗嘱将个人财产指定由法定继承人的一人或者数人继承。

公民可以立遗嘱将个人财产赠给国家、集体或者法定继承人以外的人。

第三十一条　公民可以与扶养人签订遗赠扶养协议。按照协议，扶养人承担该公民生养死葬的义务，享有受遗赠的权利。

公民可以与集体所有制组织签订遗赠扶养协议。按照协议，集体所有制组织承担该公民生养死葬的义务，享有受遗赠的权利。

《收养法》

第十条　生父母送养子女，须双方共同送养。生父母一方不明或者查找不到的可以单方送养。

有配偶者收养子女，须夫妻共同收养。

第十一条　收养人收养与送养人送养，须双方自愿。收养年满十周岁以上未成年人的，应当征得被收养人的同意。

第十五条　收养应当向县级以上人民政府民政部门登记。收养关系自登记之日起成立。

收养查找不到生父母的弃婴和儿童的，办理登记的民政部门应当在登记前予以公告。

收养关系当事人愿意订立收养协议的，可以订立收养协议。

收养关系当事人各方或者一方要求办理收养公证的，应当办理收养公证。

第二十八条　当事人协议解除收养关系的，应当到民政部门办理解除收养关系的登记。

《公司法》

第四十二条 股东会会议由股东按照出资比例行使表决权;但是,公司章程另有规定的除外。

第四十三条 股东会的议事方式和表决程序,除本法有规定的外,由公司章程规定。

股东会会议作出修改公司章程、增加或者减少注册资本的决议,以及公司合并、分立、解散或者变更公司形式的决议,必须经代表三分之二以上表决权的股东通过。

《合同法司法解释(二)》

第三条 悬赏人以公开方式声明对完成一定行为的人支付报酬,完成特定行为的人请求悬赏人支付报酬的,人民法院依法予以支持。但悬赏有合同法第五十二条规定情形的除外。

第一百三十五条 【民事法律行为的形式】

《民法总则》条文	《民法通则》等编纂对象法规对应条文
第一百三十五条 民事法律行为可以采用书面形式、口头形式或者其他形式;法律、**行政法规**规定**或者当事人约定**采用特定形式的,应当采用特定形式。	《民法通则》 第五十六条 民事法律行为可以采用书面形式、口头形式或者其他形式。法律规定用特定形式的,应当依照法律规定。

【条文释义】

本条对于法律行为可以采用的形式进行了规定,主要有口头形式、书面形式以及其他形式。

口头形式,是指以谈话的方式进行的意思表示,当面交谈、电话交谈、托人带口信、当众宣布自己的意思等,都是口头形式。口头形式具有简便、迅速的优点,但发生纠纷时举证较为困难,主要适用于即时清结或者标的数额较小的交易。

书面形式,是指以书面文字的方式进行的意思表示,又分为一般书面形式和特殊书面形式。一般书面形式是指用一般性的文字记载形式进行的意思表示,特殊书面形式是指获得国家机关或者其他职能部门认可的形式进行的意思表示,电子数据、电报信件、传真等,都是特殊的书面形式。书面形式可以促使当事人在深思熟虑后实施民事法律行为,使权利义务关系明确化,并方便证据保存,主要适用于不能即时清结、数额较大的民事法律行为。

除了口头和书面形式外,如果法律规定或者当事人约定采用特殊形式的,则应当采用特殊形式,比如登记、备案或特定标的物的交付等形式。

【关联条文】

《合同法》

第十条　当事人订立合同,有书面形式、口头形式和其他形式。

法律、行政法规规定采用书面形式的,应当采用书面形式。当事人约定采用书面形式的,应当采用书面形式。

第十一条　书面形式是指合同书、信件和数据电文(包括电报、电传、传真、电子数据交换和电子邮件)等可以有形地表现所载内容的形式。

《电子签名法》

第三条　民事活动中的合同或者其他文件、单证等文书,当事人可以约定使用或者不使用电子签名、数据电文。

当事人约定使用电子签名、数据电文的文书,不得仅因为其采用电子签名、数据电文的形式而否定其法律效力。

前款规定不适用下列文书:

(一)涉及婚姻、收养、继承等人身关系的;

(二)涉及土地、房屋等不动产权益转让的;

(三)涉及停止供水、供热、供气、供电等公用事业服务的;

(四)法律、行政法规规定的不适用电子文书的其他情形。

《民通意见》

65. 当事人以录音、录像等视听资料形式实施的民事行为,如有两个以上无利害关系人作为证人或者有其他证据证明该民事行为符合民法通则第五十五条的规定,可以认定有效。

《合同法司法解释(二)》

第二条　当事人未以书面形式或者口头形式订立合同,但从双方从事的民事行为能够推定双方有订立合同意愿的,人民法院可以认定是以合同法第十条第一款中的"其他形式"订立的合同。但法律另有规定的除外。

第一百三十六条 【民事法律行为的生效】

《民法总则》条文	《民法通则》等编纂对象法规对应条文
第一百三十六条　民事法律行为自成立时生效,但是法律另有规定或者当事人另有约定的除外。 行为人非依法律规定或者未经对方同意,不得擅自变更或者解除民事法律行为。	《民法通则》 　第五十七条　民事法律行为从成立时起具有法律约束力。行为人非依法律规定或者取得对方同意,不得擅自变更或者解除。

【条文释义】

基于意思自治和私法自治原则,民事法律行为的设计应当充分尊重当事人的意思,因而民事法律行为自当事人按照法律规定完成意思表示或意思表示一致时成立,其效力也自此时发生,一般情况下,法律不应在此之外另行增加生效的额外要求,例如审批、备案等。同样也是基于意思自治和私法自治原则的要求,当事人自己可以对于法律行为的生效时间或条件进行另外的约定,例如可以约定法律行为的效力取决于特定时间的到来或未来不特定事件的发生与否。当然,在极其例外的情况下,针对某些特殊民事法律行为,法律可规定某些特殊的生效条件,但应遵循比例原则,在能够实现其目的的情况下尽量少地规定生效的条件要求。

【关联条文】

《民法通则》

第六十二条　民事法律行为可以附条件,附条件的民事法律行为在符合所附条件时生效。

《合同法》

第八条　依法成立的合同,对当事人具有法律约束力。当事人应当按照约定履行自己的义务,不得擅自变更或者解除合同。

依法成立的合同,受法律保护。

第四十四条　依法成立的合同,自成立时生效。

法律、行政法规规定应当办理批准、登记等手续生效的,依照其规定。

第四十六条　当事人对合同的效力可以约定附期限。附生效期限的合同,自期限届至时生效。附终止期限的合同,自期限届满时失效。

《民通意见》

75.附条件的民事行为,如果所附的条件是违背法律规定或者不可能发生的,应当认定该民事行为无效。

第二节　意思表示

第一百三十七条　【意思表示的生效时间】

《民法总则》条文	《民法通则》等编纂对象法规对应条文
第一百三十七条　以对话方式作出的意思表示,相对人知道其内容时生效。 　　以非对话方式作出的意思表示,到达相对人时生效。以非对话方式作出的采用数据电文形式的意思表示,相对人指定特定系统接收数据电文的,该数据电文进入该特定系统时生效;未指定特定系统的,相对人知道或者应当知道该数据电文进入其系统时生效。当事人对采用数据电文形式的意思表示的生效时间另有约定的,按照其约定。	《合同法》 　　第十六条　要约到达受要约人时生效。 　　采用数据电文形式订立合同,收件人指定特定系统接收数据电文的,该数据电文进入该特定系统的时间,视为到达时间;未指定特定系统的,该数据电文进入收件人的任何系统的首次时间,视为到达时间。

【条文释义】

本条对于意思表示的生效时间进行了规定,对此区分三种情况予以具体认定。其一,采用对话方式的,比如当面对话、电话通话以及其他即时通讯方式的意思表示,相对人知道其内容时生效,基本上也是到达相对人的时间。其二,如果采用非对话方式的,比如书信、电子邮件、电报等方式的意思表示,该意思表示自其到达相对人处发生法律效力。其三,以非对话方式作出的采用数据电文形式的意思表示,相对人指定特定系统接收数据电文的,该数据电文进入该特定系统时生效;未指定特定系统的,相对人知道或者应当知道该数据电文进入其系统时生效。当然,如果当事人对于这种意思表示的生效时间另有特别约定的,其生效时间按照约定执行。

较之《合同法》的规定,《民法总则》第137条区分了以对话方式和非对话方式作出的意思表示的生效时间,以对话方式作出的意思表示采用"知道主义",以非对话方式作出的意思表示采用"到达主义"。

【关联条文】

《合同法》

第二十六条　承诺通知到达要约人时生效。承诺不需要通知的,根据交易习惯或者要约的要求作出承诺的行为时生效。

采用数据电文形式订立合同的,承诺到达的时间适用本法第十六条第二款的规定。

《电子签名法》

第十一条　数据电文进入发件人控制之外的某个信息系统的时间,视为该数据电文的发送时间。

收件人指定特定系统接收数据电文的,数据电文进入该特定系统的时间,视为该数据电文的接收时间;未指定特定系统的,数据电文进入收件人的任何系统的首次时间,视为该数据电文的接收时间。

当事人对数据电文的发送时间、接收时间另有约定的,从其约定。

第一百三十八条　【无相对人的意思表示的生效时间】

《民法总则》条文	《民法通则》等编纂对象法规对应条文
第一百三十八条　无相对人的意思表示,表示完成时生效。法律另有规定的,依照其规定。	暂无对应法条。

【条文释义】

有相对人的意思表示是指意思表示针对某特定的当事人作出,例如合同要约是典型的有相对人的意思表示;而无相对人的意思表示是指意思表示不针对特定当事人作出,仅为当事人处分其财产或特定事项的意思表示,无须特定人接受,遗嘱是典型的无相对人的意思表示。意思表示的生效时间依据意思表示是否具有相对人有所不同,有相对人的意思表示的生效要考虑到相对人是否有可能了解或知悉该意思表示,无相对人的意思表示因为没有专门的意思表示的相对人和接受人,因此其意思表示在完成时即可生效。当然法律另有专门规定的,应当按照法律的规定处理。

【关联条文】

《继承法》

第十六条　公民可以依照本法规定立遗嘱处分个人财产,并可以指定遗嘱执行人。

公民可以立遗嘱将个人财产指定由法定继承人的一人或者数人继承。

公民可以立遗嘱将个人财产赠给国家、集体或者法定继承人以外的人。

第一百三十九条 【公告方式的意思表示的生效时间】

《民法总则》条文	《民法通则》等编纂对象法规对应条文
第一百三十九条 以公告方式作出的意思表示,公告发布时生效。	暂无对应法条。

【条文释义】

本条对以公告方式作出的意思表示的生效时间进行了规定。以公告方式作出意思表示的情况比较少,其典型代表为悬赏广告,是以广告的方式公开表示对于完成一定行为的人,给予报酬的意思表示。以公告方式作出的意思表示,属于向不特定人作出的意思表示,既不同于向特定人作出的意思表示,也不同于无相对人的意思表示,要适当考虑到意思表示接受人了解意思表示的可能性,因此其自公告发布时生效。

【关联条文】

《合同法司法解释(二)》

第三条 悬赏人以公开方式声明对完成一定行为的人支付报酬,完成特定行为的人请求悬赏人支付报酬的,人民法院依法予以支持。但悬赏有合同法第五十二条规定情形的除外。

第一百四十条 【意思表示的方式】

《民法总则》条文	《民法通则》等编纂对象法规对应条文
第一百四十条 行为人可以明示或者默示作出意思表示。 沉默只有在有法律规定、当事人约定或者符合当事人之间的交易习惯时,才可以视为意思表示。	《民通意见》 66. 一方当事人向对方当事人提出民事权利的要求,对方未用语言或者文字明确表示意见,但其行为表明已接受的,可以认定为默示。<u>不作为的默示只有在法律有规定或者当事人双方有约定的情况下,才可以视为意思表示。</u>

【条文释义】

明示方式的意思表示是指以非常明确的方式表达的意思表示,一般包括口头方式和书面方式。口头形式,是指以谈话的方式进行的意思表示。书面形式,是指以书面文字的方式进行的意思表示。明示方式作出意思表示,是意思表示的最典型和最常用的表示方式,具有明确清晰的优势。

默示方式的意思表示,是指行为人虽然没有口头或者书面的表示,但可以通过其行为推知其内在的意思。默示分为推定形式和沉默形式。所谓推定形式的默示,是指以有目的、有意识的积极行为表示其意思,使他人可以根据常识、交易习惯或者相互间的默契,推知当事人已经作出了某种意思表示,从而使民事法律行为成立的形式,例如续租。所谓沉默形式的默示,是指既无语言表示又无行为表示的消极行为,在法律有特别规定的情况下,视为当事人的沉默已经构成了意思表示,因此而使民事法律行为成立。例如《继承法》规定,受遗赠人两个月内不作接受遗赠的表示的,视为放弃遗赠。

【关联条文】

《合同法》

第十条　当事人订立合同,有书面形式、口头形式和其他形式。

法律、行政法规规定采用书面形式的,应当采用书面形式。当事人约定采用书面形式的,应当采用书面形式。

第十一条　书面形式是指合同书、信件和数据电文(包括电报、电传、传真、电子数据交换和电子邮件)等可以有形地表现所载内容的形式。

第二十二条　承诺应当以通知的方式作出,但根据交易习惯或者要约表明可以通过行为作出承诺的除外。

《继承法》

第二十五条　继承开始后,继承人放弃继承的,应当在遗产处理前,作出放弃继承的表示。没有表示的,视为接受继承。

受遗赠人应当在知道受遗赠后两个月内,作出接受或者放弃受遗赠的表示。到期没有表示的,视为放弃受遗赠。

第一百四十一条　【意思表示的撤回】

《民法总则》条文	《民法通则》等编纂对象法规对应条文
第一百四十一条　行为人可以撤回意思表示。撤回意思表示的通知应当在意思表示到达相对人前或者与意思表示同时到达相对人。	《合同法》 第十七条　要约可以撤回。撤回要约的通知应当在要约到达受要约人之前或者与要约同时到达受要约人。

【条文释义】

本条对于意思表示的撤回进行了规定。原则上来说,意思表示可以撤回,但是根据实际情况以对话方式作出的意思表示其实无法撤回,因为这种方式自其作出之后即为相对人所了解并生效,实际上并无撤回的时间可能。需要注意的是,意思表示的撤回不同于撤销,撤回是使得意思表示不生效,而撤销是使得已经生效的意思表示失其效力。因此,意思表示的撤回通知应当在意思表示到达相对人之前或者同时到达相对人。

【关联条文】

《合同法》

第十八条 要约可以撤销。撤销要约的通知应当在受要约人发出承诺通知之前到达受要约人。

第十九条 有下列情形之一的,要约不得撤销:

(一)要约人确定了承诺期限或者以其他形式明示要约不可撤销;

(二)受要约人有理由认为要约是不可撤销的,并已经为履行合同作了准备工作。

第二十七条 承诺可以撤回。撤回承诺的通知应当在承诺通知到达要约人之前或者与承诺通知同时到达要约人。

第一百四十二条 【意思表示的解释】

《民法总则》条文	《民法通则》等编纂对象法规对应条文
第一百四十二条 有相对人的意思表示的解释,应当按照所使用的词句,结合相关条款、行为的性质和目的、习惯以及诚信原则,确定意思表示的含义。 无相对人的意思表示的解释,不能完全拘泥于所使用的词句,而应当结合相关条款、行为的性质和目的、习惯以及诚信原则,确定行为人的真实意思。	《合同法》 第一百二十五条 当事人对合同条款的理解有争议的,应当按照合同所使用的词句、合同的有关条款、合同的目的、交易习惯以及诚实信用原则,确定该条款的真实意思。 合同文本采用两种以上文字订立并约定具有同等效力的,对各文本使用的词句推定具有相同含义。各文本使用的词句不一致的,应当根据合同的目的予以解释。

【条文释义】

意思表示的解释是意思表示理论乃至法律行为理论的重要方面,一直以来对于这一问题存在争议,本条对此予以明确规定,确立了解释的基本原则,意义重大。意思表示的解释应当区分是否有相对人而采取不同的意思表示解释原则与方法。

有相对人的意思表示,其解释重在行为人所表示出来的意思,法律行为的本质不是行为人的内在意思,而是行为人表示出来的意思。对于意思表示的解释,原则上采取客观立场,在表示与意思不一致时,以外部的表示为准;对于相对人的意思表示的解释,应以相对人足以客观了解的表示内容为准,以保护相对人的信赖利益。因此,在解释时,应当依据表示人所使用的词句,结合相关条款上下文文义,以及表示人所实施的行为的性质、行为的目的、同行的交易习惯、尤其是遵循诚信原则去确定意思表示的具体内容和含义,所确认的是一般理性人依据生活常识和经验所客观理解的意思表示的意义。

无相对人的意思表示由于没有意思表示的接受人,因此不需要考虑或兼顾相对人的了解及其信赖利益保护,意思表示解释的基本目的是要探求表示人的真实意思,其采用的解释原则不同于有相对人的意思表示。解释时,不能完全拘泥于所使用的词句,而应当结合相关条款、行为的性质和目的、习惯以及诚信原则,探究词句背后行为人的真实意思。

【关联条文】

《合同法》

第四十一条　对格式条款的理解发生争议的,应当按通常理解予以解释。对格式条款有两种以上解释的,应当作出不利于提供格式条款一方的解释。格式条款和非格式条款不一致的,应当采用非格式条款。

第三节　民事法律行为的效力

第一百四十三条　【民事法律行为的有效条件】

《民法总则》条文	《民法通则》等编纂对象法规对应条文
第一百四十三条　具备下列条件的民事法律行为**有效**: (一)行为人具有相应的民事行为能力; (二)意思表示真实; (三)不违反法律、**行政法规的强制性规定**,不违背<u>公序良俗</u>。	《民法通则》 第五十五条　民事法律行为应当具备下列条件: (一)行为人具有相应的民事行为能力; (二)意思表示真实; (三)不违反法律或者<u>社会公共利益</u>。

【条文释义】

本条是关于民事法律行为有效条件的规定。有效必须满足三个条件。其一,行为人具有相应的民事行为能力。民事法律行为以行为人的意思表示为要素,当事人必须具有健全的理智和判断能力,因而必须具有相应的民事行为能力。其二,意思表示真实,是指当事人的内心意思与外部表示相一致。换言之,当事人必须在意思自由、能够意识到自己行为的法律效果的情况下进行意思表示,不存在胁迫、误解等情况。其三,不违反法律、行政法规的强制性规定,不违背公序良俗。值得注意的是,民事法律行为同时符合三项要件方为有效,而不符合三项要件却不可简单地反面解释为无效。民事法律行为违反第三项要件无效,违反第(一)项和第(二)项要件的,该民事法律行为可能有效、可能无效也可能效力待定或可撤销。

【关联条文】

《民法总则》

第一百五十三条 违反法律、行政法规的强制性规定的民事法律行为无效,但是该强制性规定不导致该民事法律行为无效的除外。

违背公序良俗的民事法律行为无效。

《合同法》

第四十条 格式条款具有本法第五十二条和第五十三条规定情形的,或者提供格式条款一方免除其责任、加重对方责任、排除对方主要权利的,该条款无效。

第四十四条 依法成立的合同,自成立时生效。

法律、行政法规规定应当办理批准、登记等手续生效的,依照其规定。

第五十二条 有下列情形之一的,合同无效:

(一)一方以欺诈、胁迫的手段订立合同,损害国家利益;

(二)恶意串通,损害国家、集体或者第三人利益;

(三)以合法形式掩盖非法目的;

(四)损害社会公共利益;

(五)违反法律、行政法规的强制性规定。

第五十三条 合同中的下列免责条款无效:

(一)造成对方人身伤害的;

(二)因故意或者重大过失造成对方财产损失的。

《继承法》

第二十二条 无行为能力人或者限制行为能力人所立的遗嘱无效。

遗嘱必须表示遗嘱人的真实意思,受胁迫、欺骗所立的遗嘱无效。

伪造的遗嘱无效。

遗嘱被篡改的,篡改的内容无效。

《收养法》

第二十五条　违反《中华人民共和国民法通则》第五十五条和本法规定的收养行为无法律效力。

收养行为被人民法院确认无效的,从行为开始时起就没有法律效力。

《消费者权益保护法》

第二十六条　经营者在经营活动中使用格式条款的,应当以显著方式提请消费者注意商品或者服务的数量和质量、价款或者费用、履行期限和方式、安全注意事项和风险警示、售后服务、民事责任等与消费者有重大利害关系的内容,并按照消费者的要求予以说明。

经营者不得以格式条款、通知、声明、店堂告示等方式,作出排除或者限制消费者权利、减轻或者免除经营者责任、加重消费者责任等对消费者不公平、不合理的规定,不得利用格式条款并借助技术手段强制交易。

格式条款、通知、声明、店堂告示等含有前款所列内容的,其内容无效。

第一百四十四条　【无民事行为能力人的民事法律行为的效力】

《民法总则》条文	《民法通则》等编纂对象法规对应条文
第一百四十四条　无民事行为能力人实施的民事法律行为无效。	《民法通则》 第五十八条第一款第(一)项　下列民事行为无效: (一)无民事行为能力人实施的;

【条文释义】

民事法律行为以意思表示为核心,有效的法律行为必须以行为人具有充分的认识和判断能力、能够认识行为的法律后果为前提,因此无民事行为能力人不能实施民事法律行为,其所实施的民事法律行为无效。这种无效是绝对无效、确定无效和自始无效。

【关联条文】

《继承法》

第二十二条　无行为能力人或者限制行为能力人所立的遗嘱无效。

遗嘱必须表示遗嘱人的真实意思,受胁迫、欺骗所立的遗嘱无效。

伪造的遗嘱无效。

遗嘱被篡改的,篡改的内容无效。

《票据法》

第六条 无民事行为能力人或者限制民事行为能力人在票据上签章的,其签章无效,但是不影响其他签章的效力。

《民通意见》

67. 间歇性精神病人的民事行为,确能证明是在发病期间实施的,应当认定无效。

行为人在神志不清的状态下所实施的民事行为,应当认定无效。

第一百四十五条 【限制民事行为能力人的民事法律行为的效力】

《民法总则》条文	《民法通则》等编纂对象法规对应条文
第一百四十五条 限制民事行为能力人实施的纯获利益的民事法律行为或者与其年龄、智力、精神健康状况相适应的民事法律行为<u>有效</u>;实施的其他民事法律行为经法定代理人<u>同意</u>或者追认后有效。 相对人可以催告法定代理人<u>自收到通知之日起</u>一个月内予以追认。法定代理人未作表示的,视为拒绝追认。民事法律行为被追认前,善意相对人有撤销的权利。撤销应当以通知的方式作出。	《合同法》 第四十七条 限制民事行为能力人订立的合同,经法定代理人追认后,该合同有效,但纯获利益的合同或者与其年龄、智力、精神健康状况相适应而订立的合同,<u>不必经法定代理人追认</u>。 相对人可以催告法定代理人在一个月内予以追认。法定代理人未作表示的,视为拒绝追认。合同被追认之前,善意相对人有撤销的权利。撤销应当以通知的方式作出。

【条文释义】

限制行为能力人已经具有一定的认识和判断能力,其在一定范围内实施的民事法律行为有效,超出该范围的民事法律行为无效。

具体来说,其实施的纯获利益的民事法律行为或者与其年龄、智力、精神健康状况相适应的民事法律行为有效。纯获利益,是指单纯取得权利,免除义务,即限制民事行为能力人不因其法律行为而在法律上负有义务。这样的行为,限制民事行为能力人可以独立实施,例如,对限制民事行为能力人为无负担的赠与、对限制民事行为能力人为债务的承认等,都是这样的行为,限制民事行为能力人当然可以接受。而无偿的借用、借贷等,虽然获得权利和利益,但因限制行为能力人须负返还义务,而违反此项义务时应负损害赔偿责任,因而不是纯获利益的行为。限制民事行为能力人可以从事一些日常生活所必需的交易行为,如果不是这样,不仅会限制他们的行为自由,而且也会给其生活造成不便。因此,限制民事行为能力的未成年人有权实施理发、购买零食或文具用品、看电影、到游乐场游玩等交易行为。

限制民事行为能力人实施的非纯获利益的且超出其年龄、智力、精神健康状况范围的民事法律行为效力待定,只有在其法定代理人事先同意或事后追认的情况下才有效。为了尽快确定这种法律行为的效力,法律行为的相对人可以催告限制民事行为能力人的法定代理人在一个月内追认,如果在一个月内法定代理人未作表示的,视为拒绝追认,法律行为无效。当然,在民事法律行为被法定代理人追认前,善意的相对人,即不知法律行为实施人为限制行为能力的人,有权撤销该法律行为,善意相对人撤销后法定代理人就不能再进行追认。

【关联条文】

《民法通则》

第十三条 不能辨认自己行为的精神病人是无民事行为能力人,由他的法定代理人代理民事活动。

不能完全辨认自己行为的精神病人是限制民事行为能力人,可以进行与他的精神健康状况相适应的民事活动;其他民事活动由他的法定代理人代理,或者征得他的法定代理人的同意。

第五十八条 下列民事行为无效:

(一)无民事行为能力人实施的;

(二)限制民事行为能力人依法不能独立实施的;

(三)一方以欺诈、胁迫的手段或者乘人之危,使对方在违背真实意思的情况下所为的;

(四)恶意串通,损害国家、集体或者第三人利益的;

(五)违反法律或者社会公共利益的;

(六)以合法形式掩盖非法目的的。

无效的民事行为,从行为开始起就没有法律约束力。

《民通意见》

3. 十周岁以上的未成年人进行的民事活动是否与其年龄、智力状况相适应,可以从行为与本人生活相关联的程度、本人的智力能否理解其行为,并预见相应的行为后果,以及行为标的数额等方面认定。

4. 不能完全辨认自己行为的精神病人进行的民事活动,是否与其精神健康状态相适应,可以从行为与本人生活相关联的程度、本人的精神状态能否理解其行为,并预见相应的行为后果,以及行为标的数额等方面认定。

6. 无民事行为能力人、限制民事行为能力人接受奖励、赠与、报酬,他人不得以行为人无民事行为能力、限制民事行为能力为由,主张以上行为无效。

第一百四十六条 【虚假意思表示及隐藏民事法律行为的效力】

《民法总则》条文	《民法通则》等编纂对象法规对应条文
第一百四十六条 行为人与相对人以虚假的意思表示实施的民事法律行为无效。 以虚假的意思表示隐藏的民事法律行为的效力,依照有关法律规定处理。	《民法通则》 第五十八条第一款第(六)项 下列民事行为无效: …… (六)以合法形式掩盖非法目的的。 《合同法》 第五十二条第(三)项 有下列情形之一的,合同无效: …… (三)以合法形式掩盖非法目的;

【条文释义】

本条第1款对于双方虚假表示所实施的民事法律行为的效力进行了规定,这里指的是双方当事人所实施的意思表示都不是其真实的意思表示,而且双方当事人对此都是知情的。在此情况下,双方以此虚假的不真实的意思表示达成一致所实施的民事法律行为无效。从表意人方面来说,由于意思表示并非其真意因而不应承认其效力,从相对人来说,其知道表意人的表示非其真意,因而无信赖利益需要保护,因而不应承认此种法律行为的效力。本款在体系上对应《民法通则》第58条第1款第(六)项和《合同法》第52条第(三)项规定的"以合法形式掩盖非法目的"而导致无效的情形,但构成要件不同。以虚假的意思表示实施的民事法律行为无效,即使不是"以合法形式掩盖非法目的"也当然无效,因为其不符合意思表示一致的要求。但如果"以合法形式掩盖非法目的",必然蕴含了虚假的意思表示,因其非法目的而无效。

本条第2款规定的"以虚假的意思表示隐藏的民事法律行为的效力",既包括了本条第1款规定的双方虚假表示情形,也可以适用于单方虚假表示的情形。就虚假表示与隐藏行为的对应关系,如果有虚假表示,不一定存在隐藏行为;但如果有隐藏行为,则一定存在虚假表示。至于双方通过虚假意思表示所隐藏和掩盖的真实的法律行为的效力,则另行根据民事法律行为效力判断规则进行判断。

【关联条文】

《民法总则》

第一百四十二条 有相对人的意思表示的解释,应当按照所使用的词句,结合相关条款、行为的性质和目的、习惯以及诚信原则,确定意思表示的含义。

无相对人的意思表示的解释,不能完全拘泥于所使用的词句,而应当结合相关条款、行为的性质和目的、习惯以及诚信原则,确定行为人的真实意思。

第一百四十七条 【基于重大误解实施的民事法律行为的效力】

《民法总则》条文	《民法通则》等编纂对象法规对应条文
第一百四十七条 基于重大误解实施的民事法律行为,行为人有权请求人民法院或者仲裁机构予以撤销。	《民法通则》 第五十九条第一款第(一)项 下列民事行为,一方有权请求人民法院或者仲裁机关予以变更或者撤销: (一)行为人对行为内容有重大误解的; 《合同法》 第五十四条第一款第(一)项 下列合同,当事人一方有权请求人民法院或者仲裁机构变更或者撤销: (一)因重大误解订立的;

【条文释义】

重大误解,是指一方当事人由于自己的过错,对民事行为的内容等发生误解,由此订立了民事行为,该民事行为所涉及的利益对当事人而言为重大。重大误解的特点是:(1)误解是当事人对民事行为的内容等发生认识上的错误,重大误解的实质,是当事人对民事行为内容等的认识发生错误,这种错误的产生,是当事人的内心意思缺陷,不是其他原因;(2)误解是当事人对民事行为内容的认识错误,误解的对象是民事行为的内容,是对民事行为内容的认识错误,因而使当事人订立了民事行为;(3)误解直接影响到当事人的权利和义务,基于当事人对民事行为内容的错误认识,必然影响到当事人的权利义务关系,给误解的一方当事人造成损失。

基于重大误解实施的民事法律行为的效力为可撤销,行为人可以请求人民法院或者仲裁机构予以撤销,需要注意的是,行为人不能自己向对方主张撤销而必须通过法院或仲裁机构。重大误解系当事人主观上的认识错误,因此赋予误解方单方变更民事法律行为的权利有悖于公平原则,因此,较之《民法通则》和

《合同法》的规定,本条取消了行为人的变更权,仅仅保留了撤销权。

《民法总则》没有对错误和误传作出规定。所谓错误,是指表意人因误认或者不知(如笔误、口误)而使其表示与意思不一致。所谓误传,是指因传达人的错误导致行为人的意思与表示不一致。错误和误传均可能导致重大误解,但又不同于重大误解,实务中应准用重大误解的规定,并适用《民法总则》第142条的规定对传达给相对人的意思作客观解释,其本意不得对抗善意相对人。传达人有过错的,应该承担相应的责任。

【关联条文】

《民法总则》

第一百四十二条 有相对人的意思表示的解释,应当按照所使用的词句,结合相关条款、行为的性质和目的、习惯以及诚信原则,确定意思表示的含义。

无相对人的意思表示的解释,不能完全拘泥于所使用的词句,而应当结合相关条款、行为的性质和目的、习惯以及诚信原则,确定行为人的真实意思。

《民通意见》

71. 行为人因为对行为的性质、对方当事人、标的物的品种、质量、规格和数量等的错误认识,使行为的后果与自己的意思相悖,并造成较大损失的,可以认定为重大误解。

73. 对于重大误解或者显失公平的民事行为,当事人请求变更的,人民法院应当予以变更;当事人请求撤销的,人民法院可以酌情予以变更或者撤销。

可变更或者可撤销的民事行为,自行为成立时起超过一年当事人才请求变更或者撤销的,人民法院不予保护。

77. 意思表示由第三人义务转达,而第三人由于过失转达错误或者没有转达,使他人造成损失的,一般可由意思表示人负赔偿责任。但法律另有规定或者双方另有约定的除外。

《审理劳动争议案件司法解释(三)》

第十条 劳动者与用人单位就解除或者终止劳动合同办理相关手续、支付工资报酬、加班费、经济补偿或者赔偿金等达成的协议,不违反法律、行政法规的强制性规定,且不存在欺诈、胁迫或者乘人之危情形的,应当认定有效。

前款协议存在重大误解或者显失公平情形,当事人请求撤销的,人民法院应予支持。

《人民法院网络司法拍卖规定》

第三十一条 当事人、利害关系人提出异议请求撤销网络司法拍卖,符合下列情形之一的,人民法院应当支持:

（一）由于拍卖财产的文字说明、视频或者照片展示以及瑕疵说明严重失实，致使买受人产生重大误解，购买目的无法实现的，但拍卖时的技术水平不能发现或者已经就相关瑕疵以及责任承担予以公示说明的除外；

（二）由于系统故障、病毒入侵、黑客攻击、数据错误等原因致使拍卖结果错误，严重损害当事人或者其他竞买人利益的；

（三）竞买人之间，竞买人与网络司法拍卖服务提供者之间恶意串通，损害当事人或者其他竞买人利益的；

（四）买受人不具备法律、行政法规和司法解释规定的竞买资格的；

（五）违法限制竞买人参加竞买或者对享有同等权利的竞买人规定不同竞买条件的；

（六）其他严重违反网络司法拍卖程序且损害当事人或者竞买人利益的情形。

《人民调解协议民事案件规定》

第六条　下列调解协议，当事人一方有权请求人民法院变更或者撤销：

（一）因重大误解订立的；

（二）在订立调解协议时显失公平的；

一方以欺诈、胁迫的手段或者乘人之危，使对方在违背真实意思的情况下订立的调解协议，受损害方有权请求人民法院变更或者撤销。

当事人请求变更的，人民法院不得撤销。

第一百四十八条　【受一方欺诈实施的民事法律行为的效力】

《民法总则》条文	《民法通则》等编纂对象法规对应条文
第一百四十八条　一方以欺诈手段，使对方在违背真实意思的情况下实施的民事法律行为，受欺诈方有权请求人民法院或者仲裁机构予以撤销。	《合同法》 　　第五十四条第二款　一方以欺诈、胁迫的手段或者乘人之危，使对方在违背真实意思的情况下订立的合同，受损害方有权请求人民法院或者仲裁机构变更或者撤销。

【条文释义】

《民法总则》对受欺诈实施的法律行为的调整，与《民法通则》相比有较大改动，《民法总则》对受欺诈实施的法律行为进行了进一步的划分，区分为法律行为一方当事人欺诈和法律行为当事人之外的第三人欺诈两种情形，分别设计了不同的法律规则。前一种情形在本条进行规定，后一种情形在下一条予以规定。

一方当事人采用虚构事实、隐瞒真相等欺诈方法使得对方当事人陷于错误的认识,因而在违背其真意的情况下与欺诈人实施法律行为的,这种法律行为的效力为可撤销。受欺诈方可以请求人民法院或者仲裁机构予以撤销。

对比《合同法》的规定,本条取消了受欺诈方的变更权,仅仅保留了撤销权。

【关联条文】

《民法通则》

第五十八条　下列民事行为无效:

(一)无民事行为能力人实施的;

(二)限制民事行为能力人依法不能独立实施的;

(三)一方以欺诈、胁迫的手段或者乘人之危,使对方在违背真实意思的情况下所为的;

(四)恶意串通,损害国家、集体或者第三人利益的;

(五)违反法律或者社会公共利益的;

(六)以合法形式掩盖非法目的的。

无效的民事行为,从行为开始起就没有法律约束力。

《合同法》

第五十二条　有下列情形之一的,合同无效:

(一)一方以欺诈、胁迫的手段订立合同,损害国家利益;

(二)恶意串通,损害国家、集体或者第三人利益;

(三)以合法形式掩盖非法目的;

(四)损害社会公共利益;

(五)违反法律、行政法规的强制性规定。

《民通意见》

68. 一方当事人故意告知对方虚假情况,或者故意隐瞒真实情况,诱使对方当事人作出错误意思表示的,可以认定为欺诈行为。

第一百四十九条　【受第三人欺诈实施的民事法律行为的效力】

《民法总则》条文	《民法通则》等编纂对象法规对应条文
第一百四十九条　第三人实施欺诈行为,使一方在违背真实意思的情况下实施的民事法律行为,对方知道或者应当知道该欺诈行为的,受欺诈方有权请求人民法院或者仲裁机构予以撤销。	暂无对应法条。

【条文释义】

本条所规定的也是受欺诈而实施的民事法律行为,但是其不同于前条之处在于,欺诈行为的实施人并非民事法律行为的当事人,而是当事人之外的第三人。由于这种情况下欺诈人并非民事法律行为的当事人,而是第三人,因此为了保护被欺诈人之外的另一方当事人的信赖利益,法律行为并非均可被撤销。只有在被欺诈方之外的另一方当事人知道行为人是在受第三人欺诈才实施该法律行为的情况下,受欺诈方才有权请求权人民法院或仲裁机构予以撤销,如果其不知情,那么受欺诈方不得主张撤销。

【关联条文】

《民法通则》

第五十八条 下列民事行为无效:

(一)无民事行为能力人实施的;

(二)限制民事行为能力人依法不能独立实施的;

(三)一方以欺诈、胁迫的手段或者乘人之危,使对方在违背真实意思的情况下所为的;

(四)恶意串通,损害国家、集体或者第三人利益的;

(五)违反法律或者社会公共利益的;

(六)以合法形式掩盖非法目的的。

无效的民事行为,从行为开始起就没有法律约束力。

《合同法》

第五十四条 下列合同,当事人一方有权请求人民法院或者仲裁机构变更或者撤销:

(一)因重大误解订立的;

(二)在订立合同时显失公平的。

一方以欺诈、胁迫的手段或者乘人之危,使对方在违背真实意思的情况下订立的合同,受损害方有权请求人民法院或者仲裁机构变更或者撤销。

当事人请求变更的,人民法院或者仲裁机构不得撤销。

《担保法》

第三十条 有下列情形之一的,保证人不承担民事责任:

(一)主合同当事人双方串通,骗取保证人提供保证的;

(二)主合同债权人采取欺诈、胁迫等手段,使保证人在违背真实意思的情况下提供保证的。

《民通意见》

68. 一方当事人故意告知对方虚假情况,或者故意隐瞒真实情况,诱使对方当事人作出错误意思表示的,可以认定为欺诈行为。

《担保法司法解释》

第四十一条　债务人与保证人共同欺骗债权人,订立主合同和保证合同的,债权人可以请求人民法院予以撤销。因此给债权人造成损失的,由保证人与债务人承担连带赔偿责任。

第一百五十条　【受胁迫实施的民事法律行为的效力】

《民法总则》条文	《民法通则》等编纂对象法规对应条文
第一百五十条　一方或者第三人以胁迫手段,使对方在违背真实意思的情况下实施的民事法律行为,受胁迫方有权请求人民法院或者仲裁机构予以撤销。	《合同法》 　　第五十四条第二款　一方以欺诈、胁迫的手段或者乘人之危,使对方在违背真实意思的情况下订立的合同,受损害方有权请求人民法院或者仲裁机构变更或者撤销。

【条文释义】

本条对于受非法胁迫而实施的民事法律行为的效力进行了规定。不管胁迫人为法律行为一方当事人还是法律行为当事人之外的第三人,只要存在胁迫行为,且对方在胁迫的压力下违背其真意实施了法律行为,那么受胁迫一方都可以请求人民法院或者仲裁机构撤销该法律行为。

构成此种法律行为需满足以下条件:其一,存在胁迫,胁迫的实施者为民事法律行为当事人或第三人在所不问,胁迫指的是向对方预告将来的危害,并声称自己有能力实现的行为;其二,胁迫与被胁迫方实施法律行为之间有因果关系;其三,胁迫行为具有不法性,该不法性包括手段不法、目的不法、手段与目的的关系不法三种情形,手段不法是胁迫行为的方法不法,目的不法是指胁迫行为所欲达成的目的不法,第三种是手段与目的皆非不法,但以此手段实现此目的却属违法的情形。

相比于《合同法》的规定,本条有两个主要变化:第一,将适用范围扩张到了第三人胁迫的情形,但适用相同的规则;第二,取消了受胁迫方的变更权,仅仅保留了撤销权。

【关联条文】

《民法通则》

第五十八条 下列民事行为无效：

（一）无民事行为能力人实施的；

（二）限制民事行为能力人依法不能独立实施的；

（三）一方以欺诈、胁迫的手段或者乘人之危，使对方在违背真实意思的情况下所为的；

（四）恶意串通，损害国家、集体或者第三人利益的；

（五）违反法律或者社会公共利益的；

（六）以合法形式掩盖非法目的的。

无效的民事行为，从行为开始时就没有法律约束力。

《婚姻法》

第十一条 因胁迫结婚的，受胁迫的一方可以向婚姻登记机关或人民法院请求撤销该婚姻。受胁迫的一方撤销婚姻的请求，应当自结婚登记之日起一年内提出。被非法限制人身自由的当事人请求撤销婚姻的，应当自恢复人身自由之日起一年内提出。

《担保法》

第三十条 有下列情形之一的，保证人不承担民事责任：

（一）主合同当事人双方串通，骗取保证人提供保证的；

（二）主合同债权人采取欺诈、胁迫等手段，使保证人在违背真实意思的情况下提供保证的。

《民通意见》

69. 以给公民及其亲友的生命健康、荣誉、名誉、财产等造成损害或者以给法人的荣誉、名誉、财产等造成损害为要挟，迫使对方作出违背真实的意思表示的，可以认定为胁迫行为。

《婚姻法司法解释（一）》

第十条 婚姻法第十一条所称的"胁迫"，是指行为人以给另一方当事人或者其近亲属的生命、身体健康、名誉、财产等方面造成损害为要挟，迫使另一方当事人违背真实意愿结婚的情况。

因受胁迫而请求撤销婚姻的，只能是受胁迫一方的婚姻关系当事人本人。

《担保法司法解释》

第四十条 主合同债务人采取欺诈、胁迫等手段，使保证人在违背真实意思的情况下提供保证的，债权人知道或者应当知道欺诈、胁迫事实的，按照担保法

第三十条的规定处理。

第一百五十一条 【乘人之危导致显失公平的民事法律行为的效力】

《民法总则》条文	《民法通则》等编纂对象法规对应条文
第一百五十一条　一方利用对方处于危困状态、缺乏判断能力等情形,致使民事法律行为成立时显失公平的,受损害方有权请求人民法院或者仲裁机构予以撤销。	《民法通则》 　　第五十九条第一款第二项　下列民事行为,一方有权请求人民法院或者仲裁机关关于以变更或者撤销: 　　…… 　　(二)显失公平的。 《合同法》 　　第五十四条第一款第二项、第二款　下列合同,当事人一方有权请求人民法院或者仲裁机构变更或者撤销: 　　…… 　　(二)在订立合同时显失公平的。 　　一方以欺诈、胁迫的手段或者乘人之危,使对方在违背真实意思的情况下订立的合同,受损害方有权请求人民法院或者仲裁机构变更或者撤销。

【条文释义】

本条规定了乘人之危实施的显失公平的民事法律行为的效力,将《民法通则》的乘人之危实施的民事法律行为和显失公平的民事法律行为进行了合并融合处理,形成这一新的条文。乘人之危实施的显失公平的民事法律行为,是指行为人利用他人的危难处境或紧迫需要,强迫对方当事人接受某种明显不公平的条件并作出违背其真意的意思表示。例如,利用当事人急于救治危重患者的机会,抬高出租车车价数倍的行为。

乘人之危行为的特点是:(1)一方乘对方当事人的危难或急迫之际逼迫对方当事人,使对方当事人不得不接受其不公平的民事行为条款。(2)对方当事人因危难或急迫而与其订立民事行为。在乘人之危的提出苛刻条件的一方当事人,是在利用对方当事人的危难或急迫。而在对方当事人,明知其提出的条件是利用自己的危难或急迫,从中获取不当利益,但由于危难或急迫,因而与其订立了民事行为。(3)不法行为人所获得的利益超出了法律所准许的限度。利用危难或急迫的一方当事人提出的条件十分苛刻,因此所获得的利益是在正常的情况下所不可能得到的重大利益。这种结果,明显违背公平原则,超出了法律所允许的范围,其结果是显失公平的。

此种民事法律行为可撤销,受损害一方当事人有权请求人民法院或仲裁机构予以撤销。

对比《民法通则》《合同法》和《民通意见》的规定,本条有3项主要变化。第一,形式上合并了乘人之危和显失公平的类型;乘人之危与显失公平为传统民法中的暴利行为,我国《民法通则》将之一分为二为乘人之危与显失公平,但其二者的本质相同,即民事法律行为的双方当事人的权利与义务显著失衡,《民法总则》将两者规定为一项统一的制度,有一定的合理性。第二,实际效果是将"显失公平"替换"严重损害对方利益的"作为乘人之危的构成要件;同时保留了"缺乏判断能力等"原因导致的显失公平,包括"当事人利用优势"的类型。第三,取消了受损害方的变更权,仅仅保留了撤销权。

【关联条文】

《民法通则》

第五十八条　下列民事行为无效:

(一)无民事行为能力人实施的;

(二)限制民事行为能力人依法不能独立实施的;

(三)一方以欺诈、胁迫的手段或者乘人之危,使对方在违背真实意思的情况下所为的;

(四)恶意串通,损害国家、集体或者第三人利益的;

(五)违反法律或者社会公共利益的;

(六)以合法形式掩盖非法目的的。

无效的民事行为,从行为开始起就没有法律约束力。

《民通意见》

70.一方当事人乘对方处于危难之机,为牟取不正当利益,迫使对方作出不真实的意思表示,严重损害对方利益的,可以认定为乘人之危。

72.一方当事人利用优势或者利用对方没有经验,致使双方的权利与义务明显违反公平、等价有偿原则的,可以认定为显失公平。

73.对于重大误解或者显失公平的民事行为,当事人请求变更的,人民法院应当予以变更;当事人请求撤销的,人民法院可以酌情予以变更或者撤销。

可变更或者可撤销的民事行为,自行为成立时起超过一年当事人才请求变更或者撤销的,人民法院不予保护。

《合同法司法解释(二)》

第二十六条　合同成立以后客观情况发生了当事人在订立合同时无法预见

的、非不可抗力造成的不属于商业风险的重大变化,继续履行合同对于一方当事人明显不公平或者不能实现合同目的,当事人请求人民法院变更或者解除合同的,人民法院应当根据公平原则,并结合案件的实际情况确定是否变更或者解除。

《审理劳动争议案件司法解释(三)》

第十条　劳动者与用人单位就解除或者终止劳动合同办理相关手续、支付工资报酬、加班费、经济补偿或者赔偿金等达成的协议,不违反法律、行政法规的强制性规定,且不存在欺诈、胁迫或者乘人之危情形的,应当认定有效。

前款协议存在重大误解或者显失公平情形,当事人请求撤销的,人民法院应予支持。

《人民调解协议民事案件规定》

第六条　下列调解协议,当事人一方有权请求人民法院变更或者撤销:

(一)因重大误解订立的;

(二)在订立调解协议时显失公平的;

一方以欺诈、胁迫的手段或者乘人之危,使对方在违背真实意思的情况下订立的调解协议,受损害方有权请求人民法院变更或者撤销。

当事人请求变更的,人民法院不得撤销。

第一百五十二条　【撤销权消灭的事由】

《民法总则》条文	《民法通则》等编纂对象法规对应条文
第一百五十二条　有下列情形之一的,撤销权消灭: (一)当事人自知道或者应当知道撤销事由之日起一年内、**重大误解的当事人自知道或者应当知道撤销事由之日起三个月内**没有行使撤销权; (二)当事人受胁迫,自胁迫行为终止之日起一年内没有行使撤销权; (三)当事人知道撤销事由后明确表示或者以自己的行为**表明**放弃撤销权。 **当事人自民事法律行为发生之日起五年内没有行使撤销权的,撤销权消灭。**	《合同法》 第五十五条　有下列情形之一的,撤销权消灭: (一)具有撤销权的当事人知道或者应当知道撤销事由之日起一年内没有行使撤销权; (二)具有撤销权的当事人知道撤销事由后明确表示或者以自己的行为放弃撤销权。 《婚姻法》 第十一条　因胁迫结婚的,受胁迫的一方可以向婚姻登记机关或人民法院请求撤销该婚姻。受胁迫的一方撤销婚姻的请求,应当自结婚登记之日起一年内提出。被非法限制人身自由的当事人请求撤销婚姻的,应当自恢复人身自由之日起一年内提出。

【条文释义】

本条对于撤销权的消灭进行了规定。撤销权消灭的事由大概包括三个方面：

其一，除斥期间届满。撤销权属于形成权，受除斥期间的限制，除斥期间届满后撤销权消灭。不同情形下除斥期间长度不同，其起算时间也不同。一般情况是当事人自知道或者应当知道撤销事由之日起满一年，重大误解的情形是当事人自知道或者应当知道撤销事由之日起满三个月，受胁迫的情形是自胁迫行为终止之日起满一年。

其二，当事人表示放弃撤销权。具体又包括当事人知道撤销事由后明确表示和以自己的行为表明放弃撤销权两种情形。

其三，法律行为发生后五年内没有行使撤销权，该期限系《民法总则》的新增规则，是撤销权的最长可行使期限。

【关联条文】

《民通意见》

73. 对于重大误解或者显失公平的民事行为，当事人请求变更的，人民法院应当予以变更；当事人请求撤销的，人民法院可以酌情予以变更或者撤销。

可变更或者可撤销的民事行为，自行为成立时起超过一年当事人才请求变更或者撤销的，人民法院不予保护。

第一百五十三条 【违反法律法规和公序良俗的民事法律行为的效力】

《民法总则》条文	《民法通则》等编纂对象法规对应条文
第一百五十三条　违反法律、行政法规的强制性规定的民事法律行为无效，但是该强制性规定不导致该民事法律行为无效的除外。 违背公序良俗的民事法律行为无效。	《合同法》 　　第五十二条第（四）项、第（五）项　有下列情形之一的，合同无效： 　　…… 　　（四）损害社会公共利益； 　　（五）违反法律、行政法规的强制性规定。 《合同法司法解释（二）》 　　第十四条　合同法第五十二条第（五）项规定的"强制性规定"，是指效力性强制性规定。

【条文释义】

本条对违反法律、行政法规强制性规定以及违背公序良俗的民事法律行为的效力进行了规定。并非所有的强制性规定均会影响法律行为的效力。强制性规定分为管理性强制规定和效力性强制规定,依据比例原则,前者仅为管理需要并无否定法律行为效力的目的,对于此种规范的违反并不导致法律行为无效;而后者的强制性规定则会直接影响法律行为效力,违反此种强制性规定的,法律行为无效。此外,法律行为不得违背公序良俗,违背公序良俗的法律行为无效。公序良俗包括公共秩序和善良风俗两种情况,前者主要是公共利益和公共秩序,后者主要是社会通行的道德和价值观念,司法实践中违背公序良俗的民事法律行为主要有性交易、贿赂协议以及学位买卖等行为。

【关联条文】

《民法总则》

第八条　民事主体从事民事活动,不得违反法律,不得违背公序良俗。

第一百四十三条　具备下列条件的民事法律行为有效:

(一)行为人具有相应的民事行为能力;

(二)意思表示真实;

(三)不违反法律、行政法规的强制性规定,不违背公序良俗。

《民法通则》

第五十八条　下列民事行为无效:

(一)无民事行为能力人实施的;

(二)限制民事行为能力人依法不能独立实施的;

(三)一方以欺诈、胁迫的手段或者乘人之危,使对方在违背真实意思的情况下所为的;

(四)恶意串通,损害国家、集体或者第三人利益的;

(五)违反法律或者社会公共利益的;

(六)以合法形式掩盖非法目的的。

无效的民事行为,从行为开始起就没有法律约束力。

《合同法》

第五十二条　有下列情形之一的,合同无效:

(一)一方以欺诈、胁迫的手段订立合同,损害国家利益;

(二)恶意串通,损害国家、集体或者第三人利益;

(三)以合法形式掩盖非法目的;

(四)损害社会公共利益;

(五)违反法律、行政法规的强制性规定。

《劳动合同法》

第二十六条　下列劳动合同无效或者部分无效:

（一）以欺诈、胁迫的手段或者乘人之危，使对方在违背真实意思的情况下订立或者变更劳动合同的；

（二）用人单位免除自己的法定责任、排除劳动者权利的；

（三）违反法律、行政法规强制性规定的。

对劳动合同的无效或者部分无效有争议的，由劳动争议仲裁机构或者人民法院确认。

《农村土地承包法》

第五十五条 承包合同中违背承包方意愿或者违反法律、行政法规有关不得收回、调整承包地等强制性规定的约定无效。

《审理民间借贷案件规定》

第十四条 具有下列情形之一，人民法院应当认定民间借贷合同无效：

（一）套取金融机构信贷资金又高利转贷给借款人，且借款人事先知道或者应当知道的；

（二）以向其他企业借贷或者向本单位职工集资取得的资金又转贷给借款人牟利，且借款人事先知道或者应当知道的；

（三）出借人事先知道或者应当知道借款人借款用于违法犯罪活动仍然提供借款的；

（四）违背社会公序良俗的；

（五）其他违反法律、行政法规效力性强制性规定的。

第一百五十四条 【恶意串通损害他人权益的民事法律行为的效力】

《民法总则》条文	《民法通则》等编纂对象法规对应条文
第一百五十四条 行为人与相对人恶意串通，损害他人合法权益的民事法律行为无效。	《民法通则》 第五十八条第一款第（四）项 下列民事行为无效： …… （四）恶意串通，损害国家、集体或者第三人利益的； 《合同法》 第五十二条第（二）项 有下列情形之一的，合同无效： …… （二）恶意串通，损害国家、集体或者第三人利益；

【条文释义】

恶意串通损害他人权益的民事法律行为,是指当事人为实现某种目的,串通共同实施某种民事行为,造成国家、集体或者第三人的损害。恶意串通的构成要件是:

第一,当事人在主观上具有恶意。构成恶意串通,当事人在主观上必须具有恶意,参加该民事行为的当事人都要具有恶意,恶意的内容是当事人对于牟取非法利益的恶意。恶意串通不能由过失构成。

第二,当事人之间互相串通。可以是双方当事人经过串通,共同达成一项协议,也可以是一方当事人提出某种实现非法目的的意思表示,另一方当事人明知其恶意而默示予以接受。

第三,双方当事人串通实施的行为损害国家、集体或者第三人的利益。损害国家、集体或第三人的利益,应当是恶意串通的结果,二者之间具有因果关系。

恶意串通所订立的民事行为,是绝对无效的民事行为,不能按照一般的无效民事行为的原则处理,而是按照《合同法》第59条的规定,将双方当事人因该民事行为所取得的财产,收归国有或者返还集体、第三人。

【关联条文】

《民法通则》

第六十一条 民事行为被确认为无效或者被撤销后,当事人因该行为取得的财产,应当返还给受损失的一方。有过错的一方应当赔偿对方因此所受的损失,双方都有过错的,应当各自承担相应的责任。

双方恶意串通,实施民事行为损害国家的、集体的或者第三人的利益的,应当追缴双方取得的财产,收归国家、集体所有或者返还第三人。

《担保法》

第三十条 有下列情形之一的,保证人不承担民事责任:

(一)主合同当事人双方串通,骗取保证人提供保证的;

(二)主合同债权人采取欺诈、胁迫等手段,使保证人在违背真实意思的情况下提供保证的。

《企业国有资产法》

第七十二条 在涉及关联方交易、国有资产转让等交易活动中,当事人恶意串通,损害国有资产权益的,该交易行为无效。

《海事诉讼特别程序法》

第四十一条 竞买人之间恶意串通的,拍卖无效。参与恶意串通的竞买人应当承担拍卖船舶费用并赔偿有关损失。海事法院可以对参与恶意串通的竞买人处最高应价百分之十以上百分之三十以下的罚款。

《担保法司法解释》

第四十一条 债务人与保证人共同欺骗债权人,订立主合同和保证合同的,债权人可以请求人民法院予以撤销。因此给债权人造成损失的,由保证人与债务人承担连带赔偿责任。

《审理外商投资企业案件规定(一)》

第二十条 实际投资者与外商投资企业名义股东之间的合同因恶意串通,损害国家、集体或者第三人利益,被认定无效的,人民法院应当将因此取得的财产收归国家所有或者返还集体、第三人。

《商品房买卖合同司法解释》

第十条 买受人以出卖人与第三人恶意串通,另行订立商品房买卖合同并将房屋交付使用,导致其无法取得房屋为由,请求确认出卖人与第三人订立的商品房买卖合同无效的,应予支持。

《企业改制相关民事纠纷规定》

第十八条 企业出售中,当事人双方恶意串通,损害国家利益的,人民法院在审理相关的民事纠纷案件时,应当确认该企业出售行为无效。

第一百五十五条 【无效或被撤销的民事法律行为的约束力】

《民法总则》条文	《民法通则》等编纂对象法规对应条文
第一百五十五条 无效的或者被撤销的民事法律行为自始没有法律约束力。	《合同法》 第五十六条 无效的合同或者被撤销的合同自始没有法律约束力。合同部分无效,不影响其他部分效力的,其他部分仍然有效。

【条文释义】

无效的民事法律行为或者被撤销的民事法律行为,自其成立时起就不具有法律约束力,当事人不必履行因该民事法律行为所产生的权利和义务。

【关联条文】

《民法通则》

第五十八条 下列民事行为无效:

(一)无民事行为能力人实施的;

(二)限制民事行为能力人依法不能独立实施的;

(三)一方以欺诈、胁迫的手段或者乘人之危,使对方在违背真实意思的情况下所为的；

(四)恶意串通,损害国家、集体或者第三人利益的；

(五)违反法律或者社会公共利益的；

(六)以合法形式掩盖非法目的的。

无效的民事行为,从行为开始起就没有法律约束力。

第五十九条 下列民事行为,一方有权请求人民法院或者仲裁机关予以变更或者撤销：

(一)行为人对行为内容有重大误解的；

(二)显失公平的。

被撤销的民事行为从行为开始起无效。

《婚姻法》

第十二条 无效或被撤销的婚姻,自始无效。当事人不具有夫妻的权利和义务。同居期间所得的财产,由当事人协议处理；协议不成时,由人民法院根据照顾无过错方的原则判决。对重婚导致的婚姻无效的财产处理,不得侵害合法婚姻当事人的财产权益。当事人所生的子女,适用本法有关父母子女的规定。

《收养法》

第二十五条 违反《中华人民共和国民法通则》第五十五条和本法规定的收养行为无法律效力。

收养行为被人民法院确认无效的,从行为开始时起就没有法律效力。

《婚姻法司法解释(一)》

第十三条 婚姻法第十二条所规定的自始无效,是指无效或者可撤销婚姻在依法被宣告无效或被撤销时,才确定该婚姻自始不受法律保护。

第一百五十六条 【民事法律行为的部分无效】

《民法总则》条文	《民法通则》等编纂对象法规对应条文
第一百五十六条 民事法律行为部分无效,不影响其他部分效力的,其他部分仍然有效。	《民法通则》 第六十条 民事行为部分无效,不影响其他部分的效力的,其他部分仍然有效。

【条文释义】

本条对民事法律行为的部分无效进行了规定。民事法律行为部分无效,是指民事行为内容的一部分因不具备民事法律行为的有效条件而无效,但其他部分仍然有效的民事行为效力状态。民事行为根据无效原因存在于行为内容的全部或部分,可分为全部无效或部分无效。当无效原因存在于民事行为内容的全部时,则该民事行为全部不发生效力。当无效原因仅存在于民事法律行为的部分内容,且该部分的内容与其他部分之间不存在条件关系或牵连制约关系的,其他部分仍然有效。

【关联条文】

《合同法》

第五十六条 无效的合同或者被撤销的合同自始没有法律约束力。合同部分无效,不影响其他部分效力的,其他部分仍然有效。

第五十七条 合同无效、被撤销或者终止的,不影响合同中独立存在的有关解决争议方法的条款的效力。

《劳动法》

第十八条 下列劳动合同无效:

(一)违反法律、行政法规的劳动合同;

(二)采取欺诈、威胁等手段订立的劳动合同。无效的劳动合同,从订立的时候起,就没有法律约束力。确认劳动合同部分无效的,如果不影响其余部分的效力,其余部分仍然有效。劳动合同的无效,由劳动争议仲裁委员会或者人民法院确认。

《劳动合同法》

第二十七条 劳动合同部分无效,不影响其他部分效力的,其他部分仍然有效。

第一百五十七条 【民事法律行为无效、被撤销或不发生效力的后果】

《民法总则》条文	《民法通则》等编纂对象法规对应条文
第一百五十七条 民事法律行为无效、被撤销或者确定不发生效力后,行为人因该行为取得的财产,应当予以返还;不能返还或者没有必要返还的,应当折价补偿。有过错的一方应当赔偿对方由此所受到的损失;各方都有过错的,应当各自承担相应的责任。法律另有规定的,依照其规定。	《民法通则》 第六十一条 民事行为被确认为无效或者被撤销后,当事人因该行为取得的财产,应当返还给受损失的一方。有过错的一方应当赔偿对方因此所受的损失,双方都有过错的,应当各自承担相应的责任。 双方恶意串通,实施民事行为损害国家的、集体的或者第三人的利益的,应当追缴双方取得的财产,收归国家、集体所有或者返还第三人。

【条文释义】

本条对于民事法律行为无效、被撤销或确定不发生效力的后果进行了规定,主要包括返还财产、折价补偿和损害赔偿。

返还财产是恢复原状的一种处理方式,即无效民事行为和被撤销的民事行为自始没有法律约束力,已经按照约定进行的履行因无法律效力而需要恢复到没有履行前的状况,已接受履行的一方将其所接受的履行返还给对方,是恢复原状的最基本的方式。但是,并不是所有的已经履行的无效民事行为都能够或者需要采取返还方式。有些民事行为的性质决定了无法采取返还方式,如提供劳务的无效合同,一些提供工作成果的合同(如建设工程承包合同);有些合同适用返还不经济,如返还需要的费用较高,强制返还带来经济上的极大浪费,对于这种情况应当进行折价补偿。

民事法律行为无效和被撤销后造成损失的,有过错的一方应当赔偿对方因此所受到的损失,双方都有过错的,应当各自承担相应的责任,如果没有过错,则不承担赔偿责任。

【关联条文】

《合同法》

第五十八条 合同无效或者被撤销后,因该合同取得的财产,应当予以返还;不能返还或者没有必要返还的,应当折价补偿。有过错的一方应当赔偿对方因此所受到的损失,双方都有过错的,应当各自承担相应的责任。

第五十九条 当事人恶意串通,损害国家、集体或者第三人利益的,因此取得的财产收归国家所有或者返还集体、第三人。

《民通意见》

74. 民法通则第六十一条第二款中的"双方取得的财产",应当包括双方当事人已经取得和约定取得的财产。

第四节 民事法律行为的附条件和附期限

第一百五十八条 【附条件的民事法律行为】

《民法总则》条文	《民法通则》等编纂对象法规对应条文
第一百五十八条 民事法律行为可以附条件,但是按照其性质不得附条件的除外。附生效条件的民事法律行为,自条件成就时生效。附解除条件的民事法律行为,自条件成就时失效。	**《民法通则》** 第六十二条 民事法律行为可以附条件,附条件的民事法律行为<u>在符合所附条件时生效</u>。 **《合同法》** 第四十五条第一款 当事人对合同的效力可以约定附条件。附生效条件的合同,自条件成就时生效。附解除条件的合同,自条件成就时失效。

【条文释义】

本条是关于附条件民事法律行为的规定。民事法律行为本来就是行为人意思自治的体现，其可以按照其意愿去建立自己的法律关系，附条件法律行为提供给行为人更大的意思自治的灵活度和空间，将未来不特定事件的影响纳入民事法律行为中予以规定，更能满足行为人的现实需求。

附条件民事法律行为是指法律行为效力的开始或者终止，取决于将来不确定事实的发生或不发生为条件的法律行为。法律规定民事法律行为可以附加条件，目的就是以所附的条件来确定或者限制民事法律行为的效力。这是商品经济和市场经济发展的要求，是社会生活复杂性、多样性所决定的。

生效条件也叫做延缓条件，是指民事法律行为效力的发生决定于所附条件的成就。当一个民事法律行为成立之后，当事人不想使它立即生效，待所附条件成就后，再开始生效，就可以在民事法律行为中约定生效条件（延缓条件），使该条件发生作用，延缓民事法律行为的生效时间，在民事法律行为约定的条件成就时，再让民事法律行为发生效力，如果该条件不成就，该民事法律行为就永远不会生效。所以，生效条件又叫做停止条件。

解除条件是指民事法律行为中所确定的民事权利和民事义务应当在所附条件成就时失去法律效力的条件，是决定民事法律行为的法律效力是否终止的条件。当行为人在进行交易时，就在民事法律行为中附上一种条件，约定当这种条件成就时，该项民事法律行为的效力即告终止，原来确定的民事法律行为权利和义务立即终止。因此，所附的解除条件，就使在民事法律行为已经发生效力的情况下，当某种情况出现时，民事法律行为的效力即告终止，不再发生效力。所以，解除条件又叫做失效条件。

需要注意的是，并非所有的民事法律行为都可以附条件。"按照其性质不得附条件的"民事法律行为主要是指三类：第一，基于公共利益的要求，主要是结婚、收养、离婚、认领等身份行为，为维护公序良俗不能附条件；第二，基于交易安全的要求，如票据行为不能附条件；第三，基于法律秩序稳定的要求，抵销、解除、追认、撤销等法定形成权作为准法律行为不能附条件。

【关联条文】

《合同法》

第九十九条 当事人互负到期债务，该债务的标的物种类、品质相同的，任何一方可以将自己的债务与对方的债务抵销，但依照法律规定或者按照合同性质不得抵销的除外。

当事人主张抵销的，应当通知对方。通知自到达对方时生效。抵销不得附条件或者附期限。

《票据法》

第三十三条 背书不得附有条件。背书时附有条件的,所附条件不具有汇票上的效力。

将汇票金额的一部分转让的背书或者将汇票金额分别转让给二人以上的背书无效。

《保险法》

第十三条 投保人提出保险要求,经保险人同意承保,保险合同成立。保险人应当及时向投保人签发保险单或者其他保险凭证。

保险单或者其他保险凭证应当载明当事人双方约定的合同内容。当事人也可以约定采用其他书面形式载明合同内容。

依法成立的保险合同,自成立时生效。投保人和保险人可以对合同的效力约定附条件或者附期限。

《民通意见》

75. 附条件的民事行为,如果所附的条件是违背法律规定或者不可能发生的,应当认定该民事行为无效。

第一百五十九条 【恶意影响条件成就或不成就的法律后果】

《民法总则》条文	《民法通则》等编纂对象法规对应条文
第一百五十九条 附条件的民事法律行为,当事人为自己的利益不正当地阻止条件成就的,视为条件已成就;不正当地促成条件成就的,视为条件不成就。	《合同法》 第四十五条第二款 当事人为自己的利益不正当地阻止条件成就的,视为条件已成就;不正当地促成条件成就的,视为条件不成就。

【条文释义】

附条件法律行为的本质是将未来不特定事件的发生的风险纳入民事法律行为,从而对法律行为的效力予以控制,如果人为地干预民事法律行为所附条件的发生或者不发生,就违背了民事法律行为所附条件的意义,使所附条件的成就或者不成就加入了一方当事人的意志因素,违背民法的公平原则和诚实信用原则,因此,必须禁止这种恶意的行为。本条对此进行了规定。凡是当事人不正当地阻止所附条件成就的,应当视为条件已经成就,民事法律行为应当按照原来的约定生效或者解除;凡是当事人不正当地促成所附条件成就的视为条件不成就,应当按照民事法律行为原来的约定,确认民事法律行为不生效或者不解除。这样规定，有利于保护非恶意的一方当事人的利益，制裁恶意的当事人，维护交易秩序，保护交易安全。

第一百六十条 【附期限的民事法律行为】

《民法总则》条文	《民法通则》等编纂对象法规对应条文
第一百六十条　民事法律行为可以附期限，但是按照其性质不得附期限的除外。附生效期限的民事法律行为，自期限届至时生效。附终止期限的民事法律行为，自期限届满时失效。	《合同法》 第四十六条　当事人对合同的效力可以约定附期限。附生效期限的合同，自期限届至时生效。附终止期限的合同，自期限届满时失效。

【条文释义】

本条对于附期限的民事法律行为进行了规定。附期限的民事法律行为，是指在民事法律行为中附有一定的期限，并把该期限的到来作为当事人的民事权利和民事义务发生或者消灭前提的民事法律行为。附期限的民事法律行为在民事法律行为的内容上，与一般的民事法律行为并没有严格的不同，只是在民事法律行为中约定一定的期限，并且将这个期限作为民事法律行为生效或者失效的条件，在这个期限届至时，民事法律行为生效或者失效。

附期限民事法律行为可以分为附生效期限的民事法律行为和附终止期限的民事法律行为。前者是指在民事法律行为中规定的期限到来之前，该民事法律行为所确定的民事权利和民事义务尚不能发生法律效力，要等待期限的到来，民事法律行为所约定的民事权利和民事义务才开始发生法律效力。后者是指在民事法律行为中约定的期限到来时，该民事法律行为所约定的民事权利和民事义务的法律效力即行消灭。

与附条件民事法律的限制类似，并非所有的民事法律行为都可以附期限。"按照其性质不得附期限的"民事法律行为主要是指三类：第一，基于公共利益的要求，主要是结婚、收养、离婚、认领等身份行为，为维护公序良俗不能附期限；第二，基于交易安全的要求，如票据行为不能附期限；第三，基于法律秩序稳定的要求，抵销、解除、追认、撤销等法定形成权作为准法律行为不能附期限。

【关联条文】

《合同法》

第九十九条　当事人互负到期债务，该债务的标的物种类、品质相同的，任何一方可以将自己的债务与对方的债务抵销，但依照法律规定或者按照合同性质不得抵销的除外。

当事人主张抵销的,应当通知对方。通知自到达对方时生效。抵销不得附条件或者附期限。

《保险法》

第十三条 投保人提出保险要求,经保险人同意承保,保险合同成立。保险人应当及时向投保人签发保险单或者其他保险凭证。

保险单或者其他保险凭证应当载明当事人双方约定的合同内容。当事人也可以约定采用其他书面形式载明合同内容。

依法成立的保险合同,自成立时生效。投保人和保险人可以对合同的效力约定附条件或者附期限。

《民通意见》

76. 附期限的民事法律行为,在所附期限到来时生效或者解除。

第七章 代 理

第一节 一般规定

第一百六十一条 【可代理的民事法律行为】

《民法总则》条文	《民法通则》等编纂对象法规对应条文
第一百六十一条 民事主体可以通过代理人实施民事法律行为。 依照法律规定、当事人约定或者**民事律行为的性质**,应当由本人**亲自**实施的民事法律行为,不得代理。	《民法通则》 第六十三条第一款、第三款 公民、法人可以通过代理人实施民事法律行为。 依照法律规定或者按照双方当事人约定,应当由本人实施的民事法律行为,不得代理。

【条文释义】

本条原则性地规定了一般的民事法律行为可通过代理人去实施,此外又规定了不得代理的民事法律行为。也就是说,凡是民事主体之间有关民事权利义务的设立、变更、消灭的民事法律行为,都可以适用代理制度。包括:(1)合法的民事法律行为,如买卖、租赁、借贷、承揽、保险等;(2)单方民事法律行为,例如代理他人行使追认权、撤销权等;(3)准民事法律行为,例如代理他人进行要约邀请、要约撤回、承诺撤回、债权的主张和承认等。作为扩展,代理在实践中,还可以适用于下列行为:(1)申请行为,即请求国家有关部门授予某种资格或者特权的行为,如代理申请注册商标;(2)申报行为,即向国家有关部门履行法定的告知义务和给付义务的行为,如申报纳税行为;(3)诉讼行为,即代理诉讼中的当事人进行各种诉讼行为。

除了当事人约定应当由本人亲自实施的民事法律行为之外,依照法律规定或者民事法律行为的性质不得通过代理人实施的民事法律行为包括:(1)违法行为或法律禁止的行为;(2)身份行为,意思表示具有严格的人身性质而且必须由本人亲自作出决定和予以表达的行为,如订立遗嘱、婚姻登记、收养子女等行为;(3)人身性质的债务,具有严格人身性质的债务不得代理,如受约演出,不得代为演出。

【关联条文】

《民法通则》

第六十七条　代理人知道被委托代理的事项违法仍然进行代理活动的,或者被代理人知道代理人的代理行为违法不表示反对的,由被代理人和代理人负连带责任。

《婚姻法》

第八条　要求结婚的男女双方必须亲自到婚姻登记机关进行结婚登记。符合本法规定的,予以登记,发给结婚证。取得结婚证,即确立夫妻关系。未办理结婚登记的,应当补办登记。

第三十一条　男女双方自愿离婚的,准予离婚。双方必须到婚姻登记机关申请离婚。婚姻登记机关查明双方确实是自愿并对子女和财产问题已有适当处理时,发给离婚证。

第三十二条　男女一方要求离婚的,可由有关部门进行调解或直接向人民法院提出离婚诉讼。

人民法院审理离婚案件,应当进行调解;如感情确已破裂,调解无效,应准予离婚。

有下列情形之一,调解无效的,应准予离婚:

(一)重婚或有配偶者与他人同居的;

(二)实施家庭暴力或虐待、遗弃家庭成员的;

(三)有赌博、吸毒等恶习屡教不改的;

(四)因感情不和分居满二年的;

(五)其他导致夫妻感情破裂的情形。

一方被宣告失踪,另一方提出离婚诉讼的,应准予离婚。

《继承法》

第十七条 公证遗嘱由遗嘱人经公证机关办理。

自书遗嘱由遗嘱人亲笔书写,签名,注明年、月、日。

代书遗嘱应当有两个以上见证人在场见证,由其中一人代书,注明年、月、日,并由代书人、其他见证人和遗嘱人签名。

以录音形式立的遗嘱,应当有两个以上见证人在场见证。

遗嘱人在危急情况下,可以立口头遗嘱。口头遗嘱应当有两个以上见证人在场见证。危急情况解除后,遗嘱人能够用书面或者录音形式立遗嘱的,所立的口头遗嘱无效。

《收养法》

第十条 生父母送养子女,须双方共同送养。生父母一方不明或者查找不到的可以单方送养。

有配偶者收养子女,须夫妻共同收养。

第二十八条 当事人协议解除收养关系的,应当到民政部门办理解除收养关系的登记。

第十五条 收养应当向县级以上人民政府民政部门登记。收养关系自登记之日起成立。

收养查找不到生父母的弃婴和儿童的,办理登记的民政部门应当在登记前予以公告。

收养关系当事人愿意订立收养协议的,可以订立收养协议。

收养关系当事人各方或者一方要求办理收养公证的,应当办理收养公证。

《保险法》

第一百一十七条 保险代理人是根据保险人的委托,向保险人收取佣金,并在保险人授权的范围内代为办理保险业务的机构或者个人。

保险代理机构包括专门从事保险代理业务的保险专业代理机构和兼营保险代理业务的保险兼业代理机构。

《拍卖法》

第二十六条 委托人可以自行办理委托拍卖手续,也可以由其代理人代为办理委托拍卖手续。

第三十四条 竞买人可以自行参加竞买,也可以委托其代理人参加竞买。

《民通意见》

78. 凡是依法或者依双方的约定必须由本人亲自实施的民事行为,本人未亲自实施的,应当认定行为无效。

第一百六十二条 【代理的法律后果】

《民法总则》条文	《民法通则》等编纂对象法规对应条文
第一百六十二条　代理人在代理权限内,以被代理人名义实施的民事法律行为,<u>对被代理人发生效力</u>。	《民法通则》 　第六十三条第二款　代理人在代理权限内,以被代理人的名义实施民事法律行为,<u>被代理人对代理人的代理行为,承担民事责任</u>。

【条文释义】

　　本条规定了代理的构成要件及其法律后果。代理是代理人在代理权范围内,以被代理人的名义独立与第三人为法律行为,由此产生的法律效果直接归属于被代理人的民法制度。按照本条规定,代理必须具有以下三个构成要件:其一,代理人必须在代理权限内实施行为,不得超越授权范围;其二,代理人必须以被代理人名义实施行为,不得以自己名义或其他人名义,以自己名义实施法律行为再通过与委托人的法律关系转给委托人的,属于行纪行为,不属于此处的代理行为;其三,代理人必须独立实施法律行为,进行意思表示,如果仅仅将他人的意思表示进行转达而非自己独立进行意思表示,那就不属于代理。代理的法律后果为:代理人所实施的法律行为的后果直接由被代理人承受,对其发生法律效力。

　　《民法总则》没有对隐名代理和间接代理进行规定,适用《合同法》第402条和第403条的规定。

【关联条文】

《合同法》

　　第三百九十六条　委托合同是委托人和受托人约定,由受托人处理委托人事务的合同。

　　第四百零二条　受托人以自己的名义,在委托人的授权范围内与第三人订立的合同,第三人在订立合同时知道受托人与委托人之间的代理关系的,该合同直接约束委托人和第三人,但有确切证据证明该合同只约束受托人和第三人的除外。

　　第四百零三条　受托人以自己的名义与第三人订立合同时,第三人不知道受托人与委托人之间的代理关系的,受托人因第三人的原因对委托人不履行义务,受托人应当向委托人披露第三人,委托人因此可以行使受托人对第三人的权利,但第三人与受托人订立合同时如果知道该委托人就不会订立合同的除外。

受托人因委托人的原因对第三人不履行义务,受托人应当向第三人披露委托人,第三人因此可以选择受托人或者委托人作为相对人主张其权利,但第三人不得变更选定的相对人。

委托人行使受托人对第三人的权利的,第三人可以向委托人主张其对受托人的抗辩。第三人选定委托人作为其相对人的,委托人可以向第三人主张其对受托人的抗辩以及受托人对第三人的抗辩。

第四百一十四条 行纪合同是行纪人以自己的名义为委托人从事贸易活动,委托人支付报酬的合同。

第四百二十四条 居间合同是居间人向委托人报告订立合同的机会或者提供订立合同的媒介服务,委托人支付报酬的合同。

第一百六十三条 【代理的种类】

《民法总则》条文	《民法通则》等编纂对象法规对应条文
第一百六十三条 代理包括委托代理和法定代理。 委托代理人按照被代理人的委托行使代理权。法定代理人依照法律的规定行使代理权。	《民法通则》 第六十四条 代理包括委托代理、法定代理和指定代理。 委托代理人按照被代理人的委托行使代理权,法定代理人依照法律的规定行使代理权,指定代理人按照人民法院或者指定单位的指定行使代理权。

【条文释义】

本条对于代理的种类进行了规定,此种分类方法以代理发生的原因为分类标准,将代理分为委托代理和法定代理。与《民法通则》相比,《民法总则》的法定代理,其实还包括了指定代理。

委托代理,也称为意定代理,是基于被代理人的委托授权所发生的代理。委托合同和授权委托行为是产生委托代理的根据。其中委托合同又叫做委任合同,是委托人与受托人约定,由受托人处理委托人事务的合同。委托合同是产生委托代理权的基础关系,委托授权行为是被代理人将代理权授予代理人的行为,是委托代理产生的直接根据。在委托代理关系中,代理权的产生,事实上是基于两个行为,一个是委托合同,一个是委托授权行为。在委托代理中,委托合同的成立和生效并不当然产生代理权,只有在委托人作出授予代理权的单方行为之后,代理权才产生。因此,代理人取得代理权,要以委托合同和委托授权两个行为同时有效存在为前提。

法定代理,是指基于法律的直接规定而发生的代理。在法定代理中,代理权的授予是基于法律的直接规定,而不是根据授权行为。法定代理主要适用于被代理人为无民事行为能力人或者限制民事行为能力人的情况。法律规定法定代理的目的,一是保护处于特定情况下的民事主体的利益,二是为了维护交易安全。

【关联条文】

《民法通则》

第七十条　有下列情形之一的,法定代理或者指定代理终止:

(一)被代理人取得或者恢复民事行为能力;

(二)被代理人或者代理人死亡;

(三)代理人丧失民事行为能力;

(四)指定代理的人民法院或者指定单位取消指定;

(五)由其他原因引起的被代理人和代理人之间的监护关系消灭。

《合同法》

第三百九十六条　委托合同是委托人和受托人约定,由受托人处理委托人事务的合同。

第三百九十七条　委托人可以特别委托受托人处理一项或者数项事务,也可以概括委托受托人处理一切事务。

第三百九十八条　委托人应当预付处理委托事务的费用。受托人为处理委托事务垫付的必要费用,委托人应当偿还该费用及其利息。

第三百九十九条　受托人应当按照委托人的指示处理委托事务。需要变更委托人指示的,应当经委托人同意;因情况紧急,难以和委托人取得联系的,受托人应当妥善处理委托事务,但事后应当将该情况及时报告委托人。

第一百六十四条　【代理人对于被代理人的民事责任】

《民法总则》条文	《民法通则》等编纂对象法规对应条文
第一百六十四条　代理人不履行<u>或者不完全履行</u>职责,造成被代理人损害的,应当承担民事责任。 代理人和<u>相对人</u>恶意串通,损害被代理<u>人合法权益</u>的,代理人和<u>相对人</u>应当承担连带责任。	《民法通则》 　　第六十六条第二款、第三款　代理人不履行职责而给被代理人造成损害的,应当承担民事责任。 　　代理人和<u>第三人</u>串通、损害被代理人的<u>利益</u>的,由代理人和<u>第三人</u>负连带责任。

【条文释义】

代理制度是为被代理人的利益而设定的制度,被代理人设定代理的目的是为了利用代理人的知识技能为自己服务。代理人的活动,则是为了实现被代理人的利益。因而,代理人应当以与处理自己的事务为同一的注意,处理好被代理人的事务,实现被代理人的目的和利益。代理人行使代理权,必须履行谨慎、勤勉义务,忠实地按照代理宗旨维护代理人的利益,处理好被代理人的事务,以增进被代理人的利益。

同时,还应当履行报告义务。报告义务的内容是,代理人应将处理代理事务的一切重要情况向被代理人报告,以使被代理人知道事务的进展和自己财产或者利益的损益情况。报告必须忠实,不能包括虚假不实等可能使被代理人陷于错误的资料。在代理事务处理完毕后,代理人还应向被代理人报告执行任务的经过和结果,并提交必要的文件材料。

如果代理人未按照以上义务要求履行职责,具体来说就是不履行义务或者履行义务不完全或未尽勤勉谨慎义务的,如果因此对被代理人造成损失的,应当赔偿被代理人损失。如果代理人与第三人通谋,损害被代理人的利益,属于严重的侵权行为,应当赔偿被代理人的损失,且代理人与第三人承担连带赔偿责任。

【关联条文】

《合同法》

第四百零六条　有偿的委托合同,因受托人的过错给委托人造成损失的,委托人可以要求赔偿损失。无偿的委托合同,因受托人的故意或者重大过失给委托人造成损失的,委托人可以要求赔偿损失。

受托人超越权限给委托人造成损失的,应当赔偿损失。

《民通意见》

79. 数个委托代理人共同行使代理权的,如果其中一人或者数人未与其他委托代理人协商,所实施的行为侵害被代理人权益的,由实施行为的委托代理人承担民事责任。

被代理人为数人时,其中一人或者数人未经其他被代理人同意而提出解除代理关系,因此造成损害的,由提出解除代理关系的被代理人承担。

第二节 委托代理

第一百六十五条 【委托代理授权书】

《民法总则》条文	《民法通则》等编纂对象法规对应条文
第一百六十五条　委托代理授权采用书面形式的,授权委托应当载明代理人的姓名或者名称、代理事项、权限和期间,并由被代理人签名或者盖章。	《民法通则》 第六十五条　民事法律行为的委托代理,可以用书面形式,也可以用口头形式。法律规定用书面形式的,应当用书面形式。 书面委托代理的授权委托书应当载明代理人的姓名或者名称、代理事项、权限和期间,并由委托人签名或盖章。 委托书授权不明的,被代理人应当向第三人承担民事责任,代理人负连带责任。

【条文释义】

本条对于委托代理的授权委托书的内容和形式进行了规定。需要注意的是,授权委托书是具有对外效力的法律文书,是向交易相对人表明代理人具有代理权的文书,其与代理人接受委托负有为被代理人实施行为的义务的内部合同有所不同,应予以区分。严格来说委托代理中,应当有委托合同和授权委托书两份法律文书,本条所指的是后者,但是司法实践中普遍将两者合二为一,在一份法律文书中予以规定。

因授权委托书具有对外效力,是出示给交易相对人的,故而授权书必须采用书面形式,而且应当载明代理所有相关事项,例如代理人姓名、被代理人姓名、代理所从事的具体法律行为或事项内容、代理权的权限及其时间期限,最后应当由被代理人签名或者盖章。

《民法总则》第165条删除了《民法通则》第65条第3款的规定:"委托书授权不明的,被代理人应当向第三人承担民事责任,代理人负连带责任。"该规则不尽合理,本次立法删除系有意为之,未来该款在司法实务中不应再适用,但代理人仍然可能因其过错承担相应的责任。

【关联条文】

《合同法》

第三百九十六条　委托合同是委托人和受托人约定,由受托人处理委托人事务的合同。

第一百六十六条 【共同代理】

《民法总则》条文	《民法通则》等编纂对象法规对应条文
第一百六十六条　数人为同一代理事项的代理人的，应当共同行使代理权，但是当事人另有约定的除外。	暂无对应法条。

【条文释义】

本条对于共同代理中代理权的行使规则进行了规定。共同代理是与单独代理相对应的一个概念，具体是指代理权平等地归属于两个或两个以上的代理人，由其共同享有，只有全体代理人的共同同意，才能行使代理权，也就是说应当共同行使代理权，所实施的行为是全体代理人的共同行为。如果实施该代理行为给被代理人或第三人造成了损失，应由全体代理人负连带责任。如果其中一个或数个代理人未与其他代理人协商而擅自行使代理权，给被代理人造成的损失，由实施该行为的代理人承担民事责任。

【关联条文】

《民通意见》

79. 数个委托代理人共同行使代理权的，如果其中一人或者数人未与其他委托代理人协商，所实施的行为侵害被代理人权益的，由实施行为的委托代理人承担民事责任。

被代理人为数人时，其中一人或者数人未经其他被代理人同意而提出解除代理关系，因此造成损害的，由提出解除代理关系的被代理人承担。

第一百六十七条 【违法代理的法律后果】

《民法总则》条文	《民法通则》等编纂对象法规对应条文
第一百六十七条　代理人知道或者应当知道代理事项违法仍然实施代理行为，或者被代理人知道或者应当知道代理人的代理行为违法未作反对表示的，被代理人和代理人应当承担连带责任。	《民法通则》 第六十七条　代理人知道被委托代理的事项违法仍然进行代理活动的，或者被代理人知道代理人的代理行为违法不表示反对的，由被代理人和代理人负连带责任。

【条文释义】

本条对于违法代理及其法律后果进行了规定。区分为代理事项本身违法而代理人知情且仍然实施代理行为以及代理人实施违法代理行为而被代理人知情且不反对这样两种情形，其本质都是一样的，均由被代理人和代理人承担连带责任。

由于代理的本质决定了代理事项一定是民事法律行为，因此代理事项或代理行为违法，指的是代理人所实施的代理民事法律行为违法。其具体表现可能为代理人的民事法律行为存在欺诈、胁迫、乘人之危等不法行为，或者其与相对人通谋实施侵害国家、集体、社会或他人权益的行为。除了被代理人要承受法律对于此类民事法律行为效力的否定性评价外，因该行为给他人造成损害的，被代理人应当与代理人承担连带赔偿责任。

【关联条文】

《民通意见》

83. 代理人和被代理人对已实施的民事行为负连带责任的，在民事诉讼中，可以列为共同诉讼人。

第一百六十八条 【禁止自己代理与双方代理】

《民法总则》条文	《民法通则》等编纂对象法规对应条文
第一百六十八条　代理人不得以被代理人的名义与自己实施民事法律行为，但是被代理人同意或者追认的除外。 代理人不得以被代理人的名义与自己同时代理的其他人实施民事法律行为，但是被代理的双方同意或者追认的除外。	暂无对应法条。

【条文释义】

本条对于两种典型的滥用代理权的行为进行了规定，分别为自己代理和双方代理。

自己代理，是指代理人在代理权限内与自己为法律行为。在这种情况下，代理人同时为代理关系的代理人和第三人，交易双方的意思表示实际上是由一个人作出的，或者说交易行为是由一个人实施的。由于交易都是以对方利益为代价追求自身利益的最大化，因而自己代理容易发生代理人为自己的利益牺牲被代理人利益的情形。因此，为防止滥用代理权，除非事前得到被代理人的同意或者事后得到追认，法律不承认自己代理的效力。

双方代理,又称为同时代理,是指一个代理人同时代理双方当事人实施法律行为。由于交易双方当事人的利益总是相互冲突的,通过讨价还价才能使双方的利益达到平衡,而由同一个人同时代表两种利益,难免顾此失彼,最终损害一方被代理人的利益。而且同一个人代表两种利益,难以实现两种利益平衡和均衡。因此,除非事前得到被代理人的同意或者事后得到追认,法律不承认双方代理的效力。

【关联条文】

《合同法》

第四百一十九条 行纪人卖出或者买入具有市场定价的商品,除委托人有相反的意思表示的以外,行纪人自己可以作为买受人或者出卖人。

行纪人有前款规定情形的,仍然可以要求委托人支付报酬。

第四百二十四条 居间合同是居间人向委托人报告订立合同的机会或者提供订立合同的媒介服务,委托人支付报酬的合同。

第一百六十九条 【转委托代理】

《民法总则》条文	《民法通则》等编纂对象法规对应条文
第一百六十九条 代理人需要转委托第三人代理的,应当取得被代理人的同意或者追认。 转委托代理经被代理人同意或者追认的,被代理人可以就代理事务直接指示转委托的第三人,代理人仅就第三人的选任以及对第三人的指示承担责任。 转委托代理**未经**被代理人同意**或者追认**的,代理人应当对转委托的第三人的行为承担责任,但是在紧急情况下代理人为了维护被代理人的利益需要转委托第三人代理的除外。	《民法通则》 第六十八条 委托代理人为被代理人的利益需要转托他人代理的,应当事先取得被代理人的同意。事先没有取得被代理人同意的,应当在事后及时告诉被代理人,如果被代理人**不同意**,由代理人对自己所转托的人的行为负民事责任,但在紧急情况下,为了保护被代理人的利益而转托他人代理的除外。

【条文释义】

转委托代理也叫复代理,与本代理相对应,是指代理人为实施代理权限内的全部或者部分行为,以自己的名义选定他人担任自己的被代理人的代理人,并由该他人代理被代理人实施法律行为的情形。被选定的该他人为复代理人,其代理的法律效果直接归属于被代理人。由于被代理人与代理人之间存在着人身信赖关系,代理人因此负有亲自执行代理事务的义务,不得转委托他人处理代理事务的义务,转委托需经被代理人事先同意或者事后认可。

被代理人同意或者追认的复代理,复代理人是为了被代理人的利益实施法律行为,其为被代理人的代理人,因此,被代理人自然可以就代理事务直接指示复代理人。对于被代理人的指示代理人不承担责任。代理人仅就其对复代理人的选择以及对其的指示承担责任,在此范围内,由于复代理的原因造成被代理人损害的,代理人就此与复代理人一起对被代理人承担责任。

如果代理人转委托未经被代理人同意或追认,那么代理人应当对于复代理人的行为向被代理人承担责任,但在紧急情况下,代理人不能亲自处理代理事务,如此下去又会损害被代理人的利益时,法律允许进行复代理。所谓的紧急情况,是指代理人身患急病、与被代理人通讯联络中断等特殊原因,代理人不能办理代理事项,又不能与被代理人及时取得联系,如果不及时转托他人代理,就会给被代理人的利益造成损失或者扩大损失。在此情况下,代理人对于复代理人的行为不承担责任。

【关联条文】

《合同法》

第四百条　受托人应当亲自处理委托事务。经委托人同意,受托人可以转委托。转委托经同意的,委托人可以就委托事务直接指示转委托的第三人,受托人仅就第三人的选任及其对第三人的指示承担责任。转委托未经同意的,受托人应当对转委托的第三人的行为承担责任,但在紧急情况下受托人为维护委托人的利益需要转委托的除外。

《民通意见》

80. 由于急病、通讯联络中断等特殊原因,委托代理人自己不能办理代理事项,又不能与被代理人及时取得联系,如不及时转托他人代理,会给被代理人的利益造成损失或者扩大损失的,属于民法通则第六十八条中的"紧急情况"。

81. 委托代理人转托他人代理的,比照民法通则第六十五条规定的条件办理转托手续。因委托代理人转托不明,给第三人造成损失的,第三人可以直接要求被代理人赔偿损失;被代理人承担民事责任后,可以要求委托代理人赔偿损失,转托代理人有过错的,应当负连带责任。

第一百七十条 【职务代表】

《民法总则》条文	《民法通则》等编纂对象法规对应条文
第一百七十条 执行法人或者非法人组织工作任务的人员,就其职权范围内的事项,以法人或者非法人组织的名义实施民事法律行为,对法人或者非法人组织发生效力。 法人或者非法人组织对执行其工作任务的人员职权范围的限制,不得对抗善意相对人。	《合同法》 第五十条 法人或者其他组织的法定代表人、负责人<u>超越权限订立的合同,除相对人知道或者应当知道其超越权限的以外,该代表行为有效</u>。

【条文释义】

本条对于职务代表行为的法律后果进行了规定。职务代表行为需满足两个条件:其一,行为人是在执行法人或非法人组织的工作行为。其二,行为人以法人或法人组织的名义实施法律行为。其法律后果为,在职权范围内的行为对法人或非法人组织发生法律效力。由于法人或非法人组织对行为人职权范围的内部限制导致行为人行为事实上超越授权范围的,如果相对人对此限制并不知情的,其行为后果仍应由法人或非法人组织承受,其不得以超越权限为由拒绝承受。

【关联条文】

《民法总则》

第六十一条 依照法律或者法人章程的规定,代表法人从事民事活动的负责人,为法人的法定代表人。

法定代表人以法人名义从事的民事活动,其法律后果由法人承受。

法人章程或者法人权力机构对法定代表人代表权的限制,不得对抗善意相对人。

《民法通则》

第四十三条 企业法人对它的法定代表人和其他工作人员的经营活动,承担民事责任。

《民通意见》

58. 企业法人的法定代表人和其他工作人员,以法人名义从事的经营活动,给他人造成经济损失的,企业法人应当承担民事责任。

第一百七十一条 【无权代理】

《民法总则》条文	《民法通则》等编纂对象法规对应条文
第一百七十一条　行为人没有代理权、超越代理权或者代理权终止后，仍然实施代理行为，未经被代理人追认的，对被代理人不发生效力。 相对人可以催告被代理人自收到通知之日起一个月内予以追认。被代理人未作表示的，视为拒绝追认。行为人实施的行为被追认前，善意相对人有撤销的权利。撤销应当以通知的方式作出。 行为人实施的行为未被追认的，善意相对人有权请求行为人履行债务或者就其受到的损害请求行为人赔偿，但是赔偿的范围不得超过被代理人追认时相对人所能获得的利益。 相对人知道或者应当知道行为人无权代理的，相对人和行为人按照各自的过错承担责任。	《民法通则》 第六十六条第一款、第四款　没有代理权、超越代理权或者代理权终止后的行为，只有经过被代理人的追认，被代理人才承担民事责任。未经追认的行为，由行为人承担民事责任。本人知道他人以本人名义实施民事行为而不作否认表示的，视为同意。 …… 第三人知道行为人没有代理权、超越代理权或者代理权已终止还与行为人实施民事行为给他人造成损害的，由第三人和行为人负连带责任。

【条文释义】

　　本条规定了无权代理的相关问题。无权代理，是指代理人不具有代理权而实施的代理行为。无权代理包括行为人没有代理权、超越代理权或者代理权终止后仍然实施代理行为三类情况。在未经授权的代理中，代理人实施代理行为根本没有获得代理人的任何授权。代理人或者明知自己没有代理权，或者误以为被代理人已作出了授权而实际上并没有进行授权。在超越代理权的行为中，代理人获得了被代理人的授权，但实施的代理行为超越了被代理人所授予的权利。超越代理权的部分构成无权代理。在代理权终止的代理中，代理人本来是已经获得了被代理人的授权的，但代理权终止后，仍然继续实施代理行为，这种代理构成无权代理。在以上三种情况下，代理人实施的代理行为属于无权代理，在未经被代理人追认的情况下，对被代理人不发生法律效力。无权代理设立的民事行为，如果经过被代理人的追认，使无权代理性质发生改变，其所欠缺的代理权得到补足，转化为有权代理，发生与有权代理同样的法律效果，等于是有权代理。

　　无权代理行为发生之后，被代理人享有追认或者拒绝追认的选择权，因此代理行为处于效力未定的状态。这时候，相对人可以进行催告。被代理人如果选择拒绝追认权,明确表示拒绝追认,或者一个月催告期间内不作出追认表示的,视为拒绝追认。为了平衡当事人之间的利益关系,与被代理人享有的追认权相对应,交易相对人与无权代理人进行民事行为时,如果其不知也不应知其为无权代理的,则为善意交易相对人,享有对无权代理行为的撤销权。行使这一撤销权,就会直接地确定该无权代理行为不发生法律效力。

行为人实施的行为未被追认的,善意相对人有权请求行为人履行债务或者就其受到的损害请求行为人赔偿,但是赔偿的范围不得超过被代理人追认时相对人所能获得的利益。相对人知道或者应当知道行为人无权代理的,相对人和行为人按照各自的过错承担责任。这改变了《民法通则》第66条第4款"由第三人和行为人负连带责任"的规定。

【关联条文】

《合同法》

第四十八条 行为人没有代理权、超越代理权或者代理权终止后以被代理人名义订立的合同,未经被代理人追认,对被代理人不发生效力,由行为人承担责任。

相对人可以催告被代理人在一个月内予以追认。被代理人未作表示的,视为拒绝追认。合同被追认之前,善意相对人有撤销的权利。撤销应当以通知的方式作出。

《合同法司法解释(二)》

第十一条 根据合同法第四十七条、第四十八条的规定,追认的意思表示自到达相对人时生效,合同自订立时起生效。

第十二条 无权代理人以被代理人的名义订立合同,被代理人已经开始履行合同义务的,视为对合同的追认。

《正确处理科技纠纷案件的意见》

25. 委托代理人超越授权范围和第三人订立的技术合同,以及以自己的名义和第三人订立的技术合同,对被代理人不发生效力,但被代理人追认或者参与履行的情形除外。

第一百七十二条 【表见代理】

《民法总则》条文	《民法通则》等编纂对象法规对应条文
第一百七十二条 行为人没有代理权、超越代理权或者代理权终止后,仍然实施代理行为,相对人有理由相信行为人有代理权的,代理行为有效。	《合同法》 第四十九条 行为人没有代理权、超越代理权或者代理权终止后以被代理人名义订立合同,相对人有理由相信行为人有代理权的,该代理行为有效。

【条文释义】

本条对表见代理进行了规定。表见代理,是指被代理人的行为足以使第三人相信无权代理人具有代理权,并基于这种信赖与无权代理人实施法律行为的代理。表见代理需满足以下构成要件:其一,须代理人没有代理权,即行为人的所谓代理行为是无权代理,这种无权代理,是指为代理行为时无代理权或者对于所实施的代理行为无代理权;其二,客观上存在使相对人相信行为人具有代理权的理由,该行为人有被授予代理权的外表或者假象,即一定要有外表授权,相对人对行为人有代理权建立了信赖,如果仅仅有行为人有代理权的外表或者假象,但是并没有建立对行为人代理行为的信赖,也不构成表见代理;其三,相对人与行为人成立法律行为;其四,相对人信赖的产生无过失,也就是说相对人尽到合理注意义务仍然不能发现代理人没有代理权。

【关联条文】

《合同法司法解释(二)》

第十三条 被代理人依照合同法第四十九条的规定承担有效代理行为所产生的责任后,可以向无权代理人追偿因代理行为而遭受的损失。

第三节 代理终止

第一百七十三条 【委托代理终止的情形】

《民法总则》条文	《民法通则》等编纂对象法规对应条文
第一百七十三条 有下列情形之一的,委托代理终止: (一)代理期间届满或者代理事务完成; (二)被代理人取消委托或者代理人辞去委托; (三)代理人丧失民事行为能力; (四)代理人**或者被代理人**死亡; (五)作为代理人或者被代理人的法人、**非法人组织**终止。	《民法通则》 第六十九条 有下列情形之一的,委托代理终止: (一)代理期间届满或者代理事务完成; (二)被代理人取消委托或者代理人辞去委托; (三)代理人死亡; (四)代理人丧失民事行为能力; (五)作为被代理人或者代理人的法人终止。

【条文释义】

本条对于委托代理终止的情形和事由进行了规定。其一,代理期限届满或者代理事务完成。代理人代理的期限届满,以及代理事务的完成,是消灭代理权的主要原因。这时,代理授权所要进行的工作已经结束,或者代理的时间已经完成,因此委托代理消灭。其二,被代理人取消委托或者代理人辞去委托。代理关系存续期间,被代理人可以取消委托,因而消灭代理关系;在此期间,代理人辞去委托,也同样消灭代理关系。其三,代理人丧失民事行为能力。代理人因为各种原因丧失行为能力,成为无行为能力人,就不能再继续实施代理行为。其四,代理人或者被代理人死亡。代理人或被代理人死亡,不再存在代理法律关系的主体,因此代理消灭。其五,作为代理人或者被代理人的法人、非法人组织终止。

【关联条文】

《合同法》

第四百一十一条　委托人或者受托人死亡、丧失民事行为能力或者破产的,委托合同终止,但当事人另有约定或者根据委托事务的性质不宜终止的除外。

第四百一十二条　因委托人死亡、丧失民事行为能力或者破产,致使委托合同终止将损害委托人利益的,在委托人的继承人、法定代理人或者清算组织承受委托事务之前,受托人应当继续处理委托事务。

第四百一十三条　因受托人死亡、丧失民事行为能力或者破产,致使委托合同终止的,受托人的继承人、法定代理人或者清算组织应当及时通知委托人。因委托合同终止将损害委托人利益的,在委托人作出善后处理之前,受托人的继承人、法定代理人或者清算组织应当采取必要措施。

第一百七十四条　【被代理人死亡后委托代理继续有效的情形】

《民法总则》条文	《民法通则》等编纂对象法规对应条文
第一百七十四条　被代理人死亡后,有下列情形之一的,委托代理人实施的代理行为有效: (一)代理人不知道<u>并且不应当知道</u>被代理人死亡; (二)被代理人的继承人予以承认; (三)<u>授权中明确代理权在代理事务完成时终止</u>; (四)被代理人死亡前已经实施,为了被代理人的继承人的利益继续代理。 作为被代理人的法人、非法人组织终止的,参照适用前款规定。	《民通意见》 82. 被代理人死亡后有下列情况之一的,委托代理人实施的代理行为有效:(1)代理人不知道被代理人死亡的;(2)被代理人的继承人均予承认的;(3)<u>被代理人与代理人约定到代理事项完成时代理权终止的</u>;(4)在被代理人死亡前已经进行、而在被代理人死亡后为了被代理人的继承人的利益继续完成的。

【条文释义】

被代理人死亡后,委托代理关系原则上终止,但是在某些特殊情况下,代理继续有效。具体来说有以下四种情形:其一,代理人不知道并且不应当知道被代理人死亡;其二,被代理人的继承人予以承认,表示愿意接受代理行为的后果;其三,授权书中明确代理权在代理事务完成时才终止,那么代理就不因被代理人死亡终止;其四,被代理人死亡前已经实施,为了被代理人的继承人的利益继续代理。如果被代理人并非自然人,而是法人、非法人组织的,其终止后如果存在类似情况的,也可以认为代理继续有效,其后果由法人、非法人组织的承受人接受。

【关联条文】

《合同法》

第四百一十二条　因委托人死亡、丧失民事行为能力或者破产,致使委托合同终止将损害委托人利益的,在委托人的继承人、法定代理人或者清算组织承受委托事务之前,受托人应当继续处理委托事务。

第一百七十五条　【法定代理终止的情形】

《民法总则》条文	《民法通则》等编纂对象法规对应条文
第一百七十五条　有下列情形之一的,法定代理终止: (一)被代理人取得或者恢复完全民事行为能力; (二)代理人丧失民事行为能力; (三)代理人或者被代理人死亡; (四)**法律规定的其他情形。**	《民法通则》 第七十条　有下列情形之一的,法定代理或者指定代理终止: (一)被代理人取得或者恢复民事行为能力; (二)被代理人或者代理人死亡; (三)代理人丧失民事行为能力; (四)指定代理的人民法院或者指定单位取消指定; (五)由其他原因引起的被代理人和代理人之间的监护关系消灭。

【条文释义】

本条规定了法定代理终止的事由和情形。其一,被代理人取得或者恢复完全民事行为能力。被代理人如果是无民事行为能力人或者限制民事行为能力人,其取得了民事行为能力或者恢复了民事行为能力,没有再存在法定代理的基础和必要,法定代理的代理权消灭。其二,代理人丧失民事行为能力。代理人丧失民事行为能力,代理人无法行使代理权,因此而消灭代理权。其三,被代理人或者代理人死亡。代理人或者被代理人死亡,法定代理的基础不再存在,代理权消灭。

【关联条文】

《民法总则》

第三十九条　有下列情形之一的,监护关系终止:

(一)被监护人取得或者恢复完全民事行为能力;

(二)监护人丧失监护能力;

(三)被监护人或者监护人死亡;

(四)人民法院认定监护关系终止的其他情形。

监护关系终止后,被监护人仍然需要监护的,应当依法另行确定监护人。

第八章　民事责任

第一百七十六条　【民事义务的履行和民事责任的承担】

《民法总则》条文	《民法通则》等编纂对象法规对应条文
第一百七十六条　民事主体依照法律规定和当事人约定,履行民事义务,承担民事责任。	《民法通则》 第一百零六条　公民、法人违反合同或者不履行其他义务的,应当承担民事责任。 公民、法人由于过错侵害国家的、集体的财产,侵害他人财产、人身的应当承担民事责任。 没有过错,但法律规定应当承担民事责任的,应当承担民事责任。

【条文释义】

民事主体在享有权利的同时,也需要履行义务。民事义务主要来源于法律的规定和当事人的约定。民事主体应当完全依照法律规定或当事人之间的约定全面地履行民事义务,如果不履行民事义务或者履行民事义务不完全的,则应当依法承担民事责任。

【关联条文】

《民法总则》

第一百一十八条　民事主体依法享有债权。

债权是因合同、侵权行为、无因管理、不当得利以及法律的其他规定，权利人请求特定义务人为或者不为一定行为的权利。

第一百一十九条　依法成立的合同，对当事人具有法律约束力。

第一百二十条　民事权益受到侵害的，被侵权人有权请求侵权人承担侵权责任。

第一百二十一条　没有法定的或者约定的义务，为避免他人利益受损失而进行管理的人，有权请求受益人偿还由此支出的必要费用。

第一百二十二条　因他人没有法律根据，取得不当利益，受损失的人有权请求其返还不当利益。

第一百三十一条　民事主体行使权利时，应当履行法律规定的和当事人约定的义务。

《合同法》

第六十条　当事人应当按照约定全面履行自己的义务。

当事人应当遵循诚实信用原则，根据合同的性质、目的和交易习惯履行通知、协助、保密等义务。

第一百零七条　当事人一方不履行合同义务或者履行合同义务不符合约定的，应当承担继续履行、采取补救措施或者赔偿损失等违约责任。

第一百零八条　当事人一方明确表示或者以自己的行为表明不履行合同义务的，对方可以在履行期限届满之前要求其承担违约责任。

《侵权责任法》

第二条　侵害民事权益，应当依照本法承担侵权责任。

本法所称民事权益，包括生命权、健康权、姓名权、名誉权、荣誉权、肖像权、隐私权、婚姻自主权、监护权、所有权、用益物权、担保物权、著作权、专利权、商标专用权、发现权、股权、继承权等人身、财产权益。

第三条　被侵权人有权请求侵权人承担侵权责任。

第六条　行为人因过错侵害他人民事权益，应当承担侵权责任。

根据法律规定推定行为人有过错，行为人不能证明自己没有过错的，应当承担侵权责任。

第七条　行为人损害他人民事权益，不论行为人有无过错，法律规定应当承担侵权责任的，依照其规定。

《劳动合同法》

第二十九条　用人单位与劳动者应当按照劳动合同的约定,全面履行各自的义务。

《建筑法》

第十五条　建筑工程的发包单位与承包单位应当依法订立书面合同,明确双方的权利和义务。

发包单位和承包单位应当全面履行合同约定的义务。不按照合同约定履行义务的,依法承担违约责任。

第一百七十七条　【按份责任的承担】

《民法总则》条文	《民法通则》等编纂对象法规对应条文
第一百七十七条　二人以上依法承担按份责任,能够确定责任大小的,各自承担相应的责任;难以确定责任大小的,平均承担责任。	《侵权责任法》 第十二条　二人以上分别实施侵权行为造成同一损害,能够确定责任大小的,各自承担相应的责任;难以确定责任大小的,平均承担赔偿责任。

【条文释义】

本条是关于按份责任承担规则的规定,是对《侵权责任法》上按份责任规则的一般化。责任自负是民法的基本原则和价值,因此在多人责任中,按份责任是基本形态,其核心是每个人仅对自己的责任负责。其承担规则是,如果能够确定每个人的责任大小的,每个人就其责任部分承担相应的责任,如果每个人的责任大小难以确定的,对责任进行平均分割,每个人承担其中一部分。

【关联条文】

《民法通则》

第八十六条　债权人为二人以上的,按照确定的份额分享权利。债务人为二人以上的,按照确定的份额分担义务。

《人身损害赔偿司法解释》

第三条　二人以上共同故意或者共同过失致人损害,或者虽无共同故意、共同过失,但其侵害行为直接结合发生同一损害后果的,构成共同侵权,应当依照民法通则第一百三十条规定承担连带责任。

二人以上没有共同故意或者共同过失,但其分别实施的数个行为间接结合发生同一损害后果的,应当根据过失大小或者原因力比例各自承担相应的赔偿责任。

第一百七十八条 【连带责任的承担】

《民法总则》条文	《民法通则》等编纂对象法规对应条文
第一百七十八条 二人以上依法承担连带责任的,权利人有权请求部分或者全部连带责任人承担责任。 　　连带责任人的责任份额根据各自责任大小确定;难以确定责任大小的,平均承担责任。实际承担责任超过自己责任份额的连带责任人,有权向其他连带责任人追偿。 　　连带责任,由法律规定**或者当事人约定**。	《侵权责任法》 　　第十三条 法律规定承担连带责任的,被侵权人有权请求部分或者全部连带责任人承担责任。 　　第十四条 连带责任人根据各自责任大小确定相应的赔偿数额;难以确定责任大小的,平均承担赔偿责任。 　　支付超出自己赔偿数额的连带责任人,有权向其他连带责任人追偿。

【条文释义】

本条对于连带责任的承担规则进行了规定,是对《侵权责任法》上连带责任规则的一般化。需要注意的是,连带责任必须由法律规定或者当事人约定,如果没有法律规定也没有约定,不得适用连带责任。

连带责任的承担规则表现在:一是连带责任对外是整体的责任,连带责任中的每个人都需要对权利人承担全部责任,被请求承担全部责任的连带责任人,不得以自己的过错程度等为由只承担自己的责任;二是连带责任赋予被侵权人更多的选择权,对其保护更充分,权利人可以请求一个或者数个连带责任人承担全部或者部分的赔偿责任;三是连带责任是法定责任,责任人不能约定改变责任的性质,其对于内部责任份额的约定对外不发生效力。

连带责任人对外承担了赔偿责任后,需要在内部确定各自的责任。责任的大小一般依据以下原则确定:一是比较过错大小,大多数责任以过错为构成要件,以过错程度确定连带责任人之间的责任,能够体现公平的原则,也是我国司法实践的通常做法;二是比较原因力,原因力是指在构成责任的多个原因中,每一个原因对于责任的发生或者扩大所起的作用;三是平均分担赔偿数额,如果根据过错和原因力难以确定责任大小的,可以视为各连带责任人的过错程度和原因力大小是相当的,在这种情况下应当由连带责任人平均承担赔偿责任。需要指出的是,不能简单地、不加条件地连带。

连带责任中存在追偿权。追偿权在连带责任的内部关系中处于重要地位,保障连带责任人内部合理分担风险。通过行使追偿权,承担赔偿责任的连带责任人也完成了角色的转换,从对外以责任身份承担赔偿责任,转化为对内以债权人的身份请求公平分担损失。

【关联条文】

《民法通则》

第八十七条 债权人或者债务人一方人数为二人以上的,依照法律的规定或者当事人的约定,享有连带权利的每个债权人,都有权要求债务人履行义务;负有连带义务的每个债务人,都负有清偿全部债务的义务,履行了义务的人,有权要求其他负有连带义务的人偿付他应当承担的份额。

《人身损害赔偿司法解释》

第三条 二人以上共同故意或者共同过失致人损害,或者虽无共同故意、共同过失,但其侵害行为直接结合发生同一损害后果的,构成共同侵权,应当依照民法通则第一百三十条规定承担连带责任。

二人以上没有共同故意或者共同过失,但其分别实施的数个行为间接结合发生同一损害后果的,应当根据过失大小或者原因力比例各自承担相应的赔偿责任。

【对应案由】

M4.10.126 追偿权纠纷

第一百七十九条 【民事责任的承担方式】

《民法总则》条文	《民法通则》等编纂对象法规对应条文
第一百七十九条 承担民事责任的方式主要有: (一)停止侵害; (二)排除妨碍; (三)消除危险; (四)返还财产; (五)恢复原状; (六)修理、重作、更换; (七)**继续履行**; (八)赔偿损失; (九)支付违约金; (十)消除影响、恢复名誉; (十一)赔礼道歉。	《民法通则》 第一百三十四条 承担民事责任的方式主要有: (一)停止侵害; (二)排除妨碍; (三)消除危险; (四)返还财产; (五)恢复原状; (六)修理、重作、更换; (七)赔偿损失; (八)支付违约金; (九)消除影响、恢复名誉; (十)赔礼道歉。

《民法总则》条文	《民法通则》等编纂对象法规对应条文
法律规定惩罚性赔偿的,依照其规定。本条规定的承担民事责任的方式,可以单独适用,也可以合并适用。	以上承担民事责任的方式,可以单独适用,也可以合并适用。人民法院审理民事案件,除适用上述规定外,还可以予以训诫、责令具结悔过、收缴进行非法活动的财物和非法所得,并可以依照法律规定处以罚款、拘留。

【条文释义】

根据本条规定,承担民事责任的方式主要有:

一是停止侵害。主要是要求行为人不实施某种侵害。采用这种责任方式以侵权行为正在进行或者仍在延续为条件。人民法院可以在审理案件之前或审理过程中发布停止侵害令,也可以在判决中责令行为人停止侵害。

二是排除妨碍。指行为人实施的行为使他人无法行使或者不能正常行使人身、财产权益的,受害人可以要求行为人排除妨碍权益实施的障碍。受害人请求排除的妨碍必须是不法的。

三是消除危险。指行为人的行为对他人人身、财产权益造成威胁的,他人有权要求行为人采取有效措施消除这种威胁。适用这种责任方式必须是危险确实存在,对他人人身、财产安全造成现实威胁,但还未发生实际损害。

四是返还财产。没有法律或者合同根据占有他人财产,就构成无权占有,侵害了他人财产权益,行为人应当返还该财产。适用该责任方式的前提是该财产还存在。

五是恢复原状。指法院判令行为人通过修理等手段使受到损坏的财产恢复到损坏前状况的一种责任方式。采用该责任方式的前提是:受到损坏的财产仍然存在且恢复原状有可能;恢复原状有必要,即受害人认为恢复原状是必要的且具有经济上的合理性。在环境侵权责任案件中,修复生态环境也是一种特殊的恢复原状责任。

六是修理、重作、更换。这是违约责任的一种责任形态,如果交付的标的物存在瑕疵或缺陷的,行为人应当进行修理,如果无法修理或修理不好的,应当重作或者更换。

七是继续履行。继续履行也是承担违约责任的一种具体形态,如果合同一方当事人未履行合同义务或者未全面履行合同义务的,只要合同存在继续履行的可能,行为人就应当继续按照合同法的约定履行其义务。《民法总则》将继续履行纳入承担民事责任的方式,值得肯定。

八是赔偿损失。指行为人向受害人支付一定数额的金钱以弥补其损失的责任方式,这是最基本也是运用最广泛的责任方式。包括人身损害赔偿、财产损失赔偿和精神损害赔偿。

九是支付违约金。如果违约方不能修理、重作、更换,也不能继续履行,那么就应当对于合同对方当事人的损失按照事先的约定支付违约金。

十是消除影响、恢复名誉。指人民法院根据受害人的请求,责令行为人在一定范围内采取适当方式消除对受害人名誉的不利影响以使其名誉得到恢复的一种责任方式。主要适用于侵害名誉权的情形,一般不适用于侵犯隐私权的情形。

十一是赔礼道歉。指行为人通过口头、书面或者其他方式向受害人进行道歉,以取得谅解的一种责任方式。主要适用于侵害名誉权、隐私权、姓名权、肖像权等人格权益的情形。赔礼道歉可以公开或私下进行,也可以口头或书面等方式进行。行为人不赔礼道歉的,人民法院可以判决按照确定的方式进行,产生的所有费用由行为人承担。

《民法总则》对惩罚性赔偿责任进行了一般性的规定,并将惩罚性赔偿责任的设定限于法律,现在主要是在《侵权责任法》《消费者权益保护法》《食品安全法》和《商标法》等领域,未来在消费者权益保护的特别法和知识产权法等领域应该还有扩展的空间。

本法规定的民事责任方式各有特点,在救济受害人的总体目标下,按照具体的需要进行选择,可以单独采用一种方式,也可以采用多种方式。

【关联条文】

《物权法》

第三十四条 无权占有不动产或者动产的,权利人可以请求返还原物。

第三十五条 妨害物权或者可能妨害物权的,权利人可以请求排除妨害或者消除危险。

第三十六条 造成不动产或者动产毁损的,权利人可以请求修理、重作、更换或者恢复原状。

《合同法》

第一百零七条 当事人一方不履行合同义务或者履行合同义务不符合约定的,应当承担继续履行、采取补救措施或者赔偿损失等违约责任。

《侵权责任法》

第十五条 承担侵权责任的方式主要有:

(一)停止侵害;

(二)排除妨碍;

（三）消除危险；

（四）返还财产；

（五）恢复原状；

（六）赔偿损失；

（七）赔礼道歉；

（八）消除影响、恢复名誉。

以上承担侵权责任的方式，可以单独适用，也可以合并适用。

第四十七条　明知产品存在缺陷仍然生产、销售，造成他人死亡或者健康严重损害的，被侵权人有权请求相应的惩罚性赔偿。

《著作权法》

第四十七条　有下列侵权行为的，应当根据情况，承担停止侵害、消除影响、赔礼道歉、赔偿损失等民事责任：

（一）未经著作权人许可，发表其作品的；

（二）未经合作作者许可，将与他人合作创作的作品当作自己单独创作的作品发表的；

（三）没有参加创作，为谋取个人名利，在他人作品上署名的；

（四）歪曲、篡改他人作品的；

（五）剽窃他人作品的；

（六）未经著作权人许可，以展览、摄制电影和以类似摄制电影的方法使用作品，或者以改编、翻译、注释等方式使用作品的，本法另有规定的除外；

（七）使用他人作品，应当支付报酬而未支付的；

（八）未经电影作品和以类似摄制电影的方法创作的作品、计算机软件、录音录像制品的著作权人或者与著作权有关的权利人许可，出租其作品或者录音录像制品的，本法另有规定的除外；

（九）未经出版者许可，使用其出版的图书、期刊的版式设计的；

（十）未经表演者许可，从现场直播或者公开传送其现场表演，或者录制其表演的；

（十一）其他侵犯著作权以及与著作权有关的权益的行为。

《商标法》

第六十三条　侵犯商标专用权的赔偿数额，按照权利人因被侵权所受到的实际损失确定；实际损失难以确定的，可以按照侵权人因侵权所获得的利益确定；权利人的损失或者侵权人获得的利益难以确定的，参照该商标许可使用费的倍数合理确定。对恶意侵犯商标专用权，情节严重的，可以在按照上述方法确定数额的一倍以上三倍以下确定赔偿数额。赔偿数额应当包括权利人为制止侵权行为所支付的合理开支。

人民法院为确定赔偿数额,在权利人已经尽力举证,而与侵权行为相关的账簿、资料主要由侵权人掌握的情况下,可以责令侵权人提供与侵权行为相关的账簿、资料;侵权人不提供或者提供虚假的账簿、资料的,人民法院可以参考权利人的主张和提供的证据判定赔偿数额。

权利人因被侵权所受到的实际损失、侵权人因侵权所获得的利益、注册商标许可使用费难以确定的,由人民法院根据侵权行为的情节判决给予三百万元以下的赔偿。

《消费者权益保护法》

第五十条 经营者侵害消费者的人格尊严、侵犯消费者人身自由或者侵害消费者个人信息依法得到保护的权利的,应当停止侵害、恢复名誉、消除影响、赔礼道歉,并赔偿损失。

第五十二条 经营者提供商品或者服务,造成消费者财产损害的,应当依照法律规定或者当事人约定承担修理、重作、更换、退货、补足商品数量、退还货款和服务费用或者赔偿损失等民事责任。

第五十五条 经营者提供商品或者服务有欺诈行为的,应当按照消费者的要求增加赔偿其受到的损失,增加赔偿的金额为消费者购买商品的价款或者接受服务的费用的三倍;增加赔偿的金额不足五百元的,为五百元。法律另有规定的,依照其规定。

经营者明知商品或者服务存在缺陷,仍然向消费者提供,造成消费者或者其他受害人死亡或者健康严重损害的,受害人有权要求经营者依照本法第四十九条、第五十一条等法律规定赔偿损失,并有权要求所受损失二倍以下的惩罚性赔偿。

《食品安全法》

第一百四十八条 消费者因不符合食品安全标准的食品受到损害的,可以向经营者要求赔偿损失,也可以向生产者要求赔偿损失。接到消费者赔偿要求的生产经营者,应当实行首负责任制,先行赔付,不得推诿;属于生产者责任的,经营者赔偿后有权向生产者追偿;属于经营者责任的,生产者赔偿后有权向经营者追偿。

生产不符合食品安全标准的食品或者经营明知是不符合食品安全标准的食品,消费者除要求赔偿损失外,还可以向生产者或者经营者要求支付价款十倍或者损失三倍的赔偿金;增加赔偿的金额不足一千元的,为一千元。但是,食品的标签、说明书存在不影响食品安全且不会对消费者造成误导的瑕疵的除外。

《农业法》

第九十条 违反本法规定,侵害农民和农业生产经营组织的土地承包经营权等财产权或者其他合法权益的,应当停止侵害,恢复原状;造成损失、损害的,依法承担赔偿责任。

国家工作人员利用职务便利或者以其他名义侵害农民和农业生产经营组织的合法权益的,应当赔偿损失,并由其所在单位或者上级主管机关给予行政处分。

《环境侵权责任司法解释》

第十四条 被侵权人请求恢复原状的,人民法院可以依法裁判污染者承担环境修复责任,并同时确定被告不履行环境修复义务时应当承担的环境修复费用。

污染者在生效裁判确定的期限内未履行环境修复义务的,人民法院可以委托其他人进行环境修复,所需费用由污染者承担。

《环境民事公益诉讼司法解释》

第二十条 原告请求恢复原状的,人民法院可以依法判决被告将生态环境修复到损害发生之前的状态和功能。无法完全修复的,可以准许采用替代性修复方式。

人民法院可以在判决被告修复生态环境的同时,确定被告不履行修复义务时应承担的生态环境修复费用;也可以直接判决被告承担生态环境修复费用。

生态环境修复费用包括制定、实施修复方案的费用和监测、监管等费用。

《食品药品纠纷司法解释》

第十五条 生产不符合安全标准的食品或者销售明知是不符合安全标准的食品,消费者除要求赔偿损失外,向生产者、销售者主张支付价款十倍赔偿金或者依照法律规定的其他赔偿标准要求赔偿的,人民法院应予支持。

第一百八十条 【不可抗力及其法律后果】

《民法总则》条文	《民法通则》等编纂对象法规对应条文
第一百八十条 因不可抗力不能履行民事义务的,不承担民事责任。法律另有规定的,依照其规定。 不可抗力是指不能预见、不能避免且不能克服的客观情况。	《民法通则》 第一百零七条 因不可抗力不能履行合同或者造成他人损害的,不承担民事责任,法律另有规定的除外。 第一百五十三条 本法所称的"不可抗力",是指不能预见、不能避免并不能克服的客观情况。

【条文释义】

不可抗力是指不能预见、不能避免并不能克服的客观情况。它包括某些自然现象(如地震、台风、洪水、海啸、陨石坠落等)和某些社会现象(如战争等)。不可抗力是独立于人的行为之外,并且不受当事人的意志所支配的现象,它是最重要的免责事由。除法律另有规定外,不可抗力将导致当事人被部分或者全部免责。

较之《民法通则》分别规定不可抗力法律效果和定义的体例不同,《民法总则》予以合并规定在一条,较为合理。

【关联条文】

《合同法》

第一百一十七条 因不可抗力不能履行合同的,根据不可抗力的影响,部分或者全部免除责任,但法律另有规定的除外。当事人迟延履行后发生不可抗力的,不能免除责任。

本法所称不可抗力,是指不能预见、不能避免并不能克服的客观情况。

第一百一十八条 当事人一方因不可抗力不能履行合同的,应当及时通知对方,以减轻可能给对方造成的损失,并应当在合理期限内提供证明。

《侵权责任法》

第二十九条 因不可抗力造成他人损害的,不承担责任。法律另有规定的,依照其规定。

第七十条 民用核设施发生核事故造成他人损害的,民用核设施的经营者应当承担侵权责任,但能够证明损害是因战争等情形或者受害人故意造成的,不承担责任。

《铁路法》

第十八条 由于下列原因造成的货物、包裹、行李损失的,铁路运输企业不承担赔偿责任:

(一)不可抗力。

(二)货物或者包裹、行李中的物品本身的自然属性,或者合理损耗。

(三)托运人、收货人或者旅客的过错。

第一百八十一条 【正当防卫】

《民法总则》条文	《民法通则》等编纂对象法规对应条文
第一百八十一条 因正当防卫造成损害的,不承担民事责任。 正当防卫超过必要的限度,造成不应有的损害的,**正当防卫人应当承担适当的民事责任。**	《民法通则》 第一百二十八条 因正当防卫造成损害的,不承担民事责任。正当防卫超过必要的限度,造成不应有的损害的,应当承担适当的民事责任。

【条文释义】

本条对于正当防卫的责任承担规则进行了规定。正当防卫，是指本人、他人的人身权利、财产权利遭受不法侵害时，行为人所采取的一种防卫措施。正当防卫作为行为人不承担责任和减轻责任的情形，其根据是行为的正当性、合法性，表明行为人主观上没有过错。

正当防卫应当具备以下要件：(1) 必须是为了使本人、他人的人身、财产权利免受不法侵害而实施的；(2) 必须有不法侵害行为发生，所谓"不法侵害"，指对某种权利或利益的侵害为法律所明文禁止，既包括犯罪行为，也包括其他违法的侵害行为；(3) 必须是正在进行的不法侵害，否则就是防卫不适时，应当承担民事责任；(4) 必须是本人、他人的人身权利、财产权利遭受不法侵害，来不及请求有关国家机关救助的情况下，才能实施防卫行为；(5) 必须是针对不法侵害者本人实行；(6) 不能明显超过必要限度造成损害，即正当防卫应以足以制止不法侵害为限。

本条所指的"造成损害"，仅是指对侵权人造成的损害。既包括对侵权人人身权利的损害，也包括对侵权人财产权利的损害。"适当的责任"，指不对侵权人的全部损失赔偿，而是根据防卫人过错的程度，由防卫人在损失范围内承担一部分责任。

【关联条文】

《侵权责任法》

第三十条 因正当防卫造成损害的，不承担责任。正当防卫超过必要的限度，造成不应有的损害的，正当防卫人应当承担适当的责任。

《刑法》

第二十条 为了使国家、公共利益、本人或者他人的人身、财产和其他权利免受正在进行的不法侵害，而采取的制止不法侵害的行为，对不法侵害人造成损害的，属于正当防卫，不负刑事责任。

正当防卫明显超过必要限度造成重大损害的，应当负刑事责任，但是应当减轻或者免除处罚。

对正在进行行凶、杀人、抢劫、强奸、绑架以及其他严重危及人身安全的暴力犯罪，采取防卫行为，造成不法侵害人伤亡的，不属于防卫过当，不负刑事责任。

《民事、行政诉讼中司法赔偿司法解释》

第七条 具有下列情形之一的，国家不承担赔偿责任：

（一）属于民事诉讼法第一百零五条、第一百零七条第二款和第二百三十三

条规定情形的;

(二)申请执行人提供执行标的物错误的,但人民法院明知该标的物错误仍予以执行的除外;

(三)人民法院依法指定的保管人对查封、扣押、冻结的财产违法动用、隐匿、毁损、转移或者变卖的;

(四)人民法院工作人员与行使职权无关的个人行为;

(五)因不可抗力、正当防卫和紧急避险造成损害后果的;

(六)依法不应由国家承担赔偿责任的其他情形。

【对应案由】

M9.30.360 防卫过当损害责任纠纷

第一百八十二条 【紧急避险】

《民法总则》条文	《民法通则》等编纂对象法规对应条文
第一百八十二条 因紧急避险造成损害的,由引起险情发生的人承担民事责任。 危险由自然原因引起的,紧急避险人不承担民事责任,可以给予适当补偿。 紧急避险采取措施不当或者超过必要的限度,造成不应有的损害的,紧急避险人应当承担适当的民事责任。	《民法通则》 第一百二十九条 因紧急避险造成损害的,由引起险情发生的人承担民事责任。如果危险是由自然原因引起的,紧急避险人不承担民事责任或者承担适当的民事责任。因紧急避险采取措施不当或者超过必要的限度,造成不应有的损害的,紧急避险人应当承担适当的民事责任。

【条文释义】

紧急避险,是指为了使本人或者他人的人身、财产和其他权利免受正在发生的危险,不得已采取的紧急避险行为,造成损害的,不承担责任或者减轻责任的情形。危险有时来自于人的行为,有时来自于自然原因。

紧急避险应当具备以下要件:(1)必须是为了使本人、他人的人身、财产权利免受危险的损害;(2)必须是对正在发生的危险采取的行为,某人基于对危险状况的误解、臆想而采取避险措施,造成他人利益损害的,应向他人承担民事责任;(3)必须是在不得已情况下采取避险措施,即当事人面对突然而遇的危险,不得不采取紧急避险措施,以保全更大的利益,且这个利益是法律所保护的;(4)避险行为不能超过必要限度,即紧急避险行为所引起的损害应轻于危险所可能带来的损害。

因紧急避险造成损害的,由险情引起人对受害人承担损害赔偿责任,紧急避险人不承担责任。危险由自然原因引起的,紧急避险人不承担民事责任,但可以给予适当补偿,补偿要综合受害人的损害以及避险人的受益予以认定。此外,如果紧急避险措施不当或者超过必要的限度,由此造成的损害紧急避险人承担适当的民事责任。适当责任的具体认定考虑受害人的损害、避险人的过错程度,以及避险人的受益予以判定。本条所指的"造成损害"包括财产权利的损害和人身权利的损害。

【关联条文】

《侵权责任法》

第三十一条 因紧急避险造成损害的,由引起险情发生的人承担责任。如果危险是由自然原因引起的,紧急避险人不承担责任或者给予适当补偿。紧急避险采取措施不当或者超过必要的限度,造成不应有的损害的,紧急避险人应当承担适当的责任。

《刑法》

第二十一条 为了使国家、公共利益、本人或者他人的人身、财产和其他权利免受正在发生的危险,不得已采取的紧急避险行为,造成损害的,不负刑事责任。

紧急避险超过必要限度造成不应有的损害的,应当负刑事责任,但是应当减轻或者免除处罚。

第一款中关于避免本人危险的规定,不适用于职务上、业务上负有特定责任的人。

《民通意见》

156. 因紧急避险造成他人损失的,如果险情是由自然原因引起,行为人采取的措施又无不当,则行为人不承担民事责任。受害人要求补偿的,可以责令受益人适当补偿。

《民事、行政诉讼中司法赔偿司法解释》

第七条 具有下列情形之一的,国家不承担赔偿责任:

(一)属于民事诉讼法第一百零五条、第一百零七条第二款和第二百三十三条规定情形的;

(二)申请执行人提供执行标的物错误的,但人民法院明知该标的物错误仍予以执行的除外;

(三)人民法院依法指定的保管人对查封、扣押、冻结的财产违法动用、隐匿、毁损、转移或者变卖的;

（四）人民法院工作人员与行使职权无关的个人行为；
（五）因不可抗力、正当防卫和紧急避险造成损害后果的；
（六）依法不应由国家承担赔偿责任的其他情形。

【对应案由】
M9.30.361 紧急避险损害责任纠纷

第一百八十三条 【为保护他人民事权益受损的责任承担】

《民法总则》条文	《民法通则》等编纂对象法规对应条文
第一百八十三条 <u>因保护他人民事权益使自己受到损害的，由侵权人承担民事责任，受益人可以给予适当补偿</u>。没有侵权人、侵权人逃逸或者无力承担民事责任，受害人请求补偿的，受益人应当给予适当补偿。	《民法通则》 　第一百零九条　<u>因防止、制止国家的、集体的财产或者他人的财产、人身遭受侵害而使自己受到损害的，由侵害人承担赔偿责任，受益人也可以给予适当的补偿。</u>

【条文释义】
　　因保护他人民事权益使自己受到损害的，首先应当由侵权人承担民事责任，受益人在此基础上可以给予适当补偿。在没有侵权人、侵权人逃逸或者侵权人根本无力赔偿的情况下，由受益人给予适当的补偿。需要注意三点：一是没有侵权人、逃逸了的侵权人确实找不到，或者侵权人确实无力赔偿；二是有明确的受益人，被侵权人明确提出了要求受益人补偿的请求；三是受益人应当给予适当的补偿，补偿不是赔偿，赔偿一般是填平原则，即受损多少赔偿多少，而补偿仅是其中的一部分，本条用的是"给予适当的补偿"，就是要根据被侵权人的受损情况、受益人的受益情况等决定补偿的数额。本条是贯彻《民法总则》弘扬社会主义核心价值观立法目的的重要条文。

【关联条文】
《侵权责任法》
　　第二十三条　因防止、制止他人民事权益被侵害而使自己受到损害的，由侵权人承担责任。侵权人逃逸或者无力承担责任，被侵权人请求补偿的，受益人应当给予适当补偿。

《民通意见》
　　142. 为维护国家、集体或者他人合法权益而使自己受到损害，在侵害人无力赔偿或者没有侵害人的情况下，如果受害人提出请求的，人民法院可以根据受益人受益的多少及其经济状况,责令受益人给予适当补偿。

《人身损害赔偿司法解释》

第十五条 为维护国家、集体或者他人的合法权益而使自己受到人身损害,因没有侵权人、不能确定侵权人或者侵权人没有赔偿能力,赔偿权利人请求受益人在受益范围内予以适当补偿的,人民法院应予支持。

【对应案由】

M9.30.358 见义勇为人受害责任纠纷

第一百八十四条 【自愿实施紧急救助造成损害的责任承担】

《民法总则》条文	《民法通则》等编纂对象法规对应条文
第一百八十四条 因自愿实施紧急救助行为造成受助人损害的,救助人不承担民事责任。	暂无对应法条。

【条文释义】

因自愿实施紧急救助行为造成受助人损害的,是否应当赔偿一直是考验道德和法律的一个难题。既有法律关于无因管理的规定中也没有对此的规定,本次立法对此予以了明确。需要注意的是:第一,本条规定的救助行为仅限于紧急救助,也就是说是在紧急且必需的情况下为了挽回比较严重的损失或避免比较大的现实风险所实施的救助,如果当时有条件有时间寻求医疗机构和医护人员等专业人员实施救助的,一般人员不应擅自实施救助,这种情况下实施的救助不属于紧急救助;第二,本条仅适用于自愿实施紧急救助行为,既非专业人员行为也非职务行为。专业人员和依职务进行救助的,不适用于本条。

本条是贯彻《民法总则》弘扬社会主义核心价值观立法目的的重要条文,避免"彭宇案"等热点事件对社会带来的负面影响。在紧急情况下实施的紧急救助行为,是为了救助受害人不得以实施的行为,是人类共同生活中的互助行为,属于善良的高尚行为,其价值值得肯定,导致受助人损害的,救助人不承担民事责任。但是如果在紧急救助过程中,救助人故意实施侵害行为,导致被救助人损害的,自然会构成侵权行为,应当承担侵权损害赔偿责任,这点是没有疑问的。

【关联条文】

《民法总则》

第一百八十三条 因保护他人民事权益使自己受到损害的,由侵权人承担民事责任,受益人可以给予适当补偿。没有侵权人、侵权人逃逸或者无力承担民事责任,受害人请求补偿的,受益人应当给予适当补偿。

《侵权责任法》

第二十三条 因防止、制止他人民事权益被侵害而使自己受到损害的,由侵权人承担责任。侵权人逃逸或者无力承担责任,被侵权人请求补偿的,受益人应当给予适当补偿。

《民通意见》

142. 为维护国家、集体或者他人合法权益而使自己受到损害,在侵害人无力赔偿或者没有侵害人的情况下,如果受害人提出请求的,人民法院可以根据受益人受益的多少及其经济状况,责令受益人给予适当补偿。

《人身损害赔偿司法解释》

第十五条 为维护国家、集体或者他人的合法权益而使自己受到人身损害,因没有侵权人、不能确定侵权人或者侵权人没有赔偿能力,赔偿权利人请求受益人在受益范围内予以适当补偿的,人民法院应予支持。

【对应案由】

M9.30.358 见义勇为人受害责任纠纷

第一百八十五条 【侵害英雄烈士人格权的责任】

《民法总则》条文	《民法通则》等编纂对象法规对应条文
第一百八十五条 侵害英雄烈士等的姓名、肖像、名誉、荣誉,损害社会公共利益的,应当承担民事责任。	《精神损害赔偿司法解释》 第三条 自然人死亡后,其近亲属因下列侵权行为遭受精神痛苦,向人民法院起诉请求赔偿精神损害的,人民法院应当依法予以受理: (一)以侮辱、诽谤、贬损、丑化或者违反社会公共利益、社会公德的其他方式,侵害死者姓名、肖像、名誉、荣誉; (二)非法披露、利用死者隐私,或者以违反社会公共利益、社会公德的其他方式侵害死者隐私; (三)非法利用、损害遗体、遗骨,或者以违反社会公共利益、社会公德的其他方式侵害遗体、遗骨。

【条文释义】

本条对于英雄烈士等的人格保护进行了规定,是贯彻《民法总则》弘扬社会主义核心价值观立法目的的重要条文。自然人虽然已经逝世,但其社会性人格要素仍然继续存在,比如其姓名、肖像、名誉、荣誉、隐私等,为了维护其正当的人格形象和人格尊严,仍然应当对于这些人格要素予以保护,这是本条规定的法理基础。本条并非一般性地保护所有死者的人格利益,而仅明确了英雄烈士的人格保护。另外,并非英雄烈士的所有仍然存在的人格要素均获得保护,仅姓名、肖像、名誉、荣誉受到保护,且需满足对于英雄烈士这些人格要素侵害的同时损害公共利益的情况下,才能通过民事责任承担得到救济。对于本条没有列出的英雄烈士的隐私等其他人格权,应该适用《精神损害赔偿司法解释》第 3 条第(二)(三)项进行保护。

为永远铭记抗日英烈的不朽功勋,大力弘扬爱国主义精神,凝聚实现中华民族伟大复兴的精神力量,经党中央、国务院批准,民政部在 2014 年 9 月 1 日和 2015 年 8 月 24 日分别公布了第一批(300 名)和第二批(600 名)在抗日战争中顽强奋战、为国捐躯的著名抗日英烈和英雄群体名录。

除了在《民法总则》立法过程中引起较大争议的"狼牙山五壮士"名誉权纠纷案,《中华人民共和国最高人民法院公报》2002 年第 6 期也刊登过《彭家惠诉〈中国故事〉杂志社名誉权纠纷案》,可以作为参考。

【关联条文】

《民法通则》

第一百二十条 公民的姓名权、肖像权、名誉权、荣誉权受到侵害的,有权要求停止侵害,恢复名誉,消除影响,赔礼道歉,并可以要求赔偿损失。法人的名称权、名誉权、荣誉权受到侵害的,适用前款规定。

《民通意见》

140. 以书面、口头等形式宣扬他人的隐私,或者捏造事实公然丑化他人人格,以及用侮辱、诽谤等方式损害他人名誉,造成一定影响的,应当认定为侵害公民名誉权的行为。

以书面、口头等形式诋毁、诽谤法人名誉,给法人造成损害的,应当认定为侵害法人名誉权的行为。

《设立烈士纪念日的决定》

近代以来,为了争取民族独立和人民自由幸福,为了国家繁荣富强,无数的英雄献出了生命,烈士的功勋彪炳史册,烈士的精神永垂不朽。为了弘扬烈士精神,缅怀烈士功绩,培养公民的爱国主义、集体主义精神和社会主义道德风尚,培育和践行社会主义核心价值观，增强中华民族的凝聚力，激发实现中华民族伟大复兴中国梦的强大精神力量，第十二届全国人民代表大会常务委员会第十次会议决定：

将9月30日设立为烈士纪念日。每年9月30日国家举行纪念烈士活动。

《烈士褒扬条例》

第二条　公民在保卫祖国和社会主义建设事业中牺牲被评定为烈士的，依照本条例的规定予以褒扬。烈士的遗属，依照本条例的规定享受抚恤优待。

第八条　公民牺牲符合下列情形之一的，评定为烈士：

（一）在依法查处违法犯罪行为、执行国家安全工作任务、执行反恐怖任务和处置突发事件中牺牲的；

（二）抢险救灾或者其他为了抢救、保护国家财产、集体财产、公民生命财产牺牲的；

（三）在执行外交任务或者国家派遣的对外援助、维持国际和平任务中牺牲的；

（四）在执行武器装备科研试验任务中牺牲的；

（五）其他牺牲情节特别突出，堪为楷模的。

现役军人牺牲，预备役人员、民兵、民工以及其他人员因参战、参加军事演习和军事训练、执行军事勤务牺牲应当评定烈士的，依照《军人抚恤优待条例》的有关规定评定。

第九条　申报烈士的，由死者生前所在工作单位、死者遗属或者事件发生地的组织、公民向死者生前工作单位所在地、死者遗属户口所在地或者事件发生地的县级人民政府民政部门提供有关死者牺牲情节的材料，由收到材料的县级人民政府民政部门调查核实后提出评定烈士的报告，报本级人民政府审核。

属于本条例第八条第一款第一项、第二项规定情形的，由县级人民政府提出评定烈士的报告并逐级上报至省、自治区、直辖市人民政府审查评定。评定为烈士的，由省、自治区、直辖市人民政府送国务院民政部门备案。

属于本条例第八条第一款第三项、第四项规定情形的，由国务院有关部门提出评定烈士的报告，送国务院民政部门审查评定。

属于本条例第八条第一款第五项规定情形的，由县级人民政府提出评定烈士的报告并逐级上报至省、自治区、直辖市人民政府，由省、自治区、直辖市人民政府审查后送国务院民政部门审查评定。

第十条　烈士证书由烈士遗属户口所在地的县级人民政府民政部门向烈士遗属颁发。

第二十三条　按照国家有关规定修建的烈士陵园、纪念堂馆、纪念碑亭、纪念塔祠、纪念塑像、烈士骨灰堂、烈士墓等烈士纪念设施,受法律保护。

第二十六条　各级人民政府应当组织收集、整理烈士史料,编纂烈士英名录。

烈士纪念设施保护单位应当搜集、整理、保管、陈列烈士遗物和事迹史料。属于文物的,依照有关法律、法规的规定予以保护。

第二十九条　在烈士纪念设施保护范围内不得从事与纪念烈士无关的活动。禁止以任何方式破坏、污损烈士纪念设施。

第三十四条　未经批准迁移烈士纪念设施,非法侵占烈士纪念设施保护范围内的土地、设施,破坏、污损烈士纪念设施,或者在烈士纪念设施保护范围内为烈士以外的其他人修建纪念设施、安放骨灰、埋葬遗体的,由烈士纪念设施保护单位的上级主管部门责令改正,恢复原状、原貌;造成损失的,依法承担赔偿责任;构成犯罪的,依法追究刑事责任。

第三十九条　烈士证书、烈士通知书由国务院民政部门印制。

《公安机关人民警察奖励条令》

第八条　集体奖励由低至高依次为:嘉奖,记三等功、二等功、一等功,授予荣誉称号。集体授予荣誉称号的名称,根据受奖集体的事迹特点确定。

个人奖励由低至高依次为:嘉奖,记三等功、二等功、一等功,授予荣誉称号。授予个人的荣誉称号分为全国公安系统二级英雄模范、一级英雄模范称号。

第三十七条　获得记三等功以上奖励(含追记、追授的)的个人死亡后,按照国家有关规定增发一次性抚恤金。

获得全国公安系统一级英雄模范、二级英雄模范称号的个人死亡后,按照有关规定进行吊唁。

《军人抚恤优待条例》

第八条　现役军人死亡,符合下列情形之一的,批准为烈士:

(一)对敌作战死亡,或者对敌作战负伤在医疗终结前因伤死亡的;

(二)因执行任务遭敌人或者犯罪分子杀害,或者被俘、被捕后不屈遭敌人杀害或者被折磨致死的;

(三)为抢救和保护国家财产、人民生命财产或者执行反恐怖任务和处置突发事件死亡的;

(四)因执行军事演习、战备航行飞行、空降和导弹发射训练、试航试飞任务以及参加武器装备科研试验死亡的;

(五)在执行外交任务或者国家派遣的对外援助、维持国际和平任务中牺牲的;

（六）其他死难情节特别突出，堪为楷模的。

现役军人在执行对敌作战、边海防执勤或者抢险救灾任务中失踪，经法定程序宣告死亡的，按照烈士对待。

批准烈士，属于因战死亡的，由军队团级以上单位政治机关批准；属于非因战死亡的，由军队军级以上单位政治机关批准；属于本条第一款第六项规定情形的，由中国人民解放军总政治部批准。

第十一条　对烈士遗属、因公牺牲军人遗属、病故军人遗属，由县级人民政府民政部门分别发给《中华人民共和国烈士证明书》、《中华人民共和国军人因公牺牲证明书》、《中华人民共和国军人病故证明书》。

《解放军纪律条令》

第十五条　对获得三等功、二等功、一等功奖励的个人，分别授予三等功、二等功、一等功奖章。对获得荣誉称号奖励的个人，由军区以及其他相当等级的单位批准的，授予二级英雄模范勋章；由中央军事委员会批准的，授予一级英雄模范勋章。

对获得三等功、二等功、一等功奖励的单位颁发奖状；对获得荣誉称号奖励的单位授予奖旗。

第七十三条　献身国防纪念章。颁发给烈士和因公牺牲、因公致残的军官、文职干部和士兵。给烈士颁发金质纪念章，给因公牺牲军人颁发银质纪念章，给因公致残军人颁发铜质纪念章。

第一百八十六条　【违约与侵权的竞合】

《民法总则》条文	《民法通则》等编纂对象法规对应条文
第一百八十六条　因当事人一方的违约行为，损害对方人身权益、财产权益的，受损害方有权选择请求其承担违约责任或者侵权责任。	《合同法》 第一百二十二条　因当事人一方的违约行为，侵害对方人身、财产权益的，受损害方有权选择依照本法要求其承担违约责任或者依照其他法律要求其承担侵权责任。

【条文释义】

本条对于违约责任与侵权责任的竞合规则进行了规定。违约责任与侵权责任竞合，是指合同当事人一方的违约行为同时又符合侵权要件，导致违约责任与侵权责任一并产生，违约的责任的请求权与侵权责任的索赔请求权发生重叠，形成请求权的竞合。

违约责任与侵权责任的竞合需要满足以下条件:其一,必须是同一不法行为而造成的,一个不法行为产生数个法律责任是责任竞合构成的前提条件,如果行为人实施两个以上的不法行为引起侵权责任与违约责任同时发生的,应适用不同的法律规定,承担不同的责任;其二,必须是同一不法行为既符合侵权责任的构成要件,又符合违约责任的构成要件,两个民事责任存在于同一不法行为上;其三,引起违约责任与侵权责任同时发生的同一不法行为,是由同一个民事主体实施的,这一不法行为同时符合侵权责任与违约责任的构成要件。因而,其可能承担双重责任的主体是同一人,其可能享有双重请求权的主体也是同一人。其法律后果是,受害人只能在违约责任与侵权责任中选择一种责任提出请求,而不能同时基于两种责任提出两种请求。侵权责任与违约责任同时并存,相互冲突,但当事人只能获得一次给付满足,如同时存获多次满足,将构成不当得利。

本条的适用范围相对较窄,未能将合同、侵权行为、无因管理、不当得利以及法律规定的其他债的发生原因所对应的民事责任纳入竞合范围,仅适用于违约责任与侵权责任竞合的典型情况。

【关联条文】

《民法总则》

第一百一十八条　民事主体依法享有债权。

债权是因合同、侵权行为、无因管理、不当得利以及法律的其他规定,权利人请求特定义务人为或者不为一定行为的权利。

《合同法司法解释(一)》

第三十条　债权人依照合同法第一百二十二条的规定向人民法院起诉时作出选择后,在一审开庭以前又变更诉讼请求的,人民法院应当准许。对方当事人提出管辖权异议,经审查异议成立的,人民法院应当驳回起诉。

《审理旅游案件规定》

第三条　因旅游经营者方面的同一原因造成旅游者人身损害、财产损失,旅游者选择要求旅游经营者承担违约责任或者侵权责任的,人民法院应当根据当事人选择的案由进行审理。

第二十一条　旅游者提起违约之诉,主张精神损害赔偿的,人民法院应告知其变更为侵权之诉;旅游者仍坚持提起违约之诉的,对于其精神损害赔偿的主张,人民法院不予支持。

《无正本提单交付货物适用法律规定》

第三条　承运人因无正本提单交付货物造成正本提单持有人损失的,正本提单持有人可以要求承运人承担违约责任,或者承担侵权责任。

第一百八十七条 【民事责任优先】

《民法总则》条文	《民法通则》等编纂对象法规对应条文
第一百八十七条 <u>民事主体</u>因同一行为应当承担民事责任、行政责任和刑事责任的,承担行政责任或者刑事责任不影响承担<u>民事责任</u>;<u>民事主体</u>的财产不足以支付的,<u>优先</u>用于承担民事责任。	《侵权责任法》 第四条 <u>侵权人</u>因同一行为应当承担行政责任或者刑事责任的,不影响依法承担<u>侵权责任</u>。 因同一行为应当承担侵权责任和行政责任、刑事责任,侵权人的财产不足以支付的,<u>先</u>承担侵权责任。

【条文释义】

民事责任、行政责任和刑事责任虽然是三种不同性质的法律责任,却可能因为同一法律行为而同时产生,即发生法律责任的竞合。一般情况下,三者各自独立存在,并行不悖。但在特殊情况下,民事主体的财产不足以支付的,应当规定其优先顺序。

本条规定民事责任优先,民事责任优先原则是解决这类责任竞合时的法律原则,其原因在于:一是实现法的价值的需要,民事责任优先可以取得良好的社会效益,也更能体现法律的人道和正义;二是维护市场经济秩序和交易安全的需要;三是民事责任和行政责任、刑事责任的目的和功能不同,与民事责任单一的财产性特征相比,行政、刑事责任具有人身性和财产性的双重特征,在三者发生竞合时,即使民事责任优先适用,可能造成财产性的罚款、罚金及没收财产等行政制裁或刑事制裁难以实施,却并不影响责任人承担人身方面的行政责任、刑事责任,以达到制裁责任人的最终目的。

需要注意的是,民事责任优先原则的适用是有条件的:一是民事责任、行政责任和刑事责任是基于民事主体的同一个行为产生的,二是责任主体所承担的民事责任须合法有效,其发生的依据或基于法律规定或基于约定,三是责任主体的财产不足以同时满足民事责任、行政责任和刑事责任;如果都能满足,则三种责任并行不悖,责任人同时承担三种责任。

【关联条文】

《民法通则》

第一百一十条 对承担民事责任的公民、法人需要追究行政责任的,应当追究行政责任;构成犯罪的,对公民、法人的法定代表人应当依法追究刑事责任。

《消费者权益保护法》

第五十八条 经营者违反本法规定,应当承担民事赔偿责任和缴纳罚款、罚金,其财产不足以同时支付的,先承担民事赔偿责任。

《公司法》

第二百一十四条 公司违反本法规定,应当承担民事赔偿责任和缴纳罚款、罚金的,其财产不足以支付时,先承担民事赔偿责任。

《证券法》

第二百三十二条 违反本法规定,应当承担民事赔偿责任和缴纳罚款、罚金,其财产不足以同时支付时,先承担民事赔偿责任。

《证券投资基金法》

第一百五十条 违反本法规定,应当承担民事赔偿责任和缴纳罚款、罚金,其财产不足以同时支付时,先承担民事赔偿责任。

《个人独资企业法》

第四十三条 投资人违反本法规定,应当承担民事赔偿责任和缴纳罚款、罚金,其财产不足以支付的,或者被判处没收财产的,应当先承担民事赔偿责任。

《合伙企业法》

第一百零六条 违反本法规定,应当承担民事赔偿责任和缴纳罚款、罚金,其财产不足以同时支付的,先承担民事赔偿责任。

《刑法》

第三十六条 由于犯罪行为而使被害人遭受经济损失的,对犯罪分子除依法给予刑事处罚外,并应根据情况判处赔偿经济损失。

承担民事赔偿责任的犯罪分子,同时被判处罚金,其财产不足以全部支付的,或者被判处没收财产的,应当先承担对被害人的民事赔偿责任。

《食品安全法》

第一百四十七条 违反本法规定,造成人身、财产或者其他损害的,依法承担赔偿责任。生产经营者财产不足以同时承担民事赔偿责任和缴纳罚款、罚金时,先承担民事赔偿责任。

《特种设备安全法》

第九十七条 违反本法规定,造成人身、财产损害的,依法承担民事责任。

违反本法规定,应当承担民事赔偿责任和缴纳罚款、罚金,其财产不足以同时支付时,先承担民事赔偿责任。

《产品质量法》

第六十四条 违反本法规定,应当承担民事赔偿责任和缴纳罚款、罚金,其财产不足以同时支付时,先承担民事赔偿责任。

第九章 诉讼时效

第一百八十八条 【诉讼时效的期间、起算与最长保护期】

《民法总则》条文	《民法通则》等编纂对象法规对应条文
第一百八十八条 向人民法院请求保护民事权利的诉讼时效期间为<u>三年</u>。法律另有规定的,依照其规定。 诉讼时效期间自权利人知道或者应当知道权利<u>受到损害</u>以及义务人之日起计算。法律另有规定的,依照其规定。但是自权利<u>受到损害</u>之日起超过二十年的,人民法院不予保护;有特殊情况的,人民法院可以<u>根据权利人的申请</u>决定延长。	《民法通则》 第一百三十五条 向人民法院请求保护民事权利的诉讼时效期间为<u>二年</u>,法律另有规定的除外。 第一百三十七条 诉讼时效期间从知道或者应当知道权利<u>被侵害</u>时起计算。但是,从权利<u>被侵害</u>之日起超过二十年的,人民法院不予保护。有特殊情况的,人民法院可以延长诉讼时效期间。 第一百四十一条 法律对诉讼时效另有规定的,依照法律规定。

【条文释义】

本条对于诉讼时效的期间与其起算时间进行了规定。《民法通则》原来对于诉讼时效期间的一般规定是2年,2年的期间有点短,不利于权利人权利的行使,这次将其延长至3年,具有重要意义。同样的,诉讼时效3年期间的规定也只是一般规定,如果法律关于诉讼时效期间有另外规定的,属于特别诉讼时效期间,应当依照其规定执行。

诉讼时效期间起算点判断的基本原则是权利人能够行使权利之时,具体来说就是权利人知道或者应当知道权利受到损害之日,并且权利人知道义务人之日,换言之,义务人的义务已到履行之日,但是义务人却不履行义务,就可以认定为权利人知道或者应当知道权利受到损害之日。

需要注意的是,本条与《民法通则》比较起来增加了权利人知道或者应当知道义务人这一条件,如果权利人虽然知道其权利受到损害,但并不知道义务人,则诉讼时效不能开始起算,因为这种情况下权利人根本无法行使权利,计算诉讼时效对权利人不公平。

此外,本条对于最长诉讼时效也进行了规定。不管权利人知道不知道其权利受到损害,也不管其知道不知道义务人,权利的诉讼时效最长为20年,自权利被侵害之日起算。当然如果有特殊情况的，例如因为海峡两岸特殊关系的历史原因长期未能得到处理的极个别民事纠纷，人民法院可以根据权利人的申请决定是否予以延长。

《民法总则》第188条第2款第1、2句规定，"诉讼时效期间自权利人知道或者应当知道权利受到损害以及义务人之日起计算。法律另有规定的，依照其规定。"作为例外规定的诉讼时效起算时间点，包括本法第189条【分期履行债务的诉讼时效起算】、第190条【被代理人对其法定代理人的请求权的诉讼时效起算】和第191条【未成年人受性侵害的损害赔偿请求权的诉讼时效起算】等。

值得注意的是，《继承法》先于《民法通则》颁布和实施，《民法通则》将普通诉讼时效确定为2年实际上也是与《继承法》第8条规定的2年诉讼时效保持一致。可以作为佐证的是，二者对于最长保护期的规定也是20年。考虑到《继承法》是未来民法典的组成部分，《民法总则》第188条实际上将《继承法》上的诉讼时效，也延长为了3年。

应当指出，《民法总则》第188条实质上废止了《民法通则》第136条关于较短特殊诉讼时效的规定。该条规定本来就是历史遗留产物，并无合理性，本次《民法总则》删除该条文，将相当于《民法通则》第135条和第137条的内容合并为一个条文，系有意为之。因此，未来司法实务中不应再适用《民法通则》第136条。

与这一结论相关的推论是，为了将《民法通则》第136条第（二）项规定的"出售质量不合格的商品未声明的"的诉讼时效从1年修正为2年，《产品质量法》第45条第1款规定："因产品存在缺陷造成损害要求赔偿的诉讼时效期间为二年，自当事人知道或者应当知道其权益受到损害时起计算。"按照《民法总则》第188条第1款的规定，也应该适用3年的诉讼时效而不应再继续适用2年的诉讼时效。

而《保险法》第26条第1款规定："人寿保险以外的其他保险的被保险人或者受益人，向保险人请求赔偿或者给付保险金的诉讼时效期间为二年，自其知道或者应当知道保险事故发生之日起计算。"因其目的在于区别于该条第2款的规定："人寿保险的被保险人或者受益人向保险人请求给付保险金的诉讼时效期间为五年，自其知道或者应当知道保险事故发生之日起计算。"且不存在对应的《民法通则》第136条需要修正的内容，因此仍然继续有效。《海商法》第十三章"时效"属于依据国际海商事惯例进行的诉讼时效规定，也不受《民法总则》这一调整的影响。

【关联条文】

《民法总则》

第一百八十九条　当事人约定同一债务分期履行的,诉讼时效期间自最后一期履行期限届满之日起计算。

第一百九十条　无民事行为能力人或者限制民事行为能力人对其法定代理人的请求权的诉讼时效期间,自该法定代理终止之日起计算。

第一百九十一条　未成年人遭受性侵害的损害赔偿请求权的诉讼时效期间,自受害人年满十八周岁之日起计算。

《民法通则》

第一百三十六条　下列的诉讼时效期间为一年：

（一）身体受到伤害要求赔偿的；

（二）出售质量不合格的商品未声明的；

（三）延付或者拒付租金的；

（四）寄存财物被丢失或者损毁的。

《继承法》

第八条　继承权纠纷提起诉讼的期限为二年,自继承人知道或者应当知道其权利被侵犯之日起计算。但是,自继承开始之日起超过二十年的,不得再提起诉讼。

《专利法》

第六十八条　侵犯专利权的诉讼时效为二年,自专利权人或者利害关系人得知或者应当得知侵权行为之日起计算。

发明专利申请公布后至专利权授予前使用该发明未支付适当使用费的,专利权人要求支付使用费的诉讼时效为二年,自专利权人得知或者应当得知他人使用其发明之日起计算,但是,专利权人于专利权授予之日前即已得知或者应当得知的,自专利权授予之日起计算。

《保险法》

第二十六条　人寿保险以外的其他保险的被保险人或者受益人,向保险人请求赔偿或者给付保险金的诉讼时效期间为二年,自其知道或者应当知道保险事故发生之日起计算。

人寿保险的被保险人或者受益人向保险人请求给付保险金的诉讼时效期间为五年,自其知道或者应当知道保险事故发生之日起计算。

《民用航空法》

第一百三十五条　航空运输的诉讼时效期间为二年,自民用航空器到达目的地点、应当到达目的地点或者运输终止之日起计算。

第一百七十一条 地面第三人损害赔偿的诉讼时效期间为二年,自损害发生之日起计算;但是,在任何情况下,时效期间不得超过自损害发生之日起三年。

《拍卖法》

第六十一条 拍卖人、委托人违反本法第十八条第二款、第二十七条的规定,未说明拍卖标的的瑕疵,给买受人造成损害的,买受人有权向拍卖人要求赔偿;属于委托人责任的,拍卖人有权向委托人追偿。

拍卖人、委托人在拍卖前声明不能保证拍卖标的的真伪或者品质的,不承担瑕疵担保责任。

因拍卖标的存在瑕疵未声明的,请求赔偿的诉讼时效期间为一年,自当事人知道或者应当知道权利受到损害之日起计算。

因拍卖标的存在缺陷造成人身、财产损害请求赔偿的诉讼时效期间,适用《中华人民共和国产品质量法》和其他法律的有关规定。

《环境保护法》

第六十六条 提起环境损害赔偿诉讼的时效期间为三年,从当事人知道或者应当知道其受到损害时起计算。

《产品质量法》

第四十五条 因产品存在缺陷造成损害要求赔偿的诉讼时效期间为二年,自当事人知道或者应当知道其权益受到损害时起计算。

因产品存在缺陷造成损害要求赔偿的请求权,在造成损害的缺陷产品交付最初消费者满十年丧失;但是,尚未超过明示的安全使用期的除外。

《海商法》

第二百五十七条 就海上货物运输向承运人要求赔偿的请求权,时效期间为一年,自承运人交付或者应当交付货物之日起计算;在时效期间内或者时效期间届满后,被认定为负有责任的人向第三人提起追偿请求的,时效期间为九十日,自追偿请求人解决原赔偿请求之日起或者收到受理对其本人提起诉讼的法院的起诉副本之日起计算。

有关航次租船合同的请求权,时效期间为二年,自知道或者应当知道权利被侵害之日起计算。

第二百五十八条 就海上旅客运输向承运人要求赔偿的请求权,时效期间为二年,分别依照下列规定计算:

(一)有关旅客人身伤害的请求权,自旅客离船或者应当离船之日起计算;

(二)有关旅客死亡的请求权,发生在运送期间的,自旅客应当离船之日起计算;因运送期间内的伤害而导致旅客离船后死亡的,自旅客死亡之日起计算,但是此期限自离船之日起不得超过三年；

（三）有关行李灭失或者损坏的请求权，自旅客离船或者应当离船之日起计算。

第二百五十九条　有关船舶租用合同的请求权，时效期间为二年，自知道或者应当知道权利被侵害之日起计算。

第二百六十一条　有关船舶碰撞的请求权，时效期间为二年，自碰撞事故发生之日起计算；本法第一百六十九条第三款规定的追偿请求权，时效期间为一年，自当事人连带支付损害赔偿之日起计算。

第二百六十二条　有关海难救助的请求权，时效期间为二年，自救助作业终止之日起计算。

第二百六十三条　有关共同海损分摊的请求权，时效期间为一年，自理算结束之日起计算。

第二百六十五条　有关船舶发生油污损害的请求权，时效期间为三年，自损害发生之日起计算；但是，在任何情况下时效期间不得超过从造成损害的事故发生之日起六年。

第二百六十六条　在时效期间的最后六个月内，因不可抗力或者其他障碍不能行使请求权的，时效中止，自中止时效的原因消除之日起，时效期间继续计算。

第二百六十七条　时效因请求人提起诉讼、提交仲裁或者被请求人同意履行义务而中断。但是，请求人撤回起诉、撤回仲裁或者起诉被裁定驳回的，时效不中断。

请求人申请扣船的，时效自申请扣船之日起中断。

自中断时起，时效期间重新计算。

《民通意见》

168. 人身损害赔偿的诉讼时效期间，伤害明显的，从受伤害之日起算；伤害当时未曾发现，后经检查确诊并能证明是由侵害引起的，从伤势确诊之日起算。

169. 权利人由于客观的障碍在法定诉讼时效期间不能行使请求权的，属于民法通则第一百三十七条规定的"特殊情况"。

175. 民法通则第一百三十五条、第一百三十六条规定的诉讼时效期间，可以适用民法通则有关中止、中断和延长的规定。

民法通则第一百三十七条规定的"二十年"诉讼时效期间，可以适用民法通则有关延长的规定，不适用中止、中断的规定。

176. 法律、法规对索赔时间和对产品质量等提出异议的时间有特殊规定的，按特殊规定办理。

《民事案件诉讼时效规定》

第六条　未约定履行期限的合同,依照合同法第六十一条、第六十二条的规定,可以确定履行期限的,诉讼时效期间从履行期限届满之日起计算;不能确定履行期限的,诉讼时效期间从债权人要求债务人履行义务的宽限期届满之日起计算,但债务人在债权人第一次向其主张权利之时明确表示不履行义务的,诉讼时效期间从债务人明确表示不履行义务之日起计算。

第八条　返还不当得利请求权的诉讼时效期间,从当事人一方知道或者应当知道不当得利事实及对方当事人之日起计算。

第九条　管理人因无因管理行为产生的给付必要管理费用、赔偿损失请求权的诉讼时效期间,从无因管理行为结束并且管理人知道或者应当知道本人之日起计算。

本人因不当无因管理行为产生的赔偿损失请求权的诉讼时效期间,从其知道或者应当知道管理人及损害事实之日起计算。

《最高人民法院副院长马原关于人民法院处理涉台民事案件的几个法律问题》

七、关于诉讼时效问题

为了保护去台人员和台胞的合法权益,我们在适用诉讼时效方面,对涉台民事案件作了特别规定。根据《中华人民共和国民法通则》的规定,从权利被侵害之日起超过二十年,权利人才向人民法院提起诉讼的,人民法院不予保护。由于涉及去台人员和台湾同胞的案件,许多已经超过二十年了,因此,对去台人员和台湾同胞的诉讼时效期间问题,根据民法通则第一百三十七条的规定,人民法院可以作为特殊情况予以适当延长。

第一百八十九条　【分期履行债务的诉讼时效起算】

《民法总则》条文	《民法通则》等编纂对象法规对应条文
第一百八十九条　当事人约定同一债务分期履行的,诉讼时效期间自最后一期履行期限届满之日起计算。	《民事案件诉讼时效规定》 第五条　当事人约定同一债务分期履行的,诉讼时效期间从最后一期履行期限届满之日起计算。

【条文释义】

本条对于分期履行债务的债权人的诉讼时效起算日期进行了规定。分期履行之债,指当事人在同一份合同中约定,对合同约定的债务分期履行,其债权债务的总额是确定的,只是具体履行方式并非一次性履行而是分次履行。由于债权是同一的,诉讼时效起算也应当是同一的,为了保护债权人的债权,给其合理的权利行使期间,整个债权的诉讼时效应当从最后一期履行期限届满之日起算。这是《民法总则》第 188 条第 2 款第 1、2 句规定的"诉讼时效期间自权利人知道或者应当知道权利受到损害以及义务人之日起计算。法律另有规定的,依照其规定",作为例外规定的诉讼时效起算时间点。

【关联条文】

《民法总则》

第一百八十八条　向人民法院请求保护民事权利的诉讼时效期间为三年。法律另有规定的,依照其规定。

诉讼时效期间自权利人知道或者应当知道权利受到损害以及义务人之日起计算。法律另有规定的,依照其规定。但是自权利受到损害之日起超过二十年的,人民法院不予保护;有特殊情况的,人民法院可以根据权利人的申请决定延长。

《分期履行合同诉讼时效答复》

云南省高级人民法院:

你院《云南省高级人民法院关于继续性租金债权的诉讼时效期间如何计算的请示》收悉。经研究,答复如下:

对分期履行合同的每一期债务发生争议的,诉讼时效期间自该期债务履行期届满之日的次日起算。

此复。

第一百九十条　【被代理人对其法定代理人的请求权的诉讼时效起算】

《民法总则》条文	《民法通则》等编纂对象法规对应条文
第一百九十条　无民事行为能力人或者限制民事行为能力人对其法定代理人的请求权的诉讼时效期间,自该法定代理终止之日起计算。	暂无对应法条。

【条文释义】

诉讼时效自权利人能够行使其权利之时起算,在权利人还无法行使权利时就计算诉讼时效事实上缩短了权利人的诉讼时效,是对其权利的侵害。无民事行为能力人或者限制民事行为能力人对其法定代理人的请求权在该法定代理存续期间事实上无法行使或主张,因为他们的请求权需要由法定代理人代为主张,而基于利益冲突原则,法定代理人是不大可能代为主张对自己的请求权的,只有该法定代理终止之后,权利人具有完全民事行为能力自己主张或者由新的法定代理人代为主张才有可能,因此其请求权的诉讼时效应当自该法定代理终止之日起算。这是《民法总则》第188条第2款第1、2句规定的"诉讼时效期间自权利人知道或者应当知道权利受到损害以及义务人之日起计算。法律另有规定的,依照其规定",作为例外规定的诉讼时效起算时间点。

【关联条文】

《民法总则》

第一百七十五条　有下列情形之一的,法定代理终止:

(一)被代理人取得或者恢复完全民事行为能力;

(二)代理人丧失民事行为能力;

(三)代理人或者被代理人死亡;

(四)法律规定的其他情形。

第一百八十八条　向人民法院请求保护民事权利的诉讼时效期间为三年。法律另有规定的,依照其规定。

诉讼时效期间自权利人知道或者应当知道权利受到损害以及义务人之日起计算。法律另有规定的,依照其规定。但是自权利受到损害之日起超过二十年的,人民法院不予保护;有特殊情况的,人民法院可以根据权利人的申请决定延长。

《民法通则》

第七十条　有下列情形之一的,法定代理或者指定代理终止:

(一)被代理人取得或者恢复民事行为能力;

(二)被代理人或者代理人死亡;

(三)代理人丧失民事行为能力;

(四)指定代理的人民法院或者指定单位取消指定;

(五)由其他原因引起的被代理人和代理人之间的监护关系消灭。

第一百九十一条　【未成年人受性侵害的损害赔偿请求权的诉讼时效起算】

《民法总则》条文	《民法通则》等编纂对象法规对应条文
第一百九十一条　未成年人遭受性侵害的损害赔偿请求权的诉讼时效期间,自受害人年满十八周岁之日起计算。	暂无对应法条。

【条文释义】

未成年人由于心智尚未成熟,而且对性的认识并不清晰,属于限制行为能力人或无行为能力人,难以自己寻求法律保护。在遭受性侵的情况下,往往选择隐忍而不懂得去主张损害赔偿的请求权,如果按照诉讼时效的一般起算规则,在其成年后知道维护自己的权利主张损害赔偿请求权时诉讼时效可能已经届满,不利于其权利的保护。因此,本条对未成年人遭受性侵害的损害赔偿请求权的诉讼时效起算时间进行了特别的规定,从受害人年满十八周岁时开始起算。

本条的表述在一定程度上可能引起误解,即"未成年人遭受性侵害的损害赔偿请求权的诉讼时效期间"必须等"受害人年满十八周岁之日起"才能计算。本条应该理解为,如果受害人年满十八周岁之前因为各种原因无法请求赔偿的,年满十八周岁之日,可以作为《民法总则》第188条第2款第1、2句规定的"诉讼时效期间自权利人知道或者应当知道权利受到损害以及义务人之日起计算。法律另有规定的,依照其规定",开始计算诉讼时效。

【关联条文】

《民法总则》

第一百八十八条　向人民法院请求保护民事权利的诉讼时效期间为三年。法律另有规定的,依照其规定。

诉讼时效期间自权利人知道或者应当知道权利受到损害以及义务人之日起计算。法律另有规定的,依照其规定。但是自权利受到损害之日起超过二十年的,人民法院不予保护;有特殊情况的,人民法院可以根据权利人的申请决定延长。

第一百九十二条　【诉讼时效届满的法律后果】

《民法总则》条文	《民法通则》等编纂对象法规对应条文
第一百九十二条　诉讼时效期间届满的,<u>义务人</u>可以提出不履行义务的抗辩。 诉讼时效期间届满后,<u>义务人</u>同意履行的,不得以诉讼时效期间届满为由抗辩;<u>义务人</u>已自愿履行的,不得请求返还。	《民法通则》 第一百三十八条　<u>超过</u>诉讼时效期间,<u>当事人</u>自愿履行的,<u>不受</u>诉讼时效限制。

【条文释义】

本条对于诉讼时效届满的法律后果进行了规定。自《民法通则》规定诉讼时效以来,关于诉讼时效的法律后果争议颇多,早期大多认为其法律后果为胜诉权消灭,后来逐渐转向抗辩权发生的观点,司法实践中近些年也普遍采用诉讼时效届满债务人产生抗辩权的做法。本条的规定就是对近些年学界和司法实践中的抗辩权产生效果的明确承认,避免了争议的继续存在。也就是说,诉讼时效届满后,债务人获得了一种抗辩权,据此抗辩权其可以拒绝履行义务,此种抗辩权是永久性的灭却抗辩权。债务人获得抗辩权既然是一种权利,自然有权自由决定行使或者不行使,也就是说诉讼时效届满后如果义务人同意履行义务,那就是对于抗辩权的放弃,此后其自然不得再以诉讼时效届满为由进行抗辩,也不得要求对已经实行的履行予以返还。

【关联条文】

《民通意见》

171. 过了诉讼时效期间,义务人履行义务后,又以超过诉讼时效为由翻悔的,不予支持。

《担保法司法解释》

第三十五条 保证人对已经超过诉讼时效期间的债务承担保证责任或者提供保证的,又以超过诉讼时效为由抗辩的,人民法院不予支持。

《民事案件诉讼时效规定》

第四条 当事人在一审期间未提出诉讼时效抗辩,在二审期间提出的,人民法院不予支持,但其基于新的证据能够证明对方当事人的请求权已过诉讼时效期间的情形除外。

当事人未按照前款规定提出诉讼时效抗辩,以诉讼时效期间届满为由申请再审或者提出再审抗辩的,人民法院不予支持。

第二十二条 诉讼时效期间届满,当事人一方向对方当事人作出同意履行义务的意思表示或者自愿履行义务后,又以诉讼时效期间届满为由进行抗辩的,人民法院不予支持。

第一百九十三条 【法院不得主动适用诉讼时效】

《民法总则》条文	《民法通则》等编纂对象法规对应条文
第一百九十三条 人民法院不得主动适用诉讼时效的规定。	《民事案件诉讼时效规定》 第三条 当事人未提出诉讼时效抗辩,人民法院不应对诉讼时效问题进行释明及主动适用诉讼时效的规定进行裁判。

【条文释义】

本条对于司法实践中诉讼时效法律适用存在的疑虑进行了澄清。由于早期曾认为诉讼时效的法律后果是胜诉权消灭,因此司法实践中法院可主动依职权适用诉讼时效判决驳回权利人的诉讼请求。虽然此后不再采用胜诉权消灭的观点,但鉴于此前做法的广泛影响,实践中仍有法院依职权主动适用诉讼时效,为了彻底避免这一现象的存在,本次立法中在本条对此予以明确规定,诉讼时效只能由义务人作为抗辩权提出,人民法院不得主动对于诉讼时效予以释明,也不得主动适用诉讼时效进行裁判。

第一百九十四条 【诉讼时效的中止】

《民法总则》条文	《民法通则》等编纂对象法规对应条文
第一百九十四条 在诉讼时效期间的最后六个月内,因下列障碍,不能行使请求权的,诉讼时效中止: (一)不可抗力; (二)无民事行为能力人或者限制民事行为能力人没有法定代理人,或者法定代理人死亡、丧失民事行为能力、丧失代理权; (三)继承开始后未确定继承人或者遗产管理人; (四)权利人被义务人或者其他人控制; (五)其他导致权利人不能行使请求权的障碍。 自中止时效的原因消除之日起满<u>六个月</u>,诉讼时效期间<u>届满</u>。	《民法通则》 第一百三十九条 在诉讼时效期间的最后六个月内,因不可抗力或者其他障碍不能行使请求权的,诉讼时效中止。从中止时效的原因消除之日起,诉讼时效期间<u>继续计算</u>。

【条文释义】

本条对于诉讼时效的中止进行了规定。诉讼时效期间中止,是指在诉讼时效进行中,由于某种法定事由的发生,致使权利人不能行使请求权,因而暂时停止时效期间的计算,待阻碍时效期间进行的事由消除后,时效期间再继续计算的消灭时效制度。时效制度意在敦促权利人及时行使权利,但其适用以权利人可以行使权利而怠于行使为前提,如果出现客观障碍而使权利人无法行使权利,则继续计算时效未免有失公平,因此应暂停计算期间以保证权利人有行使权利的必要时间,从而保护其权益。诉讼时效中止应满足以下两个条件:

其一,应当存在中止的法定事由。法定事由的根本特征是导致权利人无法行使权利。包括:(1)不可抗力,指当事人不能预见、不能避免并不能克服的客观情况,如严重的自然灾害和战争等;(2)无民事行为能力人或者限制民事行为能力人没有法定代理人,或者法定代理人死亡、丧失民事行为能力、丧失代理权;(3)继承开始后未确定继承人或者遗产管理人;(4)权利人被义务人或者其他人控制,主要是指权利人被限制人身自由;(5)其他致使权利人无法行使请求权的障碍。

其二,法定事由发生在诉讼时效期间的最后6个月内。导致请求权人无法行使请求权的事由必须发生在诉讼时效期间的最后6个月,否则不能发生诉讼时效中止的效果。

中止诉讼时效的法定事由消除之日起,诉讼时效继续计算,满6个月时诉讼时效届满。需要注意的是,这里诉讼时效继续计算的方法与《民法通则》原来的规定有所不同,原来的规定是中止事由消除后,诉讼时效继续计算至2年,而这里是统一再继续计算6个月。

【关联条文】

《海商法》

第二百六十六条 在时效期间的最后六个月内,因不可抗力或者其他障碍不能行使请求权的,时效中止。自中止时效的原因消除之日起,时效期间继续计算。

《民通意见》

172. 在诉讼时效期间的最后六个月内,权利被侵害的无民事行为能力人、限制民事行为能力人没有法定代理人,或者法定代理人死亡、丧失代理权,或者法定代理人本人丧失行为能力的,可以认定为因其他障碍不能行使请求权,适用诉讼时效中止。

《民事案件诉讼时效规定》

第二十条 有下列情形之一的,应当认定为民法通则第一百三十九条规定的"其他障碍",诉讼时效中止:

(一)权利被侵害的无民事行为能力人、限制民事行为能力人没有法定代理人,或者法定代理人死亡、丧失代理权、丧失行为能力;

(二)继承开始后未确定继承人或者遗产管理人;

(三)权利人被义务人或者其他人控制无法主张权利;

(四)其他导致权利人不能主张权利的客观情形。

第一百九十五条 【诉讼时效中断】

《民法总则》条文	《民法通则》等编纂对象法规对应条文
第一百九十五条　有下列情形之一的,诉讼时效中断,从中断、**有关程序终结**时起,诉讼时效期间重新计算: (一)权利人向义务人提出履行请求; (二)义务人同意履行义务; (三)权利人提起诉讼或者申请仲裁; (四)与提起诉讼或者申请仲裁具有同等效力的其他情形。	《民法通则》 　　第一百四十条　诉讼时效因提起诉讼、当事人一方提出要求或者同意履行义务而中断。从中断时起,诉讼时效期间重新计算。

【条文释义】

本条对于诉讼时效的中断进行了规定。诉讼时效期间中断,是指在诉讼时效期间进行中发生了法定事由,以前经过的期间归于消灭,自中断事由终止后重新开始计算诉讼时效。诉讼时效中断的主要事由是权利人行使权利。具体包括如下几种情形:

其一,权利人向义务人提出履行请求。是指权利人对于义务人,于诉讼之外行使其权利的意思表示。

其二,义务人同意履行义务。义务人同意履行,是指义务人表示知道权利存在的行为,并通过一定方式(口头的或书面的)向权利人作出愿意履行义务的意思表示,这样,就使双方当事人之间的权利义务关系重新明确并稳定下来,可以发生诉讼时效中断的法律后果。

其三,权利人提起诉讼或者申请仲裁。起诉或仲裁后的诉讼时效期间自当事人向法院或仲裁机构提起诉讼时中断。因为时效期间中断是否发生,关键在于权利人有无积极行使权利的状态,在权利人向法院提出起诉状或向仲裁机构提起仲裁时,就已表明其已经开始行使自己的权利,时效期间应当中断。

诉讼时效从权利人提出履行请求、义务人同意履行义务或者权利人提出起诉或仲裁之日起中断,诉讼时效从此时重新起算。

【关联条文】

《海商法》

第二百七十六条　时效因请求人提起诉讼、提交仲裁或者被请求人同意履行义务而中断。但是,请求人撤回起诉、撤回仲裁或者起诉被裁定驳回的,时效不中断。

请求人申请扣船的,时效自申请扣船之日起中断。

自中断时起,时效期间重新计算。

《民通意见》

173. 诉讼时效因权利人主张权利或者义务人同意履行义务而中断后,权利人在新的诉讼时效期间内,再次主张权利或者义务人再次同意履行义务的,可以认定为诉讼时效再次中断。

权利人向债务保证人、债务人的代理人或者财产代管人主张权利的,可以认定诉讼时效中断。

174. 权利人向人民调解委员会或者有关单位提出保护民事权利的请求,从提出请求时起,诉讼时效中断。经调处达不成协议的,诉讼时效期间即重新起算;如调处达成协议,义务人未按协议所定期限履行义务的,诉讼时效期间应从期限届满时重新起算。

《民事案件诉讼时效规定》

第十条 具有下列情形之一的,应当认定为民法通则第一百四十条规定的"当事人一方提出要求",产生诉讼时效中断的效力:

(一)当事人一方直接向对方当事人送交主张权利文书,对方当事人在文书上签字、盖章或者虽未签字、盖章但能够以其他方式证明该文书到达对方当事人的;

(二)当事人一方以发送信件或者数据电文方式主张权利,信件或者数据电文到达或者应当到达对方当事人的;

(三)当事人一方为金融机构,依照法律规定或者当事人约定从对方当事人账户中扣收欠款本息的;

(四)当事人一方下落不明,对方当事人在国家级或者下落不明的当事人一方住所地的省级有影响的媒体上刊登具有主张权利内容的公告的,但法律和司法解释另有特别规定的,适用其规定。

前款第(一)项情形中,对方当事人为法人或者其他组织的,签收人可以是其法定代表人、主要负责人、负责收发信件的部门或者被授权主体;对方当事人为自然人的,签收人可以是自然人本人、同住的具有完全行为能力的亲属或者被授权主体。

第十二条 当事人一方向人民法院提交起诉状或者口头起诉的,诉讼时效从提交起诉状或者口头起诉之日起中断。

第十三条 下列事项之一,人民法院应当认定与提起诉讼具有同等诉讼时效中断的效力:

(一)申请仲裁;

(二)申请支付令;

(三)申请破产、申报破产债权;

(四)为主张权利而申请宣告义务人失踪或死亡;

（五）申请诉前财产保全、诉前临时禁令等诉前措施；

（六）申请强制执行；

（七）申请追加当事人或者被通知参加诉讼；

（八）在诉讼中主张抵销；

（九）其他与提起诉讼具有同等诉讼时效中断效力的事项。

第十四条 权利人向人民调解委员会以及其他依法有权解决相关民事纠纷的国家机关、事业单位、社会团体等社会组织提出保护相应民事权利的请求，诉讼时效从提出请求之日起中断。

第十五条 权利人向公安机关、人民检察院、人民法院报案或者控告，请求保护其民事权利的，诉讼时效从其报案或者控告之日起中断。

上述机关决定不立案、撤销案件、不起诉的，诉讼时效期间从权利人知道或者应当知道不立案、撤销案件或者不起诉之日起重新计算；刑事案件进入审理阶段，诉讼时效期间从刑事裁判文书生效之日起重新计算。

第十六条 义务人作出分期履行、部分履行、提供担保、请求延期履行、制定清偿债务计划等承诺或者行为的，应当认定为民法通则第一百四十条规定的当事人一方"同意履行义务。"

第十八条 债权人提起代位权诉讼的，应当认定对债权人的债权和债务人的债权均发生诉讼时效中断的效力。

第十九条 债权转让的，应当认定诉讼时效从债权转让通知到达债务人之日起中断。

债务承担情形下，构成原债务人对债务承认的，应当认定诉讼时效从债务承担意思表示到达债权人之日起中断。

第一百九十六条 【不适用诉讼时效的请求权】

《民法总则》条文	《民法通则》等编纂对象法规对应条文
第一百九十六条 下列请求权不适用诉讼时效的规定： （一）请求停止侵害、排除妨碍、消除危险； （二）不动产物权和登记的动产物权的权利人请求返还财产； （三）请求支付抚养费、赡养费或者扶养费； （四）依法不适用诉讼时效的其他请求权。	暂无对应法条。

【条文释义】

并非所有的请求权均适用诉讼时效,本条对于不适用诉讼时效的请求权进行了规定。设立诉讼时效制度的主要目的,是为了客观地促进权利关系安定,及时结束权利义务的不确定状态,稳定法律秩序,降低社会交易成本。有些请求权的存在并不会造成权利义务的不确定状态,只要基础法律关系存在,请求权就会依据该基础法律关系而持续产生和存在,因此,这类请求权不适用诉讼时效。具体来说包括:其一,请求停止侵害、排除妨碍、消除危险的请求权,只要针对基础权利的妨害和侵害存在,此类请求权就会一直存续,不适用诉讼时效;其二,不动产物权和登记的动产物权的权利人请求返还财产,不动产和登记的动产物权都有明确的登记制度,因此其权利义务状态是非常明确的,即使长时间不行使返还请求权也不会造成不确定的状态,这类请求权也不适用诉讼时效;其三,同理,支付抚养费、赡养费或者扶养费的请求权是依据基础的父母子女身份或配偶身份而持续存在的,不适用诉讼时效;此外,如果法律有专门规定某种请求权不适用诉讼时效的,从其规定。

【关联条文】

《中央级财政资金转为部分中央企业国家资本金案件通知》

三、除人民法院已经受理的案件外,有关中央企业返还资金请求权的诉讼时效期间自《通知》第五条规定的期限届满之日起算。

当事人主张确认公司或企业出资人权益请求权不适用诉讼时效的规定。

《民事诉讼时效规定》

第一条 当事人可以对债权请求权提出诉讼时效抗辩,但对下列债权请求权提出诉讼时效抗辩的,人民法院不予支持:

(一)支付存款本金及利息请求权;

(二)兑付国债、金融债券以及向不特定对象发行的企业债券本息请求权;

(三)基于投资关系产生的缴付出资请求权;

(四)其他依法不适用诉讼时效规定的债权请求权。

第一百九十七条 【诉讼时效法定】

《民法总则》条文	《民法通则》等编纂对象法规对应条文
第一百九十七条 诉讼时效的期间、计算方法以及中止、中断的事由**由法律规定**,当事人约定无效。 当事人对诉讼时效利益的预先放弃**无效**。	《民事案件诉讼时效规定》 第二条 当事人违反法律规定,约定延长或者缩短诉讼时效期间、预先放弃诉讼时效利益的,<u>人民法院不予认可</u>。

【条文释义】

由于诉讼时效事关权利义务状态的确定,涉及交易安全和公共秩序,并非双方当事人可以协商确定的事项,因此诉讼时效实行法定。也就是说,诉讼时效的期间、其计算方法以及中止、中断等事项必须由法律予以规定,当事人不得私自进行约定,当事人进行的约定无效。此外,基于同样的理由,当事人也不得对于诉讼时效预先放弃,只能待诉讼时效届满后作出放弃诉讼时效抗辩权的决定,也就是说可以事后放弃。

第一百九十八条 【仲裁对于诉讼时效的准用】

《民法总则》条文	《民法通则》等编纂对象法规对应条文
第一百九十八条 法律对仲裁时效有规定的,依照其规定;没有规定的,适用诉讼时效的规定。	《仲裁法》 第七十四条 法律对仲裁时效有规定的,适用该规定。法律对仲裁时效没有规定的,适用诉讼时效的规定。

【条文释义】

仲裁是诉讼之外的一种解决民事纠纷的法律程序,其属于程序法,其依据的也是民事实体法。诉讼时效及其法律后果的规定是实体性的法律规定,仲裁也应该遵循其基本规则。只不过基于仲裁的便捷性,法律如果对仲裁时效有不同于诉讼时效的特别规定,应该予以执行,如果不存在规定的,适用诉讼时效的规定。

【关联条文】

《合同法》

第一百二十九条 因国际货物买卖合同和技术进出口合同争议提起诉讼或者申请仲裁的期限为四年,自当事人知道或者应当知道其权利受到侵害之日起计算。因其他合同争议提起诉讼或者申请仲裁的期限,依照有关法律的规定。

《劳动争议调解仲裁法》

第二十七条 劳动争议申请仲裁的时效期间为一年。仲裁时效期间从当事人知道或者应当知道其权利被侵害之日起计算。

前款规定的仲裁时效,因当事人一方向对方当事人主张权利,或者向有关部门请求权利救济,或者对方当事人同意履行义务而中断。从中断时起,仲裁时效期间重新计算。

因不可抗力或者有其他正当理由,当事人不能在本条第一款规定的仲裁时效期间申请仲裁的,仲裁时效中止。从中止时效的原因消除之日起,仲裁时效期间继续计算。

劳动关系存续期间因拖欠劳动报酬发生争议的,劳动者申请仲裁不受本条第一款规定的仲裁时效期间的限制;但是,劳动关系终止的,应当自劳动关系终止之日起一年内提出。

《农村土地承包经营纠纷调解仲裁法》

第十八条　农村土地承包经营纠纷申请仲裁的时效期间为二年,自当事人知道或者应当知道其权利被侵害之日起计算。

第一百九十九条　【除斥期间】

《民法总则》条文	《民法通则》等编纂对象法规对应条文
第一百九十九条　法律规定或者当事人约定的撤销权、解除权等权利的<u>存续期间</u>,除法律另有规定外,自权利人知道或者应当知道权利产生之日起计算,不适用有关诉讼时效中止、中断和延长的规定。<u>存续期间</u>届满,撤销权、解除权等权利消灭。	《合同法》 第九十五条　法律规定或者当事人约定解除权<u>行使期限</u>,期限届满当事人不行使的,该权利消灭。 法律没有规定或者当事人没有约定解除权行使期限,经对方催告后在合理期限内不行使的,该权利消灭。

【条文释义】

本条对于除斥期间进行了规定。除斥期间,也称之为不变期间,是指法律对某种权利所规定的存续期间。除斥期间适用于形成权,其他权利不适用除斥期间。除斥期间都是法律明确规定的期间,是法定期间,不是当事人约定的期间,也不准许当事人约定。除斥期间的起算时间一般从权利成立之时计算,只有在例外的时候,即可撤销合同的撤销权除斥期间的起算时间是从当事人知道或者应当知道撤销事由之日起计算;并且除斥期间不适用中止、中断和延长的规定。除斥期间完成的法律效果是直接消灭权利,权利本身不复存在。除斥期间完成后消灭实体权利,不管当事人是否提出主张,法院都可以主动审查,确认除斥期间完成,直接确认权利丧失;同时,除斥期间完成,不准许当事人抛弃期间利益。以上这些方面的特点表明除斥期间与诉讼时效存在较大差异。

除了撤销权和解除权，《民法总则》上第145条第2款规定的"相对人可以催告法定代理人自收到通知之日起一个月内予以追认"和第171条第2款规定的"相对人可以催告被代理人自收到通知之日起一个月内予以追认"涉及的追认权除斥期间，也适用本条规定。

【关联条文】

《民法总则》

第一百四十五条　限制民事行为能力人实施的纯获利益的民事法律行为或者与其年龄、智力、精神健康状况相适应的民事法律行为有效；实施的其他民事法律行为经法定代理人同意或者追认后有效。

相对人可以催告法定代理人自收到通知之日起一个月内予以追认。法定代理人未作表示的，视为拒绝追认。民事法律行为被追认前，善意相对人有撤销的权利。撤销应当以通知的方式作出。

第一百五十二条　有下列情形之一的，撤销权消灭：

（一）当事人自知道或者应当知道撤销事由之日起一年内、重大误解的当事人自知道或者应当知道撤销事由之日起三个月内没有行使撤销权；

（二）当事人受胁迫，自胁迫行为终止之日起一年内没有行使撤销权；

（三）当事人知道撤销事由后明确表示或者以自己的行为表明放弃撤销权。

当事人自民事法律行为发生之日起五年内没有行使撤销权的，撤销权消灭。

第一百七十一条　行为人没有代理权、超越代理权或者代理权终止后，仍然实施代理行为，未经被代理人追认的，对被代理人不发生效力。

相对人可以催告被代理人自收到通知之日起一个月内予以追认。被代理人未作表示的，视为拒绝追认。行为人实施的行为被追认前，善意相对人有撤销的权利。撤销应当以通知的方式作出。

行为人实施的行为未被追认的，善意相对人有权请求行为人履行债务或者就其受到的损害请求行为人赔偿，但是赔偿的范围不得超过被代理人追认时相对人所能获得的利益。

相对人知道或者应当知道行为人无权代理的，相对人和行为人按照各自的过错承担责任。

《合同法》

第五十五条　有下列情形之一的，撤销权消灭：

（一）具有撤销权的当事人自知道或者应当知道撤销事由之日起一年内没有行使撤销权；

（二）具有撤销权的当事人知道撤销事由后明确表示或者以自己的行为放弃撤销权。

第九十五条　法律规定或者当事人约定解除权行使期限，期限届满当事人不行使的，该权利消灭。

法律没有规定或者当事人没有约定解除权行使期限，经对方催告后在合理期限内不行使的，该权利消灭。

《民事案件诉讼时效规定》

第七条　享有撤销权的当事人一方请求撤销合同的，应适用合同法第五十五条关于一年除斥期间的规定。

对方当事人对撤销合同请求权提出诉讼时效抗辩的，人民法院不予支持。

合同被撤销，返还财产、赔偿损失请求权的诉讼时效期间从合同被撤销之日起计算。

第十章　期间计算

第二百条　【期间的计算单位】

《民法总则》条文	《民法通则》等编纂对象法规对应条文
第二百条　民法所称的期间按照公历年、月、日、小时计算。	《民法通则》 第一百五十四条第一款　民法所称的期间按照公历年、月、日、小时计算。

【条文释义】

期限，是指民事法律关系产生、变更和终止的时间。期限分为期日和期间。期日是指不可分割的一定时间，以静态的某一点作为表示时间的一种方式，因此，通常将期日称之为"时间点"，常表现为某时、某日。期间，是指从某一时间点到另一时间点所经过的时间。实际上，期间是期日与期日之间的间隔时间。由于我国存在公历和农历两套历法和计时单位，因此必须对于民法上期间的计算单位予以明确规定，确定公历的年、月、日、小时作为我国民法上期间的计算单位。

第二百零一条 【期间的起算】

《民法总则》条文	《民法通则》等编纂对象法规对应条文
第二百零一条　按照年、月、日计算期间的，开始的当日不计入，自下一日开始计算。 按照小时计算期间的，自法律规定或者当事人约定的时间开始计算。	《民法通则》 　　第一百五十四条第二款　规定按照小时计算期间的，从规定时开始计算。规定按照日、月、年计算期间的，开始的当天不算入，从下一天开始计算。

【条文释义】

　　本条对于期间的起算进行了规定。如果是按照年、月、日计算的期间，其起算日为开始当日的下一日，如果是以小时计算的期间，其开始起算的时间，本条未做一般性规定，应当按照法律规定的时间或当事人约定的时间起算。

　　本条规定较之《民法通则》第 154 条第 2 款，统一了"天"和"日"的表述，值得赞许。

【关联条文】

《民通意见》

199. 按照日、月、年计算期间，当事人对起算时间有约定的，按约定办。

第二百零二条 【期间最后一日的认定】

《民法总则》条文	《民法通则》等编纂对象法规对应条文
第二百零二条　按照年、月计算期间的，到期月的对应日为期间的最后一日；没有对应日的，月末日为期间的最后一日。	暂无对应法条。

【条文释义】

　　本条对于按照年月计算的期间的到期日的认定标准进行了规定。其基本的规则是，以起算日为标准，到期月与起算日对应的那一日为到期日，也就是期间的最后一日。如果到期月没有起算日的对应日，那么到期月的月末为期间的最后一日。比如说,起算日为3月31日,而到期月为6月,由于6月没有31号,那么期间的最后一日应当是6月30日。

【关联条文】

《民通意见》

198. 当事人约定的期间不是以月、年第一天起算的,一个月为三十日,一年为三百六十五日。

期间的最后一天是星期日或者其他法定休假日,而星期日或者其他法定休假日有变通的,以实际休假日的次日为期间的最后一天。

第二百零三条 【期间最后一日的截止】

《民法总则》条文	《民法通则》等编纂对象法规对应条文
第二百零三条 期间的最后一日是法定休假日的,以法定休假日结束的次日为期间的最后一日。 期间的最后一日的截止时间为二十四时;有业务时间的,停止业务活动的时间为截止时间。	《民法通则》 第一百五十四条第三款、第四款 期间的最后一天是星期日或者其他法定休假日的,以休假日的次日为期间的最后一天。 期间的最后一天的截止时间为二十四点。有业务时间的,到停止业务活动的时间截止。

【条文释义】

本条对于期间最后一日的截止时间进行了规定。如果期间的最后一日是法定休假日的,由于基本上所有的单位都在休息,很多民事活动无法实施,因此以法定休假日结束的次日为期间的最后一日。期间的最后一日按照公历日计算,应该截止到该日的24时,如果期间所涉及的民事活动与特定单位的业务相关的,而业务有停止时间的,以该日业务停止时间为该日截止时间。

需要指出的是,《民法通则》第154条第3款规定:"期间的最后一天是星期日或者其他法定休假日的,以休假日的次日为期间的最后一天。"该款使用"其他"法定休假日的表述,应该理解为当时的立法者将"星期日"纳入了"法定休假日"。根据1994年修订后的《国务院关于职工工作时间的规定》,"星期六和星期日为周休息日"。《民法总则》第203条第1款规定:"期间的最后一日是法定休假日的,以法定休假日结束的次日为期间的最后一日。"以"法定休假日"包括了"周休息日"和其他各类法定休假日,从立法术语的沿革来讲,是可以接受的。但我国《劳动法》第44条第(二)项和第(三)项区分了"休息日"和"法定休日",并适用不同的工资报酬计算比例,应当予以区分。

【关联条文】

《劳动法》

第四十四条 有下列情形之一的,用人单位应当按照下列标准支付高于劳动者正常工作时间工资的工资报酬:

(一)安排劳动者延长工作时间的,支付不低于工资的百分之一百五十的工资报酬;

(二)休息日安排劳动者工作又不能安排补休的,支付不低于工资的百分之二百的工资报酬;

(三)法定休假日安排劳动者工作的,支付不低于工资的百分之三百的工资报酬。

第四十五条 国家实行带薪年休假制度。

劳动者连续工作一年以上的,享受带薪年休假。具体办法由国务院规定。

《民事诉讼法》

第八十二条 期间包括法定期间和人民法院指定的期间。

期间以时、日、月、年计算。期间开始的时和日,不计算在期间内。

期间届满的最后一日是节假日的,以节假日后的第一日为期间届满的日期。

期间不包括在途时间,诉讼文书在期满前交邮的,不算过期。

《职工工作时间规定》

第七条 国家机关、事业单位实行统一的工作时间,星期六和星期日为周休息日。

企业和不能实行前款规定的统一工作时间的事业单位,可以根据实际情况灵活安排周休息日。

《全国放假办法》

第一条 为统一全国年节及纪念日的假期,制定本办法。

第二条 全体公民放假的节日:

(一)新年,放假1天(1月1日);

(二)春节,放假3天(农历正月初一、初二、初三);

(三)清明节,放假1天(农历清明当日);

(四)劳动节,放假1天(5月1日);

(五)端午节,放假1天(农历端午当日);

(六)中秋节,放假1天(农历中秋当日);

(七)国庆节,放假3天(10月1日、2日、3日)。

第三条　部分公民放假的节日及纪念日：

（一）妇女节（3月8日），妇女放假半天；

（二）青年节（5月4日），14周岁以上的青年放假半天；

（三）儿童节（6月1日），不满14周岁的少年儿童放假1天；

（四）中国人民解放军建军纪念日（8月1日），现役军人放假半天。

第四条　少数民族习惯的节日，由各少数民族聚居地区的地方人民政府，按照各该民族习惯，规定放假日期。

第五条　二七纪念日、五卅纪念日、七七抗战纪念日、九三抗战胜利纪念日、九一八纪念日、教师节、护士节、记者节、植树节等其他节日、纪念日，均不放假。

第六条　全体公民放假的假日，如果适逢星期六、星期日，应当在工作日补假。部分公民放假的假日，如果适逢星期六、星期日，则不补假。

第七条　本办法自公布之日起施行。

《民通意见》

198. 当事人约定的期间不是以月、年第一天起算的，一个月为三十日，一年为三百六十五日。

期间的最后一天是星期日或者其他法定休假日，而星期日或者其他法定休假日有变通的，以实际休假日的次日为期间的最后一天。

第二百零四条　【期间计算方法的确定】

《民法总则》条文	《民法通则》等编纂对象法规对应条文
第二百零四条　期间的计算方法依照本法的规定，但是法律另有规定**或者当事人另有约定**的除外。	《民法通则》 第一百四十一条　法律对诉讼时效另有规定的，依照法律规定。

【条文释义】

期间的计算方法一般应当按照《民法总则》第十章的条文规定执行，但由于期间主要影响的是双方当事人之间的期限利益，对他人的权利义务关系没有影响，因此允许当事人做出特别的约定。当然，如果法律有特别规定的，遵照其规定执行。

【关联条文】

《调整商标注册工作流程通知》

三、关于异议期间的计算方法

根据《民法通则》和《民事诉讼法》关于期间的有关规定,商标异议期间从初步审定公告的次日开始计算,为期三个月。

为了充分保证异议申请人对初步审定公告的商标在法律规定的三个月内提出异议,同时避免商标异议期间与商标专用权产生日重合,我局决定调整初步审定公告时间。自第1096期(含该期)商标公告起,各期初步审定公告日由原来的每月7日、14日、21日和28日调整为每月6日、13日、20日和27日;注册公告日期以及注册商标专用期不变。

第十一章 附 则

第二百零五条 【与期间计算有关的术语】

《民法总则》条文	《民法通则》等编纂对象法规对应条文
第二百零五条 民法所称的"以上""以下""以内""届满",包括本数;所称的"不满""超过""以外",不包括本数。	《民法通则》 第一百五十五条 民法所称的"以上"、"以下"、"以内"、"届满",包括本数;所称的"不满"、"以外",不包括本数。

【条文释义】

本条对于期限的计算及相关法律用语进行了明确,使用"以上""以内"的,均包括本数;使用"不满""超过""以外"的,均不包括本数。如果当事人对用语有特别约定,依其约定。

第二百零六条 【施行日期】

《民法总则》条文	《民法通则》等编纂对象法规对应条文
第二百零六条 本法自2017年10月1日起施行。	《民法通则》 第一百五十六条 本法自1987年1月1日起施行。

【条文释义】

本条对于本法的施行日期进行了规定,虽然本法于2017年3月15日经全国人民代表大会通过,但其并不立即实施,法律给公众尤其是法律适用机关预留了学习和熟悉本法的时间,自2017年10月1日起实施,此后所发生的民事法律关系由本法调整。在此之前仍然适用《民法通则》等的规定，在此之后，《民法通则》中与本法相抵触的条文失去法律效力。

【关联条文】

《物权法》

第二百四十七条　本法自2007年10月1日起施行。

《合同法》

第四百二十八条　本法自1999年10月1日起施行，《中华人民共和国经济合同法》、《中华人民共和国涉外经济合同法》、《中华人民共和国技术合同法》同时废止。

《侵权责任法》

第九十二条　本法自2010年7月1日起施行。

《婚姻法》

第五十一条　本法自1981年1月1日起施行。

1950年5月1日颁行的《中华人民共和国婚姻法》，自本法施行之日起废止。

《继承法》

第三十七条　本法自1985年10月1日起施行。

《收养法》

第三十四条　本法自1992年4月1日起施行。

《涉外民事关系法律适用法》

第五十二条　本法自2011年4月1日起施行。

第三部分
《民法通则》等编纂对象法规反查《民法总则》条文对照表

一、《民法通则》反查《民法总则》条文对照表

《民法通则》条文	《民法总则》对应条文
第一章 基本原则	
1	1
2	2
3	4
4	5、6、7、130
5	3
6	10
7	8、132
8	12
第二章 公民（自然人）	
第一节 民事权利能力和民事行为能力	
9	13
10	14
11	17、18
12	19、20

《民法通则》条文	《民法总则》对应条文
13	21、22、145
14	23
15	25
第二节 监护	
16	27、31、32
17	28、31、32
18	34、35、36
19	24
第三节 宣告失踪和宣告死亡	
20	40、41
21	42、43
22	45
23	46
24	49、50
25	53
第四节 个体工商户、农村承包经营户	

《民法通则》条文	《民法总则》对应条文	《民法通则》条文	《民法总则》对应条文
26	54	49	无
27	55	第三节 机关、事业单位和社会团体法人	
28	无		
29	56		
第五节 个人合伙		50	88、90、97
30	无	第四节 联营	
31	无	51	无
32	无	52	无
33	无	53	无
34	无	第四章 民事法律行为和代理	
35	无		
第三章 法人		第一节 民事法律行为	
第一节 一般规定			
36	57、59	54	133
37	58	55	143
38	61	56	135
39	63	57	136
40	70	58	144、145、146、153、154、155
第二节 企业法人			
41	77	59	147、151、155
42	无	60	156
43	62、170	61	157
44	64、67	62	158
45	68	第二节 代理	
46	73	63	161、162
47	70	64	163
48	60	65	165

《民法通则》条文	《民法总则》对应条文	《民法通则》条文	《民法总则》对应条文
66	164、171	87	178
67	167	88	无
68	169	89	无
69	173	90	无
70	175	91	无
第五章 民事权利		92	122
第一节 财产所有权和与财产所有权有关的财产权		93	121
		第三节 知识产权	
		94–96	123
71	无	97	无
72	无	第四节 人身权	
73–75①	113	98–103	109、110
76	124	104、105	128
77	无	第六章 民事责任	
78	无	第一节 一般规定	
79	无	106	176
80	无	107、153	180
81	无	108	无
82	无	109	183
83	无	110	无
第二节 债权		第二节 违反合同的民事责任	
84	118	111	无
85	无	112	无
86	无		

---

① 因体系对照需要，本表对部分条文合并处理，并在必要时调整条文顺序。

《民法通则》条文	《民法总则》对应条文	《民法通则》条文	《民法总则》对应条文
113	无	134	179
67	167	67	167
114	无	第七章 诉讼时效	
115	无	135、137、141	188、204
116	无	136（已不再适用）	无
第三节 侵权的民事责任		138	192
117	无	139	194
118	无	140	195
119	无	第八章 涉外民事关系的法律适用	
120	无	142	无
121	无	143	无
122	无	144	无
123	无	145	无
124	9	146	无
125	无	147	无
126	无	148	无
127	无	149	无
128	181	150	无
129	182	第九章 附则	
130	无	151	无
131	无	152	无
132	无	154	200、201、203
133	无	155	205
第四节 承担民事责任的方式		156	206

二、《民通意见》反查《民法总则》条文对照表

《民通意见》条文	《民法总则》对应条文	《民通意见》条文	《民法总则》对应条文
一、公民		20	无
(一)关于民事权利能力和民事行为能力问题		21	36
		22	无
		23	无
1	13、15	(三)关于宣告失踪、宣告死亡问题	
2	18		
3	19、145	24	40
4	22、145	25	46
5	21、22	26	40、41、46
6	19、22、145	27	41、46
7	无	28	41
8	无	29	47
9	25	30	42
(二)关于监护问题		31	43
		32	无
10	34	33	无
11	27	34	42
12	28	35	43、44
13	27	36	48、49
14、16、17、18、19①	31	37	51
15	30	38	52

---

① 因体系对照需要,本表对部分条文合并处理,并在必要时调整条文顺序。

《民通意见》条文	《民法总则》对应条文	《民通意见》条文	《民法总则》对应条文
39、40	53	64	无
(四)关于个体工商户、农村承包经营户、个人合伙问题		三、民事法律行为和代理	
		65	135
		66	140
41	无	67	144
42、43	56	68	148
44	无	69	150
45	无	70、72	151
46	无	71	147
47	无	73	152
48	无	74	157
49	无	75	158
50	无	76	160
51	无	77	无
52	无	78	161
53	无	79	164、166
54	无	80	169
55	无	81	无
56	无	82	174
57	无	83	167
二、法人		四、民事权利	
58	62	(一)关于财产所有权和与财产所有权有关的财产权问题	
59、60	70		
61	无		
62	无		
63	无	84	无

《民通意见》条文	《民法总则》对应条文		《民通意见》条文	《民法总则》对应条文
85	无		(二)关于债权问题	
86	无		104	无
87	无		105	无
88(已废止)①	无		106	无
89	无		107	无
90	无		108	无
91	无		109	无
92	无		110	无
93	无		111	无
94(已废止)②	无		112	无
95	无		113	无
96	无		114	无
97	无		115(已废止)③	无
98	无		116	无
99	无		117(已废止)④	无
100	无		118(已废止)⑤	无
101	无		119	无
102	无		120	无
103	无			

① 本条文已被《最高人民法院关于废止2007年底以前发布的有关司法解释(第七批)的决定》废止。

② 本条文已被《最高人民法院关于废止2007年底以前发布的有关司法解释(第七批)的决定》废止。

③ 本条文已被《最高人民法院关于废止2007年底以前发布的有关司法解释(第七批)的决定》废止。

④ 本条文已被《最高人民法院关于废止2007年底以前发布的有关司法解释(第七批)的决定》废止。

⑤ 本条文已被《最高人民法院关于废止2007年底以前发布的有关司法解释(第七批)的决定》废止。

《民通意见》条文	《民法总则》对应条文	《民通意见》条文	《民法总则》对应条文
121	无	147	无
122	无	148	无
123	无	149	无
124	无	150	无
125	无	151	无
126	无	152	无
127	无	153	无
128	无	154	无
129	无	155	无
130	无	156	182
131	122	157	无
132	121	158	无
（三）关于知识产权、人身权问题		159	无
		160	无
133	无	161	无
134	无	162	无
135	无	163	无
136	无	164	无
137	无	六、诉讼时效	
138	无	165	无
139–141	110	166	无
五、民事责任		167	无
142	183	168、169、175、176	188
143	无	170	无
144	无	171	192
145	无	172	194
146	无	173、174	195

《民通意见》条文	《民法总则》对应条文
177(已废止)①	无
七、涉外民事关系的法律适用	
178	无
179	无
180	无
181	无
182	无
183	无
184	无
185	无
186	无
187	无
188	无

《民通意见》条文	《民法总则》对应条文
189	无
190	无
191	无
192	无
193	无
194	无
195	无
八、其他	
196	无
197	无
198	203
199	201
200	无

三、其他25部法律法规反查《民法总则》条文对照表

其他法律法规条文	《民法总则》对应条文
《物权法》	
2	114、115
3、4	113
5	116
8	11
42	117

其他法律法规条文	《民法总则》对应条文
《合同法》	
3	4
4、5、6	5、6、7
7	8
8	119
16	137

---

① 本条文已被《最高人民法院关于废止2007年底以前发布的有关司法解释(第七批)的决定》废止。

其他法律法规条文	《民法总则》对应条文	其他法律法规条文	《民法总则》对应条文
17	141	2	11
45	158、159	《公司法》	
46	160	3	76
47	145	5	86
49	172	6	66
50	170	7	78
52	146、153、154	11	79
54	147、148、150、151	14	74
55	152	20	83
56	155	21	84
95	199	22	85
122	186	33	125
125	142	36	80
《侵权责任法》		44、50	81
2、3	120	51	82
4	187	94	75
5	11	180	69
12	177	184	71
13、14	178	188	72
《婚姻法》		《个人独资企业法》	
11	152	2	102、104
20	112	27	107
21	26	《合伙企业法》	
《继承法》		2	102、104
3	124	26	105
28	16	85	106
《涉外民事关系法律适用法》			

其他法律法规条文	《民法总则》对应条文
86	107
《网络安全法》	
42、44	111
《慈善法》	
8	87
10	92
12	93
18	95
《老年人权益保障法》	
26	33
《环境保护法》	
4	9
《国家赔偿法》	
7	98
《未成年人保护法》	
53	37
《民事诉讼法》	
184	46
《村民委员会组织法》	
2	101
《仲裁法》	
74	198

其他法律法规条文	《民法总则》对应条文
《农民专业合作社法》	
4	100
《城市居民委员会组织法》	
2	101
《公益事业捐赠法》	
10	87
21	94
《社会团体登记管理条例》	
2	91
《合同法解释(二)》	
14	153
《精神损害赔偿司法解释》	
2	112
3	185
《民事案件诉讼时效规定》	
2	197
3	193
5	189

附录一
中华人民共和国民法总则

（2017年3月15日第十二届全国人民代表大会第五次会议通过，中华人民共和国主席令第六十六号公布，自2017年10月1日起施行）

目　录

第一章　基本规定
第二章　自然人
　　第一节　民事权利能力和民事行为能力
　　第二节　监护
　　第三节　宣告失踪和宣告死亡
　　第四节　个体工商户和农村承包经营户
第三章　法人
　　第一节　一般规定
　　第二节　营利法人
　　第三节　非营利法人
　　第四节　特别法人
第四章　非法人组织
第五章　民事权利
第六章　民事法律行为
　　第一节　一般规定
　　第二节　意思表示
　　第三节　民事法律行为的效力
　　第四节　民事法律行为的附条件和附期限
第七章　代理
　　第一节　一般规定
　　第二节　委托代理

第三节　代理终止
第八章　民事责任
第九章　诉讼时效
第十章　期间计算
第十一章　附则

第一章　基本规定

第一条　为了保护民事主体的合法权益,调整民事关系,维护社会和经济秩序,适应中国特色社会主义发展要求,弘扬社会主义核心价值观,根据宪法,制定本法。

第二条　民法调整平等主体的自然人、法人和非法人组织之间的人身关系和财产关系。

第三条　民事主体的人身权利、财产权利以及其他合法权益受法律保护,任何组织或者个人不得侵犯。

第四条　民事主体在民事活动中的法律地位一律平等。

第五条　民事主体从事民事活动,应当遵循自愿原则,按照自己的意思设立、变更、终止民事法律关系。

第六条　民事主体从事民事活动,应当遵循公平原则,合理确定各方的权利和义务。

第七条　民事主体从事民事活动,应当遵循诚信原则,秉持诚实,恪守承诺。

第八条　民事主体从事民事活动,不得违反法律,不得违背公序良俗。

第九条　民事主体从事民事活动,应当有利于节约资源、保护生态环境。

第十条　处理民事纠纷,应当依照法律;法律没有规定的,可以适用习惯,但是不得违背公序良俗。

第十一条　其他法律对民事关系有特别规定的,依照其规定。

第十二条　中华人民共和国领域内的民事活动,适用中华人民共和国法律。法律另有规定的,依照其规定。

第二章　自然人

第一节　民事权利能力和民事行为能力

第十三条　自然人从出生时起到死亡时止,具有民事权利能力,依法享有民事权利,承担民事义务。

第十四条　自然人的民事权利能力一律平等。

第十五条　自然人的出生时间和死亡时间,以出生证明、死亡证明记载的时间为准;没有出生证明、死亡证明的,以户籍登记或者其他有效身份登记记载的时间为准。有其他证据足以推翻以上记载时间的,以该证据证明的时间为准。

第十六条　涉及遗产继承、接受赠与等胎儿利益保护的,胎儿视为具有民事权利能力。但是胎儿娩出时为死体的,其民事权利能力自始不存在。

第十七条　十八周岁以上的自然人为成年人。不满十八周岁的自然人为未成年人。

第十八条　成年人为完全民事行为能力人,可以独立实施民事法律行为。

十六周岁以上的未成年人,以自己的劳动收入为主要生活来源的,视为完全民事行为能力人。

第十九条　八周岁以上的未成年人为限制民事行为能力人,实施民事法律行为由其法定代理人代理或者经其法定代理人同意、追认,但是可以独立实施纯获利益的民事法律行为或者与其年龄、智力相适应的民事法律行为。

第二十条　不满八周岁的未成年人为无民事行为能力人,由其法定代理人代理实施民事法律行为。

第二十一条　不能辨认自己行为的成年人为无民事行为能力人,由其法定代理人代理实施民事法律行为。

八周岁以上的未成年人不能辨认自己行为的,适用前款规定。

第二十二条　不能完全辨认自己行为的成年人为限制民事行为能力人,实施民事法律行为由其法定代理人代理或者经其法定代理人同意、追认,但是可以独立实施纯获利益的民事法律行为或者与其智力、精神健康状况相适应的民事法律行为。

第二十三条　无民事行为能力人、限制民事行为能力人的监护人是其法定代理人。

第二十四条　不能辨认或者不能完全辨认自己行为的成年人,其利害关系人或者有关组织,可以向人民法院申请认定该成年人为无民事行为能力人或者限制民事行为能力人。

被人民法院认定为无民事行为能力人或者限制民事行为能力人的,经本人、利害关系人或者有关组织申请,人民法院可以根据其智力、精神健康恢复的状况,认定该成年人恢复为限制民事行为能力人或者完全民事行为能力人。

本条规定的有关组织包括:居民委员会、村民委员会、学校、医疗机构、妇女联合会、残疾人联合会、依法设立的老年人组织、民政部门等。

第二十五条　自然人以户籍登记或者其他有效身份登记记载的居所为住所;经常居所与住所不一致的,经常居所视为住所。

第二节 监 护

第二十六条 父母对未成年子女负有抚养、教育和保护的义务。

成年子女对父母负有赡养、扶助和保护的义务。

第二十七条 父母是未成年子女的监护人。

未成年人的父母已经死亡或者没有监护能力的,由下列有监护能力的人按顺序担任监护人:

(一)祖父母、外祖父母;

(二)兄、姐;

(三)其他愿意担任监护人的个人或者组织,但是须经未成年人住所地的居民委员会、村民委员会或者民政部门同意。

第二十八条 无民事行为能力或者限制民事行为能力的成年人,由下列有监护能力的人按顺序担任监护人:

(一)配偶;

(二)父母、子女;

(三)其他近亲属;

(四)其他愿意担任监护人的个人或者组织,但是须经被监护人住所地的居民委员会、村民委员会或者民政部门同意。

第二十九条 被监护人的父母担任监护人的,可以通过遗嘱指定监护人。

第三十条 依法具有监护资格的人之间可以协议确定监护人。协议确定监护人应当尊重被监护人的真实意愿。

第三十一条 对监护人的确定有争议的,由被监护人住所地的居民委员会、村民委员会或者民政部门指定监护人,有关当事人对指定不服的,可以向人民法院申请指定监护人;有关当事人也可以直接向人民法院申请指定监护人。

居民委员会、村民委员会、民政部门或者人民法院应当尊重被监护人的真实意愿,按照最有利于被监护人的原则在依法具有监护资格的人中指定监护人。

依照本条第一款规定指定监护人前,被监护人的人身权利、财产权利以及其他合法权益处于无人保护状态的,由被监护人住所地的居民委员会、村民委员会、法律规定的有关组织或者民政部门担任临时监护人。

监护人被指定后,不得擅自变更;擅自变更的,不免除被指定的监护人的责任。

第三十二条 没有依法具有监护资格的人的,监护人由民政部门担任,也可以由具备履行监护职责条件的被监护人住所地的居民委员会、村民委员会担任。

第三十三条 具有完全民事行为能力的成年人,可以与其近亲属、其他愿意担任监护人的个人或者组织事先协商,以书面形式确定自己的监护人。协商确定的监护人在该成年人丧失或者部分丧失民事行为能力时,履行监护职责。

第三十四条　监护人的职责是代理被监护人实施民事法律行为,保护被监护人的人身权利、财产权利以及其他合法权益等。

监护人依法履行监护职责产生的权利,受法律保护。

监护人不履行监护职责或者侵害被监护人合法权益的,应当承担法律责任。

第三十五条　监护人应当按照最有利于被监护人的原则履行监护职责。监护人除为维护被监护人利益外,不得处分被监护人的财产。

未成年人的监护人履行监护职责,在作出与被监护人利益有关的决定时,应当根据被监护人的年龄和智力状况,尊重被监护人的真实意愿。

成年人的监护人履行监护职责,应当最大程度地尊重被监护人的真实意愿,保障并协助被监护人实施与其智力、精神健康状况相适应的民事法律行为。对被监护人有能力独立处理的事务,监护人不得干涉。

第三十六条　监护人有下列情形之一的,人民法院根据有关个人或者组织的申请,撤销其监护人资格,安排必要的临时监护措施,并按照最有利于被监护人的原则依法指定监护人:

(一)实施严重损害被监护人身心健康行为的;

(二)怠于履行监护职责,或者无法履行监护职责并且拒绝将监护职责部分或者全部委托给他人,导致被监护人处于危困状态的;

(三)实施严重侵害被监护人合法权益的其他行为的。

本条规定的有关个人和组织包括:其他依法具有监护资格的人,居民委员会、村民委员会、学校、医疗机构、妇女联合会、残疾人联合会、未成年人保护组织、依法设立的老年人组织、民政部门等。

前款规定的个人和民政部门以外的组织未及时向人民法院申请撤销监护人资格,民政部门应当向人民法院申请。

第三十七条　依法负担被监护人抚养费、赡养费、扶养费的父母、子女、配偶等,被人民法院撤销监护人资格后,应当继续履行负担的义务。

第三十八条　被监护人的父母或者子女被人民法院撤销监护人资格后,除对被监护人实施故意犯罪的外,确有悔改表现的,经其申请,人民法院可以在尊重被监护人真实意愿的前提下,视情况恢复其监护人资格,人民法院指定的监护人与被监护人的监护关系同时终止。

第三十九条　有下列情形之一的,监护关系终止:

(一)被监护人取得或者恢复完全民事行为能力;

(二)监护人丧失监护能力;

(三)被监护人或者监护人死亡;

(四)人民法院认定监护关系终止的其他情形。

监护关系终止后,被监护人仍然需要监护的,应当依法另行确定监护人。

第三节　宣告失踪和宣告死亡

第四十条　自然人下落不明满二年的,利害关系人可以向人民法院申请宣告该自然人为失踪人。

第四十一条　自然人下落不明的时间从其失去音讯之日起计算。战争期间下落不明的,下落不明的时间自战争结束之日或者有关机关确定的下落不明之日起计算。

第四十二条　失踪人的财产由其配偶、成年子女、父母或者其他愿意担任财产代管人的人代管。

代管有争议,没有前款规定的人,或者前款规定的人无代管能力的,由人民法院指定的人代管。

第四十三条　财产代管人应当妥善管理失踪人的财产,维护其财产权益。

失踪人所欠税款、债务和应付的其他费用,由财产代管人从失踪人的财产中支付。

财产代管人因故意或者重大过失造成失踪人财产损失的,应当承担赔偿责任。

第四十四条　财产代管人不履行代管职责、侵害失踪人财产权益或者丧失代管能力的,失踪人的利害关系人可以向人民法院申请变更财产代管人。

财产代管人有正当理由的,可以向人民法院申请变更财产代管人。

人民法院变更财产代管人的,变更后的财产代管人有权要求原财产代管人及时移交有关财产并报告财产代管情况。

第四十五条　失踪人重新出现,经本人或者利害关系人申请,人民法院应当撤销失踪宣告。

失踪人重新出现,有权要求财产代管人及时移交有关财产并报告财产代管情况。

第四十六条　自然人有下列情形之一的,利害关系人可以向人民法院申请宣告该自然人死亡:

(一)下落不明满四年;

(二)因意外事件,下落不明满二年。

因意外事件下落不明,经有关机关证明该自然人不可能生存的,申请宣告死亡不受二年时间的限制。

第四十七条 对同一自然人,有的利害关系人申请宣告死亡,有的利害关系人申请宣告失踪,符合本法规定的宣告死亡条件的,人民法院应当宣告死亡。

第四十八条 被宣告死亡的人,人民法院宣告死亡的判决作出之日视为其死亡的日期;因意外事件下落不明宣告死亡的,意外事件发生之日视为其死亡的日期。

第四十九条 自然人被宣告死亡但是并未死亡的,不影响该自然人在被宣告死亡期间实施的民事法律行为的效力。

第五十条 被宣告死亡的人重新出现,经本人或者利害关系人申请,人民法院应当撤销死亡宣告。

第五十一条 被宣告死亡的人的婚姻关系,自死亡宣告之日起消灭。死亡宣告被撤销的,婚姻关系自撤销死亡宣告之日起自行恢复,但是其配偶再婚或者向婚姻登记机关书面声明不愿意恢复的除外。

第五十二条 被宣告死亡的人在被宣告死亡期间,其子女被他人依法收养的,在死亡宣告被撤销后,不得以未经本人同意为由主张收养关系无效。

第五十三条 被撤销死亡宣告的人有权请求依照继承法取得其财产的民事主体返还财产。无法返还的,应当给予适当补偿。

利害关系人隐瞒真实情况,致使他人被宣告死亡取得其财产的,除应当返还财产外,还应当对由此造成的损失承担赔偿责任。

第四节 个体工商户和农村承包经营户

第五十四条 自然人从事工商业经营,经依法登记,为个体工商户。个体工商户可以起字号。

第五十五条 农村集体经济组织的成员,依法取得农村土地承包经营权,从事家庭承包经营的,为农村承包经营户。

第五十六条 个体工商户的债务,个人经营的,以个人财产承担;家庭经营的,以家庭财产承担;无法区分的,以家庭财产承担。

农村承包经营户的债务,以从事农村土地承包经营的农户财产承担;事实上由农户部分成员经营的,以该部分成员的财产承担。

第三章 法 人

第一节 一般规定

第五十七条 法人是具有民事权利能力和民事行为能力,依法独立享有民事权利和承担民事义务的组织。

第五十八条 法人应当依法成立。

法人应当有自己的名称、组织机构、住所、财产或者经费。法人成立的具体条件和程序,依照法律、行政法规的规定。

设立法人,法律、行政法规规定须经有关机关批准的,依照其规定。

第五十九条 法人的民事权利能力和民事行为能力,从法人成立时产生,到法人终止时消灭。

第六十条 法人以其全部财产独立承担民事责任。

第六十一条 依照法律或者法人章程的规定,代表法人从事民事活动的负责人,为法人的法定代表人。

法定代表人以法人名义从事的民事活动,其法律后果由法人承受。

法人章程或者法人权力机构对法定代表人代表权的限制,不得对抗善意相对人。

第六十二条 法定代表人因执行职务造成他人损害的,由法人承担民事责任。

法人承担民事责任后,依照法律或者法人章程的规定,可以向有过错的法定代表人追偿。

第六十三条 法人以其主要办事机构所在地为住所。依法需要办理法人登记的,应当将主要办事机构所在地登记为住所。

第六十四条 法人存续期间登记事项发生变化的,应当依法向登记机关申请变更登记。

第六十五条 法人的实际情况与登记的事项不一致的,不得对抗善意相对人。

第六十六条 登记机关应当依法及时公示法人登记的有关信息。

第六十七条 法人合并的,其权利和义务由合并后的法人享有和承担。

法人分立的,其权利和义务由分立后的法人享有连带债权,承担连带债务,但是债权人和债务人另有约定的除外。

第六十八条 有下列原因之一并依法完成清算、注销登记的,法人终止:

(一)法人解散;

(二)法人被宣告破产;

(三)法律规定的其他原因。

法人终止,法律、行政法规规定须经有关机关批准的,依照其规定。

第六十九条 有下列情形之一的,法人解散:

(一)法人章程规定的存续期间届满或者法人章程规定的其他解散事由出现;

(二)法人的权力机构决议解散;

（三）因法人合并或者分立需要解散；

（四）法人依法被吊销营业执照、登记证书，被责令关闭或者被撤销；

（五）法律规定的其他情形。

第七十条 法人解散的，除合并或者分立的情形外，清算义务人应当及时组成清算组进行清算。

法人的董事、理事等执行机构或者决策机构的成员为清算义务人。法律、行政法规另有规定的，依照其规定。

清算义务人未及时履行清算义务，造成损害的，应当承担民事责任；主管机关或者利害关系人可以申请人民法院指定有关人员组成清算组进行清算。

第七十一条 法人的清算程序和清算组职权，依照有关法律的规定；没有规定的，参照适用公司法的有关规定。

第七十二条 清算期间法人存续，但是不得从事与清算无关的活动。

法人清算后的剩余财产，根据法人章程的规定或者法人权力机构的决议处理。法律另有规定的，依照其规定。

清算结束并完成法人注销登记时，法人终止；依法不需要办理法人登记的，清算结束时，法人终止。

第七十三条 法人被宣告破产的，依法进行破产清算并完成法人注销登记时，法人终止。

第七十四条 法人可以依法设立分支机构。法律、行政法规规定分支机构应当登记的，依照其规定。

分支机构以自己的名义从事民事活动，产生的民事责任由法人承担；也可以先以该分支机构管理的财产承担，不足以承担的，由法人承担。

第七十五条 设立人为设立法人从事的民事活动，其法律后果由法人承受；法人未成立的，其法律后果由设立人承受，设立人为二人以上的，享有连带债权，承担连带债务。

设立人为设立法人以自己的名义从事民事活动产生的民事责任，第三人有权选择请求法人或者设立人承担。

第二节 营利法人

第七十六条 以取得利润并分配给股东等出资人为目的成立的法人，为营利法人。

营利法人包括有限责任公司、股份有限公司和其他企业法人等。

第七十七条 营利法人经依法登记成立。

第七十八条 依法设立的营利法人，由登记机关发给营利法人营业执照。

营业执照签发日期为营利法人的成立日期。

第七十九条 设立营利法人应当依法制定法人章程。

第八十条 营利法人应当设权力机构。

权力机构行使修改法人章程，选举或者更换执行机构、监督机构成员，以及法人章程规定的其他职权。

第八十一条 营利法人应当设执行机构。

执行机构行使召集权力机构会议，决定法人的经营计划和投资方案，决定法人内部管理机构的设置，以及法人章程规定的其他职权。

执行机构为董事会或者执行董事的，董事长、执行董事或者经理按照法人章程的规定担任法定代表人；未设董事会或者执行董事的，法人章程规定的主要负责人为其执行机构和法定代表人。

第八十二条 营利法人设监事会或者监事等监督机构的，监督机构依法行使检查法人财务，监督执行机构成员、高级管理人员执行法人职务的行为，以及法人章程规定的其他职权。

第八十三条 营利法人的出资人不得滥用出资人权利损害法人或者其他出资人的利益。滥用出资人权利给法人或者其他出资人造成损失的，应当依法承担民事责任。

营利法人的出资人不得滥用法人独立地位和出资人有限责任损害法人的债权人利益。滥用法人独立地位和出资人有限责任，逃避债务，严重损害法人的债权人利益的，应当对法人债务承担连带责任。

第八十四条 营利法人的控股出资人、实际控制人、董事、监事、高级管理人员不得利用其关联关系损害法人的利益。利用关联关系给法人造成损失的，应当承担赔偿责任。

第八十五条 营利法人的权力机构、执行机构作出决议的会议召集程序、表决方式违反法律、行政法规、法人章程，或者决议内容违反法人章程的，营利法人的出资人可以请求人民法院撤销该决议，但是营利法人依据该决议与善意相对人形成的民事法律关系不受影响。

第八十六条 营利法人从事经营活动，应当遵守商业道德，维护交易安全，接受政府和社会的监督，承担社会责任。

第三节 非营利法人

第八十七条 为公益目的或者其他非营利目的成立，不向出资人、设立人或者会员分配所取得利润的法人，为非营利法人。

非营利法人包括事业单位、社会团体、基金会、社会服务机构等。

第八十八条 具备法人条件,为适应经济社会发展需要,提供公益服务设立的事业单位,经依法登记成立,取得事业单位法人资格;依法不需要办理法人登记的,从成立之日起,具有事业单位法人资格。

第八十九条 事业单位法人设理事会的,除法律另有规定外,理事会为其决策机构。事业单位法人的法定代表人依照法律、行政法规或者法人章程的规定产生。

第九十条 具备法人条件,基于会员共同意愿,为公益目的或者会员共同利益等非营利目的设立的社会团体,经依法登记成立,取得社会团体法人资格;依法不需要办理法人登记的,从成立之日起,具有社会团体法人资格。

第九十一条 设立社会团体法人应当依法制定法人章程。

社会团体法人应当设会员大会或者会员代表大会等权力机构。

社会团体法人应当设理事会等执行机构。理事长或者会长等负责人按照法人章程的规定担任法定代表人。

第九十二条 具备法人条件,为公益目的以捐助财产设立的基金会、社会服务机构等,经依法登记成立,取得捐助法人资格。

依法设立的宗教活动场所,具备法人条件的,可以申请法人登记,取得捐助法人资格。法律、行政法规对宗教活动场所有规定的,依照其规定。

第九十三条 设立捐助法人应当依法制定法人章程。

捐助法人应当设理事会、民主管理组织等决策机构,并设执行机构。理事长等负责人按照法人章程的规定担任法定代表人。

捐助法人应当设监事会等监督机构。

第九十四条 捐助人有权向捐助法人查询捐助财产的使用、管理情况,并提出意见和建议,捐助法人应当及时、如实答复。

捐助法人的决策机构、执行机构或者法定代表人作出决定的程序违反法律、行政法规、法人章程,或者决定内容违反法人章程的,捐助人等利害关系人或者主管机关可以请求人民法院撤销该决定,但是捐助法人依据该决定与善意相对人形成的民事法律关系不受影响。

第九十五条 为公益目的成立的非营利法人终止时,不得向出资人、设立人或者会员分配剩余财产。剩余财产应当按照法人章程的规定或者权力机构的决议用于公益目的;无法按照法人章程的规定或者权力机构的决议处理的,由主管机关主持转给宗旨相同或者相近的法人,并向社会公告。

第四节 特别法人

第九十六条 本节规定的机关法人、农村集体经济组织法人、城镇农村的合作经济组织法人、基层群众性自治组织法人,为特别法人。

第九十七条　有独立经费的机关和承担行政职能的法定机构从成立之日起,具有机关法人资格,可以从事为履行职能所需要的民事活动。

第九十八条　机关法人被撤销的,法人终止,其民事权利和义务由继任的机关法人享有和承担;没有继任的机关法人的,由作出撤销决定的机关法人享有和承担。

第九十九条　农村集体经济组织依法取得法人资格。

法律、行政法规对农村集体经济组织有规定的,依照其规定。

第一百条　城镇农村的合作经济组织依法取得法人资格。

法律、行政法规对城镇农村的合作经济组织有规定的,依照其规定。

第一百零一条　居民委员会、村民委员会具有基层群众性自治组织法人资格,可以从事为履行职能所需要的民事活动。

未设立村集体经济组织的,村民委员会可以依法代行村集体经济组织的职能。

第四章　非法人组织

第一百零二条　非法人组织是不具有法人资格,但是能够依法以自己的名义从事民事活动的组织。

非法人组织包括个人独资企业、合伙企业、不具有法人资格的专业服务机构等。

第一百零三条　非法人组织应当依照法律的规定登记。

设立非法人组织,法律、行政法规规定须经有关机关批准的,依照其规定。

第一百零四条　非法人组织的财产不足以清偿债务的,其出资人或者设立人承担无限责任。法律另有规定的,依照其规定。

第一百零五条　非法人组织可以确定一人或者数人代表该组织从事民事活动。

第一百零六条　有下列情形之一的,非法人组织解散:

(一)章程规定的存续期间届满或者章程规定的其他解散事由出现;

(二)出资人或者设立人决定解散;

(三)法律规定的其他情形。

第一百零七条　非法人组织解散的,应当依法进行清算。

第一百零八条　非法人组织除适用本章规定外,参照适用本法第三章第一节的有关规定。

第五章　民事权利

第一百零九条　自然人的人身自由、人格尊严受法律保护。

第一百一十条　自然人享有生命权、身体权、健康权、姓名权、肖像权、名誉权、荣誉权、隐私权、婚姻自主权等权利。

法人、非法人组织享有名称权、名誉权、荣誉权等权利。

第一百一十一条　自然人的个人信息受法律保护。任何组织和个人需要获取他人个人信息的，应当依法取得并确保信息安全，不得非法收集、使用、加工、传输他人个人信息，不得非法买卖、提供或者公开他人个人信息。

第一百一十二条　自然人因婚姻、家庭关系等产生的人身权利受法律保护。

第一百一十三条　民事主体的财产权利受法律平等保护。

第一百一十四条　民事主体依法享有物权。

物权是权利人依法对特定的物享有直接支配和排他的权利，包括所有权、用益物权和担保物权。

第一百一十五条　物包括不动产和动产。法律规定权利作为物权客体的，依照其规定。

第一百一十六条　物权的种类和内容，由法律规定。

第一百一十七条　为了公共利益的需要，依照法律规定的权限和程序征收、征用不动产或者动产的，应当给予公平、合理的补偿。

第一百一十八条　民事主体依法享有债权。

债权是因合同、侵权行为、无因管理、不当得利以及法律的其他规定，权利人请求特定义务人为或者不为一定行为的权利。

第一百一十九条　依法成立的合同，对当事人具有法律约束力。

第一百二十条　民事权益受到侵害的，被侵权人有权请求侵权人承担侵权责任。

第一百二十一条　没有法定的或者约定的义务，为避免他人利益受损失而进行管理的人，有权请求受益人偿还由此支出的必要费用。

第一百二十二条　因他人没有法律根据，取得不当利益，受损失的人有权请求其返还不当利益。

第一百二十三条　民事主体依法享有知识产权。

知识产权是权利人依法就下列客体享有的专有的权利：

（一）作品；

（二）发明、实用新型、外观设计；

（三）商标；

（四）地理标志；

（五）商业秘密；

（六）集成电路布图设计；

（七）植物新品种；

（八）法律规定的其他客体。

第一百二十四条 自然人依法享有继承权。

自然人合法的私有财产，可以依法继承。

第一百二十五条 民事主体依法享有股权和其他投资性权利。

第一百二十六条 民事主体享有法律规定的其他民事权利和利益。

第一百二十七条 法律对数据、网络虚拟财产的保护有规定的，依照其规定。

第一百二十八条 法律对未成年人、老年人、残疾人、妇女、消费者等的民事权利保护有特别规定的，依照其规定。

第一百二十九条 民事权利可以依据民事法律行为、事实行为、法律规定的事件或者法律规定的其他方式取得。

第一百三十条 民事主体按照自己的意愿依法行使民事权利，不受干涉。

第一百三十一条 民事主体行使权利时，应当履行法律规定的和当事人约定的义务。

第一百三十二条 民事主体不得滥用民事权利损害国家利益、社会公共利益或者他人合法权益。

第六章　民事法律行为

第一节　一般规定

第一百三十三条 民事法律行为是民事主体通过意思表示设立、变更、终止民事法律关系的行为。

第一百三十四条 民事法律行为可以基于双方或者多方的意思表示一致成立，也可以基于单方的意思表示成立。

法人、非法人组织依照法律或者章程规定的议事方式和表决程序作出决议的，该决议行为成立。

第一百三十五条 民事法律行为可以采用书面形式、口头形式或者其他形式；法律、行政法规规定或者当事人约定采用特定形式的，应当采用特定形式。

第一百三十六条 民事法律行为自成立时生效，但是法律另有规定或者当事人另有约定的除外。

行为人非依法律规定或者未经对方同意,不得擅自变更或者解除民事法律行为。

第二节 意思表示

第一百三十七条 以对话方式作出的意思表示,相对人知道其内容时生效。

以非对话方式作出的意思表示,到达相对人时生效。以非对话方式作出的采用数据电文形式的意思表示,相对人指定特定系统接收数据电文的,该数据电文进入该特定系统时生效;未指定特定系统的,相对人知道或者应当知道该数据电文进入其系统时生效。当事人对采用数据电文形式的意思表示的生效时间另有约定的,按照其约定。

第一百三十八条 无相对人的意思表示,表示完成时生效。法律另有规定的,依照其规定。

第一百三十九条 以公告方式作出的意思表示,公告发布时生效。

第一百四十条 行为人可以明示或者默示作出意思表示。

沉默只有在有法律规定、当事人约定或者符合当事人之间的交易习惯时,才可以视为意思表示。

第一百四十一条 行为人可以撤回意思表示。撤回意思表示的通知应当在意思表示到达相对人前或者与意思表示同时到达相对人。

第一百四十二条 有相对人的意思表示的解释,应当按照所使用的词句,结合相关条款、行为的性质和目的、习惯以及诚信原则,确定意思表示的含义。

无相对人的意思表示的解释,不能完全拘泥于所使用的词句,而应当结合相关条款、行为的性质和目的、习惯以及诚信原则,确定行为人的真实意思。

第三节 民事法律行为的效力

第一百四十三条 具备下列条件的民事法律行为有效:

(一)行为人具有相应的民事行为能力;

(二)意思表示真实;

(三)不违反法律、行政法规的强制性规定,不违背公序良俗。

第一百四十四条 无民事行为能力人实施的民事法律行为无效。

第一百四十五条 限制民事行为能力人实施的纯获利益的民事法律行为或者与其年龄、智力、精神健康状况相适应的民事法律行为有效;实施的其他民事法律行为经法定代理人同意或者追认后有效。

相对人可以催告法定代理人自收到通知之日起一个月内予以追认。法定代理人未作表示的,视为拒绝追认。民事法律行为被追认前,善意相对人有撤销的权利。撤销应当以通知的方式作出。

第一百四十六条 行为人与相对人以虚假的意思表示实施的民事法律行为无效。

以虚假的意思表示隐藏的民事法律行为的效力，依照有关法律规定处理。

第一百四十七条 基于重大误解实施的民事法律行为，行为人有权请求人民法院或者仲裁机构予以撤销。

第一百四十八条 一方以欺诈手段，使对方在违背真实意思的情况下实施的民事法律行为，受欺诈方有权请求人民法院或者仲裁机构予以撤销。

第一百四十九条 第三人实施欺诈行为，使一方在违背真实意思的情况下实施的民事法律行为，对方知道或者应当知道该欺诈行为的，受欺诈方有权请求人民法院或者仲裁机构予以撤销。

第一百五十条 一方或者第三人以胁迫手段，使对方在违背真实意思的情况下实施的民事法律行为，受胁迫方有权请求人民法院或者仲裁机构予以撤销。

第一百五十一条 一方利用对方处于危困状态、缺乏判断能力等情形，致使民事法律行为成立时显失公平的，受损害方有权请求人民法院或者仲裁机构予以撤销。

第一百五十二条 有下列情形之一的，撤销权消灭：

（一）当事人自知道或者应当知道撤销事由之日起一年内、重大误解的当事人自知道或者应当知道撤销事由之日起三个月内没有行使撤销权；

（二）当事人受胁迫，自胁迫行为终止之日起一年内没有行使撤销权；

（三）当事人知道撤销事由后明确表示或者以自己的行为表明放弃撤销权。

当事人自民事法律行为发生之日起五年内没有行使撤销权的，撤销权消灭。

第一百五十三条 违反法律、行政法规的强制性规定的民事法律行为无效，但是该强制性规定不导致该民事法律行为无效的除外。

违背公序良俗的民事法律行为无效。

第一百五十四条 行为人与相对人恶意串通，损害他人合法权益的民事法律行为无效。

第一百五十五条 无效的或者被撤销的民事法律行为自始没有法律约束力。

第一百五十六条 民事法律行为部分无效，不影响其他部分效力的，其他部分仍然有效。

第一百五十七条 民事法律行为无效、被撤销或者确定不发生效力后，行为人因该行为取得的财产，应当予以返还；不能返还或者没有必要返还的，应当折价补偿。有过错的一方应当赔偿对方由此所受到的损失；各方都有过错的，应当各自承担相应的责任。法律另有规定的，依照其规定。

第四节 民事法律行为的附条件和附期限

第一百五十八条 民事法律行为可以附条件,但是按照其性质不得附条件的除外。附生效条件的民事法律行为,自条件成就时生效。附解除条件的民事法律行为,自条件成就时失效。

第一百五十九条 附条件的民事法律行为,当事人为自己的利益不正当地阻止条件成就的,视为条件已成就;不正当地促成条件成就的,视为条件不成就。

第一百六十条 民事法律行为可以附期限,但是按照其性质不得附期限的除外。附生效期限的民事法律行为,自期限届至时生效。附终止期限的民事法律行为,自期限届满时失效。

第七章 代 理

第一节 一般规定

第一百六十一条 民事主体可以通过代理人实施民事法律行为。

依照法律规定、当事人约定或者民事法律行为的性质,应当由本人亲自实施的民事法律行为,不得代理。

第一百六十二条 代理人在代理权限内,以被代理人名义实施的民事法律行为,对被代理人发生效力。

第一百六十三条 代理包括委托代理和法定代理。

委托代理人按照被代理人的委托行使代理权。法定代理人依照法律的规定行使代理权。

第一百六十四条 代理人不履行或者不完全履行职责,造成被代理人损害的,应当承担民事责任。

代理人和相对人恶意串通,损害被代理人合法权益的,代理人和相对人应当承担连带责任。

第二节 委托代理

第一百六十五条 委托代理授权采用书面形式的,授权委托书应当载明代理人的姓名或者名称、代理事项、权限和期间,并由被代理人签名或者盖章。

第一百六十六条 数人为同一代理事项的代理人的,应当共同行使代理权,但是当事人另有约定的除外。

第一百六十七条 代理人知道或者应当知道代理事项违法仍然实施代理行为,或者被代理人知道或者应当知道代理人的代理行为违法未作反对表示的,被代理人和代理人应当承担连带责任。

第一百六十八条 代理人不得以被代理人的名义与自己实施民事法律行

为,但是被代理人同意或者追认的除外。

代理人不得以被代理人的名义与自己同时代理的其他人实施民事法律行为,但是被代理的双方同意或者追认的除外。

第一百六十九条 代理人需要转委托第三人代理的,应当取得被代理人的同意或者追认。

转委托代理经被代理人同意或者追认的,被代理人可以就代理事务直接指示转委托的第三人,代理人仅就第三人的选任以及对第三人的指示承担责任。

转委托代理未经被代理人同意或者追认的,代理人应当对转委托的第三人的行为承担责任,但是在紧急情况下代理人为了维护被代理人的利益需要转委托第三人代理的除外。

第一百七十条 执行法人或者非法人组织工作任务的人员,就其职权范围内的事项,以法人或者非法人组织的名义实施民事法律行为,对法人或者非法人组织发生效力。

法人或者非法人组织对执行其工作任务的人员职权范围的限制,不得对抗善意相对人。

第一百七十一条 行为人没有代理权、超越代理权或者代理权终止后,仍然实施代理行为,未经被代理人追认的,对被代理人不发生效力。

相对人可以催告被代理人自收到通知之日起一个月内予以追认。被代理人未作表示的,视为拒绝追认。行为人实施的行为被追认前,善意相对人有撤销的权利。撤销应当以通知的方式作出。

行为人实施的行为未被追认的,善意相对人有权请求行为人履行债务或者就其受到的损害请求行为人赔偿,但是赔偿的范围不得超过被代理人追认时相对人所能获得的利益。

相对人知道或者应当知道行为人无权代理的,相对人和行为人按照各自的过错承担责任。

第一百七十二条 行为人没有代理权、超越代理权或者代理权终止后,仍然实施代理行为,相对人有理由相信行为人有代理权的,代理行为有效。

第三节 代理终止

第一百七十三条 有下列情形之一的,委托代理终止:

(一)代理期间届满或者代理事务完成;

(二)被代理人取消委托或者代理人辞去委托;

(三)代理人丧失民事行为能力;

(四)代理人或者被代理人死亡;

（五）作为代理人或者被代理人的法人、非法人组织终止。

第一百七十四条 被代理人死亡后,有下列情形之一的,委托代理人实施的代理行为有效：

（一）代理人不知道并且不应当知道被代理人死亡；

（二）被代理人的继承人予以承认；

（三）授权中明确代理权在代理事务完成时终止；

（四）被代理人死亡前已经实施,为了被代理人的继承人的利益继续代理。

作为被代理人的法人、非法人组织终止的,参照适用前款规定。

第一百七十五条 有下列情形之一的,法定代理终止：

（一）被代理人取得或者恢复完全民事行为能力；

（二）代理人丧失民事行为能力；

（三）代理人或者被代理人死亡；

（四）法律规定的其他情形。

第八章　民事责任

第一百七十六条 民事主体依照法律规定和当事人约定,履行民事义务,承担民事责任。

第一百七十七条 二人以上依法承担按份责任,能够确定责任大小的,各自承担相应的责任；难以确定责任大小的,平均承担责任。

第一百七十八条 二人以上依法承担连带责任的,权利人有权请求部分或者全部连带责任人承担责任。

连带责任人的责任份额根据各自责任大小确定；难以确定责任大小的,平均承担责任。实际承担责任超过自己责任份额的连带责任人,有权向其他连带责任人追偿。

连带责任,由法律规定或者当事人约定。

第一百七十九条 承担民事责任的方式主要有：

（一）停止侵害；

（二）排除妨碍；

（三）消除危险；

（四）返还财产；

（五）恢复原状；

（六）修理、重作、更换；

（七）继续履行；

（八）赔偿损失；

（九）支付违约金；

（十）消除影响、恢复名誉；

（十一）赔礼道歉。

法律规定惩罚性赔偿的，依照其规定。

本条规定的承担民事责任的方式，可以单独适用，也可以合并适用。

第一百八十条 因不可抗力不能履行民事义务的，不承担民事责任。法律另有规定的，依照其规定。

不可抗力是指不能预见、不能避免且不能克服的客观情况。

第一百八十一条 因正当防卫造成损害的，不承担民事责任。

正当防卫超过必要的限度，造成不应有的损害的，正当防卫人应当承担适当的民事责任。

第一百八十二条 因紧急避险造成损害的，由引起险情发生的人承担民事责任。

危险由自然原因引起的，紧急避险人不承担民事责任，可以给予适当补偿。

紧急避险采取措施不当或者超过必要的限度，造成不应有的损害的，紧急避险人应当承担适当的民事责任。

第一百八十三条 因保护他人民事权益使自己受到损害的，由侵权人承担民事责任，受益人可以给予适当补偿。没有侵权人、侵权人逃逸或者无力承担民事责任，受害人请求补偿的，受益人应当给予适当补偿。

第一百八十四条 因自愿实施紧急救助行为造成受助人损害的，救助人不承担民事责任。

第一百八十五条 侵害英雄烈士等的姓名、肖像、名誉、荣誉，损害社会公共利益的，应当承担民事责任。

第一百八十六条 因当事人一方的违约行为，损害对方人身权益、财产权益的，受损害方有权选择请求其承担违约责任或者侵权责任。

第一百八十七条 民事主体因同一行为应当承担民事责任、行政责任和刑事责任的，承担行政责任或者刑事责任不影响承担民事责任；民事主体的财产不足以支付的，优先用于承担民事责任。

第九章 诉讼时效

第一百八十八条 向人民法院请求保护民事权利的诉讼时效期间为三年。法律另有规定的，依照其规定。

诉讼时效期间自权利人知道或者应当知道权利受到损害以及义务人之日起计算。法律另有规定的，依照其规定。但是自权利受到损害之日起超过二十年的,人民法院不予保护;有特殊情况的,人民法院可以根据权利人的申请决定延长。

第一百八十九条 当事人约定同一债务分期履行的,诉讼时效期间自最后一期履行期限届满之日起计算。

第一百九十条 无民事行为能力人或者限制民事行为能力人对其法定代理人的请求权的诉讼时效期间,自该法定代理终止之日起计算。

第一百九十一条 未成年人遭受性侵害的损害赔偿请求权的诉讼时效期间,自受害人年满十八周岁之日起计算。

第一百九十二条 诉讼时效期间届满的,义务人可以提出不履行义务的抗辩。

诉讼时效期间届满后,义务人同意履行的,不得以诉讼时效期间届满为由抗辩;义务人已自愿履行的,不得请求返还。

第一百九十三条 人民法院不得主动适用诉讼时效的规定。

第一百九十四条 在诉讼时效期间的最后六个月内,因下列障碍,不能行使请求权的,诉讼时效中止:

(一)不可抗力;

(二)无民事行为能力人或者限制民事行为能力人没有法定代理人,或者法定代理人死亡、丧失民事行为能力、丧失代理权;

(三)继承开始后未确定继承人或者遗产管理人;

(四)权利人被义务人或者其他人控制;

(五)其他导致权利人不能行使请求权的障碍。

自中止时效的原因消除之日起满六个月,诉讼时效期间届满。

第一百九十五条 有下列情形之一的,诉讼时效中断,从中断、有关程序终结时起,诉讼时效期间重新计算:

(一)权利人向义务人提出履行请求;

(二)义务人同意履行义务;

(三)权利人提起诉讼或者申请仲裁;

(四)与提起诉讼或者申请仲裁具有同等效力的其他情形。

第一百九十六条 下列请求权不适用诉讼时效的规定:

(一)请求停止侵害、排除妨碍、消除危险;

(二)不动产物权和登记的动产物权的权利人请求返还财产;

(三)请求支付抚养费、赡养费或者扶养费;

(四)依法不适用诉讼时效的其他请求权。

第一百九十七条 诉讼时效的期间、计算方法以及中止、中断的事由由法律规定,当事人约定无效。

当事人对诉讼时效利益的预先放弃无效。

第一百九十八条 法律对仲裁时效有规定的,依照其规定;没有规定的,适用诉讼时效的规定。

第一百九十九条 法律规定或者当事人约定的撤销权、解除权等权利的存续期间,除法律另有规定外,自权利人知道或者应当知道权利产生之日起计算,不适用有关诉讼时效中止、中断和延长的规定。存续期间届满,撤销权、解除权等权利消灭。

第十章 期间计算

第二百条 民法所称的期间按照公历年、月、日、小时计算。

第二百零一条 按照年、月、日计算期间的,开始的当日不计入,自下一日开始计算。

按照小时计算期间的,自法律规定或者当事人约定的时间开始计算。

第二百零二条 按照年、月计算期间的,到期月的对应日为期间的最后一日;没有对应日的,月末日为期间的最后一日。

第二百零三条 期间的最后一日是法定休假日的,以法定休假日结束的次日为期间的最后一日。

期间的最后一日的截止时间为二十四时;有业务时间的,停止业务活动的时间为截止时间。

第二百零四条 期间的计算方法依照本法的规定,但是法律另有规定或者当事人另有约定的除外。

第十一章 附 则

第二百零五条 民法所称的"以上""以下""以内""届满",包括本数;所称的"不满""超过""以外",不包括本数。

第二百零六条 本法自2017年10月1日起施行。

附录二
《民法总则》与《民法通则》等编纂对象和关联法规简全称对照表

（扫码可检索法律规范性文件）

一、法律

简 称	全 称
保险法	中华人民共和国保险法（2015.04.24 修正）
产品质量法	中华人民共和国产品质量法（2009.08.27 修正）
城市房地产管理法	中华人民共和国城市房地产管理法（2009.08.27 修正）
城市居民委员会组织法	中华人民共和国城市居民委员会组织法（1990.01.01 施行）
慈善法	中华人民共和国慈善法（2016.09.01 施行）
村民委员会组织法	中华人民共和国村民委员会组织法（2010.10.28 修正）
担保法	中华人民共和国担保法（1995.10.01 施行）
电子签名法	中华人民共和国电子签名法（2015.04.24 修正）
对外贸易法	中华人民共和国对外贸易法（2016.11.07 修正）
反不正当竞争法	中华人民共和国反不正当竞争法（1993.12.01 施行）
妇女权益保障法	中华人民共和国妇女权益保障法（2005.08.28 修正）
个人独资企业法	中华人民共和国个人独资企业法（2000.01.01 施行）
工会法	中华人民共和国工会法（2009.08.27 修正）
公司法	中华人民共和国公司法（2013.12.28 修正）
公业事业捐赠法	中华人民共和国公益事业捐赠法（1999.09.01 施行）

简　称	全　称
国家赔偿法	中华人民共和国国家赔偿法（2012.10.26 修正）
海商法	中华人民共和国海商法（1993.07.01 施行）
海事诉讼特别程序法	中华人民共和国海事诉讼特别程序法（2000.07.01 施行）
海洋环境保护法	中华人民共和国海洋环境保护法（2016.11.07 修正）
合伙企业法	中华人民共和国合伙企业法（2007.06.01 修订）
合同法	中华人民共和国合同法（1999.10.01 施行）
户口登记条例	中华人民共和国户口登记条例（1958.01.09 施行）
环境保护法	中华人民共和国环境保护法（2015.01.01 施行）
婚姻法	中华人民共和国婚姻法（2001.04.28 修正）
继承法	中华人民共和国继承法（1985.10.01 施行）
加强网络信息保护决定	全国人大常委会关于加强网络信息保护的决定（2012.12.28 施行）
建筑法	中华人民共和国建筑法（2011.04.22 修正）
精神卫生法	中华人民共和国精神卫生法（2013.05.01 施行）
居民身份证法	中华人民共和国居民身份证法（2011.10.29 修正）
劳动法	中华人民共和国劳动法（2009.08.27 修正）
劳动合同法	中华人民共和国劳动合同法（2012.12.28 修正）
劳动争议调解仲裁法	中华人民共和国劳动争议调解仲裁法（2008.05.01 施行）
老年人权益保障法	中华人民共和国老年人权益保障法（2015.04.24 修正）
立法法	中华人民共和国立法法（2015.03.15 修正）
旅游法	中华人民共和国旅游法（2016.11.07 修正）
律师法	中华人民共和国律师法（2012.10.26 修正）
民办教育促进法	中华人民共和国民办教育促进法（2016.11.07 修正）
民法通则	中华人民共和国民法通则（2009.08.27 修正）
民法总则	中华人民共和国民法总则（2017.10.01 施行）
民事诉讼法	中华人民共和国民事诉讼法（2012.08.31 修正）
民用航空法	中华人民共和国民用航空法（2016.11.07 修正）
农村土地承包法	中华人民共和国农村土地承包法（2009.08.27 修正）

简　　称	全　　称
农村土地承包经营纠纷调解仲裁法	中华人民共和国农村土地承包经营纠纷调解仲裁法（2010.01.01 施行）
农民专业合作社法	中华人民共和国农民专业合作社法（2007.07.01 施行）
农业法	中华人民共和国农业法（2012.12.28 修正）
拍卖法	中华人民共和国拍卖法（2015.04.24 修正）
票据法	中华人民共和国票据法（2004.08.28 修正）
企业国有资产法	中华人民共和国企业国有资产法（2009.05.01 施行）
企业破产法	中华人民共和国企业破产法（2007.06.01 施行）
侵权责任法	中华人民共和国侵权责任法（2010.07.01 施行）
全国人大常委会关于批准《1958 年消除就业和职业歧视公约》的决定	《全国人大常委会关于批准〈1958 年消除就业和职业歧视公约〉的决定》（2005.08.28 施行）
全国人民代表大会常务委员会关于《民法通则》第九十九条第一款、《婚姻法》第二十二条的解释	全国人民代表大会常务委员会关于《中华人民共和国民法通则》第九十九条第一款、《中华人民共和国婚姻法》第二十二条的解释（2014.11.01 施行）
商标法	中华人民共和国商标法（2013.08.30 修正）
商业银行法	中华人民共和国商业银行法（2015.08.29 修正）
涉外民事关系法律适用法	中华人民共和国涉外民事关系法律适用法（2011.04.01 施行）
食品安全法	中华人民共和国食品安全法（2015.10.01 施行）
收养法	中华人民共和国收养法（1999.04.01 修正）
税收征收管理法	中华人民共和国税收征收管理法（2015.04.24 修正）
特种设备安全法	中华人民共和国特种设备安全法（2014.01.01 施行）
铁路法	中华人民共和国铁路法（2015.04.24 修正）
统计法	中华人民共和国统计法（2009.06.27 修正）
土地管理法	中华人民共和国土地管理法（2004.08.28 修正）
外资企业法	中华人民共和国外资企业法（2016.09.03 修正）
网络安全法	中华人民共和国网络安全法（2017.06.01 施行）

简　　称	全　　称
未成年人保护法	中华人民共和国未成年人保护法（2012.10.26）
物权法	中华人民共和国物权法（2007.10.01 施行）
宪法	中华人民共和国宪法（2004.03.14 修正）
消费者权益保护法	中华人民共和国消费者权益保护法（2013.10.25 修正）
刑法	中华人民共和国刑法（2015.08.29 修正）
行政复议法	中华人民共和国行政复议法（2009.08.27 修正）
行政诉讼法	中华人民共和国行政诉讼法（2014.11.01 修正）
义务教育法	中华人民共和国义务教育法（2015.04.24 修正）
渔业法	中华人民共和国渔业法（2013.12.28 修正）
预防未成年人犯罪法	中华人民共和国预防未成年人犯罪法（2012.10.26 修正）
证券法	中华人民共和国证券法（2014.08.31 修正）
证券投资基金法	中华人民共和国证券投资基金法（2015.04.24 修正）
中外合资经营企业法	中华人民共和国中外合资经营企业法（2016.09.03 修正）
中外合作经营企业法	中华人民共和国中外合作经营企业法（2016.09.03 修正）
种子法	中华人民共和国种子法（2015.11.04 修订）
仲裁法	中华人民共和国仲裁法（2009.08.27）修正
注册会计师法	中华人民共和国注册会计师法（2014.08.31 修正）
著作权法	中华人民共和国著作权法（2010.02.26 修正）
专利法	中华人民共和国专利法（2008.12.27 修正）

二、行政法规

简　　称	全　　称
房屋征收补偿条例	国有土地上房屋征收与补偿条例（2011.01.21 施行）
个体工商户条例	个体工商户条例（2016.02.06 修订）
公司登记管理条例	公司登记管理条例（2016.02.06 修订）
基金会管理条例	基金会管理条例（2004.06.01 施行）
集成电路图保护条例	集成电路布图设计保护条例（2001.10.01 施行）

简　称	全　称
烈士褒扬条例	烈士褒扬条例(2011.08.01 施行)
民办非企业登记条例	民办非企业单位登记管理暂行条例(1998.10.25 施行)
农业合作社登记条例	农民专业合作社登记管理条例(2014.02.19 修订)
企业法人登记管理条例	中华人民共和国企业法人登记管理条例(2016.02.06 修订)
企业信息公示条例	企业信息公示暂行条例(2014.10.01 施行)
全国放假办法	全国年节及纪念日放假办法(2013.12.11 修订)
商标法实施条例	中华人民共和国商标法实施条例(2014.05.01 施行)
社会团体登记管理条例	社会团体登记管理条例(2016.02.06 修订)
事业单位登记条例	事业单位登记管理暂行条例(2004.06.27 修订)
外国人收养子女登记办法	外国人在中华人民共和国收养子女登记办法(1999.05.25 施行)
证券公司监督管理条例	证券公司监督管理条例(2014.07.29 修订)
职工工作时间规定	国务院关于职工工作时间的规定(1995.05.01 施行)
植物新品种保护条例	中华人民共和国植物新品种保护条例(2014.07.29 修订)
中国公民收养子女登记办法	中国公民收养子女登记办法(1999.05.25 施行)
中外合资经营企业法实施条例	中华人民共和国中外合资经营企业法实施条例(2014.02.19 修订)
中外合作经营企业法实施细则	中华人民共和国中外合作经营企业法实施细则(2014.02.19 修订)
宗教事务条例	宗教事务条例(2005.03.01 施行)

三、司法解释

简　　称	全　　称
裁判文书引用规范性法律文件的规定	最高人民法院关于裁判文书引用法律、法规等规范性法律文件的规定(2009.11.04 施行)
曹彩凤等诉许莉债务案适用法律的复函	最高人民法院关于曹彩凤等诉许莉债务案如何适用法律问题的复函(1993.03.12 施行)
长春文化教育书刊经销中心与长春市邮政局赔偿案适用法律的复函	最高人民法院关于长春文化教育书刊经销中心与长春市邮政局赔偿案如何适用法律的复函(1993.06.03 施行)
处理财产刑问题规定	最高人民法院关于适用财产刑若干问题的规定(2000.12.19 施行)
担保法司法解释	最高人民法院关于适用《中华人民共和国担保法》若干问题的解释(2000.12.13 施行)
范应莲诉敬永祥等侵害海灯法师名誉权案的复函	最高人民法院关于范应莲诉敬永祥等侵害海灯法师名誉权一案有关诉讼程序问题的复函(1990.10.27 施行)
分期履行合同诉讼时效答复	最高人民法院关于分期履行的合同中诉讼时效应如何计算问题的答复(2004.04.06 施行)
工会法司法解释	最高人民法院关于在民事审判工作中适用《中华人民共和国工会法》若干问题的解释(2003.07.09 施行)
公司法司法解释(二)	最高人民法院关于适用《中华人民共和国公司法》若干问题的规定(二)(2014.02.20 修正)
公司法司法解释(三)	最高人民法院关于适用《中华人民共和国公司法》若干问题的规定(三)(2014.02.20 修正)
合同法司法解释(二)	最高人民法院关于适用《中华人民共和国合同法》若干问题的解释(二)(2009.05.13 施行)
合同法司法解释(一)	最高人民法院关于适用《中华人民共和国合同法》若干问题的解释(一)(1999.12.29 施行)
环境民事公益诉讼司法解释	最高人民法院关于审理环境民事公益诉讼案件适用法律若干问题的解释(2015.01.07 施行)
环境侵权责任司法解释	最高人民法院关于审理环境侵权责任纠纷案件适用法律若干问题的解释(2015.06.03 施行)

简　　称	全　　称
婚姻法司法解释(三)	最高人民法院关于适用《中华人民共和国婚姻法》若干问题的解释(二)(2011.08.13 施行)
婚姻法司法解释(一)	最高人民法院关于适用《中华人民共和国婚姻法》若干问题的解释(一)(2001.12.27 施行)
继承法意见	最高人民法院关于贯彻执行《中华人民共和国继承法》若干问题的意见(1985.09.11 施行)
精神损害赔偿司法解释	最高人民法院关于确定民事侵权精神损害赔偿责任若干问题的解释(2001.03.10 施行)
军队离退休干部腾退军产房纠纷法院是否受理的复函	最高人民法院关于军队离退休干部腾退军产房纠纷法院是否受理的复函(1991.01.30 施行)
民事、行政诉讼中司法赔偿司法解释	最高人民法院关于审理民事、行政诉讼中司法赔偿案件适用法律若干问题的解释(2016.10.01 施行)
民事案件诉讼时效规定	最高人民法院关于审理民事案件适用诉讼时效制度若干问题的规定(2008.09.01 施行)
民事诉讼法司法解释	最高人民法院关于适用《中华人民共和国民事诉讼法》的解释(2015.02.04 施行)
民事执行中变更、追加当事人规定	最高人民法院关于民事执行中变更、追加当事人若干问题的规定(2016.12.01 施行)
民通意见	最高人民法院关于贯彻执行〈中华人民共和国民法通则〉若干问题的意见(试行)(1988.04.02 施行)
南京摩托车总公司是否具备法人条件的复函	最高人民法院关于南京摩托车总公司是否具备法人条件问题的复函(1991.03.18 施行)
农村土地承包经营纠纷调解仲裁司法解释	最高人民法院关于审理涉及农村土地承包经营纠纷调解仲裁案件适用法律若干问题的解释(2014.01.24 施行)
企业改制民事纠纷规定	最高人民法院关于审理与企业改制相关民事纠纷案件若干问题的规定(2003.02.01 施行)
企业破产法司法解释(二)	最高人民法院关于适用《中华人民共和国企业破产法》若干问题的规定(二)(2013.09.16 施行)

简　　称	全　　称
企业设置的办事机构对外所签订的购销合同是否一律认定为无效合同的电话答复	最高人民法院经济审判庭关于企业设置的办事机构对外所签订的购销合同是否一律认定为无效合同问题的电话答复(1988.11.08施行)
人民法院办理执行异议和复议案件的规定	最高人民法院关于人民法院办理执行异议和复议案件若干问题的规定(2015.05.05施行)
人民法院网络司法拍卖规定	最高人民法院关于人民法院网络司法拍卖若干问题的规定(2017.01.01施行)
人民调解协议民事案件规定	最高人民法院关于审理涉及人民调解协议的民事案件的若干规定(2002.11.01施行)
人身损害赔偿司法解释	最高人民法院关于审理人身损害赔偿案件适用法律若干问题的解释(2004.05.01施行)
商品房买卖合同司法解释	最高人民法院关于审理商品房买卖合同纠纷案件适用法律若干问题的解释(2003.06.01施行)
审理国有土地使用权合同案件司法解释	最高人民法院关于审理涉及国有土地使用权合同纠纷案件适用法律问题的解释(2005.08.01施行)
审理劳动争议案件司法解释(三)	最高人民法院关于审理劳动争议案件适用法律若干问题的解释(三)(2010.09.14施行)
审理旅游案件规定	最高人民法院关于审理旅游纠纷案件适用法律若干问题的规定(2010.11.01施行)
审理民间借贷案件规定	最高人民法院关于审理民间借贷案件适用法律若干问题的规定(2015.09.01施行)
审理名誉权案件问题解答	最高人民法院关于审理名誉权案件若干问题的解答(1993.08.07施行)
审理名誉权案件问题解释	最高人民法院关于审理名誉权案件若干问题的解释(1998.09.15施行)
审理票据案件规定	最高人民法院关于审理票据纠纷案件若干问题的规定(2008.12.16修订)
审理外商投资企业案件规定(一)	最高人民法院关于审理外商投资企业纠纷案件若干问题的规定(一)(2010.08.16施行)
审理中央级财政资金转为部分央企国家资本金案件通知	最高人民法院关于审理中央级财政资金转为部分中央企业国家资本金有关纠纷案件的通知(2012.12.11施行)

简 称	全 称
食品药品纠纷司法解释	最高人民法院关于审理食品药品纠纷案件适用法律若干问题的规定(2014.03.15 施行)
违反计划生育政策的超生子女可否列为职工的供养直系亲属等问题的复函	最高人民法院关于违反计划生育政策的超生子女可否列为职工的供养直系亲属等问题的复函(1990.08.13 施行)
无正本提单交付货物适用法律规定	最高人民法院关于审理无正本提单交付货物案件适用法律若干问题的规定(2009.03.05 施行)
依法处理监护人侵害未成年人权益行为意见	最高人民法院 最高人民检察院 公安部 民政部关于依法处理监护人侵害未成年人权益行为若干问题的意见(2015.01.01 施行)
翟忠元与巴彦淖尔盟运输公司宅基地纠纷案的电话答复	最高人民法院民事审判庭关于翟忠元与巴彦淖尔盟运输公司宅基地纠纷案的电话答复(1989.11.07 施行)
正确处理科技纠纷案件的意见	最高人民法院关于正确处理科技纠纷案件的若干问题的意见(1995.04.02 施行)
最高院民三庭转发〔2004〕民三他字第10号函通知	最高人民法院民事审判第三庭关于转发〔2004〕民三他字第10号函的通知(2005.03.11 施行)

四、部门规章

简 称	全 称
工商总局对浙工商法〔1995〕25号请示的答复	国家工商行政管理局对浙工商法〔1995〕25号请示的答复(1995.10.10 施行)
公司债券发行与交易管理办法	公司债券发行与交易管理办法(2015.01.15 施行)
企业法人登记管理条例施行细则	中华人民共和国企业法人登记管理条例施行细则(2016.04.29 修订)
确定离婚当事人李玲是否具有民事行为能力的复函	民政部办公厅关于如何确定离婚当事人李玲是否具有民事行为能力的复函(1997.08.19 施行)
人民警察奖励条令	公安机关人民警察奖励条令(2016.01.01 施行)
调整商标注册工作流程通知	国家工商行政管理总局商标局关于调整商标注册工作流程等有关事宜的通知(2007.10.25 施行)

五、其他

简　　称	全　　称
鼓励社会力量兴办教育促进民办教育健康发展意见	国务院关于鼓励社会力量兴办教育促进民办教育健康发展的若干意见（2016.12.29 施行）
解放军纪律条令	中国人民解放军纪律条令（2010.06.15 施行）
军人抚恤优待条例	军人抚恤优待条例（2011.07.29 修订）
设立烈士纪念日的决定	全国人民代表大会常务委员会关于设立烈士纪念日的决定（2014.08.31 施行）

附录三
本书所涉案由对应法合二维码和法合引证码索引表

案　　由	法合二维码 法合引证码①	页　码②
M1.1.1 生命权、健康权、身体权纠纷	M1.1.1	217
M1.1.2 姓名权纠纷	M1.1.2	217
M1.1.3 肖像权纠纷	M1.1.3	217
M1.1.4 名誉权纠纷	M1.1.4	217
M1.1.5 荣誉权纠纷	M1.1.5	217
M1.1.6 隐私权纠纷	M1.1.6	217
M1.1.7 婚姻自主权纠纷	M1.1.7	217
M1.1.8 人身自由权纠纷	M1.1.8	209

① 扫描二维码或在法合码窗口输入法合引证码,可获得更为丰富的其所对应案由的信息。
② 即该案由在本书所出现的页码。

案　　由	法合二维码 法合引证码	页　码
M1.1.9 一般人格权纠纷		209
M2.2.18 抚养纠纷		225
M2.2.18.1 抚养费纠纷		225
M2.2.18.2 变更抚养关系纠纷		226
M2.2.19 扶养纠纷		226
M2.2.19.1 扶养费纠纷		226
M2.2.19.2 变更扶养关系纠纷		226
M2.2.20 赡养纠纷		226
M2.2.20.1 赡养费纠纷		226
M2.2.20.2 变更赡养关系纠纷		226
M2.2.22 监护权纠纷		226
M4.10.126 追偿权纠纷		321

案　由	法合二维码 法合引证码	页　码
M4.11.128 不当得利纠纷	M4.11.128	240
M4.12.129 无因管理纠纷	M4.12.129	239
M9.30.358 见义勇为人受害责任纠纷	M9.30.358	332,333
M9.30.360 防卫过当损害责任纠纷	M9.30.360	329
M9.30.361 紧急避险损害责任纠纷	M9.30.361	331
M10.32.372 申请宣告公民失踪	M10.32.372	107
M10.32.373 申请撤销宣告失踪	M10.32.373	112
M10.32.374 申请为失踪人财产指定、变更代管人	M10.32.374	109
M10.32.375 失踪人债务支付纠纷	M10.32.375	110
M10.32.376 申请宣告公民死亡	M10.32.376	113
M10.32.378 被撤销死亡宣告人请求返还财产纠纷	M10.32.378	120
M10.33 认定公民无民事行为能力、限制民事行为能力案件	M10.33	082

案　由	法合二维码 法合引证码	页　码
M10.33.379 申请宣告公民无民事行为能力	M10.33.379	083
M10.33.380 申请宣告公民限制民事行为能力	M10.33.380	083
M10.33.381 申请宣告公民恢复限制民事行为能力	M10.33.381	083
M10.33.382 申请宣告公民恢复完全民事行为能力	M10.33.382	083
M10.35.385 申请确定监护人	M10.35.385	089,090,092,095,096
M10.35.386 申请变更监护人	M10.35.386	101
M10.35.387 申请撤销监护人资格	M10.35.387	101